빠작

수능
국어
필수 어휘

▎고등 국어 빠작 시리즈

고전 문학, 현대 문학 | 올바른 독해 훈련으로 문학 독해력을 기르는 문학 기본서
비문학 독서 | 독해력과 추론적 사고력을 키우는 비문학 실전 대비서
문법 | 내신부터 수능까지, 필수 개념 30개로 끝내는 문법서
문법 실전 477제 | 수능 1등급을 위한 문법 실전서
화법과 작문 | 최신 기출 문제로 문제 해결력을 기르는 화법과 작문 실전서
필수 어휘 | 쉬운 한자 풀이로 수능 국어 필수 어휘를 익히는 어휘력 기본서

▎이 책을 쓰신 선생님

유은혜(전 목동 메가스터디)

빠른시작

빠작

수능
국어
필수 어휘

차례

구성과 특징

✔ 수능 · 모의평가 · 학력평가의 빈출 어휘를 주제별로 엄선하였습니다.

✔ 한자의 의미를 살린 어휘 풀이를 제공하여 어휘의 뜻을 쉽게 이해할 수 있도록 하였습니다.

* 주제별 어휘는 관련 주제의 지문 및 문제에서 추출하였습니다.
* 한자 어휘 풀이는 사전의 의미를 벗어나지 않는 범위 내에서 이해하기 쉽게 풀이하였습니다.

1

**쉬운 풀이와
기출 예문으로
주제별 어휘 익히기**

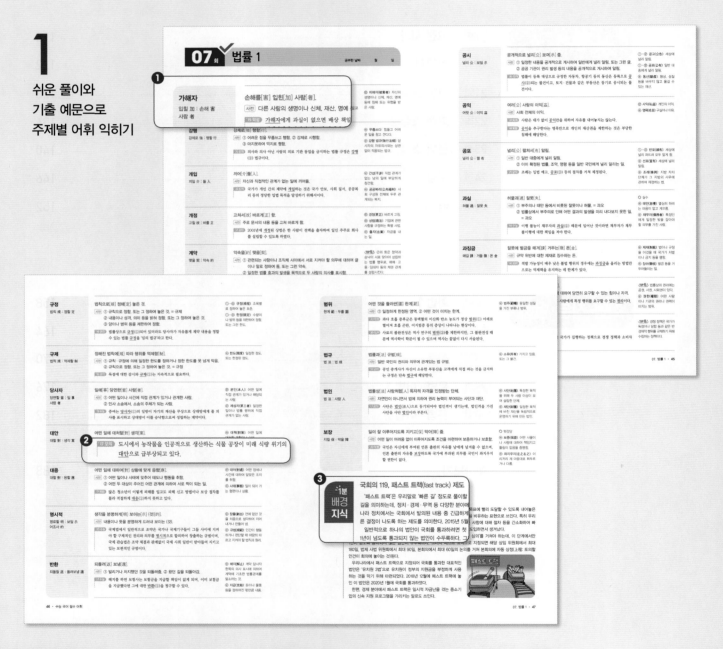

❶ 어휘 풀이

한자 하나하나의 뜻을 살려 어휘를 풀이함으로써 어휘의 의미를 직관적으로 이해할 수 있도록 하였습니다. 또, 유의어(⊕), 반의어(⊖), 대체어(◐), 연관 어휘(⊕) 등을 함께 학습하며 어휘력을 확장할 수 있습니다.

❷ 예시 문장

최근 출제된 수능 · 모의평가 · 학력평가의 기출 문장을 예문으로 제시하여 실전 감각을 익힐 수 있도록 하였습니다.

❸ 1분 배경지식

회차별 주제와 관련된 다양한 읽기 자료를 수록하였습니다. 주제와 관련된 최신 이슈 자료를 읽으며 어휘력은 물론, 독해력과 사고력을 함께 키울 수 있습니다.

2

한자 성어와 확인 문제로 어휘력 넓히기

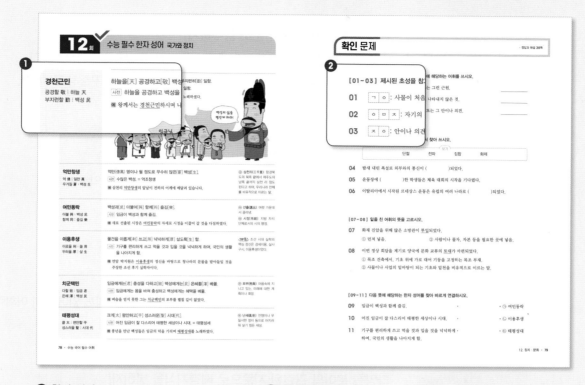

❶ 한자 성어

주제별 한자 성어를 기출 예문 및 실생활 활용 예시와 함께 제시하여, 한자 성어를 쉽게 이해할 수 있도록 하였습니다.

❷ 확인 문제

다양한 형태의 확인 문제를 풀며 어휘를 복습하고 동시에 문장 속에서의 쓰임에 익숙해지도록 하였습니다.

➕ 책 속의 책

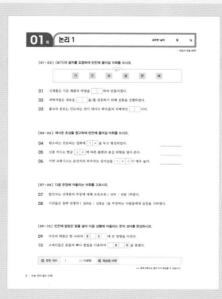

- **어휘력 다지기**
  본책에서 학습한 어휘를 복습하며 어휘력을 확실하게 다집니다.

- **정답과 해설**
  정답 해설과 오답 풀이를 읽으며 어휘 학습을 빈틈없이 완성합니다.

활용 방법

1 학습 계획을 세우고, 꾸준히 공부하자!
매일 20~30분씩 학습하면 30일에 학습을 마칠 수 있도록 구성된 책이다.
주 2회 이상 어휘 공부를 하는 것으로 학습 계획을 세워서 꾸준히 공부하자.

2 한자의 뜻을 보며 어휘의 의미를 익히자!
한자어가 많은 우리말, 한자의 뜻을 보면서 어휘의 의미를 익혀 보자.
어휘의 의미가 더욱 잘 이해될 것이다.

3 유의어, 반의어, 연관 어휘까지 챙기자!
표제어 옆에 제시된 유의어, 반의어, 대체어, 연관 어휘도 함께 읽어 보며 어휘력을 높이자.

4 다양한 분야와 관련된 지문으로 배경지식을 넓히자!
배경지식을 알면 어휘력은 물론, 독해와 논술에 도움이 되는 기초 소양까지 쌓을 수 있다.
회차별 주제와 관련된 최신 이슈 지문도 놓치지 말고 꼼꼼히 읽어 보자.

5 주제별로 제시된 한자 성어를 기억하자!
한자 성어는 주제별로 구분하여 묶어 두었다.
유래와 쓰임을 기억하며 머릿속에 차곡차곡 정리해 두자.

6 확인 문제를 풀고 난 뒤 복습이 필요한 어휘는 바로 다시 공부하자!
의미를 정확히 이해하지 못한 어휘가 있으면 본문으로 돌아가 복습하자.

7 어휘력 다지기를 활용하자!
본책에서 학습한 어휘를 다시 한번 점검하기 위해 어휘력 다지기를 꼭 풀어 보자.
점검 결과에 따라 복습할 어휘를 체크하여 본책을 복습하자.

학습 점검

* 학습 계획을 세운 후 꾸준히 공부해 봅시다.
* 복습은 틀린 문제를 중심으로 차분하게 살펴봅시다.

회차	학습 내용	체크하기 학습	체크하기 복습	기억할 어휘
01	논리 1	☐	☐	
02	논리 2	☐	☐	
03	철학 1	☐	☐	
04	철학 2	☐	☐	
05	역사	☐	☐	
06	예술	☐	☐	
07	법률 1	☐	☐	
08	법률 2	☐	☐	
09	법률 3	☐	☐	
10	경제 1	☐	☐	
11	경제 2	☐	☐	
12	정치 · 문화	☐	☐	
13	생명 과학 · 의학	☐	☐	
14	물리학	☐	☐	
15	화학 · 지구 과학	☐	☐	
16	기술 1	☐	☐	
17	기술 2	☐	☐	
18	기술 3	☐	☐	
19	고전 시가	☐	☐	
20	현대시	☐	☐	
21	고전 소설 1	☐	☐	
22	고전 소설 2	☐	☐	
23	현대 소설	☐	☐	
24	수필	☐	☐	
25	극	☐	☐	
26	화법 1	☐	☐	
27	화법 2	☐	☐	
28	작문	☐	☐	
29	문법 · 어법 1	☐	☐	
30	문법 · 어법 2	☐	☐	

가령 임시 假 | 이를 슈	**임시로[假] 이를테면[슈].** 사전 ① 가정하여 말하여. ② 예를 들어. '17 학평 가령(①), 모니터를 보고 있다고 하자. '17 모의 가령(②) 「김현감호」는 벼슬에 대한 김현의 간절함에 부처가 감동하여 범의 희생으로 응답하고, 김현이 이를 기린다는 이야기이다.	**TIP톡!** ①의 뜻은 주로 종결 어미 '-자'와 함께 쓰여, 일어날 상황을 청자와 함께 논리적으로 가정할 때 쓰인다. ⊕ **가정(假定)**: 사실이 아니거나 사실 여부가 분명하지 않은 것을 임시로 인정함.
가설 임시 假 | 말씀 說	**임시로[假] 세워 놓은 말[說].** 사전 어떤 사실을 설명하거나 어떤 이론 체계를 연역하기 위하여 설정한 가정. '17 수능 가설은 과학적 지식의 후보가 되는 것인데, 그들은 가설로부터 논리적으로 도출된 예측을 관찰이나 실험 등의 경험을 통해 맞는지 틀리는지 판단함으로써 그 가설을 시험하는 과학적 방법을 제시한다.	⊕ **연역(演繹)**: 일반적인 사실이나 원리를 전제로 하여 개별적인 사실이나 보다 특수한 다른 원리를 이끌어 내는 추리 방법.
개연성 아마도 蓋 | 그러할 然 성질 性	**아마도[蓋] 그러할[然] 것 같은 성질[性].** 사전 절대적으로 확실하지 않으나 아마 그럴 것이라고 생각되는 성질. '17 모의 개연성이 높기 위해서는 비교 대상 간의 유사성이 커야 하는데 이 유사성은 단순히 비슷하다는 점에서의 유사성이 아니고 새로운 정보와 관련 있는 유사성이어야 한다.	⊕ **필연성(必然性)**: 사물의 관련이나 일의 결과가 반드시 그렇게 될 수밖에 없는 요소나 성질. ⊕ **유사성(類似性)**: 서로 비슷한 성질.
견해 볼 見 | 풀 解	**어떤 일이나 현상 등을 보고[見] 풀어낸[解] 생각.** 사전 어떤 사물이나 현상에 대한 자기의 의견이나 생각. '19 학평 건축 문화재 복원과 보존에 대해 알고 있는 주민들 중에는 나와 상반되는 견해를 가진 경우도 있다.	⊕ **소견(所見)**: 어떤 일 등을 보고 갖는 생각이나 의견. ⊕ **보존(保存)**: 잘 보호하고 간수하여 남김. ⊕ **상반(相反)**: 서로 반대되거나 어긋남.
경향 기울 傾 | 방향 向	**어떤 방향으로[向] 기울어짐[傾].** 사전 현상이나 사상, 행동 등이 어떤 방향으로 기울어짐. '22 모의 사람들은 존경하거나 사랑하는 사람을 닮아 가며 그와 자신을 동일시하려는 경향이 있다. '21 학평 우리는 자신의 판단이 옳다는 것을 확인시켜 주는 정보만을 받아들이려고 하는 사고 경향도 가지고 있다.	⊕ **동향(動向)**: 사람들의 사고, 사상, 활동이나 일의 형세 등이 움직여 가는 방향. ⊕ **동일시(同一視)**: 둘 이상의 것을 똑같은 것으로 봄.
관점 볼 觀 | 점 點	**어떤 현상을 보는[觀] 자기만의 기준점[點].** 사전 사물이나 현상을 관찰할 때, 그 사람이 보고 생각하는 태도나 방향. '22 수능 책을 읽을 때는 자신의 관점에서 각 관점들을 비교·대조하면서 정보의 타당성을 비판적으로 검토하고 평가한 내용을 통합한다.	⊕ **견지(見地)**: 어떤 사물을 판단하거나 관찰하는 입장. ⊕ **타당성(妥當性)**: 사물의 이치에 맞는 옳은 성질.

귀납 모일 歸 | 받아들일 納	**여러 사례가 모여[歸] 드러난 원리를 받아들임[納].** 사전 개별적인 특수한 사실이나 원리로부터 일반적이고 보편적인 명제 및 법칙을 유도하여 논증하는 추리 방법. '16 수능 귀납은 현대 논리학에서 연역이 아닌 모든 추론, 즉 전제가 결론을 개연적으로 뒷받침하는 모든 추론을 가리킨다.	⊕ 보편적(普遍的): 모든 것에 두루 미치거나 통하는 (것). ⊕ 논증(論證): 옳고 그름을 이유를 들어 밝힘. ⊕ 전제(前提): 추리를 할 때, 결론의 기초가 되는 판단.
근거 뿌리 根 | 근거 據	**어떤 일의 뿌리가[根] 되는 증거[據].** 사전 ① 근본이 되는 거점. = 본거 ② 어떤 일이나 의논, 의견에 그 근본이 됨. 또는 그런 까닭. '16 모의 감정과 달리 도덕적 판단을 바꿀 때에는 뚜렷한 근거(②)가 필요하다.	**TIP톡!** ①의 뜻으로 쓰일 때는 '(어떤 곳을) 활동의 근거로 삼다.' 등과 같이 쓰인다. ⊕ 거점(據點): 어떤 활동의 근거가 되는 중요한 지점.
기반 기초 基 | 바탕 盤	**기초를[基] 이루는 바탕[盤].** 사전 기초가 되는 바탕. 또는 사물의 토대. '22 모의 컴퓨터와 온라인을 기반으로 한 쓰기 환경이 조성됨에 따라, 많은 학생들이 펜을 쥐는 대신에 컴퓨터 자판을 두드리는 일이 일상화되었다.	○ 발판 ⊕ 초석(礎石): ① 기둥 밑에 기초로 받친 돌. = 주춧돌 ② 어떤 사물의 기초를 비유적으로 이르는 말.
논리 논할 論 | 이치 理	**말하는[論] 내용을 끌어가는 이치[理].** 사전 ① 말·글에서 사고, 추리 등을 이치에 맞게 이끌어 가는 과정이나 원리. ② 사물 속에 있는 이치. 또는 사물끼리의 법칙적인 연관. ③ 바른 판단을 얻기 위한 올바른 사유 형식 등을 연구하는 학문. = 논리학 '22 모의 형벌에 관한 논리(①)정연하고 새로운 주장들에 유럽의 지식 사회가 매료된 것이다. '21 학평 '도시의 논리(②)'에서는 '야생의 논리'와 달리 개체들 간의 모순을 해결하기 위한 시도가 나타났다. '18 모의 고전 논리(③)에서는 어떠한 진술이든 '참' 또는 '거짓'이다.	⊕ 논리정연(論理井然): 글이나 말 등에 짜임새와 조리가 있음. ⊕ 매료(魅了): 사람의 마음을 완전히 사로잡아 홀림. ⊕ 모순(矛盾): 어떤 사실의 앞뒤. 또는 두 사실이 이치상 어긋나서 서로 맞지 않음을 이르는 말.
논증 논할 論 | 증명할 證	**말하는[論] 내용에 대해 증명함[證].** 사전 옳고 그름을 이유를 들어 밝힘. 또는 그 근거나 이유. '22 수능 토론에서 더 중요한 건 적절한 근거를 들어 논제에 대한 자신의 입장이 타당함을 밝히는 논증 능력이니까 그걸 평가하는 건 가능하다고 생각해.	⊕ 입증(立證): 어떤 증거 등을 내세워 증명함. ⊕ 논제(論題): 논설이나 논문, 토론 등의 주제나 제목.
당위성 마땅할 當 | 할 爲 성질 性	**마땅히[當] 그렇게 하여야 할[爲] 성질[性].** 사전 마땅히 그렇게 하거나 되어야 할 성질. '20 학평 세금으로 특별 목적 기금을 조성하려면 검증을 통해 그 당위성을 인정할 수 있어야 한다.	⊕ 기금(基金): 어떤 목적이나 사업, 행사 등에 쓸 기본적인 자금. ⊕ 조성(造成): 무엇을 만들어서 이룸.
도출 이끌 導 | 날 出	**이끌어[導] 냄[出].** 사전 판단이나 결론 등을 이끌어 냄. '17 학평 삼단 논증은 두 개의 전제에서 하나의 결론을 도출하는 연역 논증이다.	

매개
매개 媒 | 끼일 介

관계를 맺어[媒] 주기 위해 사이에 낌[介].

[사전] 둘 사이에서 양편의 관계를 맺어 줌.

['20 모의] 역사가는 사료를 매개로 과거와 만난다.

⊕ 매개체(媒介體): 둘 사이에서 어떤 일을 맺어 주는 것.
⊕ 사료(史料): 역사 연구에 필요한 문헌이나 유물.

메커니즘
mechanism

외래어

[사전] 사물의 작용 원리나 구조.

['17 모의] 인간과 실험동물의 기능이 유사하다고 해도 그 기능을 구현하는 인과적 메커니즘은 동물마다 차이가 있다는 근거가 있는데도 말이다.

↻ 체제
⊕ 구현(具現): 어떤 내용이 구체적인 사실로 나타나게 함.
⊕ 인과적(因果的): 원인과 결과 관계를 파악하는 (것).

명제
말 命 | 제목 題

어떤 주제나 주장 등을 나타내는 말이나[命] 글귀[題].

[사전] ① 시문 등의 글에 제목을 정함. 또는 그 제목.
② 참과 거짓을 판단할 수 있는 문제에 대한 하나의 논리적 판단 내용과 주장을 언어나 기호로 표시한 것.

['19 수능] 두 명제(②)가 모두 참인 것도 모두 거짓인 것도 가능하지 않은 관계를 모순 관계라고 한다.

모호성
모호할 模 | 흐릿할 糊
성질 性

모호하고[模] 흐릿한[糊] 성질[性].

[사전] 여러 뜻이 뒤섞여 있어 정확히 무엇을 나타내는지 알기 어려운 말의 성질.

['18 모의] 서정시는 현재의 순간에 과거의 경험들이 공존해 있다는 점에서 이러한 시간의 모호성이 두드러진다.

⊕ 애매성(曖昧性): 희미하여 분명하지 않은 성질.
⊕ 서정시(抒情詩): 개인의 감정이나 정서를 주관적으로 표현한 시.
⊕ 공존(共存): 두 가지 이상의 현상 등이 함께 존재함.

반면
반대로 反 | 방면 面

반대[反] 방면에[面].

[사전] 뒤에 오는 말이 앞의 내용과 상반됨을 나타내는 말.

['18 학평] 홉스가 자연이 경쟁으로 인해 빈곤할 수밖에 없다고 본 반면, 니체는 자연이 활력이 넘치며 풍요롭다고 보았다.

TIP톡! '반면'은 '-은, -는' 활용형 뒤에서 '반면(에)'의 형태로 흔히 쓰인다.
⊕ 빈곤(貧困): 가난하여 살기가 어려움.

반박
반대할 反 | 논박할 駁

반대하여[反] 말함[駁].

[사전] 어떤 의견, 주장, 논설 등에 반대하여 말함.

['18 수능] 아리스토텔레스는 자연물의 물질적 구성 요소를 알면 그것의 본성을 모두 설명할 수 있다는 엠페도클레스의 견해를 반박했다.

['16 학평] 여러 가지 근거를 들어 제기된 반론을 반박하고 있다.

⊕ 논박(論駁): 어떤 주장이나 의견에 대해 그 잘못된 점을 조리 있게 공격하여 말함.
⊕ 제기(提起): 의견이나 문제를 내어놓음.

반영
돌아올 反 | 비칠 映

어떤 일이 반사되어[反] 비침[映].

[사전] ① 빛이 반사하여 비침.
② 다른 것에 영향을 받아 어떤 현상이 나타남. 또는 어떤 현상을 나타냄.

['22 모의] 저자의 해설에도 저자가 속한 시대의 사회·문화적 환경에서 비롯된 영향이 반영(②)되기 마련이다.

보완 도울 補 | 완전할 完	부족한 것을 도와서[補] 완전하게[完] 만듦. 사전 모자라거나 부족한 것을 보충하여 완전하게 함. '20 학평 논의된 의견들이 지닌 한계를 언급한 후 이를 <u>보완</u>할 수 있는 방안에 대한 상대방의 의견을 요청하는 발화이다. '18 수능 '영수'는 '민호'의 의견을 받아들이며 이를 <u>보완</u>하는 의견을 추가하고 있다.	⊕ 보강(補強): 보태거나 채워 본디보다 튼튼하게 함. ⊕ 한계(限界): 능력 등이 실제 작용할 수 있는 범위. ⊕ 언급(言及): 어떤 문제에 대하여 말함. ⊕ 발화(發話): 소리 내어 말하는 현실적 언어 행위.
부합 들어맞을 符 | 합할 合	딱 들어맞아[符] 합하여짐[合]. 사전 부신(符信)이 꼭 들어맞듯 사물이나 현상이 서로 꼭 들어맞음. '19 학평 자신이 지향하는 목표와 관련된 개인적 표준에 <u>부합</u>하는 행동은 만족감이나 긍지라는 자기 반응을 만들어 내고 그렇지 않은 행동은 죄책감이나 수치심이라는 자기 반응을 만들어 낸다.	⊕ 부신(符信): 글자를 새긴 나뭇조각이나 종이를 잘라 서로 증표로 가지는 물건. ⊕ 지향(志向): 어떤 목표로 뜻이 쏠리어 향함. ⊕ 긍지(矜持): 자신의 능력을 믿음으로써 갖는 당당함.
비평 비평할 批 | 평론할 評	비판적으로[批] 분석하여 평함[評]. 사전 사물의 옳고 그름, 아름다움과 추함 등을 분석하여 가치를 논함. '21 모의 예술 작품의 의미와 가치에 대한 해석과 판단은 작품을 <u>비평</u>하는 목적과 태도에 따라 달라진다.	⑤ 비판(批判): 현상이나 사물의 옳고 그름을 가려 밝히거나 잘못된 점을 지적함.
소지 것 所 | 가질 持	가지고[持] 있는 것[所]. 사전 물건을 지니고 있는 일. 또는 그런 물건. '21 학평 피고인은 <u>소지</u>가 금지된 화약류를 허가 없이 <u>소지</u>하여 현행법 위반으로 기소되었다.	⊕ 현행법(現行法): 현재 시행되는, 효력을 가진 법률. ⊕ 기소(起訴): 검사가 특정 형사 사건에 대하여 법원에 심판을 요구하는 일.

1분 배경 지식

두 개의 전제와 하나의 결론, 삼단 논법

'논리학(論理學)'이란 바른 판단을 위해 필요한 올바른 사유 형식과 법칙을 연구하는 학문이다. 크게 귀납 논리학과 연역 논리학으로 나뉘는데, 귀납은 개별적인 사실로부터 일반적인 명제를 이끌어 내는 방식이고, 연역은 어떤 명제로부터 추론 규칙에 따라 결론을 이끌어 내는 방식이다.

이러한 사유 형식을 이론적으로 체계화하여 논리학의 토대를 마련한 사람은 고대 그리스의 철학자 아리스토텔레스(Aristoteles)이다. 그는 연역적 사유 형식을 중점적으로 연구했으며, 연역 추리의 한 방법으로 삼단 논법(三段論法)을 체계화하였다.

삼단 논법은 두 개의 전제와 하나의 결론으로 이루어진다. 이미 알려진 두 개의 판단을 바탕으로 새로운 결론을 이끌어 내는 방식이다. 전제의 성격에 따라 정언(定言: 확정하는 말), 가언(假言: 가정하는 말), 선언(選言: 여러 명제를 합친 말)의 세 형태로 나뉜다.

대표적 형태인 정언 삼단 논법을 따르면, '모든 사람은 죽는다.', '소크라테스는 사람이다.'라는 전제로부터 '그러므로 소크라테스는 죽는다.'라는 결론을 이끌어 낼 수 있다.

삼단 논법은 형식적 구조로써 논리를 증명하는 학문이라고 하여 '형식 논리학'으로 분류되기도 한다.

정언 삼단 논법	전제 A는 B이다. / B는 C이다.
	결론 그러므로 A는 C이다.

가언 삼단 논법	전제 만일 A라면 B이다. / A이다.
	결론 그러므로 B이다.

선언 삼단 논법	전제 A 또는 B이다. / A는 아니다.
	결론 그러므로 B이다.

▲ 삼단 논법의 종류

길흉화복

길할 吉 | 흉할 凶
재앙 禍 | 복 福

운이 좋거나[吉] 나쁘고[凶] 재앙이[禍] 들거나 복이[福] 오는 것.

사전 길흉과 화복을 아울러 이르는 말.

예 옛사람들은 길흉화복이 하늘에 달려 있다고 생각하였다.

TIP톡! '길하다'는 운이 좋은 것을 의미하고, '흉하다'는 운이 사납거나 불길한 것을 의미한다.

생로병사

날 生 | 늙을 老
질병 病 | 죽을 死

태어나서[生] 늙고[老] 병들어[病] 죽는[死] 것.

사전 사람이 나고 늙고 병들고 죽는 네 가지 고통.

'21 수능 천상에서는 지상과 달리 생로병사의 과정 없이 끝없는 사랑이 지속된다.

⊕ 지상(地上): 이 세상. 현실 세계를 이름.

⊕ 지속(持續): 어떤 상태가 오래 계속됨.

생사고락

살 生 | 죽을 死
괴로울 苦 | 즐거울 樂

삶과[生] 죽음과[死] 괴로움과[苦] 즐거움[樂].

사전 삶과 죽음, 괴로움과 즐거움을 통틀어 이르는 말.

예 생사고락을 같이할 수 있는 친구가 있다는 것은 더할 나위 없는 축복이다.

TIP톡! 비슷한 의미로 '생장고락(生長苦樂)'이라는 말도 쓰인다.

인지상정

사람 人 | 어조사 之
평범할 常 | 마음 情

사람[人]의[之] 평범한[常] 마음[情].

사전 사람이면 누구나 가지는 보통의 마음.

'21 수능 살고 싶고 죽기 싫은 것이 인지상정입니다.

TIP톡! '어조사 之'는 실질적인 뜻 없이 다른 글자를 보조하는 한자이다. '~의', '~(하)는', '그, 그것' 등으로 풀이한다.

너, 울어?

이렇게 슬픈데 안 울 수 없지.

흥망성쇠

흥할 興 | 망할 亡
성할 盛 | 쇠할 衰

흥하고[興] 망하고[亡] 성하고[盛] 쇠함[衰].

사전 흥하고 망함과 성하고 쇠함.

'22 수능 흥망성쇠는 불관하다마는 당상 부모 모셨어라.

'20 모의 참석자들은 대화를 통해 국가의 흥망성쇠에 대한 관심을 드러내고 있다.

⊕ 불관(不關): 관계하지 않음.

⊕ 당상(堂上): 조부모나 부모가 거처하는 곳 또는 집의 일부분을 비유적으로 이르는 말.

희로애락

기쁠 喜 | 성낼 怒
슬플 哀 | 즐거울 樂

기쁨과[喜] 화남과[怒] 슬픔과[哀] 즐거움[樂].

사전 기쁨과 노여움과 슬픔과 즐거움을 아울러 이르는 말.

예 나는 희로애락이 얼굴에 그대로 드러나는 사람이다.

TIP톡! '희로애락'에서 '성낼 怒'는 본래 음이 '노'이지만, 발음을 부드럽게 하기 위하여 '로'로 읽는다. '희노애락'은 잘못된 표현이다.

⊕ 희로우락(喜怒憂樂): 기쁨과 노여움과 근심과 즐거움을 아울러 이르는 말.

확인 문제

• 정답과 해설 34쪽

[01~03] 다음 뜻에 해당하는 어휘를 〈보기〉에서 찾아 쓰시오.

> **보기**
>
> 가설   논증   도출   매개

01 판단이나 결론 등을 이끌어 냄.   ＿＿＿＿＿

02 둘 사이에서 양편의 관계를 맺어 줌.   ＿＿＿＿＿

03 옳고 그름을 이유를 들어 밝힘. 또는 그 근거나 이유.   ＿＿＿＿＿

[04~06] 빈칸에 들어갈 어휘에 ∨표 하시오.

04 과거에 비해 평균 혼인 연령이 높아지는 (   )을 보인다.   ☐ 경향 ☐ 관점

05 국민 투표는 민주 정치의 근본이념에 (   )하는 제도이다.   ☐ 반영 ☐ 부합

06 작가가 자신의 작품을 객관적으로 (   )하기란 거의 불가능하다.   ☐ 반박 ☐ 비평

[07~08] 밑줄 친 어휘의 뜻을 고르시오.

07 서로 반대 관계에 있는 두 <u>명제</u>가 모두 참이 될 수는 없다.

① 시문 등의 글에 정한 제목.

② 참과 거짓을 판단할 수 있는 문제에 대한 하나의 논리적 판단 내용과 주장을
언어나 기호로 표시한 것.

08 험준한 산악에 <u>근거</u>를 두고 본격적인 방어 준비에 착수하였다.

① 근본이 되는 거점.

② 어떤 일이나 의논, 의견에 그 근본이 되는 까닭.

[09~11] 제시된 초성을 참고하여 다음 뜻에 해당하는 한자 성어를 쓰시오.

09 ㅇㅈㅅㅈ : 사람이면 누구나 가지는 보통의 마음.   ＿＿＿＿＿

10 ㅅㄹㅂㅅ : 사람이 나고 늙고 병들고 죽는 네 가지 고통.   ＿＿＿＿＿

11 ㅎㄹㅇㄹ : 기쁨과 노여움과 슬픔과 즐거움을 아울러 이르는 말.   ＿＿＿＿＿

수립 세울 樹 | 설 立	**계획 등을 세움**[樹立]. 사전 국가나 정부, 제도, 계획 등을 이룩하여 세움. '18 모의 질문에 효과적으로 답변하기 위해 면접 대상자에게는 질문의 의도를 정확하게 분석하고, 그에 따라 적절한 답변 전략을 <u>수립</u>하기 위한 사고의 과정이 요구된다.	⊕ **의도(意圖):** 무엇을 하고자 하는 생각이나 계획.
수용 받을 受 | 받아들일 容	**어떠한 것을 받아들임**[受容]. 사전 ① 어떠한 것을 받아들임. ② 감상(鑑賞)의 기초를 이루는 작용으로, 예술 작품 등을 감성으로 받아들여 즐김. '18 모의 유학의 이념을 적극 <u>수용</u>(①)했던 율곡 이이는 수기치인의 도리를 밝힌 『성학집요』를 지어 이 땅에 유학의 이상 사회가 구현되기를 소망했다.	⊕ **거절(拒絕):** 상대편의 요구, 제안, 선물, 부탁 등을 받아들이지 않고 물리침. ⊕ **이념(理念):** 이상적인 것으로 여겨지는 생각이나 견해. ⊕ **수기치인(修己治人):** 자신의 몸과 마음을 닦은 후에 남을 다스림.
실재 실제로 實 | 있을 在	**실제로**[實] **있음**[在]. 사전 실제로 존재함. '18 모의 현실에 존재하는 것을 <u>실재</u>라고 믿을 수 있도록 재현하는 유파를 하이퍼리얼리즘이라고 한다. '16 모의 도덕 <u>실재</u>론에서 주장하듯, '도둑질은 옳지 않다'가 도덕적 진리라면, 그것이 참임을 판정하기 위해서는 도덕적으로 옳지 않음이라는 객관적으로 <u>실재</u>하는 성질을 도둑질에서 찾아낼 수 있어야 한다.	⊕ **가상(假象):** 주관적으로는 실제 있는 것처럼 보이나 객관적으로는 존재하지 않는 거짓 현상. ⊕ **실존(實存):** 실제로 존재함. 또는 그런 존재. ⊕ **유파(流派):** 생각이나 방법 경향이 비슷한 사람이 모여서 이룬 무리.
실정 실제로 實 | 사정 情	**실제**[實] **사정**[情]. 사전 실제의 사정이나 정세. '21 학평 올해 학교 행사가 대폭 축소되어 수익이 거의 나지 않아 기부를 하기가 어려운 <u>실정</u>입니다.	⊕ **실태(實態):** 있는 그대로의 상태. 또는 실제의 모양. ⊕ **정세(情勢):** 일이 되어 가는 형편.
안목 눈 眼 | 눈 目	**사물을 보는 눈**[眼目]. 사전 사물을 보고 분별하는 견식. '22 수능 책은 세상에 대한 <u>안목</u>을 키우는 데 필요한 지식을 담고 있으며, 독서는 그 지식을 얻는 과정이다.	↻ 눈, 식견, 분별력 ⊕ **견식(見識):** 견문과 학식.
여부 인정할 與 | 아닐 否	**그러한지**[與] **아닌지**[否]. 사전 ① 그러함과 그러하지 않음. ② 틀리거나 의심할 여지. '16 수능 정부의 지원 <u>여부</u>(①)를 밝히지 않고 지지를 호소한 것은 재원 마련에 대한 확신을 주지 못하므로 신뢰할 수 없습니다.	**TIP톡!** ②의 뜻으로 쓰일 때는 주로 '여부가 있다/없다'와 같이 쓰인다. ⊕ **가부(可否):** ① 옳고 그름. ② 찬성과 반대.

예측 미리 豫 | 헤아릴 測	**미리[豫] 헤아림[測].** 사전 미리 헤아려 짐작함. '19 학평 바디우에 따르면, 사건이란 기존의 사회 구조를 뒤흔들 만큼 충격적인 일이면서 미리 계획하거나 예측할 수 없는 일이다.	○ 짐작 ⊕ 추측(推測): 미루어 생각하여 헤아림.
오류 그르칠 誤 | 그르칠 謬	**잘못됨[誤謬].** 사전 ① 그릇되어 이치에 맞지 않는 일. ② 정보·통신상에서 연산 처리 장치의 잘못된 동작이나 소프트웨어의 잘못 때문에 생기는, 계산값과 참값의 오차. '17 학평 사람들은 결론이 담고 있는 내용에 영향을 받아 오류(①)를 범할 때도 있다. '18 수능 채널 부호화는 오류(②)를 검출하고 정정하기 위하여 부호에 잉여 정보를 추가하는 과정이다.	○ 잘못 ⊕ 부호화(符號化): 주어진 정보를 어떤 표준적인 형태로 변환하거나 거꾸로 변환함. ⊕ 정정(訂正): 글자나 글 등의 잘못을 고쳐 바로잡음. ⊕ 잉여(剩餘): 쓰고 난 후 남은 것.
요소 중요할 要 | 바탕 素	**중요한[要] 바탕이[素] 되는 성분.** 사전 사물의 성립이나 효력 발생 등에 꼭 필요한 성분. 또는 근본 조건. '21 수능 '게임화(gamification)'란 게임적 사고나 게임 기법과 같은 요소를 다양한 분야에 접목시키는 것이다.	⊕ 성분(成分): 유기적인 통일체를 이루고 있는 것의 한 부분. ⊕ 접목(椄木): 둘 이상의 다른 현상 등을 알맞게 조화하게 함.
우려 근심 憂 | 걱정할 慮	**근심하고[憂] 걱정함[慮].** 사전 근심하거나 걱정함. 또는 그 근심과 걱정. '21 모의 디지털세의 배경에는 법인세 감소에 대한 각국의 우려가 있다.	○ 걱정, 근심 ⊕ 근심: 해결되지 않은 일 때문에 속을 태우거나 우울해함.
인과 인할 因 | 결과 果	**원인과[因] 결과[果].** 사전 원인과 결과를 아울러 이르는 말. '22 모의 자연 현상과 인간사를 인과 관계로 설명하는 동아시아의 대표적 논의는 재이론(災異論)이다.	⊕ 재이론(災異論): 잘못한 사람에게 재앙과 이변이 생긴다고 믿던 조선 시대의 사상.
임의 맡길 任 | 뜻 意	**그때그때의 마음에[意] 맡김[任].** 사전 ① 일정한 기준이나 원칙 없이 하고 싶은 대로 함. ② 대상이나 장소 등을 일정하게 정하지 않음. '19 학평 자본 불변의 원칙은 자본금을 임의(①)로 변경하지 못하며 자본금의 변경을 위해서는 법적 절차를 거쳐야 한다는 것이다. '20 수능 우리는 종종 임의(②)의 명제가 참인지 거짓인지 새롭게 알게 된다.	①-≒ 수의(隨意): 자기의 마음대로 함. ①-≒ 자의(恣意): 제멋대로 하는 생각.
입증 세울 立 | 증거 證	**증거를[證] 내세움[立].** 사전 어떤 증거 등을 내세워 증명함. '19 모의 자신의 주장이 관철되었을 때의 기대 효과를 제시하여 주장의 정당성을 입증한다.	⊕ 관철(貫徹): 어려움을 뚫고 나아가 목적을 기어이 이룸. ⊕ 정당성(正當性): 사리에 맞아 옳고 정의로운 성질.

재해석	다시[再] 풀어서[解釋] 설명함.	⊕ 해석(解釋): 문장이나 사물, 행위 등으로 표현된 내용을 판단하고 이해하여 설명함. 또는 그 내용.
다시 再 ㅣ 풀 解 ㅣ 풀 釋	사전 옛것을 새로운 관점에서 다시 해석함.	
	'19 수능 고대 문헌에 담긴 우주론을 재해석하고 확인하려는 경향은 19세기 중엽까지 주를 이루었다.	

전제	앞서[前] 제시하는[提] 것.	TIP톡! 유비 논증은 두 대상에 몇 가지 유사점이 있다는 전제하에 한 대상의 추가적 특성이 알려지면 다른 대상도 추가적 특성을 가지고 있다고 추론하는 것이다.
앞 前 ㅣ 제시할 提	사전 ① 어떠한 사물이나 현상을 이루기 위하여 먼저 내세우는 것.	
	② 추리를 할 때, 결론의 기초가 되는 판단.	
	'18 학평 니체는 '몸'으로서의 인간에게 육체의 활동이 전제(①)되지 않으면 이성적 활동이 불가능하다고 말하면서 육체의 중요성을 언급한다.	
	'17 모의 유비 논증은 이미 알고 있는 전제(②)에서 새로운 정보를 결론으로 도출하게 된다는 점에서 유익하기 때문에 일상생활과 과학에서 흔하게 쓰인다.	

주관	자신의[主] 입장에서 바라보는[觀] 생각.	⊕ 객관(客觀): 자기와의 관계에서 벗어나 제삼자의 입장에서 사물을 보거나 생각함.
자신 主 ㅣ 볼 觀	사전 자기만의 견해나 관점.	
	'22 모의 독자는 책의 내용을 무비판적으로 수용하기보다는 자신의 주관을 가지고 책의 내용에 대해 판단할 필요가 있다.	

주체	주가[主] 되는 몸체[體].	⊕ 객체(客體): ① 의사나 행위가 미치는 대상. ② 작용의 대상이 되는 쪽.
주될 主 ㅣ 몸 體	사전 ① 어떤 단체나 물건의 주가 되는 부분.	⊕ 대척점(對蹠點): 지구 위의 한 지점에 대하여, 지구의 반대쪽에 있는 지점.
	② 사물의 작용이나 어떤 행동의 주가 되는 것.	
	'20 모의 영화는 공식 역사의 대척점에서 활동하면서 역사적 의식 형성에 참여한다는 점에서 역사 서술의 한 주체(②)가 된다.	

진술	길게 늘어놓으며[陳] 말함[述].	TIP톡! ②의 뜻으로 쓰일 때는 '진술 조서', '증인 진술' 등과 같이 쓰인다.
늘어놓을 陳 ㅣ 말할 述	사전 ① 일이나 상황에 대하여 자세하게 이야기함. 또는 그런 이야기.	⊕ 구술(口述): 입으로 말함.
	② 소송에서 당사자·증인 등이 관계 사항을 구술 또는 서면으로 알리는 일.	⊕ 서면(書面): 일정한 내용을 적은 문서.
	'18 모의 프리스트에 따르면, '참'인 진술(①)과 '거짓'인 진술 이외에 '참인 동시에 거짓'인 진술이 있다.	

집약	모아서[集] 묶음[約].	⊕ 요약(要約): 말이나 글의 요점을 잡아서 간추림.
모을 集 ㅣ 묶을 約	사전 한데 모아서 요약함.	⊕ 잡가(雜歌): 조선 말기에 평민들이 지어 부르던 노래.
	'18 모의 잡가의 담당층은 노래의 내용을 단시간에 전달하기 위해 상황을 집약해 설명하고 인물의 감정을 드러내는 가사를 반복해 청중의 공감을 끌어냈다.	

추론	미루어[推] 짐작하여 논함[論].	⊕ 유추(類推): 같은 종류의 것 또는 비슷한 것에 기초하여 다른 사물을 미루어 추측하는 일.
헤아릴 推 ㅣ 논할 論	사전 미루어 생각하여 논함.	⊕ 선별(選別): 가려서 따로 나눔.
	'22 모의 독자는 글 표면에 드러난 내용을 정확하고 충분하게 읽기, 글 이면의 내용을 추론하고 비판하며 읽기, 여러 관점을 비교하고 종합하며 읽기와 같은 방법을 적절히 조합하여 선별한 내용을 읽게 된다.	

측면 옆 側 | 방면 面	**옆[側]쪽[面].** [사전] ① 앞뒤에 대하여 왼쪽이나 오른쪽의 면. = 옆면 ② 사물이나 현상의 한 부분. 또는 한쪽 면. ['19 모의] 대부분의 야생 조류는 눈이 머리 측면(①)에 있어서 양쪽 눈의 시야가 겹치는 범위가 좁습니다. ['22 모의] 과정 이론은 규범이나 마음과 같은, 물리적 세계 바깥의 측면(②)을 해명하기 어렵다는 한계를 지닌다.	⊕ 정면(正面): ① 똑바로 마주 보이는 면. ② 사물에서, 앞쪽으로 향한 면. ⊕ 시야(視野): 시력이 미치는 범위. ⊕ 해명(解明): 까닭이나 내용을 풀어서 밝힘.
판단 구별할 判 | 결단할 斷	**사리를 구별하여[判] 딱 잘라 결정함[斷].** [사전] 사물을 인식하여 논리나 기준 등에 따라 판정을 내림. ['20 수능] 인간이 개발한 인공 지능이 인간을 판단한다면 주체와 객체가 뒤바뀌는 상황이 발생할 것이다.	⊕ 판정(判定): 옳고 그름이나 좋고 나쁨을 판단하여 결정함.
편중 치우칠 偏 | 무게 重	**무게가[重] 한쪽으로 치우침[偏].** [사전] 중심이 한쪽으로 치우침. ['22 수능] 문학 분야에 편중되었던 독서 습관을 버리고 다양한 분야의 책을 읽으려는 노력을 보이고 있다.	⊕ 불균형(不均衡): 어느 편으로 치우쳐 고르지 않음. ⊕ 편향(偏向): 한쪽으로 치우침.
확률 확실할 確 | 비율 率	**확실하게[確] 일어날 비율[率].** [사전] 일정한 조건 아래에서 어떤 사건이나 사상(事象)이 일어날 가능성의 정도. 또는 그런 수치. ['16 수능] 이들은 귀납의 문제를 직접 해결하려 하기보다 확률을 도입하여 개연성이라는 귀납의 특징을 강조하려 한다.	⊕ 공산(公算): 어떤 상태가 되거나 어떤 일이 일어날 수 있는 확실성의 정도. ⊕ 도입(導入): 기술, 방법, 물자 등을 끌어 들임.

1분 배경 지식

논리인 듯 논리 아닌, 논리적 오류

'하나를 보면 열을 안다'라는 말은 논리적일까? 얼핏 들으면 맞는 말 같지만 이 문장은 논리적 오류를 포함하고 있다. 충분하지 않은 정보를 가지고 성급하게 결론을 짓는 '성급한 일반화의 오류'를 범한 것이다. 이처럼 어떤 문제의 진리를 확인하고 증명하는 과정에서 논증의 규칙이나 사유의 법칙을 위반하여 생기는 오류를 '논리적 오류'라고 하는데, 크게 형식적 오류와 비형식적 오류로 구분할 수 있다.

형식적 오류는 내용이 아닌 형식 때문에 범하는 오류이다. 예를 들어 'A면 B이다. 그런데 A가 아니다. 그러므로 B가 아니다.'라는 사유 형식은 형식 자체에 오류가 있어 '운동을 하면 오래 산다. 그런데 운동을 안 한다. 그러므로 오래 살지 못한다.'와 같은 오류를 범하게 된다.

비형식적 오류는 잘못된 근거나 언어, 감정적인 논리를 사용하여 발생하는 내용상의 오류이다. 앞서 설명한 '성급한 일반화의 오류'도 이에 해당한다. 이외에도 비형식적 오류에는 잘못된 권위에 호소하는 오류(권위 있는 사람의 말은 틀리지 않다고 말하는 것), 피장파장의 오류(다른 사람의 잘못을 들어 자기의 잘못을 정당화하려는 것), 허수아비 때리기 오류(상대방의 논리를 곡해하여 상대의 입장과 비슷하지만 사실은 다른 허술한 허수아비 명제를 세워 그 약점만 공격하는 것) 등이 있다.

▲ 허수아비 때리기 오류

경당문노	농사짓는[耕] 일은 종에게[奴] 묻는[問] 것이 마땅함[當].	⊕ 종: 예전에, 남의 집에 딸려 천한 일을 하던 사람.
농사지을 耕 | 마땅할 當 물을 問 | 종 奴	사전 농사일은 의당 머슴에게 물어보아야 한다는 뜻으로, 모르는 일은 잘 아는 사람에게 상의하여야 함을 이르는 말. '16 학평 경당문노(耕當問奴)인들 누구에게 물을런고 　　　　　손수 농사짓기가 내 분(分)인 줄 알리로다	⊕ 분(分): 자기 신분에 맞는 한도. = 분수

권선징악	착한[善] 일은 권하고[勸] 악한[惡] 일은 징계함[懲].	⊚ 권계(勸誡): 착한 일은 권장하고 악한 일은 제재함.
권할 勸 | 착할 善 징계할 懲 | 악할 惡	사전 착한 일을 권장하고 악한 일을 징계함. '19 수능 악인의 횡포를 징벌함으로써 권선징악의 세계관을 드러내고 있다. '18 모의 형제 갈등이라는 가족 내의 문제를 다루면서 권선징악적 성격을 드러내고 있다.	⊚ 창선징악(彰善懲惡): 착한 일은 찬양하여 드러내고 악한 일은 징벌함.

인명재천	사람의[人] 목숨은[命] 하늘에[天] 달려 있음[在].	
사람 人 | 목숨 命 있을 在 | 하늘 天	사전 목숨의 길고 짧음은 사람의 힘으로 어쩔 수 없음을 이르는 말. '22 수능 인명이오면 재천이옵거늘 설마 무죄로 죽어 청춘 원혼이 되리오마는 나의 뜻은 정한 지 오래되었는지라.	

인생무상	사람의[人] 삶은[生] 영원하지[常] 않음[無].	⊕ 덧없다: 보람이나 쓸모가 없어 헛되고 허전하다.
사람 人 | 살 生 없을 無 | 영원할 常	사전 인생이 덧없음. '22 수능 자연물이 쇠락하는 과정을 제시하여 인생에 대한 무상감을 드러내고 있다.	⊕ 쇠락(衰落): 쇠약하여 말라서 떨어짐.

죄당만사	죄가[罪] 커서 만[萬] 번 죽어도[死] 마땅함[當].	⊕ 만사무석(萬死無惜): 만 번 죽어도 아까울 것이 없음.
죄 罪 | 마땅할 當 일만 萬 | 죽을 死	사전 지은 죄가 너무 커서 죽어 마땅함. '21 모의 선생의 도술이 높으심을 모르고 존엄을 범하였으니 죄당만사(罪當萬死)이오나, 소생에게 노모가 있사오니 원컨대 선생은 잔명을 빌리소서.	⊕ 잔명(殘命): 얼마 남지 않은 쇠잔한 목숨.

천려일실	천[千] 개의 생각에[慮] 있는 하나의[一] 잘못[失].	⊚ 천려일득(千慮一得): 천 번 생각하여 하나를 얻는다는 뜻으로, 어리석은 사람도 많이 생각하면 좋은 것 하나는 나온다는 말.
일천 千 | 생각할 慮 하나 一 | 잘못 失	사전 천 번 생각에 한 번 실수라는 뜻으로, 슬기로운 사람이라도 여러 가지 생각 가운데에는 잘못되는 것이 있을 수 있음을 이르는 말. 예 장수는 천려일실의 위기를 넘기고 겨우 전쟁에서 승리를 거두었다.	

확인 문제

• 정답과 해설 34쪽

[01~03] 다음 뜻에 해당하는 어휘에 ∨표 하시오.

01 중심이 한쪽으로 치우침.　　　　　　　　　　□ 우려 □ 편중

02 어떤 증거 등을 내세워 증명함.　　　　　　　□ 실재 □ 입증

03 일이나 상황에 대하여 자세하게 이야기함.　　□ 진술 □ 집약

[04~06] 빈칸에 들어갈 어휘를 〈보기〉에서 찾아 쓰시오.

보기			
수립	안목	요소	판단

04 상하이는 대한민국 임시 정부가 (　　　　　)된 곳이다.

05 환경적인 (　　　　　)은/는 사람의 성격 형성에 큰 영향을 끼친다.

06 외모를 잣대로 삼아 그 사람의 모든 것을 (　　　　　)해서는 안 된다.

[07~08] 제시된 초성을 참고하여 다음 뜻에 해당하는 어휘를 쓰시오.

07 ㅈ ㄱ : 자기만의 견해나 관점.　　　　　　　　_____

08 ㅈ ㅊ : 사물의 작용이나 어떤 행동의 주가 되는 것.　_____

[09~11] 다음 뜻에 해당하는 한자 성어를 찾아 바르게 연결하시오.

09 지은 죄가 너무 커서 죽어 마땅함.　　　　　　·　　　　· ㉠ 경당문노

10 모르는 일은 잘 아는 사람에게 상의하여야 함을　·　　　　· ㉡ 죄당만사
　　 이르는 말.

11 슬기로운 사람이라도 여러 가지 생각 가운데에는·　　　　· ㉢ 천려일실
　　 잘못되는 것이 있을 수 있음을 이르는 말.

공부한 날짜　　월　　일

경세론	세상을[世] 다스리는[經] 이론[論].	⊕ **이기론(理氣論)**: 우주의

경세론
다스릴 經 | 세상 世
논할 論

세상을[世] 다스리는[經] 이론[論].

사전 나라를 다스리고 경영하는 일에 관해 논리적으로 일반화한 체계.

'18 모의 율곡은 수기를 위한 수양론과 치인을 위한 경세론을 전개하는데, 그 바탕은 만물을 '이(理)'와 '기(氣)'로 설명하는 이기론이다.

⊕ **이기론(理氣論)**: 우주의 본체인 이(理)와 그 현상인 기(氣)로 모든 현상을 설명하려는 이론.

고찰
생각할 考 | 살필 察

생각하고[考] 살핌[察].

사전 어떤 것을 깊이 생각하고 연구함.

'17 학평 특정 예술 갈래의 예술사적 의미를 언급하며 철학적 관점에서 그 의미가 변화해 온 과정을 고찰하고 있다.

관념
볼 觀 | 생각 念

어떤 일을 바라보는[觀] 생각[念].

사전 ① 어떤 일에 대한 견해나 생각.
② 현실에 의하지 않는 추상적이고 공상적인 생각.

'22 모의 서울 양반의 경직된 관념(①)에 변화가 일기 시작한 것이다.

'21 모의 조선의 사대부들은 자연에 하늘의 이치[天理]가 구현된 것으로 보았으며, 그들 중 대부분은 자연의 미를 관념(②)적으로 형상화하였다.

⊕ **경직(硬直)**: 사고방식, 태도 등이 융통성이 없고 엄격하게 됨.

⊕ **관념적(觀念的)**: 추상적이고 공상적인 생각에 사로잡혀 있는 (것).

⊕ **형상화(形象化)**: 형체로 나타나 있지 않은 것을 구체적이고 명확한 형상으로 나타냄.

교조적
가르칠 敎 | 조목 條
어조사 的

가르침의[敎] 내용을[條] 그대로 믿는 (것)[的].

사전 역사적 환경이나 구체적 현실과 관계없이 어떠한 상황에서도 절대로 변하지 않는 진리인 듯 믿고 따르는 (것).

'18 수능 일부 현대 학자들은, 근대 사상가들이 당시 과학에 기초한 기계론적 모형이 더 설득력을 갖는다는 일종의 교조적 믿음에 의존했을 뿐, 아리스토텔레스의 목적론을 거부할 충분한 근거를 제시하지 못했다고 비판한다.

TIP톡! '-적(的)'은 '그 성격을 띠는 (것)', '그에 관계된 (것)', '그 상태로 된 (것)'의 뜻을 더하는 접미사이다.

⊕ **조목(條目)**: 법률이나 규정 등의 낱낱의 조나 항.

규범
법칙 規 | 법 範

지켜야 할 법칙[規範].

사전 인간이 행동하거나 판단할 때 마땅히 따르고 지켜야 할 법칙과 원리.

'19 학평 갑은 모든 인간의 생명은 소중하다는 규범을 배웠고 이를 신념으로 가지고 살았다.

⊕ **신념(信念)**: 굳게 믿는 마음.

극복
이길 克 | 굴복할 服

어떤 대상을 이기어[克] 굴복시키거나[服] 물리침.

사전 악조건이나 고생 등을 이겨 냄.

'17 모의 오랜 시간의 숙련 과정에서 다양한 갈등을 극복하며 경지에 이른 장인은 자신이 제작하는 작품을 통해 예술가적 집념과 열의를 보여 준다.

⊕ **숙련(熟鍊)**: 연습을 많이 하여 능숙하게 익힘.

⊕ **집념(執念)**: 한 가지 일에 매달려 마음을 쏟음. 또는 그 마음이나 생각.

근본 뿌리 根 | 근본 本	**뿌리가[根] 되는 본바탕[本].** 사전 ① 사물의 본질이나 본바탕. ② 자라 온 환경이나 혈통. '20 모의 에피쿠로스는 이를 토대로 자유로운 삶의 근본(①)을 규명하고 인생의 궁극적 목표인 행복으로 이끄는 윤리학을 펼쳐 나간다. '21 모의 그것은 안승학의 근본(②)을 아는 사람은 누구나 놀랄 만한 일이었다.	①-㊒ **근간(根幹)**: 사물의 바탕이나 중심이 되는 중요한 것. ②-㊒ **바탕**: 타고난 성질이나 재질. 또는 체질. ㊀ **규명(糾明)**: 어떤 사실을 자세히 따져서 바로 밝힘.
근원적 뿌리 根 | 기원 源 어조사 的	**뿌리와[根] 기원이[源] 되는 (것)[的].** 사전 사물이 비롯되는 근본이나 원인이 되는 (것). '22 수능 세계의 근원적 질서와 시·공간적 현실은 하나의 변증법적 체계를 이룬다.	
내면 안 內 | 방면 面	**안[內]쪽[面].** 사전 ① 물건의 안쪽. ② 밖으로 드러나지 않는 사람의 속마음. 사람의 정신적·심리적 측면을 이름. '22 수능 독자의 경험과 책에 담긴 수많은 경험들의 만남은 성찰의 기회를 제공함으로써 독자의 내면(②)을 성장시켜 삶을 바꾼다.	②-㊁ **외면(外面)**: 말이나 하는 짓이 겉에 드러나는 모양. ㊀ **성찰(省察)**: 자기의 마음을 반성하고 살핌.
망각 잊을 忘 | 물리칠 却	**잊어버림[忘却].** 사전 어떤 사실을 잊어버림. '22 모의 탐구 과정에서 개인적으로 구성한 의미를 기록하는 것은 읽은 내용의 망각을 방지한다.	㊀ **방지(防止)**: 어떤 일이나 현상이 일어나지 못하게 막음.
범주 법 範 | 무리 疇	**정해진 법칙으로[範] 묶이는 한 무리[疇].** 사전 동일한 성질을 가진 부류나 범위. '22 수능 종합은 양자의 본질적 규정이 유기적 조화를 이루어 질적으로 고양된 최상의 범주가 생성됨으로써 성립하는 것이다.	**TIP톡!** 영어의 '카테고리 (category)'와 비슷한 개념이다. ㊀ **고양(高揚)**: ① 높이 쳐들어 올림. ② 정신이나 기분 등을 북돋워서 높임.
변증법 분별할 辨 | 증명할 證 방법 法	**사물을 분별하여[辨] 논리를 증명하는[證] 방법[法].** 사전 ① 문답에 의해 진리에 도달하는 방법. ② 헤겔 철학에서, 동일률을 근본 원리로 하는 형식 논리와 달리 모순 또는 대립을 근본 원리로 하여 사물의 운동을 설명하려는 논리. '22 수능 변증법(②)은 대등한 위상을 지니는 세 범주의 병렬이 아니라, 대립적인 두 범주가 조화로운 통일을 이루어 가는 수렴적 상향성을 구조적 특징으로 한다.	**TIP톡!** 헤겔은 정(正)·반 (反)·합(合) 삼 단계를 거쳐 논리가 증명된다고 하였다. ㊀ **동일률(同一律)**: 모든 대상은 그 자체와 같다는 원리. ㊀ **수렴(收斂)**: 의견 등이 여럿으로 나뉜 것을 하나로 모아 정리함.
비판 비평할 批 | 판단할 判	**비평하여[批] 판단함[判].** 사전 현상이나 사물의 옳고 그름을 판단하여 밝히거나 잘못된 점을 지적함. '21 모의 객관적 자료를 중심으로 작품을 비평하려는 맥락주의는 자칫 작품 외적인 요소에 치중하여 작품의 핵심적 본질을 훼손할 우려가 있다는 비판을 받는다.	㊁ **비평(批評)**: 사물의 옳고 그름, 아름다움과 추함 등을 분석하여 가치를 논함. ㊀ **치중(置重)**: 어떠한 것에 특히 중점을 둠.

사상 생각 思 | 생각 想	**사고나 생각[思想].** [사전] 어떠한 사물에 대하여 가지고 있는 구체적인 사고나 생각. ['19 모의] 17세기 초부터 유입되기 시작한 서학(西學) 서적에 담긴 서양의 과학 지식은 당시 조선의 지식인들에게 적지 않은 지적 충격을 주며 <u>사상</u>의 변화를 이끌었다.	↻ 생각, 사고 ⊕ 유입(流入): 문화, 지식, 사상 등이 들어옴.
사유 생각 思 | 생각할 惟	**생각하는[思惟] 일.** [사전] ① 대상을 두루 생각하는 일. ② 개념, 구성, 판단, 추리 등을 행하는 인간의 이성 작용. = 사고 ['22 수능] 예술은 직관하고 종교는 표상하며 철학은 <u>사유</u>(②)하기에, 이 세 형태 간에는 단계적 등급이 매겨진다.	⊕ 직관(直觀): 사유 작용을 거치지 않고 대상을 직접적으로 파악하는 작용. ⊕ 표상(表象): 외부 세계의 대상을 마음속에 나타내는 것
사후 죽을 死 | 뒤 後	**죽은[死] 뒤[後].** [사전] 죽고 난 이후. ['20 모의] 지동설은 갈릴레이 <u>사후</u>에야 받아들여지게 되었다.	⑪ 생전(生前): 살아 있는 동안. = 사전(死前) ⊕ 지동설(地動說): 지구는 자전하면서 태양의 주위를 돈다는 설.
상이 서로 相 | 다를 異	**서로[相] 다름[異].** [사전] 서로 다름. ['22 모의] <u>상이</u>한 피해를 일으키는 두 범죄에 동일한 형벌을 적용한다면 더 무거운 죄에 대한 억지력이 상실되지 않겠는가.	⊕ 동일(同一): 어떤 것과 비교하여 똑같음. ⊕ 억지력(抑止力): 억눌러 못하게 하는 힘. ⊕ 상실(喪失): 어떤 것이 아주 없어지거나 사라짐.
섭리 다스릴 攝 | 이치 理	**세상을 다스리는[攝] 이치[理].** [사전] ① 자연계를 지배하고 있는 원리와 법칙. ② 기독교에서 세상과 우주 만물을 다스리는 하나님의 뜻. ['21 학평] 늙음을 자연의 <u>섭리</u>(①)로 받아들이거나 삶을 즐기며 늙음에 대한 서글픔을 잊고자 하는 화자가 작품에 종종 등장하기도 한다. ['20 모의] 에피쿠로스의 자연학은 …… 우주와 인간의 세계에 신의 관여는 없으며, 인간의 삶에서도 신의 <u>섭리</u>(②)는 찾을 수 없다고 한다.	⊕ 관여(關與): 어떤 일에 관계하여 참여함.
성찰 살필 省 | 살필 察	**스스로 살핌[省察].** [사전] 자기의 마음을 반성하고 살핌. ['22 수능] 독서는 자기 <u>성찰</u>의 행위이며, 성찰의 시간은 깊이 사색하고 스스로에게 질문을 던지는 시간이어야 한다.	↻ 반성 ⊕ 사색(思索): 어떤 것에 대하여 깊이 생각하고 이치를 따짐.
세계관 세상 世 | 지경 界 | 볼 觀	**세상을[世界] 바라보는[觀] 태도.** [사전] 자연적 세계 및 인간 세계를 이루는 인생의 의의나 가치에 관한 견해. 낙천주의, 염세주의(인생을 불행하고 비참한 것으로 보는 태도) 등. ['22 모의] 근대 이후 서양의 철학자들은 과학적 <u>세계관</u>이 대두하면서 이전과는 달리 인과를 물리적 작용 사이의 관계로 국한하려는 경향을 보였다.	⊕ 대두(擡頭): 머리를 든다는 뜻으로, 어떤 세력이나 현상이 새로 나타남을 이름. ⊕ 인과(因果): 원인과 결과. ⊕ 국한(局限): 범위를 일정한 부분에 한정함.

소신	믿고[信] 있는 바[所].	⊕ 소신(小臣): 신하가 임금
바 所 | 믿을 信	**사전** 굳게 믿고 있는 바. 또는 생각하는 바.	에게 자기를 낮추어 이르던
	'17학평 자신의 방식대로 소신껏 농사를 짓겠다는 인물의 우직한 모습을 보여 주고 있군.	일인칭 대명사. ⊕ 우직(愚直): 어리석고 고지식함.

실증	실제로[實] 증명함[證].	⊕ 확증(確證): 확실히 증명
실제로 實 | 증명할 證	**사전** ① 확실한 증거. ② 실제로 증명함. 또는 그런 사실.	함. 또는 그런 증거.
	③ 어떤 명제의 참, 거짓을 사실에 비추어 검사하는 일. = 검증	⊕ 견지(堅持): 어떤 견해나 입장 등을 굳게 지킴.
	'19수능 17세기 웅명우와 방이지 등은 중국 고대 문헌에 수록된 우주론에 대해서는 부정적 태도를 견지하면서 성리학적 기론(氣論)에 입각하여 실증(②)적인 서양 과학을 재해석한 독창적 이론을 제시하였다.	⊕ 실증적(實證的): 경험적 사실의 관찰과 실험에 따라 적극적으로 증명하는 (것).

실현	실제로[實] 나타남[現].	⊕ 추구(追求): 목적을 이룰
실제로 實 | 나타날 現	**사전** 꿈, 기대 등을 실제로 이룸.	때까지 뒤좇아 구함.
	'20모의 에피쿠로스는 …… 쾌락주의적 윤리학을 바탕으로 영혼이 안정된 상태에서 행복 실현을 추구할 수 있는 방안을 제시하였다.	

연관	관계가[關] 이어짐[聯].	⊕ 관련(關聯): 둘 이상의
이을 聯 | 관계할 關	**사전** 사물이나 현상이 일정한 관계를 맺는 일.	사람, 사물, 현상 등이 서로 관계를 맺어 매여 있음. 또
	'19학평 대상을 찍는 것이 과거로 굳어진 시간을 단순히 현재화하는 것에 그친다면 이는 진정한 예술 행위가 아니며, 미래와의 연관을 담아내야 한다고 본 것이다.	는 그 관계.

1분 배경 지식

착한 마음의 씨앗, 사단(四端)

중국 전국 시대의 철학자인 맹자(孟子)는 인간의 도덕적 본성에 관하여 사람은 태어날 때부터 착한 본성을 타고 난다고 하였다. 그 본성은 '인의예지(仁義禮智)'로, 어질고[仁] 의롭고[義] 예의 바르고[禮] 지혜로운[智] 성품을 의미한다. 인, 의, 예, 지에서 각각 우러나오는 마음을 '사단(四端)'이라고 하는데, 인에서 우러나오는 '측은지심(惻隱之心)', 의에서 우러나오는 '수오지심(羞惡之心)', 예에서 우러나오는 '사양지심(辭讓之心)', 지에서 우러나오는 '시비지심(是非之心)'이 그것이다.

측은지심은 '다른 사람을 불쌍히[惻隱] 여기는 마음', 수오지심은 '옳지 못한 것을 부끄러워하고[羞] 착하지 못한 것을 미워하는[惡] 마음', 사양지심은 '겸손하게 남에게 사양하는[辭讓] 마음', 시비지심은 '옳고[是] 그름을[非] 가릴 줄 아는 마음'이다.

맹자는 이 네 가지 마음을 바탕으로 인의예지의 마음을 넓혀 덕(德)을 갖추면 선한 인간이 될 수 있다고 하였다.

▲ 맹자

기우
나라 이름 杞 | 근심 憂

기(杞)나라 사람의 걱정[憂].

[사전] 앞일에 대해 쓸데없는 걱정을 함. = 군걱정

[유래] 옛날 중국의 기(杞)나라 사람이 하늘이 무너질까 봐 쓸데없이 걱정했다는 데서 유래하였다.

[예] 혹시 일이 잘못되지나 않을까 하는 걱정은 기우였다.

노심초사
힘쓸 勞 | 마음 心
태울 焦 | 마음 思

마음을[心] 쓰고[勞] 마음을[思] 태움[焦].

[사전] 몹시 마음을 쓰며 애를 태움.

[예] 그는 거짓말이 탄로 날까 봐 노심초사하였다.

㉤ 초심고려(焦心苦慮): 마음을 졸여서 태우며 괴롭게 염려함.
⊕ 탄로(綻露): 숨긴 일을 드러냄.

신신당부
거듭 申 | 거듭 申
맡을 當 | 부탁할 付

거듭하여[申申] 맡기고[當] 부탁함[付].

[사전] 거듭하여 간곡히 하는 당부.

['19 학평] 선군은 낭자가 신신당부하던 말도 무시하고 또 하인들 몰래 집으로 돌아갔다.

㉤ 신신부탁(申申付託): 거듭하여 간곡히 하는 부탁.
⊕ 낭자(娘子): 예전에, '처녀'를 높여 이르던 말.

전전긍긍
두려워할 戰
두려워할 戰
떨릴 兢 | 떨릴 兢

두려워하며[戰戰] 벌벌 떪[兢兢].

[사전] 몹시 두려워서 벌벌 떨며 조심함.

['18 모의] 노둔하고 야윈 말을 얻었을 경우에는 일이 아무리 급해도 감히 채찍을 대지 못한 채 금방이라도 쓰러지고 넘어질 것처럼 전전긍긍하기 일쑤요.

TIP톡! '전(戰)'은 '싸움'이라는 뜻 외에 '두려워서 떨다'라는 뜻으로도 쓰인다.
⊕ 노둔(老鈍): 늙어서 재빠르지 못하고 둔함.

전전반측
돌아누울 輾 | 구를 轉
뒤집을 反 | 옆 側

돌아누웠다가[輾] 굴렀다가[轉] 뒤집었다가[反] 옆으로[側] 누움.

[사전] 누워서 몸을 이리저리 뒤척이며 잠을 이루지 못함. = 전전불매

[예] 오랜 가뭄으로 걱정이 태산인 농부는 밤새도록 잠을 못 이루고 전전반측하였다.

좌불안석
앉을 坐 | 아닐 不
편안할 安 | 자리 席

앉아[坐] 있어도 자리가[席] 편안하지[安] 않음[不].

[사전] 마음이 불안하거나 걱정스러워서 한군데에 가만히 앉아 있지 못하고 안절부절못하는 모양을 이르는 말.

[예] 합격 결과를 기다리는 누나는 가시방석에 앉은 듯이 하루 종일 좌불안석하였다.

확인 문제

• 정답과 해설 **34**쪽

[01 ~ 03] 제시된 초성과 뜻을 참고하여 빈칸에 들어갈 어휘를 쓰시오.

01 ㅁ ㄱ : 어떤 사실을 잊어버림.

예 그녀는 이틀 동안 그림에 빠져 시간을 (   )하였다.

02 ㄱ ㅊ : 어떤 것을 깊이 생각하고 연구함.

예 역사에 대한 (   )은 인류를 이해하는 밑거름이 된다.

03 ㅅ ㅅ : 굳게 믿고 있는 바. 또는 생각하는 바.

예 다른 사람의 말에 구애받지 않고 (   )대로 살아가기란 쉽지 않다.

[04 ~ 06] 〈보기〉의 글자를 조합하여 빈칸에 들어갈 어휘를 쓰시오.

보기

| 범 | 비 | 성 | 주 | 찰 | 판 |

04 화원의 식물은 대략 몇 가지 ☐☐ (으)로 묶어 볼 수 있다.

05 최근 사회의 모순을 ☐☐ 하는 개인 방송 채널이 늘고 있다.

06 인간은 자신의 행동을 ☐☐ 하는 과정에서 깨달음을 얻을 수 있다.

[07 ~ 08] 다음 문장에 어울리는 어휘를 고르시오.

07 소년은 어린 시절부터 품었던 꿈을 드디어 (실증 | 실현)하였다.

08 그의 연설은 자기만 믿으면 된다는 (교조적 | 근원적)인 내용을 담고 있었다.

[09 ~ 11] 다음 뜻에 해당하는 한자 성어를 찾아 바르게 연결하시오.

09 몹시 마음을 쓰며 애를 태움.   ·

· ㉠ 노심초사

10 몹시 두려워서 벌벌 떨며 조심함. ·

· ㉡ 전전긍긍

11 한군데에 가만히 앉아 있지 못하고 ·
안절부절못하는 모양을 이르는 말.

· ㉢ 좌불안석

위상 위치 位 | 모양 相	**사물 사이에서 처한 위치나[位] 모양새[相].** [사전] 어떤 사물이 다른 사물과의 관계 속에서 가지는 위치나 상태. ['19 수능] 16세기 말부터 중국에 본격 유입된 서양 과학은, 청 왕조가 1644년 중국의 역법(曆法)을 기반으로 서양 천문학 모델과 계산법을 수용한 시헌력을 공식 채택함에 따라 그 위상이 구체화되었다.	⊕ **역법(曆法)**: 천체의 주기적 현상을 기준으로 하여 한 해의 절기나 달을 정하는 방법.
윤리 인륜 倫 | 도리 理	**사람으로서의 도리[倫理].** [사전] ① 사람으로서 마땅히 행하거나 지켜야 할 도리. ② 인간 행위의 규범에 관하여 연구하는 학문. = 윤리학 ['22 수능] 그는 가족과 국가에 윤리(①)적 책무를 다하는 인물로 인정받음으로써 도덕적 영웅으로 고양된다.	⊕ **책무(責務)**: 직무에 따른 책임이나 임무.
의도 뜻 意 | 계획 圖	**무엇을 하고자 하는 뜻과[意] 계획[圖].** [사전] 무엇을 하고자 하는 생각이나 계획. 또는 무엇을 하려고 꾀함. ['21 모의] 인상주의 비평가는 작가의 의도나 그 밖의 외적인 요인들을 고려할 필요 없이 비평가의 자유 의지로 무한대의 상상력을 가지고 작품을 해석하고 판단한다.	ⓤ **뜻**: 무엇을 하겠다고 속으로 먹는 마음. ⓤ **의사(意思)**: 무엇을 하고자 하는 생각.
의존 의지할 依 | 있을 存	**의지하고[依] 있음[存].** [사전] 다른 것에 의지하여 존재함. ['21 학평] 상호 의존적인 관계로 맺어진 사회에 살고 있는 우리는 다른 사람의 행동에 쉽게 영향을 받는다. ['17 수능] 논리 실증주의자와 포퍼는 지식을 수학적 지식이나 논리학 지식처럼 경험과 무관한 것과 과학적 지식처럼 경험에 의존하는 것으로 구분한다.	⊕ **의지(依支)**: 다른 것에 몸이나 마음을 기댐. 또는 그렇게 하는 대상. ⊕ **무관(無關)**: 관계나 상관이 없음.
의지 뜻 意 | 뜻 志	**어떠한 일을 이루고자 하는 뜻[意志].** [사전] 어떠한 일을 이루고자 하는 마음. ['21 학평] 나이를 먹는 것은 인간이 자신의 의지로 바꿀 수 없는 필연적인 현상이다. ['17 학평] 그녀는 자신의 의지를 꺾어야 했다.	ⓤ **의향(意向)**: 마음이 향하는 바. 또는 무엇을 하려는 생각. ⊕ **필연적(必然的)**: 일의 결과가 반드시 그렇게 될 수밖에 없는 (것).
이기론 이치 理 | 기운 氣 논할 論	**세상을 이(理)와 기(氣)로 설명하는 이론[論].** [사전] 우주의 본체인 이(理)와 그 현상인 기(氣)로써 모든 현상을 설명하는 이론. ['18 모의] 자신의 이기론을 바탕으로 더 나은 세상을 이루려 했던 율곡 이이의 노력은 수기치인의 실천이라 할 만하다.	**TIP톡!** 성리학은 이기론에 바탕을 둔 학문이다.

이념	이치에[理] 맞는다고 여겨지는 생각[念].	⊕ **변증법(辨證法)**: 모순 또
이치 理 ∣ 생각 念	[사전] ① 이상적인 것으로 여겨지는 생각이나 견해.	는 대립을 근본 원리로 하
	② 철학에서, 순수한 이성에 의하여 얻어지는 최고 개념. = 이데아	여 사물의 운동을 설명하려
	'17 수능 두 작품에서는 외적의 침략이나 <u>이념</u>(①) 갈등과 같은 공동체 사이의 갈	는 논리.
	등이 드러나고 있다.	
	'22 수능 <u>이념</u>(②)과 현실은 하나의 체계를 이루며, 이 두 차원의 원리를 밝히는	
	철학적 논증도 변증법적 체계성을 지녀야 한다.	

이상	이치에[理] 맞는다고 생각되는[想] 상태.	⑪ **현실(現實)**: 현재 실제로
이치 理 ∣ 생각 想	[사전] 생각할 수 있는 범위 안에서 가장 완전하다고 여겨지는 상태.	존재하는 사실이나 상태.
	'18 모의 플라톤은 물질적이고 가변적인 사물들이 존재하는 현실 세계와 비물질	⊕ **가변적(可變的)**: 바꿀 수
	적이고 불변적이고 완벽한 이데아들이 존재하는 <u>이상</u> 세계를 구분한다.	있거나 바뀔 수 있는 (것).

인식	상황을 판단하여 앎[認識].	⊕ **일련(一連)**: 하나로 이어
알 認 ∣ 알 識	[사전] ① 사물을 분별하고 판단하여 앎.	지는 것.
	② 자극을 받아들이고, 저장하고, 내보내는 일련의 정신 과정. = 인지	⊕ **당면(當面)**: 바로 눈앞에
	'22 수능 독서는 자신을 둘러싼 현실을 올바로 <u>인식</u>(①)하고 당면한 문제를 해결	당함.
	할 논리와 힘을 지니게 한다.	

인지	상황을 분명하게 앎[認知].	
알 認 ∣ 알 知	[사전] ① 어떤 사실을 인정하여 앎.	
	② 자극을 받아들이고, 저장하고, 내보내는 일련의 정신 과정. = 인식	
	'21 학평 우리는 이러한 문제점을 <u>인지</u>(①)하고 예방하기 위해 노력해야 한다.	

정당성	바르고[正] 이치에 마땅한[當] 성질[性].	⊕ **정당화(正當化)**: 정당성
바를 正 ∣ 마땅할 當	[사전] 사리에 맞아 옳고 정의로운 성질.	이 없는 것을 둘러대어 정
성질 性	'20 학평 과거의 사건에 대한 자신의 판단을 제시하며 자신이 하려는 행위의 <u>정당</u>	당한 것으로 만듦.
	<u>성</u>을 강조하고 있다.	

존엄성	높고[尊] 엄숙한[嚴] 성질[性].	⊕ **보장(保障)**: 어떤 일이
높을 尊 ∣ 엄숙할 嚴	[사전] 감히 범할 수 없는 높고 엄숙한 성질.	어려움 없이 이루어지도록
성질 性	'19 학평 한 설문 조사에 따르면 전체 응답자 중 70%가 개인의 <u>존엄성</u>을 지키기	조건을 마련하여 보증하거
	위해 잊힐 권리를 적극적으로 보장해야 한다는 주장에 공감했다.	나 보호함.

지각	어떤 일을 알아서[知] 깨달음[覺].	**TIP톡!** ②의 뜻으로 쓰일
알 知 ∣ 깨달을 覺	[사전] ① 알아서 깨달음. 또는 그런 능력.	때는 '지각을 차리다', '지각
	② 사물의 이치나 도리를 분별하는 능력.	이 들다' 등과 같이 쓰인다.
	③ 감각 기관을 통하여 대상을 인식함. 또는 그런 작용.	
	'17 학평 메를로퐁티는 이때 몸에 축적되어 있는 체험을 바탕으로 보이는 것만이	
	아니라 직접 눈에 보이지 않는 것까지 함께 <u>지각</u>(①)한다고 말한다.	

지성 알 知ㅣ성질 性	**지적으로[知] 생각하는 성질[性].** 사전 지각된 것을 정리하고 통일하여, 이것을 바탕으로 새로운 인식을 낳게 하는 정신 작용. 넓은 뜻으로는 지적 능력을 통틀어 이름. '17학평 그는 인간의 <u>지성</u> 또한 광범위한 몸의 활동의 일부분일 뿐이라고 보았다.	⊕ **이성(理性):** 개념적으로 사유하는 능력. ⊕ **지성(至誠):** 지극한 정성.
지향 뜻 志ㅣ향할 向	**뜻이[志] 향함[向].** 사전 어떤 목표로 뜻이 쏠리어 향함. 또는 그 방향이나 그쪽으로 쏠리는 의지. '18학평 니체는, 홉스와 루소가 그들이 <u>지향</u>하는 인간 삶의 방향성을 규정하기 위해 인간의 도덕적 가치 판단만으로 자연의 개념을 규정했음을 비판했다.	⊕ **지양(止揚):** 더 높은 단계로 오르기 위해 어떠한 것을 하지 않음.
직관 곧을 直ㅣ볼 觀	**사물을 있는 그대로[直] 봄[觀].** 사전 판단, 추리 등의 사고를 거치지 않고 대상을 직접적으로 파악하는 작용. '21학평 정보 부족과 시간 제약의 한계가 있는 상황에서 <u>직관</u>적 판단은 인지적 부담을 줄여 주고 의사 결정의 효율성을 높여 준다.	⊕ **제약(制約):** 조건을 붙여 내용을 제한함. 또는 그 조건. ⊕ **효율성(效率性):** 들인 노력과 얻은 결과의 비율이 높은 특성.
진리 참 眞ㅣ이치 理	**참된[眞] 이치나[理] 사실.** 사전 참된 이치. 또는 참된 도리. '19학평 근대 철학에서는 대상이 지닌 고정된 <u>진리</u>나 고유한 본질에 해당하는 동일성을 찾으려고 노력하였다.	**TIP톡!** 철학에서의 진리는 언제 어디서나 누구든지 받아들일 수 있는 보편적인 법칙이나 사실을 의미한다.
체계 몸 體ㅣ맬 系	**몸체를[體] 이어 매고[系] 있는 구조.** 사전 일정한 원리에 따라서 낱낱의 부분이 짜임새 있게 조직되어 통일된 전체. '22수능 헤겔은 미학도 철저히 변증법적으로 구성된 <u>체계</u> 안에서 다루고자 한다. '21학평 조선의 형법은 처벌의 기준을 명시한 성문화된 <u>체계</u>를 가지고 있었다.	⊕ **명시(明示):** 분명하게 드러내 보임. ⊕ **성문화(成文化):** 글이나 문서로 나타냄.
통찰 꿰뚫을 洞ㅣ살필 察	**꿰뚫어[洞] 살핌[察].** 사전 예리한 관찰력으로 사물을 꿰뚫어 봄. '21수능 필자는 고요함에 대한 <u>통찰</u>을 통해 자신이 처한 공간에서 내적 고요를 추구하려 하는데, 이를 통해 삶에서 느끼는 불편이나 슬픔을 이겨 내는 동력을 얻고 있다. '19수능 가능 세계의 개념은 철학에서 갖가지 흥미로운 질문과 <u>통찰</u>을 이끌어 내며, 그에 관한 연구 역시 활발히 진행되고 있다.	⊕ **필자(筆者):** 글을 쓴 사람. ⊕ **동력(動力):** 어떤 일을 발전시키고 밀고 나가는 힘. ⊕ **가능 세계(可能世界):** 현실 세계와 대비되는 가능성의 세계. 현실 세계와 다른 방식으로 유추된 세계.
표상 나타낼 表ㅣ형상 象	**형상으로[象] 나타냄[表].** 사전 ① 본을 받을 만한 대상. = 본보기 ② 대표로 삼을 만큼 상징적인 것. ③ 외부 세계의 대상을 마음속에 나타내는 것. '22수능 먼 타향에서 밤하늘의 별들을 바라보는 것은 직관을 통해, 같은 곳에서 고향의 하늘을 상기하는 것은 <u>표상</u>(③)을 통해 이루어지겠군.	**TIP톡!** ①의 뜻으로 쓰일 때는 '사임당은 훌륭한 어머니의 표상이 되었다.', ②의 뜻으로 쓰일 때는 '태극기는 한민족의 표상이다.' 등과 같이 쓰인다. ⊕ **상기(想起):** 지난 일을 돌이켜 생각하여 냄.

필연성 반드시 必 | 그러할 然 성질 性	**반드시[必] 그러할[然] 수밖에 없는 성질[性].** 사전 사물의 관련이나 일의 결과가 반드시 그렇게 될 수밖에 없는 요소나 성질. '20 모의 그는 인간이 신의 개입과 우주의 필연성, 사후 세계에 대한 두려움에서 벗어날 수 있도록 함으로써, 자신의 삶을 자율적이고 주체적으로 살 수 있는 길을 열어 주었다.	반 우연성(偶然性): 우연히 이루어지는 일. + 개입(介入): 자신과 직접적인 관계가 없는 일에 끼어듦.
형상화 형상 形 | 형상 象 | 될 化	**구체적인 형체로[形象] 만듦[化].** 사전 형체로 나타나 있지 않은 것을 구체적이고 명확한 형상으로 나타냄. '22 수능 그는 오래전 떠나온 고향을 떠올려 시로 형상화했다.	TIP톡! 특히 어떤 소재를 예술적으로 재창조하는 것을 의미한다.
형이상학 형상 形 | 말 이을 而 위 上 | 배울 學	**형체[形] 그 이상(而上)의 것을 탐구하는 학문[學].** 사전 초경험적인 것을 대상으로 하는 학문을, 형이하 또는 경험적 대상의 학문인 자연 과학에 상대하여 이르는 말. '20 학평 철학자 니체는 종교의 초월성과 절대성, 즉 '신'으로 통칭되는 형이상학적 가치가 인간을 무력하게 한다고 보고, '신은 죽었다'라는 언명을 통해 신이 더 이상 중요하지 않음을 말하고자 했다.	TIP톡! '이상(而上)'은 어떤 범위의 위를 의미하는 '이상(以上)'과 같은 의미로 쓰였다. + 형이하학(形而下學): 형체를 갖추고 있는 사물을 연구하는 학문.
형체 형상 形 | 몸 體	**형상을[形] 이루는 몸체[體].** 사전 물건의 생김새나 그 바탕이 되는 몸체. '19 모의 최한기의 인체관을 함축하는 개념 중 하나는 '몸기계'였다. 그는 이 개념을 본격적으로 사용하기에 앞서 인체를 형체와 내부 장기로 구성된 일종의 기계로 파악하고 있었다.	+ 함축(含蓄): 말이나 글이 많은 뜻을 담고 있음.

1분 배경 지식

플라톤의 동굴 밖 이데아(Idea)

고대 그리스의 철학자 플라톤(Platon)은 현실 세계와 현실을 초월하여 존재하는 '이데아'를 분리하여 인식하였다. 현실 세계는 끊임없이 변하고 사라지는 불완전한 세계인 반면, 그 너머의 이데아는 영원불변(永遠不變)의 본질이 있는 참된 세계라고 믿은 것이다. 이는 사물의 본질을 사유에 둔 형이상학적 접근이었다.

플라톤은 현실에 존재하는 것들의 참모습이 이데아이며, 그것은 순수한 이성에 의해 얻을 수 있다고 믿었다. 그는 이데아를 다음과 같은 비유로 설명하였다.

동굴에서 태어나 뒤를 돌아보지 못한 채 쇠사슬에 묶인 사람들은 한쪽 벽만을 보며 살아간다. 동굴 입구에는 커다란 모닥불이 켜져 있고 모닥불과 사람들 사이에는 여러 가지 사물이 지나다닌다. 묶여 있는 사람들은 벽에 비친 그림자를 현실이라 믿는다. 이때 쇠사슬을 풀고 불빛 쪽으로 몸을 돌린 사람은 그림자 너머의 실체를 볼 수 있다. 그러다 마침내 동굴 밖으로 나가면 영원불변의 태양을 마주하게 되는데 그곳이 바로 참된 세계인 이데아이다.

이 비유에서 쇠사슬에 묶인 사람은 그림자를 현실이라 믿는 어리석은 인간을 상징한다. 이를 벗어나 실재(實在)의 원형을 인식한 사람은 철학자이며, 플라톤은 그런 지혜로운 철학자가 나라를 다스려야 한다고 주장하였다.

고두사죄

조아릴 叩 | 머리 頭
빌 謝 | 잘못 罪

머리를[頭] 조아리며[叩] 잘못을[罪] 빎[謝].

사전 머리를 조아리며 잘못을 빎.

예 경찰에 붙잡힌 범인은 <u>고두사죄</u>하며 눈물을 흘렸다.

삼성오신

셋 三 | 살필 省
나 吾 | 자신 身

세[三] 번 나[吾] 자신을[身] 살핌[省].

사전 매일 세 번 자신을 반성함.

예 아버지께서는 <u>삼성오신</u>을 실천하며 성찰하는 삶을 사셨다.

역지사지

바꿀 易 | 처지 地
생각 思 | 어조사 之

처지를[地] 바꾸어[易] 그것을[之] 생각함[思].

사전 처지를 바꾸어서 생각하여 봄.

'16 학평 그가 말하는 동감은 관찰자가 상상에 의한 <u>역지사지</u>를 통해 행위자와 감정 일치를 이루는 것을 의미한다.

⊕ 처지(處地): 처하여 있는 사정이나 형편.

상차림에 배려가 없군.

유구무언

있을 有 | 입 口
없을 無 | 말씀 言

입은[口] 있으나[有] 할 말이[言] 없음[無].

사전 변명할 말이 없거나 변명을 못함을 이르는 말.

'17 모의 '재하자 <u>유구무언</u>(在下者 有口無言)'의 시대는 지났다 하더라도 노친 앞이라 말은 공손했으나 속은 달았다.

예 내가 동생의 잘못을 따져 물었지만, 동생은 <u>유구무언</u>이었다.

⊕ 재하자(在下者): 나이나 항렬 등이 자기보다 아래이거나 낮은 사람. = 손아랫사람

⊕ 노친(老親): 늙은 부모.

자문자답

스스로 自 | 물을 問
스스로 自 | 대답 答

스스로[自] 묻고[問] 스스로[自] 대답함[答].

사전 스스로 묻고 스스로 대답함.

'21 모의 자신의 처지를 <u>자문자답</u> 형식으로 말함으로써 자신의 생각을 일반화하고 있다.

타산지석

다를 他 | 산 山
어조사 之 | 돌 石

다른[他] 산[山]의[之] 돌[石].

사전 다른 산의 나쁜 돌이라도 자신의 산의 옥돌을 가는 데 쓸 수 있다는 뜻으로, 본이 되지 않은 남의 말이나 행동도 자신의 지식과 인격을 수양하는 데 도움이 될 수 있음을 비유적으로 이르는 말.

'20 모의 주민 측은 ○○ 마을을 <u>타산지석</u>으로 삼아 예상되는 문제를 최소화할 방안을 마련해 이를 시청 측과 논의할 것이라고 말했다.

⊕ 반면교사(反面教師): 사람이나 사물 등의 부정적인 면에서 얻는 깨달음이나 가르침을 주는 대상을 이르는 말.

• 정답과 해설 35쪽

[01~09] 다음 십자말풀이를 완성하시오.

	01			04
	02			
03			05	
06			08	
07		09		

세로

01 초경험적인 것을 대상으로 하는 학문.

04 일의 결과가 반드시 그렇게 될 수밖에 없는 요소나 성질.

06 어떠한 일을 이루고자 하는 마음.

08 사람으로서 마땅히 행하거나 지켜야 할 도리.

가로

02 이상적인 것으로 여겨지는 생각이나 견해.

03 외부 세계의 대상을 마음속에 나타내는 것.

05 사리에 맞아 옳고 정의로운 성질.

07 알아서 깨달음.　　**09** 참된 이치. 또는 참된 도리.

[10~12] 다음 문장에 어울리는 어휘를 고르시오.

10　그녀는 여전히 이상을 (지향 | 직관)하는 이상주의자이다.

11　이 소설에는 인생에 대한 작가의 (의존 | 통찰)이 담겨 있다.

12　어떠한 법률이나 정책도 인간의 (존엄성 | 지성)을 훼손해서는 안 된다.

[13~14] 제시된 초성을 참고하여 다음 뜻에 해당하는 어휘를 쓰시오.

13　| ㅇ | ㅅ | : 사물을 분별하고 판단하여 앎.　　　　_____

14　| ㅊ | ㄱ | : 일정한 원리에 따라서 낱낱의 부분이 짜임새 있게 조직되어
　　　통일된 전체.　　　　_____

[15~16] 빈칸에 알맞은 말을 넣어 다음 상황에 어울리는 한자 성어를 완성하시오.

15　모두 제 잘못이니 | | 구 | | 언 |입니다.

16　나는 그의 행동을 | 타 | | 지 | |으로 삼아 같은 실수를 저지르지 않을 것이다.

개혁론	세상을 고쳐[改革] 나가자는 이론[論].	⊕ 개변(改變): 제도나 생각 등을 근본적으로 바꾸거나 발전적인 방향으로 고침.
고칠 改 ㅣ 고칠 革 논할 論	사전 제도나 기구 등을 새롭게 뜯어고치자는 논의나 견해.	
	'18 모의 대사상가인 동시에 탁월한 경세가였던 율곡은 많은 논설에서 법제 개혁론을 펼쳤는데, 이는 「만언봉사」에서 잘 나타난다.	⊕ 경세가(經世家): 세상을 다스려 나가는 사람.

경전	유교의 도리가[經] 담긴 책[典].	⊕ 경서(經書): 옛 성현들이 유교의 사상과 교리를 써 놓은 책.
도리 經 ㅣ 책 典	사전 ① 성현이 지은, 또는 성현의 말이나 행실을 적은 책. ② 종교의 교리를 적은 책.	
	'17 학평 경연이란 조선 시대 왕이 신하들과 함께 선현의 가르침인 경전(①)을 공부하는 자리를 일컫는 말입니다.	⊕ 성현(聖賢): 지혜와 덕이 뛰어나 본받을 만한 성인(聖人)과 그 다음가는 어진 현인(賢人)을 아울러 이르는 말.

과거제	과목별[科] 시험을 보아 사람을 들어[擧] 쓰는 제도[制].	TIP톡! 예전에, 관리를 선발하던 제도로는 과거제, 천거제(추천 등용), 음서제(세습 등용) 등이 있다.
과목 科 ㅣ 들 擧 ㅣ 법도 制	사전 고려·조선 시대에, 과거를 통하여 관리를 선발하던 제도. = 과거 제도	
	'21 모의 한국, 중국 등 동아시아 사회에서 오랫동안 유지되었던 과거제는 세습적 권리와 무관하게 능력주의적인 시험을 통해 관료를 선발하는 제도라는 점에서 합리성을 갖추고 있었다.	

관료	나랏일을 하는 벼슬아치[官僚].	⊕ 벼슬아치: 관청에 나가 나랏일을 맡아보는 사람.
벼슬 官 ㅣ 벼슬아치 僚	사전 직업적인 관리. 또는 그들의 집단. 특히, 정치에 영향력이 있는 고급 관리.	
	'21 수능 교육받은 지식인들이 늘어났지만 이들을 흡수할 수 있는 관료 조직의 규모는 정체되어 있었고, 경쟁의 심화가 종종 불법적인 행위로 연결되었다.	⊕ 제고(提高): 수준이나 정도 등을 끌어올림.
	'21 모의 명확하고 합리적인 기준에 따른 관료 선발 제도라는 공정성을 바탕으로 과거제는 보다 많은 사람들에게 사회적 지휘 획득의 기회를 줌으로써 개방성을 제고하여 사회적 유동성 역시 증대시켰다.	⊕ 유동성(流動性): 형편이나 경우에 따라 이리저리 변동될 수 있는 성질.

관직	벼슬하는[官] 사람이 얻는 직책[職].	⊕ 직책(職責): 직무상 책임.
벼슬 官 ㅣ 직책 職	사전 공무원 또는 관리가 국가로부터 위임받은 일정한 직무나 직책.	
	'21 모의 정부의 관직을 두고 정기적으로 시행되는 공개 시험인 과거제가 도입되어, 높은 지위를 얻기 위해서는 신분이나 추천보다 시험 성적이 더욱 중요해졌다.	

교역	물건을 서로[交] 바꿈[易].	⊕ 무역(貿易): 지방과 지방, 또는 나라와 나라 사이에 서로 물건을 사고팔거나 교환하는 일.
서로 交 ㅣ 바꿀 易	사전 주로 나라와 나라 사이에서 물건을 사고팔고 하여 서로 바꿈.	
	'21 수능 장거리 교역의 상품이 사치품에 한정되지 않고 일상적 물건으로까지 확대되었다.	

당대	당면한[當] 시대[代].	②-⑫ 당세(當世): 바로 이
당면할 當 ǀ 시대 代	사전 ① 일이 있는 바로 그 시대. ② 지금 이 시대. ③ 사람의 한평생.	시대. 또는 바로 이 세상.
	'17 학평 홍문관은 당대(①) 최고의 인재들이 모인 곳으로, 홍문관의 관리가 되려면 과거에 우수한 성적으로 합격해야 했을 뿐만 아니라 많은 사람들로부터 추천도 받아야 했습니다.	

무렵	고유어	⊕ 즈음: 일이 어찌 될 무렵.
	사전 대략 어떤 시기와 일치하는 즈음.	⊕ 번영(繁榮): 번성하고 영
	'21 수능 청의 번영은 지속되지 않았고, 19세기에 접어들 무렵부터는 심각한 내외의 위기에 직면해 급속한 하락의 시대를 겪게 된다.	화롭게 됨.⊕ 직면(直面): 어떠한 일 등을 직접 당하거나 접함.

문물	문화에[文] 의해 생겨난 물건[物].	⊕ 북학파(北學派): 조선
글월 文 ǀ 물건 物	사전 문화의 산물. 곧 정치, 경제, 종교, 예술, 법률 등의 문화에 관한 모든 것.	영·정조 때, 청나라의 앞선 문물제도 및 생활 양식을 받
	'21 수능 18세기 북학파들은 청에 다녀온 경험을 연행록으로 기록하여 청의 문물 제도를 수용하자는 북학론을 구체화하였다.	아들일 것을 주장한 실학파.

문헌	글로[文] 써서 나라에 바쳐[獻] 둔 기록.	⊕ 허구(虛構): 사실에 없는
글월 文 ǀ 바칠 獻	사전 ① 옛날의 제도나 문물을 아는 데 증거가 되는 자료나 기록.② 연구의 자료가 되는 서적이나 문서.	일을 사실처럼 꾸며 만듦.⊕ 배격(排擊): 어떤 사상,
	'20 모의 문헌(①) 기록을 바탕으로 하는 역사 서술에서도 허구가 배격되어야 할 대상만은 아니다.	의견, 물건 등을 물리침.
	'21 학평 참고 문헌(②)의 저자명과 도서명, 발행처 등 출처를 밝혔다.	

민생	백성의[民] 삶[生].	⊕ 민중(民衆): 국가나 사회
백성 民 ǀ 살 生	사전 일반 국민의 생활 및 생계.	를 구성하는 일반 국민.
	'21 수능 잘 정비된 마을의 모습을 기술하며 그는 황제의 행차에 대비하여 이루어진 일련의 조치가 민생과 무관하다고 지적하였다.	⊕ 조치(措置): 벌어지는 사태를 잘 살펴서 필요한 대책을 세워 행함. 또는 그 대책.

반란	윗사람을 배반하고[叛] 세상을 어지럽힘[亂].	TIP톡! '반란'은 '反亂'이
배반할 叛 ǀ 어지러울 亂	사전 정부나 지도자 등에 반대하여 내란을 일으킴.	라는 한자로도 쓰인다.
	'21 수능 이런 결사 조직은 불법적인 활동으로 연결되곤 했고 위기 상황에서는 반란의 조직적 기반이 되었다.	⊕ 내란(內亂): 나라 안에서 정권을 차지할 목적으로 벌어지는 큰 싸움.

봉건적	봉건(封建) 제도의 성격을 가진 (것)[的].	TIP톡! '봉건 제도'는 최고
봉할 封 ǀ 세울 建어조사 的	사전 봉건 제도 특유의 성격을 가지고 있는 (것).	통치자(왕)가 나라의 토지를 나누어 주고 제후를 봉
	'21 모의 중국에서는 17세기 무렵 관료 선발에서 세습과 같은 봉건적인 요소를 부분적으로 재도입하려는 개혁론이 등장했다.	하여 나라를 세우게 하던 제도로, 제후는 왕실을 받
	'20 학평 이 작품은 반란을 일으킨 노비와 주인 사이의 대립과 갈등을 다룬 소설로, …… 하층민의 신분 상승 욕구와 봉건적 질서를 수호하려는 양반층의 의지가 드러나 있다.	들며 공납과 부역을 부담해야 했기에 종주(主從) 관계와 계급제 사회의 성격을 갖는다.

사료 역사 史	재료 料	역사[史] 연구에 쓸 만한 재료[料]. [사전] 역사 연구에 필요한 문헌이나 유물. 문서, 기록, 건축, 조각 등을 이름. ['20 모의] 유물, 그림, 구전 등 과거가 남긴 흔적은 모두 <u>사료</u>로 활용될 수 있다.	⊕ 구전(口傳): 말로 전하여 내려옴. 또는 말로 전함.
서사 펼 敍	일 事	일어난 일을[事] 죽 펼쳐[敍] 이야기함. [사전] 사실을 있는 그대로 적음. ['19 수능] <u>서사</u>는 시간과 공간을 배경으로 하는 사건의 선택과 결합을 통해 구성 된다.	**TIP톡!** 서사적 서술과 서 정적 서술의 차이는 글쓴이 의 주관이 개입되었는지의 여부에 달려 있다.
세기 시대 世	세월 紀	백 년 단위로 구분한 역사적 시간[世紀]. [사전] ① 백 년을 단위로 하는 기간. ② (수량을 나타내는 말 뒤에 쓰여) 백 년 동안을 세는 단위. ③ 일정한 역사적 시대나 연대. ④ 매우 길고 오랜 세월. ⑤ 백 년 동안을 대표할 만큼 중요하거나 뛰어남을 이르는 말. ['21 수능] 18<u>세기</u>(②) 후반의 중국은 명대 이래의 경제 발전이 정점에 달해 있었다.	**TIP톡!** ③의 뜻으로 쓰일 때는 '혁명의 세기', ④의 뜻 으로 쓰일 때는 '세기를 두 고 영원하다', ⑤의 뜻으로 쓰일 때는 '세기의 업적', '세기의 영웅' 등과 같이 쓰 인다.
세습 세대 世	물려받을 襲	세대를[世] 이어 물려받음[襲]. [사전] 한집안의 재산이나 신분, 직업 등을 대대로 물려주고 물려받음. ['21 모의] 조선 후기의 대표적인 관료 선발 제도 개혁론인 유형원의 공거제 구상은 능력주의적, 결과주의적 인재 선발의 약점을 극복하려는 의도와 함께 신 분적 <u>세습</u>의 문제점도 의식한 것이었다.	⊕ 공거제(貢擧制): 나라의 교육 기관에서 일정 기간 수양한 인재를 지역의 수 령이나 교관이 중앙 관료로 추천하는 제도.
재현 다시 再	나타날 現	다시[再] 나타냄[現]. [사전] 다시 나타남. 또는 다시 나타냄. ['20 모의] 사료는 과거를 그대로 <u>재현</u>하는 것은 아니기 때문에 불완전하다. ['16 모의] 사진은 19세기 초까지만 해도 근대 문명이 만들어 낸 기술적 도구이자 현실 <u>재현</u>의 수단으로 인식되었다.	
제도 만들 制	법도 度	사회의 운영을 위해 만들어진[制] 법도[度]. [사전] 관습이나 도덕, 법률 등의 규범이나 사회 구조의 체계. ['21 모의] 이 유형 인물들은 근대 문물에 발 빠르게 적응하면서도 소작제와 같은 전근대적 토지 <u>제도</u>에 편승하는 모습을 보인다. ['19 학평] 전문가들은 현실의 변화를 법과 <u>제도</u>가 따라가지 못하고 있다고 지적하 고 있다.	⊕ 법도(法度): 법률과 제도. ⊕ 소작제(小作制): 농민이 토지를 빌려 농사짓고, 그 대가를 토지 주인에게 주는 제도. ⊕ 편승(便乘): 세태나 남의 세력을 이용하여 자신의 이 익을 거둠.
조정 정사 朝	관아 廷	임금과 신하들이 정사를[朝] 의논하던 관아[廷]. [사전] 임금이 나라의 정치를 신하들과 의논하거나 집행하는 곳. 또는 그런 기구. ['18 모의] 어떤 사건이 매우 중대하다고 여겨지면 국왕은 <u>조정</u>의 회의를 열고 처리 지침을 만들어 사건을 해결한다.	⊕ 정사(政事): 정치 또는 행 정상의 일.

중화 가운데 中 빛날 華	**세계의 중심에서[中] 빛나는[華] 나라.** [사전] 세계 문명의 중심이라는 뜻으로, 중국 사람들이 자기 나라를 이르는 말. ['21 수능] 중화 관념의 절대성을 인정하였기 때문에 당시 조선은 나름의 독자성을 유지하기보다 중화와 합치되는 방향으로 나아가야 한다는 생각이 그의 북학론의 밑바탕이 되었다.	**TIP톡!** '중화'는 중국 사람들의 세계관이지만, 주변국에서 중국을 대접하여 이르는 말로도 쓰인다. ⊕ 합치(合致): 의견이나 주장 등이 서로 맞아 일치함.
추세 달릴 趨 형세 勢	**달려가는[趨] 형세[勢].** [사전] 어떤 현상이 일정한 방향으로 나아가는 경향. ['19 수능] 로봇 사용의 증가 추세에서 알 수 있듯이 로봇 기술이 인간의 삶을 편하게 만들어 주는 것은 틀림이 없다.	↻ 흐름
출세 날 出 세상 世	**이름을 세상에[世] 드러냄[出].** [사전] 사회적으로 높은 지위에 오르거나 유명하게 됨. ['21 모의] 과거제 출신의 관리들이 공동체에 대한 소속감이 낮고 출세 지향적이기 때문에 세습 엘리트나 지역에서 천거된 관리에 비해 공동체에 대한 충성심이 약했던 것이다.	⊕ 입신(立身): 세상에서 떳떳한 자리를 차지하고 지위를 확고하게 세움. ⊕ 천거(薦擧): 어떤 일을 맡아 할 수 있는 사람을 그 자리에 쓰도록 소개하거나 추천함.
풍토 바람 風 흙 土	**기후와[風] 땅의[土] 상태.** [사전] ① 어떤 지역의 기후와 토지의 상태. ② 어떤 일의 바탕이 되는 제도나 조건을 비유적으로 이르는 말. ['21 수능] 청을 배우는 것과 조선 사람이 조선 풍토(②)에 맞게 살아가는 것은 서로 모순되지 않는다는 것이다.	

1분 배경 지식

탕탕평평*, 탕평책(蕩平策)

*탕탕평평: 어느 쪽에도 치우침이 없이 공평함.

조선 중기 이후의 조정은 '붕당(朋黨)'에 의해 다스려졌다. 붕당은 이념에 따라 모인 정치 세력으로, 서로 비판하고 견제하며 집단행동을 일삼는 무리였다. 붕당 간의 경쟁은 조선 후기 영·정조 시대에 이르러 심각한 수준으로 치달아 마침내 정치가 흔들릴 정도였다.

영조는 붕당 정치의 폐단을 없애기 위하여 '탕평책'을 실시하기로 하였다. 탕평책이란, 인재를 등용할 때 어느 쪽으로도 힘이 치우치지 않도록 각 당파에서 인재를 고르게 등용하는 정책이다. 당시 당파는 동인, 서인, 남인, 북인으로 나뉘어 있었는데, 영조가 탕평책의 포부를 밝히는 자리에서 한 음식을 내놓으며 각 당파를 음식 재료에 비유하여 다음과 같이 말했다는 설이 전한다.

> "이 음식은 그대들을 상징하는 색의 재료로 만들어진 '탕평채'라오. 청포묵의 흰색은 서인, 쇠고기의 붉은 색은 남인, 미나리의 푸른색은 동인, 김의 검은 색은 북인의 상징이오. 서로 다른 색과 맛을 가진 재료들이 모여 조화로운 맛을 내듯 그대들이 사사로운 욕심을 버리고 어우러진다면 조선은 탕탕하고 평평한 나라를 이룰 것이오."

▲ 탕평채

탕평책과 탕평채의 선후 관계에 대해서는 아직 명확하게 밝혀지지 않았으나, 탕평채를 통해 당파의 화합을 향한 영조의 의지를 엿볼 수 있다.

방약무인 곁 傍 | 같을 若 없을 無 | 사람 人	곁에[傍] 사람이[人] 없는[無] 것 같이[若] 행동함. [사전] 아무 거리낌 없이 함부로 말하고 행동하는 태도가 있음. ['17 학평] 허약하여 본시부터 신경질적인 성격은 차츰 잔인하게 변하였으며 <u>방약무인</u>의 젊은이로 성장했다.	⊕ 안하무인(眼下無人): 눈 아래에 사람이 없다는 뜻으로, 방자하고 교만하여 다른 사람을 업신여김을 이르는 말.
부정부패 아닐 不 | 바를 正 썩을 腐 | 썩을 敗	바르지[正] 않고[不] 의식이 썩음[腐敗]. [사전] 바르지 못하고 잘못된 길로 빠짐. ['21 수능] 인맥에 기초한 관료 사회의 <u>부정부패</u>가 심화된 것 역시 인구 증가와 무관하지 않았다. ['21 학평] 당대 대다수의 사람들은 힘없는 사람들 편에 서서 <u>부정부패</u>한 세력에 저항하는 소설 속 홍길동을 진정한 영웅이라고 생각하지 않았을까?	**TIP톡!** '불(不)'은 일반적으로 'ㄷ, ㅈ'으로 시작하는 글자 앞에서 '부'로 읽는다.
부화뇌동 붙을 附 | 응할 和 우레 雷 | 같을 同	다른 사람에게 붙어[附] 우레와[雷] 같은[同] 소리로 호응함[和]. [사전] 줏대 없이 남의 의견에 따라 움직임. [예] 평소에는 친하지 않던 그들이 갑자기 서로 <u>부화뇌동</u>하여 일을 꾸몄다.	⊕ 우레: 천둥소리와 번개를 동반하는 현상. ⊕ 줏대(主대): 자기의 처지나 생각을 꿋꿋이 지키고 내세우는 기질이나 기풍.
표리부동 겉 表 | 속 裏 아닐 不 | 같을 同	겉과[表] 속이[裏] 같지[同] 않음[不]. [사전] 겉으로 드러나는 언행과 속으로 가지는 생각이 다름. [예] <u>표리부동</u>한 사람은 타인의 신뢰를 얻기 어렵다. [예] 그는 <u>표리부동</u>한 사기꾼의 번지르르한 말에 속아 가진 재산을 모두 잃을 위기에 처하였다.	
호시탐탐 범 虎 | 볼 視 노려볼 眈 | 노려볼 眈	호랑이가[虎] 눈을 부릅뜨고[視] 먹이를 노려봄[眈眈]. [사전] 남의 것을 빼앗기 위하여 형세를 살피며 가만히 기회를 엿봄. 또는 그런 모양. [예] 적들은 <u>호시탐탐</u> 침략의 야욕을 불태웠다.	⊕ 야욕(野慾): 자기 잇속만 채우려는 더러운 욕심.
후안무치 두터울 厚 | 얼굴 顔 없을 無 | 부끄러울 恥	얼굴이[顔] 두꺼워서[厚] 부끄러움이[恥] 없음[無]. [사전] 뻔뻔스러워 부끄러움이 없음. [예] <u>후안무치</u>한 범인의 태도에 많은 사람이 분노하였다.	⊕ 철면피(鐵面皮): 쇠로 만든 낯가죽이라는 뜻으로, 염치가 없고 뻔뻔스러운 사람을 낮잡아 이르는 말.

확인 문제

• 정답과 해설 35쪽

[01~03] 〈보기〉의 글자를 조합하여 빈칸에 들어갈 어휘를 쓰시오.

> 보기
>
> 관   당   대   료   세   습

01 장영실은 ☐☐ 최고의 과학자였다.

02 임금은 부패한 ☐☐ 들의 비리를 척결하기 위해 개혁을 단행하였다.

03 정부는 부의 불법적인 ☐☐ 을/를 방지하기 위해 관련 규제를 강화하였다.

[04~06] 다음 뜻에 해당하는 어휘를 〈보기〉에서 찾아 쓰시오.

> 보기
>
> 교역   반란   재현   추세

04 정부나 지도자 등에 반대하여 내란을 일으킴. _____

05 어떤 현상이 일정한 방향으로 나아가는 경향. _____

06 주로 나라와 나라 사이에서 물건을 사고팔고 하여 서로 바꿈. _____

[07~09] 빈칸에 들어갈 어휘에 ∨표 하시오.

07 이번 유적 발굴 작업에서 새로운 (   )가 발견되었다. ☐ 사료 ☐ 서사

08 서울에서 (   )한 삼촌은 우리 집안의 자랑거리가 되었다. ☐ 출세 ☐ 풍토

09 국회에서는 (   ) 치안에 관한 여러 가지 방안이 논의되고 있다. ☐ 문물 ☐ 민생

[10~11] 빈칸에 알맞은 말을 넣어 밑줄 친 '이 말'에 해당하는 한자 성어를 완성하시오.

10 <u>이 말</u>은 줏대 없이 남의 의견에 따라 움직임을 의미해. → 부 화 ☐ ☐

11 <u>이 말</u>은 남의 것을 빼앗기 위하여 형세를 살피며
가만히 기회를 엿본다는 뜻이야. → 호 ☐ ☐ 탐

가락	고유어
	사전 ① 음악적 통일을 이루는 음의 연속이나 노랫가락을 세는 단위. = 곡조
	② 소리의 높낮이가 길이나 리듬과 어울려 나타나는 음의 흐름. = 선율
	'17 모의 음악에는 다양한 음악적 요소들이 사용되는데, 여기에는 리듬, 가락(②), 화성, 셈여림, 음색 등이 있다.

감상	작품 등을 보고[鑑] 즐김[賞].	⊕ 음미(吟味): ① 시가를 읊조리며 그 맛을 감상함.
볼 鑑 | 즐길 賞	사전 주로 예술 작품을 이해하여 즐기고 평가함.	② 어떤 사물 또는 개념의 속 내용을 새겨서 느끼거나 생각함.
	'21 모의 예술 작품을 어떻게 감상하고 비평해야 하는지에 대해 다양한 논의들이 있다.	⊕ 간주(看做): 상태, 모양, 성질 등이 그와 같다고 봄.
	'18 학평 예술 작품을 현실의 모방이나 재현으로 보며 감상의 대상으로 간주하는 기존의 관점과 달리 독일의 철학자 하이데거는 예술 작품 자체를 진리가 드러나는 통로로 보았다.	

구도	그림이[圖] 이루어진[構] 짜임새.	⊕ 풍요(豊饒): 흠뻑 많아서 넉넉함.
이루어질 構 | 그림 圖	사전 그림에서 모양, 색깔, 위치 등의 짜임새.	⊕ 과잉(過剩): 예정하거나 필요한 수량보다 많아 남음.
	'18 모의 여자가 상품이 넘칠 듯이 가득한 쇼핑 카트를 밀고 있는 구도는 물질적 풍요 속에서의 과잉 소비 성향을 보여 준다.	

근경	가까운[近] 경치[景].	⊕ 원경(遠景): ① 멀리 보이는 경치. 또는 먼 데서 보는 경치. ② 사진이나 그림에서 먼 곳에 있는 것으로 찍히거나 그려진 대상.
가까울 近 | 경치 景	사전 ① 가까이 보이는 경치. 또는 가까운 데서 보는 경치.	
	② 사진이나 그림에서 가까운 곳에 있는 것으로 찍히거나 그려진 대상.	
	'16 학평 클림트의 「너도밤나무 숲」은 화면의 근경(②)에서 원경에 이르기까지 점점 작아지는 수직의 너도밤나무들을 반복하여 표현했다.	

기법	재주를[技] 표현하는 방법[法].	⊕ 기교(技巧): 아주 교묘한 기술이나 솜씨.
재주 技 | 방법 法	사전 ① 기교와 방법을 아울러 이르는 말. ② 기교를 나타내는 방법.	⊕ 분할(分割): 나누어 쪼갬.
	'19 모의 베르토프는 다중 화면, 화면 분할 등 다양한 영화 기법(②)을 도입하여 도시의 일상적 공간을 새롭게 재구성하고 있다.	

낭만주의	낭만(浪漫)적인 것을 주요한[主] 의미로[義] 여기는 태도.	TIP톡! '낭만'은 프랑스어 '로망(roman)'의 발음을 빌려 한자로 쓴 것이다.
물결 浪 | 흩어질 漫 주요할 主 | 의미 義	사전 꿈이나 공상의 세계를 동경하고 감상적인 정서를 중시하는 창작 태도. = 로맨티시즘	⊕ 왜곡(歪曲): 사실과 다르게 해석하거나 그릇되게 함.
	'21 모의 외부 세계에 대한 왜곡된 표현을 허용하는 낭만주의 사조가 18세기 말에 등장하면서, 모방론은 많이 쇠퇴했다.	

대비 마주할 對 | 견줄 比	**맞대어[對] 견줌[比].** [사전] ① 두 가지의 차이를 밝히기 위하여 서로 맞대어 비교함. 또는 그런 비교. ② 회화(繪畫)에서, 어떤 요소의 특질을 강조하기 위하여 그와 상반되는 형태·색채·톤(tone)을 나란히 배치하는 일. ['17학평] 별이 빛나는 파란 하늘과 노란 별, 초록의 나뭇잎과 자홍빛 테라스의 대비(②)를 통해 그의 눈에 비친 화려한 밤거리의 순간적인 모습이 선명히 드러나고 있다.	**TIP톡!** ①의 뜻으로 쓰일 때는 '성격이 극명하게 대비되다.' '이 옷과 저 옷을 대비해 보다.' 등과 같이 쓰인다.
명암 밝을 明 | 어두울 暗	**밝음과[明] 어두움[暗].** [사전] ① 밝음과 어두움을 통틀어 이르는 말. ② 기쁜 일과 슬픈 일 또는 행복과 불행을 통틀어 이르는 말. ③ 회화에서, 색의 농담이나 밝기의 정도를 이르는 말. ['21학평] QR 코드는 명암(①)에 따라 빛의 반사량이 다르다는 원리가 이용된다는 점에서 바코드와 유사합니다.	⊕ 농담(濃淡): 색깔이나 명암 등의 짙음과 옅음. 또는 그런 정도. ⊕ 큐아르 코드(QR code): 흑백의 격자무늬 그림으로 여러 가지 정보를 나타내는 이차원 바코드.
미학 아름다울 美 | 배울 學	**아름다움에[美] 대해 탐구하는 학문[學].** [사전] 자연이나 인생 및 예술 등에 담긴 미의 본질과 구조를 해명하는 학문. ['21모의] 미학은 예술과 미적 경험에 관한 개념과 이론에 대해 논의하는 철학의 한 분야로서, 미학의 문제들 가운데 하나가 바로 예술의 정의에 대한 문제이다.	⊕ 정의(定義): 어떤 말이나 사물의 뜻을 명백히 밝혀 규정함. 또는 그 뜻.
상징 모양 象 | 밝힐 徵	**모양이[象] 있는 사물에 빗대어 추상적인 의미를 밝힘[徵].** [사전] 추상적인 개념이나 사물을 구체적인 사물로 나타냄. 또는 그렇게 나타낸 표지(標識)·기호·물건 등. ['16학평] '아낭케'는 고대 그리스 신화에서 피할 수 없는 운명이나 필연성 등을 상징하는 여신으로 등장한다.	⊕ 표지(標識): 표시나 특징으로 어떤 사물을 다른 것과 구별하게 함. 또는 그 표시나 특징.
양식 모양 樣 | 법 式	**정해진 모양이나[樣] 형식[式].** [사전] ① 일정한 모양이나 형식. ② 오랜 시간이 지나면서 자연히 정해진 방식. ③ 시대나 부류에 따라 각기 독특하게 지니는 문학, 예술 등의 형식. ['19모의] 근대 도시의 삶의 양식(②)은 많은 학자들의 관심을 끌어 왔다.	**TIP톡!** ①의 뜻으로 쓰일 때는 '보고서 양식', ③의 뜻으로 쓰일 때는 '고딕 양식', '건축물 양식', '소설 양식' 등과 같이 쓰인다.
영감 정신 靈 | 느낄 感	**정신을[靈] 번뜩이게 하는 느낌[感].** [사전] 창조적인 일의 계기가 되는 기발한 착상이나 자극. ['17모의] 20세기에 들어서면서부터 근대 건축에서 철근 콘크리트는 예술적 영감을 줄 수 있는 재료로 인식되기 시작하였다.	⊕ 아이디어(idea): 어떤 일에 대한 구상. ⊕ 착상(着想): 어떤 일이나 창작의 실마리가 되는 생각이나 구상.
영향 그림자 影 | 울릴 響	**그림자처럼[影] 비쳐 다른 것에도 울림을[響] 줌.** [사전] 어떤 사물의 효과나 작용이 다른 것에 미치는 일. ['18학평] 조리개는 사진의 심도에 영향을 미친다.	⊕ 영향력(影響力): 어떤 사물의 효과나 작용이 다른 것에 미치는 힘. ⊕ 심도(深度): 깊은 정도.

오브제 objet	**외래어** [사전] 초현실주의 미술에서, 작품에 쓴 일상생활 용품이나 자연물 또는 예술과 무관한 물건을 본래의 용도에서 분리하여 작품에 사용함으로써 새로운 느낌을 일으키는 상징적 기능의 물체를 이르는 말. ['16학평] 볼탕스키는 비전문가가 사적 일상이나 행사를 기록할 목적으로 찍은 아마추어 사진을 자신의 작품에 오브제로 사용하여 전시 공간으로 옮김으로써 새로운 미적 기능을 가지게 했다.	**⟨TIP톡!⟩** 돌, 나뭇조각, 차바퀴, 머리털 등을 오브제로 사용하여 상징, 몽환 등의 효과를 노린다.
음색 소리 音 | 빛 色	**소리의[音] 빛깔[色].** [사전] 음을 만드는 구성 요소의 차이로 생기는, 소리의 감각적 특색. ['17모의] 음색은 식별 가능한 소리의 특색으로, 음악에서 바이올린, 플루트 등 서로 다른 종류의 악기를 선택하는 데 활용되는 요소이다.	**⟨TIP톡!⟩** 소리의 높낮이, 크기가 같더라도 진동체나 발음체, 진동 방법에 따라 음이 갖는 감각적 성질에는 차이가 생긴다.
인상주의 새길 印 | 모양 象 주요할 主 | 의미 義	**대상에 대한 인상(印象)을 주요한[主] 의미로[義] 여기는 태도.** [사전] 있는 그대로의 것을 재현하는 것보다는 사물에서 작가가 받은 순간적인 인상을 표현하는 것을 목적으로 하는 예술 경향. ['17학평] 인상주의 화가들은 태양 빛이 만들어 내는 다양한 색을 표현하기 위해 여러 색의 물감을 섞어 사용했다.	**⟨TIP톡!⟩** '인상주의'는 19세기 후반에서 20세기 초기에 걸쳐 프랑스를 중심으로 유럽에서 유행하였다. ⊕ 인상(印象): 어떤 대상에 대하여 마음속에 새겨지는 느낌.
조형 만들 造 | 모양 形	**모양을[形] 만듦[造].** [사전] 여러 가지 재료를 이용하여 구체적인 형태나 형상을 만듦. ['16학평] 회화 작품에는 점, 선, 면, 형태, 색채와 같은 조형 요소와 통일성, 균형, 비례와 같은 조형 원리들이 다양하게 어우러져 있다.	
질감 성질 質 | 느낄 感	**재료의 성질에[質] 따른 느낌[感].** [사전] 재질(材質)의 차이에서 받는 느낌. ['17학평] '생각하는 사람'은 작가가 청동 자체의 질감을 그대로 살려 표면이 거칠며 시각적으로 완벽한 실루엣을 보여 주지 않는다.	
창작 비롯할 創 | 만들 作	**없던 것을 처음으로[創] 만듦[作].** [사전] ① 방안이나 물건 등을 처음으로 만듦. 또는 그렇게 만든 방안이나 물건. ② 예술 작품을 독창적으로 지어냄. 또는 그 예술 작품. ['21학평] 연정이라는 주제와 달이라는 소재가 결합한 시가는 수천 년 동안 여러 나라에서 창작(②)되고 향유되었다.	⊕ 창조(創造): 전에 없던 것을 처음으로 만듦. ⊕ 연정(戀情): 이성을 그리워하고 사모하는 마음. ⊕ 향유(享有): 누리어 가짐.
피사체 당할 被 | 베낄 寫 물체 體	**베낌을[寫] 당하는[被] 물체[體].** [사전] 사진을 찍는 대상이 되는 물체. ['21모의] 제어 장치가 렌즈를 이동시키면 피사체의 상이 유지되면서 영상이 안정된다. ['18학평] 셔터 속도는 피사체의 움직임을 어떻게 구현할지 결정하는 기능을 한다.	⊕ 제어(制御): 기계나 설비 등이 목적에 알맞은 작용을 하도록 조절함.

합성	합하여[合] 하나를 이룸[成].	⊕ 융합(融合): 다른 종류의

합성
합할 合 | 이룰 成

합하여[合] 하나를 이룸[成].

[사전] 둘 이상의 것을 합쳐서 하나를 이룸.

'21 수능' 실물을 촬영하여 얻은 자연 영상을 그대로 화면에 표시할 때와 달리 3D 합성 영상을 생성, 출력하기 위해서는 모델링과 렌더링을 거쳐야 한다.

'16 모의' 이들은 빛의 처리, 원판의 합성 등의 기법으로 회화적 표현을 모방하여 예술성 있는 사진을 추구하였다.

⊕ 융합(融合): 다른 종류의 것이 녹아서 서로 구별이 없게 하나로 합하여지거나 그렇게 만듦. 또는 그런 일.

화성
화할 和 | 소리 聲

조화롭게[和] 모인 소리[聲].

[사전] 일정한 법칙에 따른 화음의 연결. = 하모니

'17 모의' 조성 음악에서는 정해진 박자 내에서 질서를 가지고 반복적으로 움직이는 리듬이 음표나 쉼표의 진행으로 나타나고, …… 주제는 긴장과 이완을 유발하는 다양한 화성 진행을 통해 반복되고 변화한다.

(TIP톡!) 판소리 창법에서, 상·중·하의 성음(聲音)을 어긋남이 없이 맞게 내는 소리를 의미하기도 한다.

⊕ 이완(弛緩): 바짝 조였던 정신이 풀려 늦추어짐.

화음
화할 和 | 소리 音

조화롭게[和] 어울리는 소리[音].

[사전] 높이가 다른 둘 이상의 음이 함께 울릴 때 어울리는 소리. = 코드

'17 모의' 화성은 화음과 또 다른 화음이 연결된 흐름으로, 음악에서 긴장과 이완을 유발하는 진행에 활용되는 요소이다.

회화적
그림 繪 | 그림 畫
어조사 的

그림을 그린[繪畫] 것 같은 성격을 띠는 (것)[的].

[사전] 그림의 성격을 띠는. 또는 그런 (것).

'16 모의' 회화적 표현을 사진에서 실현시키려 했던 스타이컨의 노력은 그 예술사적 가치를 인정받아야 할 것이다.

⊕ 회화(繪畫): 여러 가지 선이나 색채로 평면에 형상을 그려 내는 조형 미술.

⊕ 실현(實現): 꿈, 기대 등을 실제로 이룸.

1분 배경 지식

약탈과 파괴의 흔적, 반달리즘(vandalism)

오른쪽 사진 속 사자 석상(石像)에는 무슨 일이 일어난 것일까? 초록색 페인트를 뒤집어쓰고 서글퍼 보이는 사자의 모습은 '반달리즘'의 안타까운 결과이다.

▲ 페인트 공격을 당한 사자 석상

반달리즘은 455년경 유럽의 민족 대이동 당시 반달족이 로마를 점령하며 자행했던 약탈과 파괴 행위에서 유래하였다. '문화나 예술을 파괴하는 훼손 행위'를 가리키는 말인데, 넓게는 다른 사람의 재산이나 공공시설, 자연 경관 등을 훼손하는 행위까지도 의미한다.

반달리즘이 발생하는 가장 큰 원인은 전쟁이다. 전쟁 중에는 파괴와 훼손이 공공연하게 일어나므로 문화재와 예술품 등이 공격받는 일이 빈번하기 때문이다. 우리나라는 임진왜란 때 일본군의 방화로 경복궁이 소실되었고, 병인양요 때 프랑스군에 의해 문화재 약탈과 외규장각 소실이 일어났다.

현대에는 개인의 일탈이나 일부 집단의 이념 표현 방식으로써 반달리즘이 발생하기도 한다. 2008년 우리나라에서 일어난 숭례문 방화 사건이나 2001년 탈레반 정권이 아프가니스탄에 들어서면서 비이슬람의 상징물을 없애기 위해 바미안 석불을 파괴한 것 등이 그 예이다.

강호지락 강 江 | 호수 湖 어조사 之 | 즐거울 樂	강과[江] 호수를[湖] 누리는[之] 즐거움[樂]. 사전 자연을 벗 삼아 누리는 즐거움. 예 일부 사대부들은 세속을 멀리하고 <u>강호지락</u>을 즐기며 정신적 풍요를 누렸다.	⊕ 강호가도(江湖歌道): 조선 시대에, 은자(隱者)나 시인 등이 현실을 도피하여 자연을 벗 삼아 지내면서 일으킨 시가 창작의 한 경향.
연하고질 안개 煙 | 노을 霞 고질 痼 | 병 疾	안개와[煙] 노을을[霞] 사랑하는 고질병[痼疾]. 사전 자연의 아름다운 경치를 몹시 사랑하고 즐기는 성질이나 버릇. = 천석고황 예 흔히 말하는 <u>연하고질</u>이 나에게도 찾아왔는지, 나는 매일 산에 올랐다.	⊕ 연하(煙霞): ① 안개와 노을. ② 고요한 산수의 경치. ⊕ 고질(痼疾): 오랫동안 앓고 있어 고치기 어려운 병. = 고질병
요산요수 좋아할 樂 | 산 山 좋아할 樂 | 물 水	산을[山] 좋아하고[樂] 물을[水] 좋아함[樂]. 사전 산수(山水)의 자연을 즐기고 좋아함. '18 학평 조선 시대 사대부들은 <u>요산요수</u>(樂山樂水)를 통해 심미적 가치를 추구하며 심성을 수양하는 것을 이상으로 생각하였다.	**TIP톡!** '락(樂)'은 결합하는 어휘에 따라 '즐거울 락', '노래 악', '좋아할 요'라는 다양한 뜻과 음으로 쓰인다. ⊕ 심미적(審美的): 아름다움을 살펴 찾으려는 (것).
음풍농월 읊을 吟 | 바람 風 놀 弄 | 달 月	바람을[風] 읊고[吟] 달을[月] 가지고 놂[弄]. 사전 맑은 바람과 밝은 달을 대상으로 시를 짓고 흥취를 자아내어 즐겁게 놂. 예 장기나 두고 술이나 마시며 <u>음풍농월</u>하던 시절은 이제 다 지나갔다.	⊕ 흥취(興趣): 흥과 취미. 
천석고황 샘 泉 | 돌 石 염통 밑 膏 | 명치끝 肓	샘과[泉] 돌을[石] 좋아하는 병이 고황(膏肓)에 듦. 사전 자연의 아름다운 경치를 몹시 사랑하고 즐기는 성질이나 버릇. = 연하고질 예 우리 가족은 지난 캠핑 이후로 <u>천석고황</u>이 들어 매주 산과 계곡을 찾아다닌다.	⊕ 고황(膏肓): 심장과 횡격막의 사이로, 이 부분에 병이 들면 낫기 어렵다고 함.
함포고복 머금을 솜 | 씹어 먹을 哺 두드릴 鼓 | 배 腹	한껏 머금어[솜] 씹어 먹고[哺] 배를[腹] 두드림[鼓]. 사전 잔뜩 먹고 배를 두드린다는 뜻으로, 먹을 것이 풍족하여 즐겁게 지냄을 이르는 말. '17 학평 밥 먹어 배부르고 술 먹어 취한 후에 　　　<u>함포고복</u>(含哺鼓腹)하여 격양가(擊壤歌)를 부르나니 ……	⊕ 격양가(擊壤歌): 풍년이 들어 농부가 태평한 세월을 즐기는 노래로, 중국의 요(堯)임금 때 태평한 생활을 즐거워하여 불렀다고 함.

확인 문제

• 정답과 해설 36쪽

[01~03] 제시된 초성과 뜻을 참고하여 빈칸에 들어갈 어휘를 쓰시오.

01 ㅇㅎ : 어떤 사물의 효과나 작용이 다른 것에 미치는 일.

예 지나친 흡연은 건강에 나쁜 ( )을 미친다.

02 ㄷㅂ : 두 가지의 차이를 밝히기 위하여 서로 맞대어 비교함.

예 국제 유가가 전년 ( ) 큰 폭으로 상승하였다.

03 ㅇㅅ : 음을 만드는 구성 요소의 차이로 생기는, 소리의 감각적 특색.

예 바이올린 특유의 가냘픈 ( )이 관객의 심금을 울렸다.

[04~05] 다음 문장에 어울리는 어휘를 고르시오.

04 상감 청자는 '상감'이라는 독특한 (구도 | 기법)(으)로 만들어졌다.

05 일제 강점기에 (조형 | 창작)된 소설들을 통해 암울했던 시대상을 엿볼 수 있다.

[06~08] 제시된 초성을 참고하여 다음 뜻에 해당하는 어휘를 쓰시오.

06 ㅍㅅㅊ : 사진을 찍는 대상이 되는 물체. _____

07 ㅎㅅ : 둘 이상의 것을 합쳐서 하나를 이룸. _____

08 ㄱㄹ : 음악적 통일을 이루는 음의 연속이나 노랫가락을 세는 단위. _____

[09~11] 빈칸에 알맞은 말을 넣어 다음 풀이에 해당하는 한자 성어를 완성하시오.

09 강과 호수를 누리는 즐거움. → ☐ 지 락

10 산을 좋아하고 물을 좋아함. → ☐ 산 ☐ 수

11 바람을 읊고 달을 가지고 놂. → 음 ☐ 농 ☐

가해자 입힐 加 | 손해 害 사람 者	손해를[害] 입힌[加] 사람[者]. [사전] 다른 사람의 생명이나 신체, 재산, 명예 등에 해를 끼친 사람. '19 학평 가해자에게 과실이 없으면 배상 책임이 없고, 가해자에게 과실이 있고 피해자에게 과실이 없으면 가해자에게는 배상 책임이 있다.	⊕ **피해자(被害者)**: 자신의 생명이나 신체, 재산, 명예 등에 침해 또는 위협을 받은 사람.
강행 강제로 強 | 행할 行	강제로[強] 행함[行]. [사전] ① 어려운 점을 무릅쓰고 행함. ② 강제로 시행함. 　　　③ 마지못하여 억지로 행함. '19 모의 의사와 의사 아닌 사람의 의료 기관 동업을 금지하는 법률 규정은 강행(②) 법규이다.	⊕ **무릅쓰다**: 힘들고 어려운 일을 참고 견디다. ⊕ **강행 법규(強行法規)**: 당사자의 자유의사와는 상관없이 적용되는 법규.
개입 끼일 介 | 들 入	끼어[介]듦[入]. [사전] 자신과 직접적인 관계가 없는 일에 끼어듦. '19 모의 국가가 개인 간의 계약에 개입하는 것은 국가 안보, 사회 질서, 공공복리 등의 정당한 입법 목적을 달성하기 위해서이다.	⊕ **간섭(干涉)**: 직접 관계가 없는 남의 일에 부당하게 참견함. ⊕ **공공복리(公共福利)**: 사회 구성원 전체에 두루 관계되는 복지.
개정 고칠 改 | 바를 正	고쳐서[改] 바르게[正] 함. [사전] 주로 문서의 내용 등을 고쳐 바르게 함. '17 모의 2001년에 개정된 상법은 한 사람이 전액을 출자하여 일인 주주로 회사를 설립할 수 있도록 하였다.	⊕ **경정(更正)**: 바르게 고침. ⊕ **상법(商法)**: 기업에 관한 사항을 규정하는 특별 사법. ⊕ **출자(出資)**: 자금을 내는 일.
계약 맺을 契 | 약속 約	약속을[約] 맺음[契]. [사전] ① 관련되는 사람이나 조직체 사이에서 서로 지켜야 할 의무에 대하여 글이나 말로 정하여 둠. 또는 그런 약속. 　　　② 일정한 법률 효과의 발생을 목적으로 두 사람의 의사를 표시함. '19 수능 계약(②)은 법률 행위의 일종으로서, 당사자에게 일정한 청구권과 이행 의무를 발생시킨다.	**TIP톡!** ②의 뜻은 청약과 승낙이 서로 맞아야 성립하는 법률 행위로, 매매·고용·임대차 등의 채권 관계를 성립시킨다. ⊕ **이행(履行)**: 채무자가 채무의 내용을 실행하는 일.
고지 고할 告 | 알 知	고하여[告] 알림[知]. [사전] ① 게시나 글을 통하여 알림. 　　　② 소송법에서, 법원이 결정 사항이나 명령을 당사자에게 알리는 일. '17 수능 보험 계약 체결 전 보험 가입자가 고의나 중대한 과실로 '중요한 사항'을 보험사에 알리지 않거나 사실과 다르게 알리면 고지(①) 의무를 위반하게 된다.	⊕ **고의(故意)**: 자기의 행위에 의하여 일정한 결과가 생길 것을 인식하면서 그 행위를 하는 경우의 심리 상태.

공시
널리 公 | 보일 示

공개적으로 널리[公] 보여[示] 줌.

[사전] ① 일정한 내용을 공개적으로 게시하여 일반에게 널리 알림. 또는 그런 글.
② 공공 기관이 권리 발생 등의 내용을 공개적으로 게시하여 알림.

'20 모의' 법률이 등록 대상으로 규정한 자동차, 항공기 등의 동산은 등록으로 공시(②)되는 물건이고, 토지·건물과 같은 부동산은 등기로 공시되는 물건이다.

①-㊀ 공고(公告): 세상에 널리 알림.

①-㊀ 공포(公布): 일반 대중에게 널리 알림.

㊉ 동산(動産): 형상, 성질 등을 바꾸지 않고 옮길 수 있는 재산.

공익
여럿 公 | 이익 益

여러[公] 사람의 이익[益].

[사전] 사회 전체의 이익.

'22 모의' 사람은 대가 없이 공익만을 위하여 자유를 내어놓지는 않는다.

'18 학평' 공익을 추구한다는 명목만으로 개인의 재산권을 제한하는 것은 부당한 침해에 해당한다.

㊌ 사익(私益): 개인의 이익.

㊉ 명목(名目): 구실이나 이유.

공포
널리 公 | 펼 布

널리[公] 펼쳐서[布] 알림.

[사전] ① 일반 대중에게 널리 알림.
② 이미 확정된 법률, 조약, 명령 등을 일반 국민에게 널리 알리는 일.

'21 모의' 조례는 입법 예고, 공포(②) 등의 절차를 거쳐 제정된다.

①-㊀ 반포(頒布): 세상에 널리 퍼뜨려 모두 알게 함.

㊉ 선포(宣布): 세상에 널리 알림.

㊉ 조례(條例): 지방 자치 단체가 그 지방의 사무에 관하여 제정하는 법.

과실
허물 過 | 잘못 失

허물과[過] 잘못[失].

[사전] ① 부주의나 태만 등에서 비롯된 잘못이나 허물. = 과오
② 법률상에서 부주의로 인해 어떤 결과의 발생을 미리 내다보지 못한 일. = 과오

'19 수능' 이행 불능이 채무자의 과실(②) 때문에 일어난 것이라면 채무자가 채무 불이행에 대한 책임을 져야 한다.

↻ 실수

㊉ 태만(怠慢): 열심히 하려는 마음이 없고 게으름.

㊉ 채무자(債務者): 특정인에게 일정한 빚을 갚아야 할 의무를 가진 사람.

과징금
매길 課 | 거둘 徵 | 돈 金

잘못에 벌금을 매겨[課] 거두는[徵] 돈[金].

[사전] 규약 위반에 대한 제재로 징수하는 돈.

'16 모의' 적발 가능성이 매우 낮은 불법 행위의 경우에는 과징금을 올리는 방법만으로는 억제력을 유지하는 데 한계가 있다.

㊉ 제재(制裁): 법이나 규정을 어겼을 때 국가가 처벌이나 금지 등을 행함.

㊉ 징수(徵收): 벌금 등을 거두어들이는 일.

권리
권한 權 | 이로울 利

이롭게[利] 할 수 있는 권한[權].

[사전] 어떤 일을 행하거나 타인에 대하여 당연히 요구할 수 있는 힘이나 자격.

'21 수능' 채권은 어떤 사람이 다른 사람에게 특정 행위를 요구할 수 있는 권리이다.

TIP톡! 법률상의 권리에는 공권, 사권, 사회권이 있다.

㊉ 권한(權限): 어떤 사람이나 기관의 권리나 권력이 미치는 범위.

권익
권리 權 | 이익 益

권리와[權] 그에 따른 이익[益].

[사전] 권리와 그에 따르는 이익.

'16 모의' 소비자의 권익을 위하여 국가가 집행하는 정책으로 경쟁 정책과 소비자 정책을 들 수 있다.

TIP톡! 경쟁 정책은 국가가 독점이나 담합 등과 같은 반경제적 행위를 규제하기 위해 수립하는 정책이다.

규정
법칙 規 | 정할 定

법칙으로[規] 정해[定] 놓은 것.

사전 ① 규칙으로 정함. 또는 그 정하여 놓은 것. = 규제
② 내용이나 성격, 의미 등을 밝혀 정함. 또는 그 정하여 놓은 것.
③ 양이나 범위 등을 제한하여 정함.

'19 모의 법률상으로 규정(①)되어 있더라도 당사자가 자유롭게 계약 내용을 정할 수 있는 법률 규정을 '임의 법규'라고 한다.

①-㉮ 규정(規程): 조목별로 정하여 놓은 표준.
①-㉯ 한정(限定): 수량이나 범위 등을 제한하여 정함. 또는 그런 한도.

규제
법칙 規 | 억제할 制

정해진 법칙에[規] 따라 행위를 억제함[制].

사전 ① 규칙·규정에 의해 일정한 한도를 정하거나 정한 한도를 못 넘게 막음.
② 규칙으로 정함. 또는 그 정하여 놓은 것. = 규정

'16 모의 독점에 대한 감시와 규제(①)는 지속적으로 필요하다.

⊕ 한도(限度): 일정한 정도. 또는 한정된 정도.

당사자
당면할 當 | 일 事
사람 者

일에[事] 당면한[當] 사람[者].

사전 ① 어떤 일이나 사건에 직접 관계가 있거나 관계한 사람.
② 민사 소송에서, 소송의 주체가 되는 사람.

'19 수능 증여는 당사자(①)의 일방이 자기의 재산을 무상으로 상대방에게 줄 의사를 표시하고 상대방이 이를 승낙함으로써 성립하는 계약이다.

⊛ 본인(本人): 어떤 일에 직접 관계가 있거나 해당되는 사람.
⊕ 제삼자(第三者): 일정한 일이나 법률 행위에 직접 관계가 없는 사람.

대안
대할 對 | 생각 案

어떤 일에 대처할[對] 생각[案].

사전 어떤 일에 대처할 방안.

'17 모의 도시에서 농작물을 인공적으로 생산하는 식물 공장이 미래 식량 위기의 대안으로 급부상되고 있다.

⊕ 대책(對策): 어떤 일에 대처할 계획이나 수단.
⊕ 대안(代案): 어떤 안(案)을 대신하는 안.

대응
대할 對 | 응할 應

어떤 일에 대하여[對] 상황에 맞게 응함[應].

사전 ① 어떤 일이나 사태에 맞추어 태도나 행동을 취함.
② 어떤 두 대상이 주어진 어떤 관계에 의하여 서로 짝이 되는 일.

'17 학평 많은 청소년이 이렇게 피해를 입고도 피해 신고 방법이나 보상 절차를 몰라 적절하게 대응(①)하지 못하고 있다.

⊕ 대처(對處): 어떤 정세나 사건에 대하여 알맞은 조치를 취함.
⊕ 사태(事態): 일이 되어 가는 형편이나 상황.

명시적
명료할 明 | 보일 示
어조사 的

생각을 분명하게[明] 보이는[示] (것)[的].

사전 내용이나 뜻을 분명하게 드러내 보이는 (것).

'20 수능 국제법에서 일반적으로 조약은 국가나 국제기구들이 그들 사이에 지켜야 할 구체적인 권리와 의무를 명시적으로 합의하여 창출하는 규범이며, 국제 관습법은 조약 체결과 관계없이 국제 사회 일반이 받아들여 지키고 있는 보편적인 규범이다.

⊕ 창출(創出): 전에 없던 것을 처음으로 생각하여 지어내거나 만들어 냄.
⊕ 규범(規範): 인간이 행동하거나 판단할 때 마땅히 따르고 지켜야 할 법칙과 원리.

반환
되돌릴 返 | 돌려보낼 還

되돌려[返] 보냄[還].

사전 ① 빌리거나 차지했던 것을 되돌려줌. ② 왔던 길을 되돌아감.

'17 수능 해지를 하면 보험사는 보험금을 지급할 책임이 없게 되며, 이미 보험금을 지급했다면 그에 대한 반환(①)을 청구할 수 있다.

⊕ 해지(解止): 계약 당사자 한쪽의 의사 표시에 의하여 계약에 기초한 법률관계를 말소하는 것.
⊕ 지급(支給): 돈이나 물품 등을 정하여진 몫만큼 내줌.

범위	어떤 것을 둘러싼[圍] 한계[範].	⊕ 범주(範疇): 동일한 성질을 가진 부류나 범위.
한계 範 | 두를 圍	사전 ① 일정하게 한정된 영역. ② 어떤 것이 미치는 한계.	

'20 학평 과다 호흡 증후군은 동맥혈의 이산화 탄소 농도가 정상 <u>범위</u>(①) 아래로 떨어져 호흡 곤란, 어지럼증 등의 증상이 나타나는 현상이다.

'20 모의 사료의 불완전성은 역사 연구의 <u>범위</u>(②)를 제한하지만, 그 불완전성 때문에 역사학이 학문이 될 수 있으며 역사는 끝없이 다시 서술된다.

법규	법률과[法] 규범[規].	⊕ 소유(所有): 가지고 있음. 또는 그 물건.
법 法 | 법 規	사전 일반 국민의 권리와 의무에 관계있는 법 규범.	

'19 모의 공인 중개사가 자신이 소유한 부동산을 고객에게 직접 파는 것을 금지하는 규정은 단속 <u>법규</u>에 해당한다.

법인	법률상[法] 사람처럼[人] 독자적 자격을 인정받는 단체.	⊕ 사단(社團): 특정한 목적을 위해 두 사람 이상이 모여 설립한 단체.
법 法 | 사람 人	사전 자연인이 아니면서 법에 의하여 권리 능력이 부여되는 사단과 재단.	

'17 모의 사단은 법인(法人)으로 등기되어야 법인격이 생기는데, 법인격을 가진 사단을 사단 <u>법인</u>이라 부른다.

⊕ 재단(財團): 일정한 목적에 바친 재산을 독립적으로 운영하기 위해 만든 법인.

보장	일이 잘 이루어지도록 지키고[保] 막아[障] 줌.	↻ 뒷감당
지킬 保 | 막을 障	사전 어떤 일이 어려움 없이 이루어지도록 조건을 마련하여 보증하거나 보호함.	

'20 학평 국민은 자신에게 부여된 언론 출판의 자유를 남에게 넘겨줄 수 없으며, 언론 출판의 자유를 <u>보장</u>하도록 국가에 부과된 의무를 국민이 좌지우지할 권한이 없다.

⊕ 보증(保證): 어떤 사물이나 사람에 대하여 책임지고 틀림이 없음을 증명함.

⊕ 좌지우지(左之右之): 이리저리 제 마음대로 휘두르거나 다룸.

1분 배경 지식

국회의 119, 패스트 트랙(fast track) 제도

'패스트 트랙'은 우리말로 '빠른 길' 정도로 풀이할 수 있다. 말 그대로 목표에 빨리 도달할 수 있도록 내어놓은 길을 의미하는데, 정치·경제·무역 등 다양한 분야에서 '신속 처리 안건'을 비유하는 표현으로 쓰인다. 특히 우리나라 정치에서는 국회에서 발의된 내용 중 긴급하게 처리할 필요가 있는 사항에 대해 절차 등을 간소화하여 빠른 결정이 나도록 하는 제도를 의미한다. 2015년 5월에 국회 선진화법을 도입하면서 생겨났다.

일반적으로 하나의 법안이 국회를 통과하려면 첫 단계로 '상임 위원회 심의'를 거쳐야 하는데, 이 단계에서만 1년이 넘도록 통과되지 않는 법안이 수두룩하다. 그러나 패스트 트랙으로 지정되면 해당 상임 위원회에서 최대 180일, 법제 사법 위원회에서 최대 90일, 본회의에서 최대 60일의 논의를 거쳐 본회의에 자동 상정(上程: 토의할 안건이 회의에 놓이는 것)된다.

우리나라에서 패스트 트랙으로 지정되어 국회를 통과한 대표적인 법안은 '유치원 3법'으로 유치원이 정부의 지원금을 부정하게 사용하는 것을 막기 위해 마련되었다. 2018년 12월에 패스트 트랙에 놓인 이 법안은 2020년 1월에 국회를 통과하였다.

한편, 경제 분야에서 패스트 트랙은 일시적 자금난을 겪는 중소기업의 신속 지원 프로그램을 가리키는 말로도 쓰인다.

명재경각

목숨 命 | 있을 在
잠깐 頃 | 시간 刻

목숨이[命] 잠깐의[頃] 시간[刻] 사이에 달려 있음[在].

사전 거의 죽게 되어 곧 숨이 끊어질 지경에 이름.

'22 수능 이 몸이 <u>명재경각</u>(命在頃刻)이라. 어찌 살기를 바라리오.

문전걸식

문 門 | 앞 前
빌 乞 | 음식 食

문[門] 앞[前]에서 음식을[食] 구걸함[乞].

사전 이 집 저 집 돌아다니며 빌어먹음.

'16 모의 내가 너를 친구라고 찾아왔다가 통지를 할 수 없어 한 달이나 지나서 노자도 떨어지고 기갈을 견디지 못하여 <u>문전걸식</u>하고 다니다가 오늘에야 이 자리에서 너를 보니 죽어도 한이 없다.

⊕ 전전걸식(轉轉乞食): 정처 없이 이리저리 돌아다니며 빌어먹음.

⊕ 구걸(求乞): 돈이나 곡식 등을 거저 달라고 빎.

⊕ 기갈(飢渴): 배고픔과 목마름.

삼순구식

셋 三 | 열흘 旬
아홉 九 | 먹을 食

삼십 일[三旬] 동안 아홉[九] 끼니만 먹음[食].

사전 삼십 일 동안 아홉 끼니밖에 먹지 못한다는 뜻으로, 몹시 가난함을 이르는 말.

예 차라리 <u>삼순구식</u>을 할지라도 나는 양심을 지키며 살 것이다.

⊕ 궁핍(窮乏): 몹시 가난함.

삼재팔난

셋 三 | 재앙 災
여덟 八 | 어려울 難

세[三] 가지 재앙과[災] 여덟[八] 가지 어려움[難].

사전 삼재와 팔난이라는 뜻으로, 모든 재앙과 곤란을 이르는 말.

'18 모의 이곳을 한 번 보면 <u>삼재팔난</u>이 소멸되나니 귀객의 효성이 창천에 사무치는지라.

⊕ 횡액(橫厄): 뜻밖에 닥쳐오는 불행.

⊕ 삼재(三災): 무기에 의한 재앙, 굶주림, 유행병.

⊕ 팔난(八難): 배고픔, 목마름, 추위, 더위, 물, 불, 칼, 난리에 의한 어려움.

천신만고

일천 千 | 매울 辛
일만 萬 | 쓸 苦

천[千] 가지 매운[辛] 고생과 만[萬] 가지 쓴[苦] 고생.

사전 온갖 어려운 고비를 다 겪으며 심하게 고생함을 이르는 말.

'18 모의 소자 무변광해를 주유하와 <u>천신만고</u>하여 왔삽거늘 어찌 물러가 칠 일을 머물리잇가?

TIP톡! '무변광해'는 '끝없이 넓은 바다'를 의미한다.

⊕ 주유(周遊): 두루 돌아다님.

천재지변

하늘 天 | 재앙 災
땅 地 | 재난 變

하늘이[天] 일으키는 재앙과[災] 땅이[地] 일으키는 재난[變].

사전 지진, 홍수, 태풍 등의 자연 현상으로 인한 재앙.

예 농민들은 가뭄이나 수해 등 <u>천재지변</u>에 대한 대응책 마련을 요구하였다.

[01~03] 다음 뜻에 해당하는 어휘를 〈보기〉에서 찾아 쓰시오.

보기

공시   과실   권익   법인

01 권리와 그에 따르는 이익. _____

02 부주의나 태만 등에서 비롯된 잘못이나 허물. _____

03 자연인이 아니면서 법에 의하여 권리 능력이 부여되는 사단과 재단. _____

[04~06] 빈칸에 들어갈 어휘를 〈보기〉에서 찾아 쓰시오.

보기

계약   고지   대안   범위

04 시민들은 환경 문제 해결을 위한 현실적인 (   )을/를 요구하였다.

05 학교 측은 학생들에게 이번 학기 등록금을 5% 올릴 것이라고 (   )하였다.

06 서로 경쟁 관계에 있던 두 회사는 앞으로 기술을 공동 개발하기로 (   )하였다.

[07~08] 밑줄 친 어휘의 뜻을 고르시오.

07 두 나라의 정치 체제는 <u>대응</u>되는 면이 많다.

① 어떤 일이나 사태에 맞추어 태도나 행동을 취함.

② 어떤 두 대상이 주어진 어떤 관계에 의하여 서로 짝이 되는 일.

08 마라톤 선수들이 이제 막 <u>반환</u> 지점을 돌아 달려 나가고 있다.

① 왔던 길을 되돌아감.   ② 빌리거나 차지했던 것을 되돌려줌.

[09~11] 다음 뜻에 해당하는 한자 성어를 찾아 바르게 연결하시오.

09 거의 죽게 되어 곧 숨이 끊어질 지경에 이름.   •   • ㉠ 명재경각

10 온갖 어려운 고비를 다 겪으며 심하게 고생함.   •   • ㉡ 삼순구식

11 삼십 일 동안 아홉 끼니밖에 먹지 못한다는 뜻으로,   •   • ㉢ 천신만고
몹시 가난함을 이르는 말.

08회 법률 2

공부한 날짜   월   일

부과

매길 賦 | 매길 課

세금이나 책임 등을 매기어[賦課] 부담하게 함.

[사전] ① 세금이나 부담금 등을 매기어 부담하게 함.
② 일정한 책임이나 일을 부담하여 맡게 함.

'19 수능 로봇세는 로봇을 사용해 이익을 얻는 기업이나 개인에 부과(①)하는 세금이다.

'21 모의 국가, 지방 자치 단체와 같은 행정 주체가 행정 목적을 실현하기 위해 국민의 권리를 제한하거나 국민에게 의무를 부과(②)하는 '행정 규제'는 국회가 제정한 법률에 근거해야 한다.

⊕ 부담(負擔): 어떠한 의무나 책임을 짐.

분쟁

어지러울 紛 | 다툴 爭

어지럽게[紛] 다툼[爭].

[사전] 말썽을 일으키어 시끄럽고 복잡하게 다툼.

'16 모의 온라인 게임 업체와 회원 간의 분쟁이 늘어나자 관계 당국은 산하 기관에 분쟁 조정 위원회를 설치하였다.

⊕ 마찰(摩擦): 이해나 의견이 서로 다른 사람이나 집단이 충돌함.
⊕ 산하(傘下): 어떤 조직체나 세력의 관할 아래.

사례

일 事 | 본보기 例

일이[事] 일어난 예[例].

[사전] 어떤 일이 전에 실제로 일어난 예.

'17 학평 외국의 경우 실제 소송이 제기된 사례가 있고, 악의적인 스포일러는 저작권법 위반에 해당하여 처벌받을 수도 있습니다.

⊕ 제기(提起): 소송을 일으킴.
⊕ 스포일러(spoiler): 영화나 연극 등을 아직 보지 않은 사람에게 주요 내용이나 결말 등을 미리 알리는 말이나 글.

사안

일 事 | 안건 案

해결할 일이나[事] 안건[案].

[사전] 법률이나 규정 등에서 문제가 되는 일이나 안.

'21 학평 만약 어떤 구체적인 사안에서 법 원리들이 충돌할 경우 이익 형량을 통해 해결된다.

⊕ 안건(案件): 토의하거나 조사하여야 할 사실.
⊕ 이익 형량(利益衡量): 서로 충돌하는 기본권의 법익을 비교하고 판단하여 결정하는 일.

상소

위 上 | 호소할 訴

더 위에[上] 있는 기관에 억울하다고 호소함[訴].

[사전] 하급 법원의 판결에 따르지 않고 상급 법원에 재심을 요구하는 일.

'16 수능 민사 소송에서 판결에 대하여 상소, 곧 항소나 상고가 그 기간 안에 제기되지 않아서 사안이 종결되든가, 그 사안에 대해 대법원에서 최종 판결이 선고되든가 하면, 이제 더 이상 그 일을 다툴 길이 없어진다.

⊕ 항소(抗訴): 민·형사 소송에서, 제일심의 종국 판결에 대하여 불복하여 상소함.
⊕ 상고(上告): 제이심 판결에 불복하여 상급 법원에 판결의 재심사를 신청하는 일.

성립

이룰 成 | 세울 立

일이 이루어져[成] 세워짐[立].

[사전] 일이나 관계 등이 제대로 이루어짐.

'21 수능 계약이란 권리 발생 등에 관한 당사자의 합의로서, 계약이 성립하면 합의 내용대로 권리 발생 등의 효력이 인정되는 것이 원칙이다.

⊖ 불성립(不成立): 일이나 관계 등이 제대로 이루어지지 않음.
⊕ 성사(成事): 일을 이룸. 또는 일이 이루어짐.

소송

호소할 訴 | 송사 訟

억울함을 호소하며[訴] 법원에 송사함[訟].

[사전] 재판에 의하여 원고와 피고 사이의 권리나 의무 등의 법률관계를 확정하여 줄 것을 법원에 요구함. 또는 그런 절차. = 송사

'16 수능 확정 판결 이후에 법률상의 새로운 사정이 생겼을 때는, 그것을 근거로 하여 다시 소송하는 것이 허용된다.

TIP톡! 소송의 종류에는 민사 소송(개인 간 다툼 조정), 형사 소송(형벌 부과를 위한 절차), 행정 소송(행정 처분의 취소 등을 요구), 선거 소송(선거나 당선 무효 요구) 등이 있다.

소유권

것 所 | 있을 有 | 권리 權

가지고 있는[有] 것에[所] 대한 권리[權].

[사전] 물건을 전면적·일반적으로 지배하는 권리.

'19 수능 매수인은 매도인에게 매매 대금을 지급할 의무가 있고 소유권의 이전을 청구할 권리를 갖는다.

TIP톡! '소유권'은 물건이 가지는 사용 가치나 교환 가치의 전부를 지배할 수 있는 권리이다.

손실

덜 損 | 잃을 失

가진 것이 줄어들거나[損] 가졌던 것을 잃음[失].

[사전] 잃어버리거나 축나서 손해를 봄. 또는 그 손해.

'17 수능 보험 상품을 구입한 사람은 장래의 우연한 사고로 인한 경제적 손실에 대비할 수 있다.

⊕ 축나다: 일정한 수나 양에서 모자람이 생기다.

손해

덜 損 | 해할 害

가진 것이 줄어들거나[損] 해를[害] 입음.

[사전] ① 물질적으로나 정신적으로 밑짐. ② 해를 입음.

'18 학평 범죄는 피해자에게 신체의 상해나 재산상의 손해(②) 등을 입히며 사회에 부정적 영향을 미친다.

①-⑪ 이익(利益): 물질적으로나 정신적으로 보탬이 되는 것.

⊕ 누(累): 남의 잘못으로 말미암아 받게 되는 정신적인 괴로움이나 물질적인 손해.

승소

이길 勝 | 송사 訴

송사에서[訴] 이김[勝].

[사전] 소송에서 이기는 일. 소송 당사자의 한 편이 자기에게 유리한 판결을 받는 일. = 득결

'16 수능 내가 승소하면 판결에 따라 수강료를 받게 되고, 내가 지면 자네는 계약에 따라 수강료를 내야 하네.

⑪ 패소(敗訴): 소송에서 짐.

시정

바로잡을 是
바로잡을 正

잘못된 것을 바로잡음[是正].

[사전] 잘못된 것을 바로잡음.

'16 모의 현행법상 불법 행위에 대한 금전적 제재 수단에는 민사적 수단인 손해 배상, 형사적 수단인 벌금, 행정적 수단인 과징금이 있으며, 이들은 각각 피해자의 구제, 가해자의 징벌, 법 위반 상태의 시정을 목적으로 한다.

⊕ 구제(救濟): 자연적인 재해나 사회적인 피해를 당하여 어려운 처지에 있는 사람을 도와줌.

양도

넘겨줄 讓 | 건넬 渡

재산이나 권리 등을 남에게 넘겨줌[讓渡].

[사전] ① 재산이나 물건을 남에게 넘겨줌. 또는 그런 일.
② 권리나 재산, 법률에서의 지위 등을 남에게 넘겨줌. 또는 그런 일.

'20 모의 점유로 소유권이 공시되는 동산의 소유권 양도(②)는 점유를 넘겨주는 점유 인도로 공시된다.

⑪ 양수(讓受): ① 사물을 남에게서 넘겨받음. ② 타인의 권리, 재산 및 법률상의 지위 등을 넘겨받는 일.

⊕ 인도(引渡): ① 사물이나 권리 등을 넘겨줌. ② 물건에 대한 사실상의 지배를 이전하는 일.

억제	억눌러서[抑] 그치게[制] 함.	**TIP톡!** ②의 뜻으로 쓰일
억누를 抑 │ 절제할 制	[사전] ① 감정이나 욕망, 충동적 행동 등을 내리눌러서 그치게 함.	때는 '물가 억제', '소비 억제'
	② 정도나 한도를 넘어서 나아가려는 것을 억눌러 그치게 함.	등과 같이 쓰인다.
	'22 모의 형벌의 목적은 오로지 범죄자가 또다시 피해를 끼치지 못하도록 억제(①)하	⊕ 예방(豫防): 질병이나 재
	고, 다른 사람들이 그 같은 행위를 하지 못하도록 예방하는 데 있을 뿐이다.	해 등이 일어나기 전에 미리 대처하여 막는 일.

여건	주어진[與] 조건[件].	⊕ 열악(劣惡): 품질이나 시
줄 與 │ 조건 件	[사전] 주어진 조건.	설 등이 매우 떨어지고 나쁨.
	'16 학평 현재 대부분의 동물 보호 센터는 운영 여건이 열악하여 반려동물의 유기	⊕ 유기(遺棄): 내다 버림.
	나 학대 문제를 해결하는 데 크게 기여하지 못하고 있다.	⊕ 기여(寄與): 도움이 되도록 이바지함.

위반	규칙 등을 어김[違反].	⊕ 배위(背違): 규칙, 명령
어길 違 │ 어길 反	[사전] 법률, 명령, 약속 등을 지키지 않고 어김. = 위배	등을 어김.
	'19 모의 법률을 위반하여 농지를 빌려준 사람에게는 벌금이 부과된다.	⊕ 금기(禁忌): 마음에 꺼려 서 하지 않거나 피함.
	'18 수능 공동체의 구성원들은 금기를 위반하면 그 대상에 의해 공동체 혹은 그	
	구성원이 처벌을 받는다는 인식을 공유한다.	

위임	어떤 일을 맡김[委任].	⊕ 위탁(委託): 법률 행위나
맡길 委 │ 맡길 任	[사전] ① 어떤 일을 책임 지워 맡김. 또는 그 책임.	사무의 처리를 다른 사람에 게 맡겨 부탁하는 일.
	② 당사자 중 한쪽이 상대편에게 사무 처리를 맡기고 상대편은 이를 승낙	⊕ 일임(一任): 모두 다 맡김.
	함으로써 성립하는 계약.	
	'21 모의 헌법에 따르면, 국회는 행정 규제 사항에 관한 법률을 제정할 때 특정한	
	내용에 관한 입법을 행정부에 위임(①)할 수 있다.	

유해	해로움이[害] 있음[有].	⊕ 무해(無害): 해로움이 없음.
있을 有 │ 해로울 害	[사전] 해로움이 있음.	⊕ 증진(增進): 기운이나 세
	'20 학평 담배에 건강 증진 기금을 위한 세금을 부과하는 것은 담배가 건강에 유	력 등이 점점 더 늘어 가고 나아감.
	해한 요소들로 이루어져 있다는 것이 의학적으로 증명되어 세금 징수의	⊕ 당위성(當爲性): 마땅히
	당위성이 인정되기 때문이다.	그렇게 하거나 되어야 할 성질.

의결	의논하여[議] 결정함[決].	⊕ 의정(議定): 의논하여 결
의논할 議 │ 결정할 決	[사전] 의논하여 결정함. 또는 그런 결정.	정함. 또는 그런 결정.
	'17 모의 상법상 회사는 이사들로 이루어진 이사회만을 업무 집행의 의결 기관으	
	로 둔다.	

이해관계	이로움과[利] 해로움이[害] 얽힌 관계(關係).	⊕ 이해(利害): 이익과 손해
이로울 利 │ 해로울 害	[사전] 서로 이해가 걸려 있는 관계.	를 아울러 이르는 말.
관계할 關 │ 맬 係	**'18 모의** 속된 일상에서 사람들은 가치를 추구하기보다는 자기 이해관계를 구체	
	화한 목표와 이의 실현을 안내하는 규범에 따라 살아간다.	

이행	어떤 일을 실제로 행함[履行].	⊕ **실행(實行)**: 실제로 행함.
행할 履 ｜ 행할 行	사전 ① 실제로 행함. ② 채무자가 채무의 내용을 실행하는 일.	
	'21 학평 과제 수행 도중 계획의 이행(①) 정도를 점검·조절하는 것이 좋다.	
	'19 수능 채무자가 채무의 내용대로 이행(②)하여 채권을 소멸시키는 것을 변제라 한다.	

입법	법률을[法] 세워[立] 정함.	⊕ **삼권 분립(三權分立)**: 국가의 권력을 입법, 사법(司法), 행정(行政)의 삼권으로 분리하여 서로 견제하게 하는 국가 조직의 원리.
세울 立 ｜ 법 法	사전 ① 법률을 제정함. ② 삼권 분립의 하나로서, 의회에서 법률을 제정하는 행위.	
	'21 모의 위임 명령은 입법(②)부인 국회가 자신의 권한의 일부를 행정부에 맡겼기 때문에 정당화될 수 있다.	

입장	당면하여 서[立] 있는 곳[場].	↻ 처지
설 立 ｜ 마당 場	사전 당면하고 있는 상황.	⊕ **확증 편향(確證偏向)**: 자신의 가치관, 신념, 판단 등과 부합하는 정보에만 주목하고 그 외의 정보는 무시하는 사고방식.
	'20 모의 확증 편향에 빠지지 않기 위해서는 먼저 반대 입장에서 생각해 보는 자세를 지녀야 한다.	

절차	일을 하는 데 필요한 예절이나[節] 차례[次].	⊕ **위법(違法)**: 법률이나 명령 등을 어김.
예절 節 ｜ 차례 次	사전 일을 치르는 데 거쳐야 하는 순서나 방법.	⊕ **배제(排除)**: 받아들이지 않고 물리쳐 제외함.
	'21 학평 위법 수집 증거 배제 법칙은 적법한 절차에 따르지 않고 수집한 증거의 증거 능력을 부정하는 원칙으로, 형사 사법 기관의 위법한 증거 수집을 억제하는 데에 그 목적이 있다.	⊕ **적법(適法)**: 법규에 맞음.

1분 배경 지식

지구의 건강을 위하여, 탄소 중립 기본법

지구에 탄소의 양이 많아지면 무슨 일이 벌어질까?

탄소는 물질을 이루는 기본 구성 요소이기도 하지만, 동시에 그 양이 증가하면 대기를 오염시키고 온실 효과(溫室效果: 우주로 나가야 할 적외선 복사를 흡수하여 지구 표면의 온도가 높아지는 작용)를 일으켜 인류의 생존을 위협할 수도 있는 원소이다.

전 세계적으로 산업화와 발전을 거치면서 탄소 배출량이 급격히 증가하였고, 이에 따른 기후 변화 문제가 대두되었다. 국제 사회는 이러한 문제의 심각성을 인식하고, '탄소 중립'을 이루기 위하여 다각적인 노력을 기울이고 있다. 탄소 중립이란 탄소의 배출량과 흡수량을 동일하게 유지하여 궁극적으로 탄소 배출량을 '0(zero)'으로 만든다는 개념이다.

우리나라는 2021년 8월에 '탄소 중립 기본법'을 제정하여 2050년까지 탄소 중립을 목표로 하는 발판을 마련하였다. 우리나라에서 탄소 배출량이 가장 많았던 2018년을 기준으로 하여 2030년까지 2018년 대비 35% 이상 탄소 배출량을 감축한다는 내용을 담고 있다. 이로써 우리나라는 전 세계 국가 중 14번째로 탄소 중립을 법제화한 나라가 되었다.

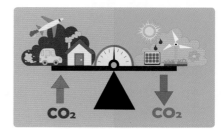

▲ 탄소 중립 = 탄소 배출량 0

만시지탄

늦을 晩 | 때 時
어조사 之 | 탄식할 歎

때[時]늦[晩]은[之] 탄식[歎].

[사전] 시기에 늦어 기회를 놓쳤음을 안타까워하는 탄식.

[예] 사고가 벌어지고 난 후에 후회해 봤자 만시지탄일 뿐이다.

TIP톡! '탄식할 歎'은 '嘆'으로도 바꾸어 쓸 수 있다.

망양보뢰

잃을 亡 | 양 羊
고칠 補 | 우리 牢

양을[羊] 잃고[亡] 나서 우리를[牢] 고침[補].

[사전] 이미 어떤 일을 실패한 뒤에 뉘우쳐도 아무 소용이 없음을 이르는 말.

[예] 망양보뢰는 '소 잃고 외양간 고친다'라는 우리말 속담과 의미가 비슷하다.

TIP톡! 원래는 양을 잃은 뒤에 우리를 고쳐도 늦지 않으니 어떤 일을 실패해도 빨리 수습하면 괜찮다는 뜻이었다가 의미가 변화하였다.

맥수지탄

보리 麥 | 무성할 秀
어조사 之 | 탄식할 歎

보리가[麥] 무성하게[秀] 자란 것을[之] 탄식함[歎].

[사전] 고국의 멸망을 한탄함을 이르는 말.

[유래] 중국 은(殷)나라의 기자(箕子)라는 사람이 나라가 망한 뒤에 그 옛터를 지나다가 보리만 잘 자라는 것을 보고 한탄하였다는 데서 유래하였다.

[예] 길재의 시조 「오백 년 도읍지를」은 망해 버린 고려의 옛 도읍지를 돌아보며 느낀 맥수지탄을 노래한 작품이다.

비육지탄

넓적다리 髀 | 살 肉
어조사 之 | 탄식할 歎

넓적다리에[髀] 살이[肉] 찐 것을[之] 탄식함[歎].

[사전] 재능을 발휘할 때를 얻지 못하여 헛되이 세월만 보내는 것을 한탄함을 이르는 말.

[유래] 중국 촉나라의 유비(劉備)가 오랫동안 말을 타고 전쟁터에 나가지 못하여 넓적다리에 살이 찐 것을 한탄한 데서 유래하였다.

[예] 용기를 얻은 청년은 비육지탄을 끝내고 꿈을 펼치기 시작하였다.

⊕ 허송세월(虛送歲月): 하는 일 없이 세월만 헛되이 보냄.

위연탄식

한숨 쉴 喟 | 그러할 然
탄식할 歎 | 쉴 息

한숨을 쉬면서[喟然] 탄식(歎息)함.

[사전] 한숨을 쉬며 크게 탄식함.

'22 모의 송이가 남창을 가만히 열고 달빛을 내다보며 위연탄식하는데, "달아, 너는 내 심사를 알리라. 작년 이때 뒷동산 명월 아래 우리 님을 만났더니, 달은 다시 보건마는 님은 어찌 못 보는고. ……"

⊕ 심사(心思): 어떤 일에 대한 여러 가지 마음의 작용.

후회막심

뒤 後 | 뉘우칠 悔
없을 莫 | 심할 甚

뒤늦게[後] 뉘우침이[悔] 이보다 심할[甚] 수 없음[莫].

[사전] 더할 나위 없이 후회스러움.

[예] 꿈 없이 젊은 시절을 낭비한 것이 얼마나 아까운지 후회막심이다.

[01~07] 다음 십자말풀이를 완성하시오.

01	02			03	
		04			
	05				
06					
07					

가로

01 소송에서 이기는 일.　　**03** 법률을 제정함.

05 서로 이해가 걸려 있는 관계.

07 재판에 의하여 원고와 피고 사이의 권리나 의무 등의 법률관계를 확정하여 줄 것을 법원에 요구함.

세로

02 물건을 전면적·일반적으로 지배하는 권리.

03 당면하고 있는 상황.　　**04** 해로움이 있음.

05 채무자가 채무의 내용을 실행하는 일.

06 하급 법원의 판결에 따르지 않고 상급 법원에 재심을 요구하는 일.

[08~10] 다음 뜻에 해당하는 어휘에 V표 하시오.

08 일을 치르는 데 거쳐야 하는 순서나 방법.　　　　□ 의결 □ 절차

09 잃어버리거나 축나서 손해를 봄. 또는 그 손해.　　□ 분쟁 □ 손실

10 권리나 재산, 법률에서의 지위 등을 남에게 넘겨줌.　□ 손해 □ 양도

[11~13] 〈보기〉의 글자를 조합하여 빈칸에 들어갈 어휘를 쓰시오.

보기

건	사	안	여	위	임

11 선생님께서는 반 임원회에 체육 행사 계획을 [　][　]하셨다.

12 최근 회사의 근무 [　][　]이/가 개선되면서 직원들의 만족도가 높아졌다.

13 개인 정보 유출은 민감한 [　][　]이므로 정보 관리에 각별히 신경 써야 한다.

[14~15] 빈칸에 알맞은 말을 넣어 다음 상황에 어울리는 한자 성어를 완성하시오.

14 방학 내내 게임만 하느라 시간을 낭비한 것이 얼마나 아까운지 후[　][　]심이다.

15 잘못된 일을 나중에 뉘우쳐도 아무 소용이 없음을 표현할 때 '[　]양[　]뢰'라는 말을 쓴다.

점유

차지할 占 | 있을 有

차지하여[占] 가지고 있음[有].

사전 물건이나 영역, 지위 등을 차지함. = 점거

'20 모의 점유란 물건에 대한 사실상의 지배 상태를 뜻한다.

'20 모의 물건 중에서 피아노, 금반지, 가방 등과 같은 대부분의 동산은 점유에 의해 소유권이 공시된다.

↻ 차지

⊕ 공시(公示): 일정한 내용을 공개적으로 게시하여 일반에게 널리 알림.

정책

정사 政 | 계책 策

나라를 다스리는[政] 데 필요한 계책[策].

사전 정치적 목적을 실현하기 위한 방책.

'18 수능 정부가 정책을 직접 수행하지 않고 민간에 위탁하여 수행하게 하는 것은 직접성이 낮다.

⊕ 방책(方策): 방법과 꾀를 아울러 이르는 말.

제재

억제할 制 | 제어할 裁

억제하고[制] 제어함[裁].

사전 ① 일정한 규칙이나 관습의 위반에 대하여 제한하거나 금지함.
② 법이나 규정을 어겼을 때 국가가 처벌이나 금지 등을 행함. 또는 그런 일.

'16 모의 사회 구성원들이 경제적 이익을 추구하는 과정에서 불법 행위를 감행하기 쉬운 상황일수록 이를 억제하는 데에는 금전적 제재(②) 수단이 효과적이다.

⊕ 제어(制御): 상대편을 억눌러서 제 마음대로 다룸.

⊕ 감행(敢行): 과감하게 실행함.

제정

만들 制 | 정할 定

법률 등을 만들어서[制] 정함[定].

사전 제도나 법률 등을 만들어서 정함.

'21 모의 대통령을 수반으로 하는 행정부나 지방 자치 단체와 같은 행정 기관이 제정한 법령인 행정 입법에 의한 행정 규제의 비중이 커지고 있다.

⊛ 입제(立制): 제도나 법률 등을 세움.

⊕ 수반(首班): 행정부의 가장 높은 자리에 있는 사람.

제한

억제할 制 | 한계 限

한계를[限] 정해 두고 억제함[制].

사전 일정한 한도를 정하거나 그 한도를 넘지 못하게 막음. 또는 그렇게 정한 한계.

'21 모의 자유로운 의사소통이 제한되는 사회에서 개인은 자신의 의사를 온전히 표현할 수 없어서 자유가 억압되고, 그 사회 또한 경직된다.

⊕ 억압(抑壓): 자유로이 행동하지 못하도록 억지로 억누름.

조례

조목 條 | 규칙 例

조목조목[條] 정해 놓은 규칙[例].

사전 ① 조목조목 적어 놓은 규칙이나 명령.
② 지방 자치 단체가 법령의 범위 안에서 지방 의회의 의결을 거쳐 그 지방의 사무에 관하여 제정하는 법.

'21 모의 조례(②)는 지방 의회가 제정하는 행정 입법으로 지역의 특수성을 반영하여 제정되고 지역에서 발생하는 사안에 대해 적용된다.

⊕ 법령(法令): 법률과 명령을 아울러 이르는 말.

⊕ 의결(議決): 의논하여 결정함. 또는 그런 결정.

조정 조절할 調 | 멈출 停	관계를 조절하고[調] 다툼을 멈추도록[停] 함. 사전 ① 분쟁을 중간에서 화해하게 하거나 서로 타협점을 찾아 합의하도록 함. ② 법률상에서 분쟁을 해결하기 위하여 법원이 당사자 사이에 끼어들어 쌍방의 양보를 통한 합의를 이끌어 냄으로써 화해시키는 일. '22 모의 신설 센터의 공간 활용에 대한 두 동의 의견 차이를 조정(①)하기 위한 협상이 지난달 30일 오후 2시에 시청 회의실에서 개최되었다.	⊕ 중재(仲裁): 분쟁에 끼어들어 쌍방을 화해시킴. ⊕ 타협점(妥協點): 어떤 일을 서로 양보하는 마음으로 협의할 수 있는 점.
조치 처리할 措 | 둘 置	문제가 해결되도록 처리해[措] 둠[置]. 사전 벌어지는 사태를 잘 살펴서 필요한 대책을 세워 행함. 또는 그 대책. '20 학평 청구로서의 권리는 단순히 무언가를 주장하는 것이 아니라 의무 이행 또는 의무 불이행에 대한 일련의 법적 조치를 포함하고 있다.	㉤ 조처(措處): 제기된 문제나 일을 잘 정돈하여 처리함. 또는 그러한 방식.
조항 조목 條 | 항목 項	법률 등의 조목이나[條] 항목[項]. 사전 법률이나 규정 등의 조목이나 항목. '21 학평 조선 시대 형법은 구체적이고 개별적인 사안을 하나하나 열거하는 형식이었기 때문에 어떤 사안에 각 조항을 곧바로 적용하기에는 용이했지만 실제 발생하는 모든 사안을 열거할 수는 없었다.	⊕ 열거(列擧): 여러 가지 예나 사실을 낱낱이 죽 늘어놓음.
주권 주인 主 | 권리 權	주인의[主] 권리[權]. 사전 ① 가장 주요한 권리. ② 국가의 의사를 최종적으로 결정하는 권력. '22 모의 저마다 할애한 자유의 총합이 주권(②)을 구성하고, 주권자가 이를 위탁받아 관리한다.	TIP톡! '주권'은 대내적으로는 절대적 힘을, 대외적으로는 자주적 독립성을 가진다. ⊕ 통치권(統治權): 국민과 국토를 다스리는, 국가의 최고 지배권.
집행 잡을 執 | 행할 行	일을 잡아[執] 시행함[行]. 사전 ① 실제로 시행함. ② 법률, 명령, 재판, 처분 등의 내용을 실행하는 일. ③ 사법상 또는 행정법상의 의무를 이행하지 않는 사람에 대하여 국가가 강제 권력으로 그 의무의 이행을 실현하는 작용이나 절차. = 강제 집행 '19 수능 강제 집행(③)은 국가가 물리적 실력을 행사하여 채무자의 의사에 구애받지 않고 채무의 내용을 실행시켜 채권이 실현되도록 하는 제도이다.	⊕ 실력(實力): ① 실제로 갖추고 있는 힘이나 능력. ② 강제력이나 무력. ⊕ 구애(拘礙): 거리끼거나 얽매임.
징벌 징계할 懲 | 벌할 罰	잘못한 사람을 징계하고[懲] 벌함[罰]. 사전 옳지 않은 일을 하거나 죄를 지은 데 대하여 벌을 줌. 또는 그 벌. '16 모의 징벌적 성격이 가미된 배상금이 형사적 제재 수단인 벌금과 함께 부과될 경우에는 가해자에 대한 중복 제재가 된다고 주장한다.	⊕ 가미(加味): 본래의 것에 다른 요소를 보태어 넣음. ⊕ 배상금(賠償金): 남에게 입힌 손해에 대해 물어 주는 돈.
처벌 둘 處 | 벌할 罰	벌[罰] 받는 상태에 둠[處]. 사전 형벌에 처함. 또는 그 벌. '21 학평 죄형 법정주의란 어떠한 행위가 범죄이고 그 범죄를 어떻게 처벌할 것인지 미리 성문의 법률로 규정하여야 한다는 원칙이다.	⊕ 성문(成文): 글자로 써서 나타냄. 또는 그런 글이나 문서.

청구권	원하는 것을 요청하고[請] 구할[求] 권리[權].	**TIP톡!** 청구권에는 '채권', '손해 배상권' 등이 있다.
청할 請 ㅣ 구할 求 권리 權	사전 특정인에 대하여 일정한 행위를 요구할 수 있는 권리. '19 수능 청구권을 내용으로 하는 권리가 채권이고, 그에 따라 이행을 해야 할 의무가 채무이다.	

체결	계약 등을 맺음[締結].	⊕ 매도(賣渡): 값을 받고 물건의 소유권을 다른 사람에게 넘김.
맺을 締 ㅣ 맺을 結	사전 계약이나 조약 등을 공식적으로 맺음. '19 수능 갑과 을은 을이 소유한 그림 A를 갑에게 매도하는 것을 내용으로 하는 매매 계약을 체결하였다.	

촉진	재촉하여[促] 빨리 나아가게[進] 함.	⊕ 재촉: 어떤 일을 빨리하도록 조름. ⊕ 환기(喚起): 생각 등을 불러일으킴. ⊕ 선순환(善循環): 순환이 잘됨.
재촉할 促 ㅣ 나아갈 進	사전 다그쳐 빨리 나아가게 함. '22 모의 개별 광고가 구매자의 내면에 잠재된 필요나 욕구를 환기하여 대상 상품에 대한 소비를 촉진하는 효과가 합쳐지면 경제 전반에 선순환을 기대할 수 있다.	

특허	행위나 권리 등을 특별히[特] 허락함[許].	**TIP톡!** '특허권'은 출원 공고일부터 20년간 유지된다. ⊕ 실용신안(實用新案): 실용상의 편리를 위해 물품에 기술적 고안을 하는 것. ⊕ 독점적(獨占的): 물건이나 자리 등을 독차지하는 (것). ⊕ 배타적(排他的): 남을 배척하는 (것).
특별할 特 ㅣ 허락할 許	사전 ① 특별히 허락함. ② 공업 소유권의 하나. 특허법·실용신안법 등에 의하여 발명·실용신안 등에 관하여 독점적·배타적으로 가지는 지배권. = 특허권 '20 수능 볼펜은 신문 기자였던 라즐로 비로가 특허(②)를 낸 이후 상용화되면서 기존 필기구의 단점을 보완하고 사람들의 다양한 요구를 반영하여 꾸준히 사용되고 있습니다.	

판결	옳고 그름을 판단하여[判] 결정함[決].	⊕ 변론(辯論): 소송 당사자나 변호인이 법정에서 주장하거나 진술함. 또는 그런 주장이나 진술.
판단할 判 ㅣ 결정할 決	사전 ① 옳고 그름이나 좋고 나쁨을 판단하여 결정함. ② 법률상에서 법원이 변론을 거쳐 소송 사건에 대하여 판단하고 결정하는 재판. '21 학평 증거 능력이 있는 증거는 법정에서 주요한 사실 인정의 자료로 이용되어 이를 바탕으로 유죄 판결(②)이 내려질 수 있다.	

패소	송사에서[訴] 짐[敗].	⊖ 승소(勝訴): 소송에서 이기는 일.
질 敗 ㅣ 송사 訴	사전 소송에서 짐. = 낙과, 낙송 '16 수능 갑은 금전을 빌려주었다는 증거를 제시하지 못하여 패소하였다.	

합의	서로 뜻이[意] 맞음[合].	
합할 合 ㅣ 뜻 意	사전 ① 서로 의견이 일치함. 또는 그 의견. ② 법률상에서 둘 이상의 당사자의 의사가 일치함. 또는 그런 일. '21 수능 법적으로 예약은 당사자들이 합의(②)한 내용대로 권리가 발생하는 계약의 일종이다.	

해제	묶었던 것을 풀고[解] 효력을 없앰[除].	TIP톡! 법률에서 '해제'는

해제
풀 解 | 없앨 除

묶었던 것을 풀고[解] 효력을 없앰[除].

[사전] ① 설치하였거나 장비한 것 등을 풀어 없앰.
② 묶인 것이나 행동에 제약을 가하는 법령 등을 풀어 자유롭게 함.
③ 유효하게 성립한 계약의 효력을 당사자의 일방적인 의사 표시에 의하여 소급(遡及)으로 해소함.

'17 학평 | 만약 채무자가 돈을 갚지 않으면 채권자는 계약 해제(③)나 강제 집행을 통해 채무 내용에 대해 강제할 수 있다.

TIP톡! 법률에서 '해제'는 기존 계약의 효과를 소멸시켜 계약 자체를 없었던 것으로 하는 것이고, '해지(解止)'는 계약 관계가 소멸된 후부터 효력이 없어지는 것이다.

⊕ 소급(遡及): 과거에까지 거슬러 올라가서 미치게 함.

해지권
풀 解 | 그칠 止 | 권리 權

계약을 풀고[解] 계약 관계를 멈출[止] 권리[權].

[사전] 계약 당사자의 한쪽이 계약을 해지할 수 있는 권리.

'17 수능 | 보험사는 보험 사고가 발생하기 이전이나 이후에 상관없이 고지 의무 위반을 이유로 계약을 해지할 수 있고, 해지권 행사는 보험사의 일방적인 의사 표시로 가능하다.

⊕ 해약(解約): 계약 당사자 한쪽의 의사 표시에 의하여 계약에 기초한 법률관계를 말소하는 것. = 해지

행정적
행할 行 | 정사 政
어조사 的

정치나[政] 사무를 행하는[行] (것)[的].

[사전] 정치나 사무를 행하는 (것).

'16 모의 | 과징금은 불법 행위를 행정적으로 제재하는 수단에 해당된다.

효력
효과 效 | 힘 力

효과가[效] 나타나게 하는 힘[力].

[사전] ① 약 등을 사용한 후에 얻는 보람. ② 법률이나 규칙 등의 작용.

'21 수능 | 민법상의 권리는 여러 가지가 있는데 계약 없이 법률로 정해진 요건의 충족으로 발생하기도 하지만 대개 계약의 효력(②)으로 발생한다.

TIP톡! ①의 뜻으로 쓰일 때는 '약의 효력', '진통제의 효력' 등과 같이 쓰인다.

①-⊕ 효용(效用): 보람 있게 쓰거나 쓰임. 또는 그런 보람이나 쓸모.

1분 배경 지식

또 하나의 재산, 퍼블리시티권(right of publicity)

누군가 허락 없이 내 얼굴의 사진을 찍거나 내 사진을 몰래 사용할 때 우리는 '초상권을 침해당했다.'라고 말한다. 초상권(肖像權)이란 자기의 초상에 대한 독점권으로, '초상'은 자기 모습을[像] 닮게[肖] 그린 그림이나 사진을 가리킨다. 초상권은 인격권에 해당하는데, 생명이나 신체·정신의 자유에 대한 권리이다.

'퍼블리시티권'은 초상권보다 좀 더 상업적인 권리로, 이름이나 초상·예명·목소리·서명 등 개인의 인격적인 요소에서 나오는 재산적 가치에 대한 권리이다. 초상권이 인격적인 부분에 초점을 맞추고 있다면, 퍼블리시티권은 경제적 가치에 초점을 두고 있다. 개인의 고유한 영역을 상품이나 선전 등에 이용하여 상업적 이익을 내는 것에 대해 권리자가 독점적으로 지배하고 통제할 수 있는 것이다.

퍼블리시티권이 폭넓게 보장된 미국은 유명인의 독특한 음색을 흉내 내는 것도 상업적 이용이 이루어졌다면 퍼블리시티권을 침해했다고 본다. 우리나라에서도 점차 퍼블리시티권의 중요성을 인식하고 그 권리를 인정해 나가는 추세이다. 최근 유명 야구 선수의 영문 이니셜을 동의 없이 사용한 게임 회사에 대해 퍼블리시티권 침해 판결을 내린 것 등이 그 예이다.

저 회사가 내 이니셜을 멋대로 썼어요!

각골난망

새길 刻 | 뼈 骨
어려울 難 | 잊을 忘

뼈에[骨] 새겨진[刻] 듯 잊기[忘] 어려움[難].

사전 남에게 입은 은혜가 뼈에 새길 만큼 커서 잊히지 않음.

예 방황하던 어린 시절, 저를 바른길로 이끌어 주신 선생님의 은혜는 참으로 각골 난망입니다.

결초보은

맺을 結 | 풀 草
갚을 報 | 은혜 恩

풀을[草] 묶어[結] 은혜를[恩] 갚음[報].

사전 죽은 뒤에라도 은혜를 잊지 않고 갚음을 이르는 말.

유래 중국 진(晉)나라 때 위과(魏顆)의 아버지가 죽으며 서모 (庶母: 아버지의 첩)를 함께 묻어 달라고 하였으나 위과 가 유언을 어기고 서모를 살려 주었는데, 훗날 싸움터 에서 서모 아버지의 혼령이 풀을 묶어 적군을 넘어뜨려 위과가 공을 세우도록 하였다는 데서 유래하였다.

'19 학평 어린 인생을 이같이 관대하시니 은덕이 망극하거니와 동해 가는 길을 인도하시면 결초보은하리이다.

죽어서라도 은혜를 갚고 싶었소!

망극지은

없을 罔 | 다할 極
어조사 之 | 은혜 恩

끝이[極] 없[罔]는[之] 은혜[恩].

사전 끝없이 베풀어 주는 혜택이나 고마움.

예 그는 부모님의 망극지은에 보답하기 위해 불철주야 학업에 정진하였다.

⊕ 불철주야(不撤晝夜): 어 떤 일에 몰두하여 조금도 쉴 사이 없이 밤낮을 가리 지 않음.

백골난망

흰 白 | 뼈 骨
어려울 難 | 잊을 忘

죽어서 백골(白骨)이 되어도 잊기[忘] 어려움[難].

사전 남에게 큰 은덕을 입었을 때 고마움의 뜻으로 이르는 말.

'16 모의 어지신 덕택으로 계월을 구하사 친자식같이 길러 입신양명하게 하시니 은혜가 백골난망이로소이다.

⊕ 백골(白骨): 죽은 사람의 몸이 썩고 남은 뼈.

⊕ 덕택(德澤): 베풀어 준 은혜나 도움.

⊕ 입신양명(立身揚名): 출 세하여 이름을 세상에 떨침.

백배사례

일백 百 | 절 拜
사례할 謝 | 예절 禮

백[百] 번 절하며[拜] 감사의[謝] 예절을[禮] 다함.

사전 거듭 절을 하며 고맙다는 뜻을 나타냄. = 백배치사

'17 수능 박씨가 주렴 안에서 꾸짖어 왈, "너희들을 모두 죽일 것이로되, 천시(天 時)를 생각하고 용서하거니와, ······" 이에 오랑캐 장수들이 백배사례하 더라.

⊕ 주렴(珠簾): 구슬 등을 꿰어 만든 발.

⊕ 천시(天時): 하늘의 도움 이 있는 시기.

사은숙배

사례할 謝 | 은혜 恩
정중할 肅 | 절 拜

은혜에[恩] 감사하며[謝] 정중히[肅] 절을[拜] 올림.

사전 예전에, 임금의 은혜에 감사하며 공손하고 경건하게 절을 올리던 일. = 사은숙사

예 과거에 급제하여 임금을 알현한 선비는 사은숙배를 올렸다.

⊕ 급제(及第): 과거에 합격 하던 일.

⊕ 알현(謁見): 지체가 높고 귀한 사람을 찾아가 뵘.

[01~03] 제시된 초성과 뜻을 참고하여 빈칸에 들어갈 어휘를 쓰시오.

01 ㅈ ㅎ : 법률이나 규정 등의 조목이나 항목.

예 위헌 소지가 있는 (   )이 헌법에서 삭제되었다.

02 ㅊ ㄱ : 계약이나 조약 등을 공식적으로 맺음.

예 두 나라는 마침내 전쟁을 끝내고 평화 협정을 (   )하였다.

03 ㅍ ㄱ : 법률상에서 법원이 변론을 거쳐 소송 사건에 대하여 판단하고 결정하는 재판.

예 (   )이 잘못되면 무고한 사람을 죄인으로 만들 수도 있다.

[04~05] 다음 설명이 맞으면 ○에, 그렇지 않으면 ✕에 표시하시오.

04 '해지권'은 특정인에 대하여 일정한 행위를 요구할 수 있는 권리이다.   (○ , ✕)

05 '해제'는 묶인 것이나 행동에 제약을 가하는 법령 등을 풀어 자유롭게 하는 것이다. (○ , ✕)

[06~08] 다음 문장에 어울리는 어휘를 고르시오.

06 그는 소송을 냈다가 (징벌 ㅣ 패소)하여 벌금을 내게 되었다.

07 우리 회사는 새로운 소재를 개발하여 (주권 ㅣ 특허)을/를 따냈다.

08 두 회사는 제품 개발에 긴밀하게 협력하기로 (집행 ㅣ 합의)하였다.

[09~11] 다음 뜻에 해당하는 한자 성어를 찾아 바르게 연결하시오.

09 끝없이 베풀어 주는 혜택이나 고마움.   •   • ㉠ 결초보은

10 거듭 절을 하며 고맙다는 뜻을 나타냄.   •   • ㉡ 망극지은

11 죽은 뒤라도 은혜를 잊지 않고 갚음을 이르는 말. •   • ㉢ 백배사례

가중치
더할 加 | 무게 重
값 値

중요도에[重] 따라 더해지는[加] 값[値].

사전 ① 일반적으로 평균치를 산출할 때 개별치에 부여되는 중요도.
② 어떤 상품이 경제생활에서 차지하는 중요도. = 가중값

'20 수능 실제 보유한 회사채가 100억 원인데 신용 위험 가중치(①)가 20%라면 위험 가중 자산에서 그 회사채는 20억 원으로 계산된다.

TIP톡! ②는 해당 상품에 대한 지출액을 총지출액으로 나눈 값에 1,000을 곱하여 구한다.

⊕ 자산(資産): 개인이나 법인이 소유한 가치 있는 재산.

거시
클 巨 | 볼 視

크게[巨] 봄[視].

사전 어떤 대상을 전체적으로 크게 봄.

'20 모의 거시 건전성 정책은 금융 시스템 위험 요인에 대한 예방적 규제를 통해 금융 시스템의 건전성을 추구한다는 점에서, 미시 건전성 정책과는 차별화된다.

TIP톡! '거시'는 주로 일부 명사 앞에 쓰인다.

⊕ 미시(微視): 작게 보임. 또는 작게 봄.

⊕ 건전성(健全性): 온전하고 탈 없이 튼튼한 상태의 성질.

공급
줄 供 | 줄 給

물건 등을 대어 줌[供給].

사전 ① 요구나 필요에 따라 물품 등을 제공함.
② 교환하거나 판매하기 위하여 시장에 재화나 용역을 제공하는 일.

'18 학평 연료가 공급(①)이 되면 배기가스에 연료가 섞여 필터에서 연소가 이루어진다.

'17 학평 금리란 원금에 대한 이자의 비율을 말하는 것으로 자금의 수요와 공급(②)에 의해 결정되며, 자산의 증감에 영향을 미치는 중요한 요소이다.

⊕ 재화(財貨): 사람이 바라는 바를 충족시켜 주는 모든 물건.

⊕ 수요(需要): 어떤 재화나 용역을 일정한 가격으로 사려고 하는 욕구.

⊕ 증감(增減): 많아지거나 적어짐. 또는 늘리거나 줄임.

공유
함께 共 | 가질 有

함께[共] 가짐[有].

사전 두 사람 이상이 한 물건을 공동으로 소유함.

'16 학평 공유 경제의 목적은 공유와 협력을 통해 물건에 대한 접근권을 확보함으로써 공동의 이익을 창출하는 데 있다.

⊕ 전유(專有): 혼자 독차지하여 가짐.

금리
돈 金 | 이익 利

돈에[金] 붙는 이자[利].

사전 빌려준 돈이나 예금 등에 붙는 이자. 또는 그 비율.

'20 모의 전통적인 통화 정책은 정책 금리를 활용하여 물가를 안정시키고 경제 안정을 도모하는 것을 목표로 한다.

⊕ 이자(利子): 남에게 돈을 빌려 쓴 대가로 치르는 일정한 비율의 돈.

⊕ 도모(圖謀): 어떤 일을 이루기 위해 대책 등을 세움.

금융
돈 金 | 통할 融

돈을[金] 이리저리 통하게[融] 하는 일.

사전 금전을 융통하는 일. 특히 이자를 붙여서 자금을 대차하는 일과 그 수급 관계를 이름.

'17 학평 우리는 현금이나 예금 및 유가 증권을 일컫는 금융 자산을 관리하기 위해 금융 거래를 한다.

⊕ 대차(貸借): 꾸어 주거나 꾸어 옴.

⊕ 수급 관계(需給關係): 수요와 공급의 관계.

⊕ 유가 증권(有價證券): 사법상 재산권을 표시한 증권.

금전
돈 金 | 돈 錢

돈[金錢].

사전 ① 금으로 만든 돈.
② 상품 교환 가치의 척도가 되며 그것의 교환을 매개하는 일반화된 수단.
= 화폐

'19 수능 갑은 그림 A가 너무나 마음에 들었기 때문에 그것을 인도받기 전에 대금 전액을 금전(②)으로 지급하였다.

⊕ 매개(媒介): 둘 사이에서 양편의 관계를 맺어 줌.

급등
급할 急 | 오를 騰

급하게[急] 오름[騰].

사전 물가나 시세 등이 갑자기 오름.

'20 모의 경기가 호황일 때는 금융 회사들이 대출을 늘려 신용 공급을 팽창시킴에 따라 자산 가격이 급등하고, 이는 다시 경기를 더 과열시키는 반면 불황일 때는 그 반대의 상황이 일어난다.

⊛ 폭등(暴騰): 물건의 값이나 주가 등이 갑자기 큰 폭으로 오름.
⊜ 급락(急落): 물가나 시세 등이 갑자기 떨어짐.
⊕ 호황(好況): 좋은 상황.

급부
줄 給 | 줄 付

재물 등을 대어 줌[給付].

사전 ① 재물 등을 대어 줌.
② 법률상에서 채권의 목적이 되는, 채무자가 하여야 할 행위.

'21 수능 일반적으로 급부(②)가 이행되지 않아 채권자에게 손해가 발생한 경우 채무자는 자신의 고의나 과실에서 비롯된 것이 아님을 증명하지 못하는 한 채무 불이행 책임을 진다.

TIP톡! '급부'는 돈을 갚거나 서비스를 제공하는 행위인 경우가 많다.

기축
토대 基 | 축 軸

기본 토대나[基] 중심축이[軸] 되는 것.

사전 어떤 사상이나 조직 등의 토대나 중심이 되는 곳.

'22 수능 기축 통화는 국제 거래에 결제 수단으로 통용되고 환율 결정에 기준이 되는 통화이다.

⊕ 축(軸): 수레바퀴의 중심을 잡는 쇠막대.
⊕ 통용(通用): 일반적으로 두루 씀.

납부
바칠 納 | 줄 付

세금 등을 바치거나[納] 냄[付].

사전 세금이나 공과금 등을 관계 기관에 냄.

'17 수능 보험은 같은 위험을 보유한 다수인이 위험 공동체를 형성하여 보험료를 납부하고 보험 사고가 발생하면 보험금을 지급받는 제도이다.

TIP톡! '납부'는 '納附'라는 한자로도 쓰인다.
⊜ 불납(不納): 세금이나 공납금 등을 내지 않음.

대금
대신할 代 | 돈 金

물건을 받은 대신[代] 주는 돈[金].

사전 물건의 값으로 치르는 돈. = 대가

'21 수능 선정된 업체가 급식을 제공하고 대금을 받기로 하는 본계약 체결을 요청하면 회사는 이에 응할 의무를 진다.

대체
대신할 代 | 바꿀 替

무엇을 대신하여[代] 바꿈[替].

사전 다른 것으로 대신함.

'19 수능 로봇 사용이 사회 전반에 빠르게 확산되는 현실을 고려할 때, 로봇 사용으로 인한 일자리 대체 규모가 기하급수적으로 커질 것이다.

⊛ 교체(交替): 사람이나 사물을 다른 사람이나 사물로 대신함.
⊕ 기하급수적(幾何級數的): 증가하는 수나 양이 아주 많은 (것).

대출 빌릴 貸 | 날 出	**돈 등을 빌려주기[貸] 위해 내줌[出].** 사전 돈이나 물건 등을 빌려주거나 빌림. '20 모의 정책 금리 인상으로 시장 금리도 높아지면 가계 및 기업에 대한 <u>대출</u> 감소로 신용 공급이 축소된다.	⊕ **대부(貸付)**: 주로 은행 등의 금융 기관에서 이자와 기한을 정하고 돈을 빌려줌.
독점 홀로 獨 | 차지할 占	**혼자서[獨] 차지함[占].** 사전 ① 혼자서 모두 차지함. = 독차지 ② 경제 용어로, 개인이나 하나의 단체가 다른 경쟁자를 배제하고 생산과 시장을 지배하여 이익을 독차지함. 또는 그런 경제 현상. '16 학평 재산을 <u>독점</u>(①)하고 '자식들'에게 밭일을 시키는 '아버지'는 '차남'을 비롯한 '자식들'에게 도전의 대상으로 인식되고 있음을 알 수 있다. '16 모의 경쟁 정책은 본래 <u>독점</u>(②)이나 담합 등과 같은 반경쟁적 행위를 국가가 규제함으로써 시장에서 경쟁이 활발하게 이루어지도록 하는 데 중점을 둔다.	⊕ **과점(寡占)**: 몇몇 기업이 어떤 상품 시장의 대부분을 지배하는 상태. ⊕ **담합(談合)**: 경쟁 입찰을 할 때 입찰 참가자가 서로 의논하여 미리 입찰 가격이나 낙찰자 등을 정하는 일.
물가 물건 物 | 값 價	**물건의[物] 값[價].** 사전 물건의 값. '18 모의 이자율이 하락하면 소비와 투자가 확대되어 경기가 활성화되고 <u>물가</u> 상승률이 오르며, 이자율이 상승하면 경기가 위축되고 <u>물가</u> 상승률이 떨어진다.	**TIP톡!** '물가'는 여러 가지 상품이나 서비스의 가치를 종합적이고 평균적으로 본 개념이다. ⊕ **위축(萎縮)**: 어떤 힘에 눌려 졸아들고 기를 펴지 못함.
미시 작을 微 | 볼 視	**작게[微] 봄[視].** 사전 작게 보임. 또는 작게 봄. '20 모의 <u>미시</u> 건전성 정책은 개별 금융 회사의 건전성에 대한 예방적 규제 성격을 가진 정책 수단을 활용하는데, 그 예로는 향후 손실에 대비하여 금융 회사의 자기 자본 하한을 설정하는 최저 자기 자본 규제를 들 수 있다.	**TIP톡!** '거시'와 마찬가지로 '미시'도 주로 일부 명사 앞에 쓰인다.
배상 물어 줄 賠 | 갚을 償	**피해를 물어 주어[賠] 갚음[償].** 사전 법률상에서 남의 권리를 침해한 사람이 그 손해를 물어 주는 일. '21 수능 가해자는 피해자에게 손해를 돈으로 <u>배상</u>할 채무를 진다.	⊕ **변상(辨償)**: 남에게 끼친 손해를 물어 줌.
변동 변할 變 | 움직일 動	**변하여[變] 움직임[動].** 사전 바뀌어 달라짐. '19 모의 채권의 신용 등급은 신용 위험의 <u>변동</u>에 따라 조정될 수 있다.	⊕ **채권(債券)**: 국가, 지방 자치 단체, 회사 등이 사업 자금을 빌리기 위해 발행하는 유가 증권.
보증 책임질 保 | 증명할 證	**책임지고[保] 증명함[證].** 사전 ① 어떤 사물이나 사람에 대하여 책임지고 틀림이 없음을 증명함. ② 법률상에서 채무자가 채무를 이행하지 않을 경우에, 채무자를 대신하여 채무를 이행할 것을 부담하는 일. '18 수능 환율 급등락으로 인한 피해에 대비하여 수출입 기업에 환율 변동 보험을 제공하거나, 외화 차입 시 지급 <u>보증</u>(②)을 제공하기도 한다.	⊕ **차입(借入)**: 돈이나 물건을 꾸어 들임.

보험
지킬 保 | 험할 險

위험한[險] 일로부터 지켜[保] 줌.

[사전] ① 손해를 물어 준다거나 일이 확실하게 이루어진다는 보증.

② 경제 용어로, 재해나 각종 사고 등이 일어날 경우의 경제적 손해에 대비하여, 공통된 사고의 위협을 피하고자 하는 사람들이 미리 일정한 돈을 함께 적립하여 두었다가 사고를 당한 사람에게 일정 금액을 주어 손해를 보상하는 제도.

[17 수능] 보험(②)은 조건의 실현 여부에 따라 받을 수 있는 재화나 서비스가 달라지는 조건부 상품이다.

⊕ **적립(積立):** 모아서 쌓아 둠.
⊕ **조건부(條件附):** 무슨 일에 일정한 제한이 붙거나 제한을 붙임. 또는 그 제한.

분기
나눌 分 | 기간 期

나누어[分] 놓은 기간[期].

[사전] 일 년을 4등분 한 3개월씩의 기간.

[22 모의] 조합원은 설립 초기에 107명으로 시작하였고 지난해 4분기에는 85명이었다.

⊕ **조합원(組合員):** 조합(공동 목적을 이루기 위해 조직한 단체)에 가입한 사람.

비용
쓸 費 | 쓸 用

쓰이는[費用] 돈.

[사전] 어떤 일을 하는 데 드는 돈.

[19 학평] 기업이 자산을 활용해 발생시킨 매출액에서 매출 원가 및 기타 비용 전부를 차감하면 당기 순이익을 알 수 있다.

⊕ **경비(經費):** ① 사업을 운영하거나 정책을 실현하는 데 지출하는 비용. ② 어떤 일을 하는 데 드는 비용.
⊕ **차감(差減):** 비교하여 덜어 냄.

산출
셈 算 | 날 出

셈하여[算] 냄[出].

[사전] 계산하여 냄.

[20 학평] 세액은 과세 표준에 세율을 곱함으로써 산출된다.

⊕ **과세 표준(課稅標準):** 세금을 정하여 그것을 내도록 의무를 지우는 데 기준이 되는 것.

1분 배경 지식

디지털 자산 증명서, NFT(Non-Fungible Token)

인터넷이라는 가상 공간에는 수많은 디지털 자산이 존재한다. 그림이나 사진, 비디오부터 특정인의 글이나 TV 프로그램, 웹툰, 심지어 게임 아이템에 이르기까지 다양한 분야에 걸쳐 디지털 자산이 흩어져 있다. 디지털 자산은 무한 복제가 가능하고 위·변조가 용이하기 때문에, 진위나 소유권 입증이 중요한 경우 NFT 기술을 적용하여 고유성과 희소성을 부여한다. NFT를 적용한 디지털 자산에는 고유의 일련번호가 부여되어 복제 불가능한 아이템이 된다.

NFT는 '대체 불가능한 토큰(Non-Fungible Token)'이라는 뜻으로, 특정 디지털 자산의 가치를 책정하여 고유의 값을 매겨 놓은 것이다. 기존의 가상 자산(실물 화폐가 아닌, 가상 공간에서 사용하는 암호화된 화폐)은 개당 가치가 같아 서로 교환할 수 있지만, 고유의 희소성을 갖는 디지털 자산은 가치가 서로 다르게 부여되기 때문에 상호 교환이 불가능하다는 점에서 '대체 불가능한'이라는 수식어가 붙었다.

희소성 있는 자산에 대한 사람들의 소유욕과 무형 자산의 수익화 가능성이 만나, NFT는 현대인들의 투자 대상으로도 주목받고 있다.

▲ 디지털 자산의 NFT화(化)

금의환향

비단 錦 | 옷 衣
돌아올 還 | 고향 鄕

비단[錦]옷을[衣] 입고 고향으로[鄕] 돌아옴[還].

[사전] 출세를 하여 고향에 돌아가거나 돌아옴을 비유적으로 이르는 말.

[예] 국제 대회에서 메달을 목에 건 선수들이 <u>금의환향</u>하였다.

득의양양

얻을 得 | 뜻 意
날릴 揚 | 날릴 揚

뜻한[意] 바를 얻어[得] 자랑을 날리듯[揚揚] 뽐냄.

[사전] 뜻한 바를 이루어 우쭐거리며 뽐냄.

[예] 과거에 급제한 선비는 <u>득의양양</u>하게 마을을 돌아다녔다.

⑪ 의기양양(意氣揚揚): 뜻한 바를 이루어 만족한 마음이 얼굴에 나타난 모양.

부귀영화

부유할 富 | 귀할 貴
영화 榮 | 빛날 華

부유하고[富] 귀한[貴] 사람이 되어 영화롭게[榮] 빛남[華].

[사전] 재산이 많고 지위가 높으며 귀하게 되어서 세상에 드러나 온갖 영광을 누림.

['21 모의] 전우치가 재산을 흩어 노복에게 주고 떠나는 것으로 마무리되는 것은 <u>부귀영화</u>를 누리게 되는 일반적인 영웅 소설과는 달라요.

⊕ 공명부귀(功名富貴): 재산이 많고 지위가 높으며 공을 세워 이름을 떨침.

⊕ 노복(奴僕): 종살이를 하는 남자. = 사내종

입신양명

세울 立 | 자신 身
날릴 揚 | 이름 名

세상에 자신의[身] 위치를 세우고[立] 이름을[名] 날림[揚].

[사전] 출세하여 이름을 세상에 떨침.

['19 모의] 조선 시대에 과거 급제는 개인이 <u>입신양명</u>하는 길이자 부모에게 효도하고, 임금을 보필할 수 있는 주된 통로였다.

⑪ 입신출세(立身出世): 성공하여 세상에 이름을 떨침.

⊕ 보필(輔弼): 윗사람의 일을 도움.

자수성가

<u>스스로 自</u> | 손 手
이룰 成 | 집 家

자기[自] 손으로[手] 집안의[家] 재산을 이룸[成].

[사전] 물려받은 재산이 없이 자기 혼자의 힘으로 집안을 일으키고 재산을 모음.

[예] 가난한 농부의 아들로 태어난 그는 <u>자수성가</u>하여 기업의 사장이 되었다.

⑪ 자성일가(自成一家): 자기 혼자의 힘으로 어떤 재주나 기술에 통달하여 따로 일가(一家)를 이룸.

출장입상

날 出 | 장수 將
들 入 | 재상 相

나가서는[出] 장수가[將] 되고 들어와서는[入] 재상이[相] 됨.

[사전] 문무를 다 갖추어 장상(將相)의 벼슬을 모두 지냄.

[예] 을지문덕은 문무의 지혜를 겸비한 <u>출장입상</u>의 영웅이다.

⊕ 문무(文武): 학문적 지식과 군사적 책략을 아울러 이르는 말.

⊕ 장상(將相): 장수와 재상.

⊕ 겸비(兼備): 두 가지 이상을 아울러 갖춤.

[01~03] 다음 뜻에 해당하는 어휘를 〈보기〉에서 찾아 쓰시오.

> 보기
>
> 거시　　　미시　　　보증　　　분기

01 어떤 대상을 전체적으로 크게 봄.　　　　　　　　　　_____

02 일 년을 4등분 한 3개월씩의 기간.　　　　　　　　　_____

03 어떤 사물이나 사람에 대하여 책임지고 틀림이 없음을 증명함.　_____

[04~06] 빈칸에 들어갈 어휘에 V표 하시오.

04 작업 효율성을 높여 생산 (　　　　　)을/를 절감하였다.　　☐ 급부 ☐ 비용

05 도서관에서 (　　　　　)한 책을 오늘 창구에 반납하였다.　☐ 대출 ☐ 산출

06 건축 기자재의 (　　　　　)이 원활하지 않아 공사가 늦어졌다.　☐ 공급 ☐ 급등

[07~08] 제시된 초성을 참고하여 다음 뜻에 해당하는 어휘를 쓰시오.

07 ㄱ ㅇ : 두 사람 이상이 한 물건을 공동으로 소유함.　　_____

08 ㄱ ㄹ : 빌려준 돈이나 예금 등에 붙는 이자. 또는 그 비율.　_____

[09~11] 제시된 초성을 참고하여 다음 뜻에 해당하는 한자 성어를 쓰시오.

09 ㄷ ㅇ ㅇ ㅇ : 뜻한 바를 이루어 우쭐거리며 뽐냄.　_____

10 ㅊ ㅈ ㅇ ㅅ : 문무를 다 갖추어 장상(將相)의 벼슬을 모두 지냄.　_____

11 ㅂ ㄱ ㅇ ㅎ : 재산이 많고 지위가 높으며 귀하게 되어서
세상에 드러나 온갖 영광을 누림.　_____

상승 위 上 | 오를 昇	위로[上] 올라감[昇]. 사전 낮은 데서 위로 올라감. '18 모의 중앙은행이 채권을 매수하면 이자율은 하락하고, 채권을 매도하면 이자율은 상승한다.	**TIP톡!** '상승'은 '上升'이라는 한자로도 쓰인다. 반 하강(下降): 높은 곳에서 아래로 향하여 내려옴.
생산량 날 生 | 낳을 産 | 분량 量	만들어 낸[生産] 양[量]. 사전 일정한 기간 동안 재화가 생산되는 수량. '17 모의 지금까지는 농산물을 기를 때 기상 상태나 병충해와 같은 외부 환경으로 인한 피해가 생산량에 미치는 영향이 컸기 때문에 생산량을 예측하고 조절하는 것이 어려웠다.	⊕ 소비량(消費量): 소비하는 분량. ⊕ 병충해(病蟲害): 농작물이 병과 해충으로 인하여 입은 피해.
소득 것 所 | 얻을 得	얻은[得] 것[所]. 사전 ① 일한 결과로 얻은 정신적·물질적 이익. ② 경제 용어로, 일정 기간의 근로 사업이나 자산의 운영 등에서 얻는 수입. '22 모의 고용 및 투자의 증가는 근로자이거나 투자자인 구매자의 소득(②)을 증가시킬 수 있다.	
수요량 쓰일 需 | 요구할 要 분량 量	물건 등이 쓰이기[需] 위해 요구되는[要] 양[量]. 사전 수요의 크기를 나타내는 양. '22 모의 구매자가 가격에 민감하게 수요량을 바꾼다면, 판매자는 경쟁 상품의 가격을 더욱 고려하게 되어 가격 경쟁에 돌입하게 된다.	⊕ 공급량(供給量): 공급의 크기를 나타내는 양. ⊕ 돌입(突入): 세찬 기세로 갑자기 뛰어듦.
신용 믿을 信 | 쓸 用	믿고[信] 씀[用]. 사전 ① 사람이나 사물이 틀림없다고 믿어 의심하지 않음. ② 거래한 재화의 대가를 앞으로 치를 수 있음을 보이는 능력. '19 모의 채권 투자에는 발행자의 지급 능력 부족 등의 사유로 이자와 원금이 지급되지 않을 가능성인 신용(②) 위험이 수반된다.	**TIP톡!** ②의 뜻은 외상값, 빚, 급부 등을 감당할 수 있는 지급 능력을 이른다. ⊕ 수반(隨伴): 어떤 일과 더불어 생김.
예산 미리 豫 | 셈 算	미리[豫] 헤아려 셈함[算]. 사전 ① 필요한 비용을 미리 헤아려 계산함. 또는 그 비용. ② 국가나 단체에서 한 회계 연도의 수입과 지출을 미리 셈하여 정한 계획. '20 학평 영구차에 버스 한 대는 따라야 할 테니, 자동차 삯만 해두 두 대에 사만 원은 예산(①)을 쳐야 할걸. '19 수능 로봇으로 인해 일자리를 잃은 사람들을 지원하거나 사회 안전망을 구축하기 위해 예산(②)을 마련하자는 것이 로봇세 도입의 목적이다.	⊕ 예정(豫定): 앞으로 일어날 일이나 해야 할 일을 미리 정하거나 생각함. ⊕ 구축(構築): 체제, 체계 등의 기초를 닦아 세움.

외환	외국과의[外] 거래를 위해 어음처럼 바꾸어[換] 쓰는 지급 수단.	**TIP톡!** 규모의 경제란, 생

외환

외국 外 │ 바꿀 換

외국과의[外] 거래를 위해 어음처럼 바꾸어[換] 쓰는 지급 수단.

사전 외국과의 거래를 결제할 때 쓰는 환어음.

'22 수능 하나의 기축 통화를 중심으로 외환 거래를 하면 비용을 절감하고 규모의 경제를 달성할 수 있다.

TIP톡! 규모의 경제란, 생산량이 늘어남에 따라 평균 비용이 줄어드는 현상이다.

⊕ 어음: 일정 금액을 일정한 날짜에 치를 것을 약속하거나 위탁하는 유가 증권.

원금

근본 元 │ 돈 金

본래의[元] 돈[金].

사전 꾸어 주거나 맡긴 돈에 이자를 붙이지 않은 돈.

'17 학평 단리는 원금에 대해서만 이자가 붙지만, 복리는 원금과 이자를 모두 합친 금액에 이자가 붙는다.

유동성

흐를 流 │ 움직일 動
성질 性

이리저리 흐르거나[流] 움직이는[動] 성질[性].

사전 ① 형편이나 경우에 따라 이리저리 변동될 수 있는 성질.
② 경제 용어로, 기업의 자산이나 채권을 손실 없이 현금화할 수 있는 정도.

'17 학평 예금은 경제 주체가 금융 기관에 돈을 맡겨 놓는 것이므로 이들의 요구가 있으면 현금으로 바뀔 수 있는 유동성(②)이 있어 통화에 포함된다.

⊕ 부동성(浮動性): 고정되어 있지 않고 움직이는 성질.

이윤

이익 利 │ 불을 潤

이익으로[利] 불어난[潤] 돈.

사전 장사 등을 하여 남은 돈.

'22 모의 광고는 광고주인 판매자의 이윤 추구 수단으로 기획되지만, 그러한 광고가 광고주의 의도와 상관없이 시장에 영향을 끼치기도 한다.

㊌ 이문(利文): 이익이 남는 돈.

자금

밑천 資 │ 돈 金

사업이나 생활의 밑천이[資] 되는 돈[金].

사전 ① 사업을 경영하는 데 쓰는 돈. ② 특정 목적에 쓰는 돈.

'19 학평 주식은 자본금을 구성하는 단위로, 주식회사는 주식 발행을 통해 다수의 사람들로부터 대량의 자금(①)을 끌어모을 수 있다.

↻ 밑천

TIP톡! ②의 뜻으로 쓰일 때는 '결혼 자금', '독립운동 자금' 등과 같이 쓰인다.

자본금

밑천 資 │ 근본 本 │ 돈 金

사업의 밑천이[資本] 되는 돈[金].

사전 영리를 목적으로 사업에 투자한 돈.

'19 학평 주식회사의 자본금은 회사 설립의 기초가 되는 것으로, 주식 발행을 통해 조성된다.

⊕ 영리(營利): 재산상의 이익을 꾀함. 또는 그 이익.

자산

재물 資 │ 재산 産

가진 재물과[資] 재산[産].

사전 ① 개인이나 법인이 소유하고 있는 경제적 가치가 있는 유형·무형의 재산.
② 소득을 축적한 것.
③ 개인이나 집단이 미래에 성공하거나 발전할 수 있는 바탕이 될 만한 것을 비유적으로 이르는 말.

'19 학평 기업의 재무 상태는 자산(①)과 부채, 그리고 기업의 자산에서 모든 부채를 차감한 후의 잔여 지분인 자본을 통해 알 수 있다.

'20 수능 지역 방언은 우리의 소중한 언어문화 자산(③)이다.

⊕ 부채(負責): 남에게 빚을 짐. 또는 그 빛.

⊕ 잔여(殘餘): 나머지.

⊕ 방언(方言): ① 한 언어에서, 사용 지역 또는 사회 계층에 따라 분화된 말의 체계. ② 어느 한 지방에서만 쓰는, 표준어가 아닌 말. = 사투리

증대 더할 增 ∣ 큰 大	양이 더해지거나[增] 규모가 커짐[大]. 사전 양이 많아지거나 규모가 커짐. 또는 양을 늘리거나 규모를 크게 함. '22 수능 A국 정부의 소득세 감면과 군비 증대는 A국의 금리를 인상시켰으며, 높은 금리로 인해 대량으로 외국 자본이 유입되었다.	⊕ 감면(減免): 매겨야 할 부담 등을 덜어 주거나 면제함. ⊕ 유입(流入): 돈, 물품 등의 재화가 들어옴.
지급 가를 支 ∣ 줄 給	돈이나 물건을 갈라서[支] 내어 줌[給]. 사전 ① 돈이나 물품 등을 정하여진 몫만큼 내줌. ② 채무를 변제하기 위하여 금전이나 어음 등을 채권자에게 줌. '19 모의 채권의 발행자는 정해진 날에 일정한 이자와 원금을 투자자에게 지급(②)할 것을 약속한다.	①-⊕ 수취(受取): 받아서 가짐. ⊕ 변제(辨濟): 남에게 진 빚을 갚음.
지출 가를 支 ∣ 날 出	수입에서 갈라서[支] 내어[出] 씀. 사전 ① 어떤 목적을 위하여 돈을 지급하는 일. ② 국가 또는 지방 자치 단체가 직무를 수행하기 위하여 지불하는 경비. '22 모의 당일 관광보다 체류형 관광에서 여행비 지출(①)이 더 많다. '18 수능 일반적으로 사회 규제의 정도를 조절하는 것은 예산 지출(②)을 수반하지 않으므로 가시성이 낮다.	⊕ 수입(收入): ① 돈이나 물품 등을 거두어들임. 또는 그 돈이나 물품. ② 개인, 국가, 단체 등이 합법적으로 얻어 들이는 일정액의 금액.
창출 만들 創 ∣ 날 出	만들어[創] 냄[出]. 사전 전에 없던 것을 처음으로 생각하여 지어내거나 만들어 냄. '21 모의 법으로 보호되는 특허권과 영업 비밀은 모두 지식 재산인데, 정보 통신 기술 산업은 이 같은 지식 재산을 기반으로 창출된다.	⊕ 지식 재산(知識財産): 지적 활동으로 인하여 발생하는 모든 재산.
채권 빚 債 ∣ 권리 權	빚을[債] 받을 권리[權]. 사전 재산권의 하나. 특정인이 다른 특정인에게 어떤 행위를 청구할 수 있는 권리. '19 수능 채권의 내용은 민법과 같은 실체법에서 규정하고 있고, 그것을 강제적으로 실현할 수 있도록 민사 소송법이나 민사 재판법 같은 절차법이 갖추어져 있다.	
채무 빚 債 ∣ 힘쓸 務	빚을[債] 갚을 의무[務]. 사전 재산권의 하나. 특정인이 다른 특정인에게 어떤 행위를 하여야 할 의무. '19 수능 이행 불능이 채무자의 과실 때문에 일어난 것이라면 채무자가 채무 불이행에 대한 책임을 져야 한다.	
침체 가라앉을 沈 ∣ 막힐 滯	가라앉아[沈] 움직이지 않고 막혀[滯] 있음. 사전 어떤 현상이나 사물이 진전하지 못하고 제자리에 머무름. '18 학평 경기적 실업이란 경기 침체로 인한 기업의 인원 감축의 결과로 발생하는 비자발적 실업인 것이다.	⊕ 진전(進展): 일이 진행되어 발전함. ⊕ 실업(失業): 일자리를 잃음. ⊕ 비자발적(非自發的): 자기 스스로 나아가 행하지 않는 (것).

통화 통할 通 | 재물 貨	사회에 유통되는[通] 돈[貨]. [사전] 유통 수단이나 지불 수단으로서 기능하는 화폐. ['18 모의] 통화 정책은 중앙은행이 물가 안정과 같은 경제적 목적의 달성을 위해 이자율이나 통화량을 조절하는 것이다.	⊕ 유통(流通): 화폐나 물품 등이 세상에서 널리 쓰임.
한계 한정할 限 | 경계 界	범위를 한정하여[限] 놓은 경계선[界]. [사전] 사물이나 능력, 책임 등이 실제 작용할 수 있는 범위. 또는 그런 범위를 나타내는 선. ['16 학평] 기업이 외형적으로만 비대해질 경우, 시장에서 높은 수익을 내기에는 한계가 있을 수도 있다.	⊕ 비대(肥大): 권력이나 권한, 조직 등이 일정한 범위를 넘어서 강대함.
협약 협력할 協 | 약속 約	서로 협력하기로[協] 약속함[約]. [사전] 단체와 개인, 단체와 단체, 국가와 국가 사이 등에서 협상에 의하여 조약을 맺음. 또는 그 조약. ['20 수능] 바젤 협약은 우리나라를 비롯한 수많은 국가에서 채택하여 제도화하고 있다.	⊕ 바젤 협약(Basel 協約): 바젤 은행 감독 위원회에서 금융 위기 재발을 막기 위해 내놓은 은행 자본 건전화 방안.
환율 바꿀 換 | 비율 率	돈의 가치를 각 나라에 맞게 바꾼[換] 비율[率]. [사전] 자기 나라 돈과 다른 나라 돈의 교환 비율. 외국환 시장에서 결정됨. ['18 수능] 외국 통화에 대한 자국 통화의 교환 비율을 의미하는 환율은 장기적으로 한 국가의 생산성과 물가 등 기초 경제 여건을 반영하는 수준으로 수렴된다. ['18 수능] 물가와 환율의 조정 속도 차이가 오버슈팅을 초래한다.	⊕ 오버슈팅(overshooting): 환율이나 주가 등 경제 변수가 단기에 지나치게 상승 또는 하락하는 현상. ⊕ 초래(招來): 일의 결과로서 어떤 현상을 생겨나게 함.

1분 배경 지식

금리 인상의 신호탄, 테이퍼링(tapering)

‘테이퍼링’은 ‘폭이 점점 가늘어지다.’라는 뜻이다. 원래 시합을 앞둔 운동선수들이 훈련량을 점차 줄여 나가는 것을 의미하는 스포츠 용어였으나, 2013년에 미국 의회에서 벤 버냉키(Ben Bernanke) 의장이 자산 매입 축소 계획을 밝히며 이 용어를 사용한 후부터 경제학 용어로 쓰이게 되었다. 우리말로는 ‘양적 완화 정책의 점진적 축소’라고 풀이할 수 있는데, 중앙은행이 시중에 통화를 직접 공급하여 경기를 부양하던 정책을 점차 줄여 나가겠다는 의미이다.

경제 위기가 닥치면 정부는 금리를 낮추고 채권을 매입하여 시장에 통화량을 증가시킨다. 이러한 정책을 ‘양적 완화(QE: Quantitative Easing)’라고 하는데, 이 정책의 효과로 경기 회복이 시작되면 정부는 매입하던 채권의 규모를 점차 줄여 나간다.

미국의 테이퍼링 발표는 곧 금리 인상의 신호탄이자 긴축 정책의 시작이기 때문에 세계 금융 시장에 동요를 일으킨다. 우리나라도 그 영향으로 금리를 인상하며 국제 흐름에 발맞추게 된다.

테이퍼링으로 인한 금리 인상은 자산 시장에서 부정적으로 인식될 수 있지만, 경기가 정상 궤도를 회복되고 있다는 점에서 긍정적 신호로 보기도 한다.

▲ 양적 완화 정책의 점진적 축소

개과천선

고칠 改 | 허물 過
달라질 遷 | 착할 善

허물을[過] 고쳐[改] 착하게[善] 달라짐[遷].

사전 지난날의 잘못이나 허물을 고쳐 올바르고 착하게 됨.

'19 모의 너 같은 몹쓸 놈은 응당 죽일 것이로되 정상(情狀)이 불쌍하고 너의 처자 가여운 고로 놓아주니 돌아가 개과천선하라.

⊕ 응당(應當): 그렇게 하거나 되는 것이 이치로 보아 옳게.

⊕ 정상(情狀): 딱하거나 가엾은 상태.

괄목상대

비빌 刮 | 눈 目
서로 相 | 대할 對

눈을[目] 비비고[刮] 상대(相對)를 봄.

사전 남의 학식이나 재주가 놀랄 만큼 부쩍 늚을 이르는 말.

유래 중국 오(吳)나라의 장수 손권(孫權)이 자신의 부하 여몽(呂蒙)에게 학문을 깨우칠 것을 충고하자, 여몽이 쉬지 않고 공부에 매진하여 훗날 몰라볼 정도로 달라졌다는 데서 유래하였다.

예 그는 피나는 노력의 결과 피아노 연주 실력이 괄목상대하였다.

변화무쌍

변할 變 | 될 化
없을 無 | 견줄 雙

변화(變化)가 심하여 견줄[雙] 만한 데가 없음[無].

사전 변하는 정도가 비할 데 없이 심함.

'18 모의 역사는 강처럼 쉴 새 없이 흐르고 인생은 뜬구름처럼 변화무쌍하다는 이 엄연한 사실을, 이 역사적인 사실을 똑바로 볼 줄 아는 사람만이 자신의 운명을 개척할 수 있다는 사실을 최소한도로 아셔야 할 것입니다.

⊕ 엄연(儼然): 어떠한 사실이나 현상이 부인할 수 없을 만큼 뚜렷함.

⊕ 개척(開拓): 새로운 영역, 운명, 진로 등을 처음으로 열어 나감.

작비금시

어제 昨 | 아닐 非
이제 今 | 옳을 是

어제는[昨] 틀렸고[非] 오늘이[今] 옳음[是].

사전 전날에는 그르다고 여기던 것이 오늘에 와서는 옳다고 여기게 됨.

예 정부는 반복되는 안전사고에 책임을 통감하며 작비금시의 자세로 대책을 마련하겠다고 약속하였다.

TIP톡! '작비금시'는 지난 잘못을 걷어내고 옳은 길로 나아간다는 뜻이다.

⊕ 통감(痛感): 마음에 사무치게 느낌.

천변만화

일천 千 | 변할 變
일만 萬 | 될 化

천[千] 번 변하고[變] 만[萬] 번 달라짐[化].

사전 끝없이 변화함.

'17 수능 너희 무리가 아무리 천변만화지술이 있은들 어찌하리오.

풍운조화

바람 風 | 구름 雲
지을 造 | 될 化

바람과[風] 구름이[雲] 부리는 신통한 조화(造化).

사전 바람이나 구름의 예측하기 어려운 변화.

'21 학평 선옥이 받아 두어 번 읽고 육경 육갑을 외우고 둔갑술로 몸을 숨김과 풍운조화를 부림이 측량할 수 없을 만큼 변화무쌍하였다.

⊕ 조화(造化): 어떻게 이루어진 것인지 알 수 없을 정도로 신통하게 된 일. 또는 일을 꾸미는 재간.

⊕ 측량(測量): 생각하여 헤아림.

확인 문제

• 정답과 해설 37쪽

[01~03] 〈보기〉의 글자를 조합하여 빈칸에 들어갈 어휘를 쓰시오.

> 보기
>
> 대   율   증   체   침   환

01 경기 불황으로 주식 시장이 [　　] 되어 있다.

02 은행에서는 [　　] 에 따라 한화를 외화로 환전해 주었다.

03 산업화와 함께 이루어진 도시화는 도시 인구를 [　　] 시켰다.

[04~06] 다음 뜻에 해당하는 어휘에 V표 하시오.

04 일정 기간의 근로 사업이나 자산의 운영 등에서 얻는 수입.　□ 소득 □ 원금

05 국가나 단체에서 한 회계 연도의 수입과 지출을 미리 셈하여 정한 계획.　□ 예산 □ 협약

06 개인이나 법인이 소유하고 있는 경제적 가치가 있는 유형·무형의 재산.　□ 자산 □ 채권

[07~08] 다음 설명이 맞으면 ○에, 그렇지 않으면 ×에 표시하시오.

07 '통화'는 영리를 목적으로 사업에 투자한 돈을 뜻한다.　　　　(○ , ×)

08 '신용'은 거래한 재화의 대가를 앞으로 치를 수 있음을 보이는 능력이다.　(○ , ×)

[09~11] 빈칸에 알맞은 말을 넣어 밑줄 친 '이 말'에 해당하는 한자 성어를 완성하시오.

09 이 말은 천 번 변하고 만 번 달라지며 끝없이 변화한다는 말이야.　→ [　][　] 만 화

10 이 말은 남의 학식이나 재주가 놀랄 만큼 부쩍 나아진 것을 의미해.　→ 괄 목 [　][　]

11 이 말은 전날에는 그르다고 여기던 것이 오늘에 와서는 옳다고 여기게 되다는 뜻이야.　→ 작 [　][　] 시

계층 차례 階 | 층 層	사람들을 지위에 따라 차례대로[階] 나눈 층[層]. [사전] 사회적 지위가 비슷한 사람들의 층. = 층 ['17 학평] 인간은 자신이 가장 불우한 <u>계층</u>이 될 가능성을 염두에 두기에 모든 사람 또는 가장 불리한 사람들에게 혜택을 주는 원칙에 모두 합의하게 된다고 주장했다.	⊕ **계급(階級):** 사회에서 신분, 재산, 직업 등이 비슷한 사람들로 형성되는 집단. 또는 그렇게 나뉜 사회적 지위. ⊕ **염두(念頭):** 마음의 속.
국면 당면할 局 | 모습 面	당면한[局] 모습[面]. [사전] 어떤 일이 벌어진 장면이나 형편. ['21 수능] 주인공은 문제 해결의 <u>국면</u>에서 치밀함, 기지, 당당함을 보인다.	⊕ **기지(機智):** 경우에 따라 재치 있게 대응하는 지혜.
권력 권리 權 | 힘 力	남을 지배할 수 있는 권리와[權] 힘[力]. [사전] 남을 복종시키거나 지배할 수 있는 공인된 권리와 힘. 특히 국가나 정부가 국민에 대하여 가지고 있는 강제력을 이름. ['22 수능] 소시민은 자신의 기득권을 지키기 위해 <u>권력</u>관계에 민감하게 반응한다. ['18 모의] 요소의 분화와 자율성이 없는 전체주의 사회에서는 국가 <u>권력</u>에 의한 대중 동원만 있을 뿐 사회적 공연이 일어나기 어렵다.	⊕ **공권력(公權力):** 국가나 공공 단체가 우월한 의사의 주체로서 국민에게 미칠 수 있는 권력. ⊕ **기득권(旣得權):** 특정한 계층이 이미 차지한 권리.
기원 일어날 起 | 근원 源	어떤 일이 처음으로 일어난[起] 근원[源]. [사전] 사물이 처음으로 생김. 또는 그런 근원. ['17 모의] 고려 속요의 <u>기원</u>과 형성에는 민간의 노래가 관여되었다.	**TIP톡!** '기원'은 '起原'이라는 한자로도 쓰인다. ⊕ **기원(祈願):** 바라는 일이 이루어지기를 빎.
다양 많을 多 | 모양 樣	모양이[樣] 여러 가지로 많음[多]. [사전] 여러 가지 모양이나 양식. ['21 수능] 게임화는 교육뿐만 아니라 보건, 기업의 마케팅 등 <u>다양</u>한 분야에서 활용되고 있다. ['19 모의] <u>다양</u>한 습속을 지닌 사람들이 어떻게 대규모 기계의 리듬에 맞추어 획일적으로 움직이는 노동자가 되는지 탐구했다.	⊕ **습속(習俗):** 습관이 된 풍속. ⊕ **획일적(劃一的):** 모두가 한결같아서 다름이 없는 (것).
단절 끊을 斷 | 끊을 絕	관계나 흐름을 끊음[斷絕]. [사전] ① 유대나 연관 관계를 끊음. ② 흐름이 연속되지 않음. ['17 학평] 인간은 자신을 둘러싸고 있는 세계와 무수한 관계를 맺으며 살아가는 존재로, 순수를 지향하며 <u>단절</u>(①)과 고립을 자처하기도 하고 스스로 변화의 주체가 되어 이질적인 존재들을 포용하며 관계를 확대해 나가기도 한다.	**TIP톡!** ②의 뜻으로 쓰일 때는 '의식의 단절', '역사의 단절' 등과 같이 쓰인다. ①-⊙ **절단(絕斷):** 관계 등을 끊음. ⊕ **자처(自處):** 자기를 어떤 사람으로 여겨 그렇게 처신함. ⊕ **포용(包容):** 남을 너그럽게 감싸 주거나 받아들임.

대중	사람들로 이루어진 커다란[大] 무리[衆].	⊕ 군중(群衆): ① 한곳에

대중
큰 大 │ 무리 衆

사람들로 이루어진 커다란[大] 무리[衆].

사전 수많은 사람의 무리.

'21 학평 광고는 대중을 설득하는 활동으로서, 목적에 따라 상품 판매의 촉진을 위한 상업 광고와 공익적 가치의 실현을 위한 공익 광고로 나눌 수 있다.

⊕ 군중(群衆): ① 한곳에 모인 많은 사람. ② 수많은 사람.

딜레마
dilemma

외래어

사전 선택해야 할 길은 두 가지 중 하나로 정해져 있는데, 그 어느 쪽을 선택해도 바람직하지 못한 결과가 나오게 되는 곤란한 상황.

'22 수능 트리핀 딜레마는 달러화를 통한 국제 유동성 공급을 중단할 수도 없고 공급량을 무한정 늘릴 수도 없는 상황을 말한다.

⊕ 진퇴양난(進退兩難): 이러지도 저러지도 못하는 어려운 처지.

분류
나눌 分 │ 무리 類

같은 무리끼리[類] 나눔[分].

사전 종류에 따라서 가름.

'18 학평 인공 지능은 인간이 사물을 구분하듯 수많은 데이터에서 패턴을 발견하고 분류한 후, 이를 바탕으로 대상을 구분해 결과물을 창조해 낸다.

⊕ 구분(區分): 일정한 기준에 따라 전체를 몇 개로 갈라 나눔.

⊕ 패턴(pattern): 일정한 형태나 양식 또는 유형.

수단
솜씨 手 │ 방법 段

일을 처리하는 솜씨와[手] 방법[段].

사전 ① 어떤 목적을 이루기 위한 방법. 또는 그 도구.
② 일을 처리하여 나가는 솜씨와 꾀.

'18 수능 정부는 국민 생활에 영향을 미치는 활동의 총체인 정책의 목표를 효과적으로 달성하기 위해 정책 수단(①)의 특성을 고려하여 정책을 수행한다.

TIP톡! ②의 뜻으로 쓰일 때는 '수단이 뛰어나다/좋다', '수단에 넘어가다' 등과 같이 쓰인다.

암묵적
숨길 暗 │ 묵묵할 黙
어조사 的

생각을 숨기고[暗] 묵묵하게[黙] 있는 (것)[的].

사전 자기의 의사를 밖으로 나타내지 않은 (것).

'16 수능 요컨대 모든 지식에는 암묵적 요소들과 이들을 하나로 통합하는 '인간적 행위'가 전제되어 있다는 것이다.

⊕ 명시적(明示的): 내용이나 뜻을 분명하게 드러내 보이는 (것).

유기
있을 有 │ 틀 機

갖추어진 틀이[機] 있음[有].

사전 ① 생명을 가지며, 생활 기능이나 생활력을 갖추고 있음.
② 생물체처럼 전체를 구성하고 있는 각 부분이 서로 밀접하게 관련을 가지고 있음.

'21 모의 담화가 그 내용 면에서 완결성을 갖추기 위해서는 담화를 이루는 발화나 문장들이 일관된 주제 속에 내용상 유기(②)적인 관련을 맺고 있어야 한다.

①-반 무기(無機): 생명이나 활력을 지니고 있지 않음.

유형
무리 類 │ 틀 型

같은 무리끼리[類] 모여 이룬 하나의 틀[型].

사전 성질이나 특징 등이 공통적인 것끼리 묶은 하나의 틀.

'21 수능 예약은 예약상 권리자가 가지는 권리의 법적 성질에 따라 두 가지 유형으로 나뉜다.

'17 수능 광고는 다양한 매체에서 여러 유형으로 나타나는데, 이는 매체 발달에 따라 매체별 광고 기법도 다양해졌기 때문이다.

TIP톡! 영어의 '타입(type)'과 비슷한 개념이다.

⊕ 매체(媒體): 어떤 작용을 한쪽에서 다른 쪽으로 전달하는 물체. 또는 그런 수단.

의례	법도에[儀] 맞는 예의[禮].	⊕ 의례적(儀禮的): ① 의례
법도 儀 ㅣ 예절 禮	사전 행사를 치르는 일정한 법식. 또는 정하여진 방식에 따라 치르는 행사. 　= 의식 '18 모의 사람들은 가치에 기대어 위기가 주는 심리적 긴장과 압박을 해소하는 집 　합 의례를 행한다.	에 맞는 (것). ② 형식이나 격 식만을 갖춘 (것). ⊕ 압박(壓迫): ① 강한 힘 으로 내리누름. ② 기운을 못 펴게 세력으로 내리누름.

전파	전하여[傳] 퍼뜨림[播].	⊕ 확산(擴散): 흩어져 널리
전할 傳 ㅣ 퍼뜨릴 播	사전 전하여 널리 퍼뜨림. '18 수능 일반적으로 금기를 설정하는 근본적인 이유는 알려지지 않지만, 금기와 　그 대상에 대한 추측은 구전의 방식을 통해 은밀하게 전파되어 구성원들 　간에 회자된다.	퍼짐. ⊕ 회자(膾炙): 회와 구운 고기라는 뜻으로, 칭찬을 받으며 사람의 입에 자주 오르내림을 이르는 말.

제안	생각을[案] 제시함[提].	
제시할 提 ㅣ 생각 案	사전 안이나 의견으로 내놓음. 또는 그 안이나 의견. '21 모의 고염무는 관료제의 상층에는 능력주의적 제도를 유지하되, 지방관인 지 　현들은 어느 정도의 검증 기간을 거친 이후 그 지위를 평생 유지시켜 주 　고 세습의 길까지 열어 놓는 방안을 제안했다.	

집합	모여서[集] 하나로 합하여짐[合].	①-맨 해산(解散): ① 모였
모일 集 ㅣ 합할 合	사전 ① 사람들이 한곳으로 모임. ② 수학에서, 특정 조건에 맞는 원소들의 모임. '18 모의 사람들은 함께 모여 '집합(①) 의례'를 행한다. '20 학평 집합(②)을 이루는 원소의 개수가 적을수록 정렬에 필요한 연산 횟수가 　줄어든다.	던 사람이 흩어짐. 또는 흩 어지게 함. ② 집단, 조직, 단체 등이 해체하여 없어 짐. 또는 없어지게 함. ⊕ 원소(元素): 집합을 이루 는 낱낱의 요소

최적	가장[最] 알맞음[適].	
가장 最 ㅣ 알맞을 適	사전 가장 알맞음. '19 학평 일반적으로 불법 행위 억제를 위한 주의 비용과 불법 행위로 인한 손해의 　합이 최소화되는 지점이 사회적 효율성이 달성되는 최적의 주의 수준이다.	

토대	흙으로[土] 쌓은 받침대[臺].	⊕ 부재(部材): 구조물의 뼈
흙 土 ㅣ 받침대 臺	사전 ① 목조 건축에서, 기초 위에 가로 대어 기둥을 고정하는 목조 부재. 　② 사물이나 사업의 밑바탕이 되는 기초와 밑천을 비유적으로 이르는 말. '20 모의 평범한 사람들의 회고나 증언, 구전 등의 비공식적 사료를 토대(②)로 　영화를 만드는 작업은 빈번하게 이루어지고 있다.	대를 이루는 데 중요한 요소 가 되는 여러 가지 재료. ⊕ 회고(回顧): 지나간 일을 돌이켜 생각함. ⊕ 빈번(頻繁): 거듭하는 횟 수가 잦음.

통합	하나로 합침[統合].	⊕ 인수 합병(引受合併): 기
합칠 統 ㅣ 합할 合	사전 둘 이상의 조직이나 기구 등을 하나로 합침. '16 학평 수직적 인수 합병은 통합의 방향에 따라 전방 통합과 후방 통합으로 나 　눌 수 있다.	업이 다른 기업을 받아 하나 로 합치거나 매수하는 일.

투입 던질 投 | 들 入	**던져[投] 넣음[入].** 사전 ① 던져 넣음. ② 사람이나 물자, 자본 등을 필요한 곳에 넣음. '22 수능 일반 종이 대신 재생 종이를 만들면 <u>투입</u>(②) 에너지와 발생 물질의 양이 약 15% 정도 줄어들어요.	TIP톡! ①의 뜻으로 쓰일 때는 '자판기에 동전을 투입하다.' 등과 같이 쓰인다. ⊕ 주입(注入): 흘러 들어가도록 부어 넣음.
항상성 항상 恒 | 항상 常 성질 性	**항상(恒常) 일정한 상태를 유지하는 성질[性].** 사전 생체가 여러 가지 환경 변화에 대응하여 생명 현상이 제대로 일어날 수 있도록 일정한 상태를 유지하는 성질. 또는 그런 현상. '18 모의 파슨스와 스펜서는 이것이 마치 유기체가 환경의 압박으로 인해 흐트러진 <u>항상성</u>의 기능을 생리 작용을 통해 회복하는 과정과 유사하다고 본다.	⊕ 생체(生體): 생물의 몸. 또는 살아 있는 몸. ⊕ 유기체(有機體): 생물처럼 물질이 유기적으로 구성되어 생활 기능을 가지게 된 조직체.
혁명 바꿀 革 | 운수 命	**세상의 운명을[命] 바꿈[革].** 사전 ① 헌법의 범위를 벗어나 국가 기초, 사회 제도, 경제 제도, 조직 등을 근본적으로 고치는 일. ② 이전의 왕통을 뒤집고 다른 왕통이 대신하여 통치하는 일. ③ 이전의 관습이나 제도, 방식 등을 단번에 깨뜨리고 질적으로 새로운 것을 급격하게 세우는 일. '18 모의 프랑스 <u>혁명</u>(①)은 자유, 평등, 우애와 같은 새로운 성스러움을 창출하고 이를 중심으로 새로운 도덕 공동체를 구성한 집합 의례다.	⊕ 쿠데타(coup d'État): 무력으로 정권을 빼앗는 일. 지배 계급 내부의 단순한 권력 이동으로 이루어지며, 체제 변혁을 목적으로 하는 혁명과는 구별됨.
화제 이야기 話 | 제목 題	**이야기의[話] 주제[題].** 사전 ① 이야기의 제목. = 토픽 ② 이야기할 만한 재료나 소재. = 이야깃거리 '21 학평 학생회 게시판에 학교 내에 무분별하게 버려진 쓰레기 사진이 올라와 우리 학생들 사이에 <u>화제</u>(②)가 된 일이 있었다.	⊕ 무분별(無分別): 세상 물정에 대한 바른 생각이나 판단이 없음.

1분 배경지식

한입 콘텐츠, 스낵 컬처(snack culture)

'스낵 컬처'란 과자를 먹는 것처럼 시간과 장소에 구애받지 않고 10분 내외의 짧은 시간 동안 간편하게 콘텐츠를 즐기는 새로운 문화 현상을 일컫는다. 등하교 시간이나 점심시간 등의 자투리 시간을 활용하여 인터넷 만화나 인터넷 소설 등을 즐기는 것이 대표적인 예이다.

스낵 컬처는 원래 지하철역 안이나 병원의 로비와 같은 일상적인 공간에서 작은 공연 등을 즐기던 것에서 시작되었다. 이는 큰맘 먹고 공연장을 찾아야만 즐길 수 있던 문화생활을 일상생활과 가까운 곳에서 즐기려는 대중의 욕구와 맞아떨어져 점차 퍼져 나갔다.

이러한 문화 현상은 2010년을 전후로 스마트 기기의 대중화에 힘입어 더욱더 빠르게 확산되었다. 스마트 기기를 이용해 언제 어디서나 부담 없이 문화 콘텐츠를 즐길 수 있게 된 것이다.

스낵 컬처는 이제 예능이나 드라마, 영화와 같은 미디어 분야는 물론, 스포츠나 교육, 마케팅 등 사회 여러 분야에서 다양한 방식으로 활용되고 있다.

경천근민

공경할 敬 | 하늘 天
부지런할 勤 | 백성 民

하늘을[天] 공경하고[敬] 백성을[民] 위하여 부지런히[勤] 일함.

사전 하늘을 공경하고 백성을 위하여 부지런히 일함.

예 왕께서는 경천근민하시며 나라를 안정시키려 노력하셨다.

억만창생

억 億 | 일만 萬
우거질 蒼 | 백성 生

억만(億萬) 명이나 될 정도로 무수히 많은[蒼] 백성[生].

사전 수많은 백성. = 억조창생

예 삼천리 억만창생의 앞날이 전하의 어깨에 매달려 있습니다.

⊕ **삼천리(三千里):** 함경북도의 북쪽 끝에서 제주도의 남쪽 끝까지 삼천 리 정도 된다고 하여, 우리나라 전체를 비유적으로 이르는 말.

여민동락

더불 與 | 백성 民
함께 同 | 즐길 樂

백성과[民] 더불어[與] 함께[同] 즐김[樂].

사전 임금이 백성과 함께 즐김.

예 새로 선출된 시장은 여민동락의 자세로 시정을 이끌어 갈 것을 다짐하였다.

⊕ **선출(選出):** 여럿 가운데서 골라냄.

⊕ **시정(市政):** 지방 자치 단체로서의 시의 행정.

이용후생

이로울 利 | 쓸 用
두터울 厚 | 살 生

물건을 이롭게[利] 쓰고[用] 넉넉하게[厚] 살도록[生] 함.

사전 기구를 편리하게 쓰고 먹을 것과 입을 것을 넉넉하게 하여, 국민의 생활을 나아지게 함.

예 연암 박지원은 이용후생의 정신을 바탕으로 청나라의 문물을 받아들일 것을 주장한 조선 후기 실학자이다.

TIP톡! 조선 시대 실학의 핵심 정신은 경세치용, 실사구시, 이용후생이었다.

치군택민

다할 致 | 임금 君
은혜 澤 | 백성 民

임금에게는[君] 충성을 다하고[致] 백성에게는[民] 은혜를[澤] 베풂.

사전 임금에게는 몸을 바쳐 충성하고 백성에게는 혜택을 베풂.

예 벼슬을 얻지 못한 그는 치군택민의 포부를 펼칠 길이 없었다.

⊕ **포부(抱負):** 마음속에 지니고 있는, 미래에 대한 계획이나 희망.

태평성대

클 太 | 편안할 平
성스러울 聖 | 시대 代

크게[太] 평안하고[平] 성스러운[聖] 시대[代].

사전 어진 임금이 잘 다스리어 태평한 세상이나 시대. = 태평성세

예 풍년을 만난 백성들은 임금의 덕을 기리며 태평성대를 노래하였다.

⊕ **난세(亂世):** 전쟁이나 무질서한 정치 등으로 어지러워 살기 힘든 세상.

• 정답과 해설 38쪽

[01~03] 제시된 초성을 참고하여 다음 뜻에 해당하는 어휘를 쓰시오.

01 ㄱ ㅇ : 사물이 처음으로 생김. 또는 그런 근원. _____

02 ㅇ ㅁ ㅈ : 자기의 의사를 밖으로 나타내지 않은 것. _____

03 ㅈ ㅇ : 안이나 의견으로 내놓음. 또는 그 안이나 의견. _____

[04~06] 빈칸에 들어갈 어휘를 〈보기〉에서 찾아 쓰시오.

보기
단절   전파   집합   화제

04 밤새 내린 폭설로 외부와의 통신이 (   )되었다.

05 운동장에 (   )한 학생들은 체육 대회의 시작을 기다렸다.

06 이탈리아에서 시작된 르네상스 운동은 유럽의 여러 나라로 (   )되었다.

[07~08] 밑줄 친 어휘의 뜻을 고르시오.

07 화재 진압을 위해 많은 소방관이 <u>투입</u>되었다.

　　① 던져 넣음.　　　　　　　　② 사람이나 물자, 자본 등을 필요한 곳에 넣음.

08 이번 정상 회담을 계기로 양국에 문화 교류의 <u>토대</u>가 마련되었다.

　　① 목조 건축에서, 기초 위에 가로 대어 기둥을 고정하는 목조 부재.
　　② 사물이나 사업의 밑바탕이 되는 기초와 밑천을 비유적으로 이르는 말.

[09~11] 다음 뜻에 해당하는 한자 성어를 찾아 바르게 연결하시오.

09 임금이 백성과 함께 즐김.　　　　　　　　　·　　　　　　　·㉠ 여민동락

10 어진 임금이 잘 다스리어 태평한 세상이나 시대.　·　　　　　　　·㉡ 이용후생

11 기구를 편리하게 쓰고 먹을 것과 입을 것을 넉넉하게 ·　　　　　　　·㉢ 태평성대
　　하여, 국민의 생활을 나아지게 함.

감염 느낄 感ㅣ물들 染	**나쁜 기운이 몸에 닿아[感] 물듦[染].** 사전 ① 나쁜 버릇이나 풍습, 사상 등이 영향을 주어 물이 들게 함. ② 병원체인 미생물이 동물이나 식물의 몸 안에 들어가 증식하는 일. '20모의 실험실의 아메바가 병원성 박테리아에 감염(②)되어 대부분의 아메바가 죽고 일부 아메바는 생존하였다.	**TIP톡!** 컴퓨터 내 바이러스 침투를 뜻하기도 한다. ⊕ 전염(傳染): ① 병이 남에게 옮김. ② 다른 사람의 습관, 분위기, 기분 등에 영향을 받아 물이 듦.
개체 낱 個ㅣ물체 體	**낱낱의[個] 물체[體].** 사전 ① 전체나 집단에 상대하여 하나하나의 낱개를 이르는 말. ② 하나의 독립된 생물체. 살아가는 데 필요한 독립적인 기능을 갖고 있음. '20모의 '나'가 세포 분열을 통해 새로운 개체(②)를 생성할 때도 '나'와 '나의 후 손'은 인과적으로 연결되어 있다.	
공생 함께 共ㅣ살 生	**함께[共] 삶[生].** 사전 ① 서로 도우며 함께 삶. ② 종류가 다른 생물이 같은 곳에서 서로에게 이익을 주며 함께 사는 일. '19학평 생태 복원을 통해 환경을 개선하는 것은 자연과 인간이 공생(②)하는 좋 은 방안이 될 것입니다.	**TIP톡!** ①의 뜻으로 쓰일 때는 '경제적 공생' 등과 같이 쓰인다. ②의 뜻에 해당하는 예로는 악어와 악어새가 대표적이다.
대사 교체할 代ㅣ물리칠 謝	**양분으로 교체하고[代] 남은 물질을 몸 밖으로 물리치는[謝] 작용.** 사전 생물체가 섭취한 영양물질을 분해·합성하여 필요한 물질이나 에너지를 생성하고 필요하지 않은 물질을 몸 밖으로 내보내는 작용. = 물질대사 '20학평 각 조직의 물질대사 결과 생긴 노폐물인 이산화 탄소도 혈액으로 확산되 어 운반된다.	⊕ 대사(臺詞): 연극이나 영화 등에서 배우가 하는 말. 대화, 독백, 방백이 있음. ⊕ 노폐물(老廢物): 생체 내에서 생성된 대사산물 중 생체에서 필요 없는 것.
면역 면할 免ㅣ전염병 疫	**전염병을[疫] 면함[免].** 사전 ① 반복되는 자극 등에 무감각해지는 상태를 비유적으로 이르는 말. ② 몸속에 들어온 병원(病原) 미생물에 대항하는 항체를 생산하여 다음에 는 그 병에 걸리지 않도록 된 상태. 또는 그런 작용. '21학평 생체 호르몬의 일종인 멜라토닌은 깊은 잠을 자는 데 도움을 주어 면역 (②) 기능 유지에 기여한다.	⊕ 면역력(免疫力): 몸에 들어온 병원균에 저항하는 힘. ⊕ 병원(病原): 병의 원인이 되는 세균이나 바이러스. ⊕ 대항(對抗): 굽히거나 지지 않으려고 맞서서 버티거나 항거함.
미생물 작을 微ㅣ살 生ㅣ만물 物	**작은[微] 생물(生物).** 사전 눈으로는 볼 수 없는 아주 작은 생물. 세균, 효모, 바이러스 등. '20모의 복어는 테트로도톡신이라는 신경 독소를 가지고 있지만 테트로도톡신을 스스로 만들지 못하고 체내에서 서식하는 미생물이 이를 생산한다.	⊕ 서식(棲息): 생물 등이 일정한 곳에 자리를 잡고 삶.

방역	전염병을[疫] 막음[防].	⊕ 역학 조사(疫學調査): 감

방역
막을 防 | 전염병 疫

전염병을[疫] 막음[防].

사전 감염병이 발생하거나 유행하는 것을 미리 막는 일.

'21 모의 감염 방지제는 포자를 제외한 병원체를 사멸시키는 화합물로 병원, 공공 시설, 가정의 방역에 사용된다.

⊕ 역학 조사(疫學調査): 감염병의 차단과 확산 방지 등을 위하여 감염병 환자 발생 규모 파악, 감염원 추적 등의 활동을 하는 일.
⊕ 사멸(死滅): 죽어 없어짐.

배출
밀칠 排 | 날 出

밀어서[排] 내보냄[出].

사전 ① 안에서 밖으로 밀어 내보냄.
② 동물이 섭취한 음식물을 소화하여 항문으로 내보내는 일.

'21 모의 그동안 우리나라는 이산화 탄소 배출(①)을 줄이려 노력하고, 대기 중 이산화 탄소 흡수를 위한 산림 조성에 힘써 왔습니다.

⊕ 배설(排泄): ① 안에서 밖으로 새어 나가게 함. ② 동물이 몸속 노폐물을 몸 밖으로 내보내는 일.

병원성
병 病 | 근원 原 | 성질 性

병의[病] 원인이[原] 되는 성질[性].

사전 병원체가 숙주(宿主)에 감염하여 병을 일으키는 원인이 되는 성질.

'19 모의 살모넬라균은 집단 식중독을 일으키는 대표적인 병원성 세균이다.

⊕ 숙주(宿主): 기생 생물에게 영양을 공급하는 생물.

복제
거듭 複 | 만들 製

원래와 똑같은 것을 거듭[複] 만듦[製].

사전 ① 본디의 것과 똑같은 것을 만듦. 또는 그렇게 만든 것.
② 원래의 저작물을 재생하여 표현하는 모든 행위. 저작권의 침해임.

'22 모의 PCR는 시료로부터 얻은 DNA를 가지고 유전자 복제(①), 유전병 진단 …… 등에 광범위하게 활용된다.

'18 학평 첫 번째는 인공 지능이 새로운 창작을 위해 인간의 창작물을 복제(②), 분석하는 과정에서 인간의 저작권을 침해한다는 것입니다.

⊕ 저작권(著作權): 문화, 예술 등에 속하는 창작물에 대해 저작자나 그 권리 승계인이 행사하는 권리.
⊕ 피시아르(PCR): 효소를 이용하여 일부 유전자(DNA)를 증폭시키는 기술.
⊕ 디엔에이(DNA): 생물체의 유전 정보가 담긴 유전자의 본체.

분열
나눌 分 | 찢을 裂

나뉘고[分] 찢어짐[裂].

사전 ① 찢어져 나뉨. ② 집단이나 단체, 사상 등이 갈라져 나뉨.
③ 하나의 세포로 이루어진 개체가 둘 이상으로 나뉘어 불어나는 무성 생식.

'20 모의 과거의 '나'와 현재의 '나'는 세포 분열(③)로 세포가 교체되는 과정을 통해 인과적으로 연결되어 있다.

⊕ 무성 생식(無性生殖): 암수 배우자의 융합 없이 이루어지는 생식.

생장
날 生 | 자랄 長

태어나서[生] 자람[長].

사전 ① 나서 자람. 또는 그런 과정.
② 생물체의 원형질과 그 부수물의 양이 늘어나는 일.

'17 수능 반추 동물의 반추위에는 산소가 없는데, 이 환경에서 왕성하게 생장(②)하는 반추위 미생물들은 다양한 생리적 특성을 가지고 있다.

①-⊕ 생육(生育): 생물이 나서 길러짐.
⊕ 반추 동물(反芻動物): 소화 과정에서 한번 삼킨 먹이를 다시 게워 내어 씹어 다시 먹는 특성을 가진 동물.

서열
차례 序 | 늘어설 列

차례대로[序] 늘어섬[列].

사전 일정한 기준에 따라 순서대로 늘어섬. 또는 그 순서.

'20 모의 일란성 쌍둥이인 두 사람은 DNA 염기 서열과 외모도 같지만 동일한 개체는 아니다.

TIP톡! '염기 서열'은 유전 형질을 구성하는 염기의 서열로, DNA에서는 아데닌(A), 구아닌(G), 시토신(C), 티민(T)의 순서이다.

섬유소 가늘 纖	밧줄 維 성질 素	가늘게[纖] 밧줄처럼[維] 꼬인 성질의[素] 물질. 사전 포도당으로 된 단순 다당류의 하나로, 고등 식물이나 조류의 세포막의 주 　　성분. = 셀룰로스 '17 수능 탄수화물은 섬유소와 비섬유소로 구분된다.	**TIP톡!** '섬유소'는 물에는 녹지 않으나 산에 의하여 분 해되며, 화학 약품에 대한 저 항성이 강하다.
세포 가늘 細	포자 胞	생물을 이루는 작고 가는[細] 포자[胞]. 사전 생물체를 이루는 기본 단위. 진핵 세포와 원핵 세포로 나뉨. '20 모의 세포는 사람과 같은 진핵 생물의 진핵 세포와, 박테리아나 고세균과 같 　　은 원핵 생물의 원핵 세포로 구분된다.	**TIP톡!** 진핵 세포는 핵이 있 고, 원핵 세포는 핵이 없다. ⊕ 포자(胞子): 식물이 무성 생식을 하기 위하여 형성하 는 생식 세포.
숙주 묵을 宿	주인 主	기생 생물이 묵는[宿] 곳의 주인[主] 생명체. 사전 기생 생물에게 영양을 공급하는 생물. '20 수능 이후에는 다른 바이러스와 마찬가지로 자신이 속해 있는 생명체를 숙주 　　로 삼아 숙주 세포의 시스템을 이용하여 복제, 증식하고 일정한 조건이 　　되면 숙주 세포를 파괴한다.	**TIP톡!** 발육 도중에 기생 하는 숙주를 '중간 숙주', 마 지막 숙주를 '최종 숙주'라 고 한다.
염기 소금 鹽	기초 基	염(鹽)을 만드는 데 기초가[基] 되는 물질. 사전 ① 산과 반응하여 염을 만드는 물질. 　　② DNA나 RNA의 구성 성분인 질소를 함유하는, 고리 모양의 유기 화합물. '21 모의 알킬화제는 병원체 내 핵산의 염기(②)에 알킬 작용기를 결합시켜 유전 　　자의 발현을 방해한다.	**TIP톡!** ①의 예로는 암모 니아수, 잿물 등이 있다. ⊕ 발현(發現): 속에 있거나 숨은 것이 밖으로 나타나거 나 그렇게 나타나게 함.
유전 남길 遺	전할 傳	다음 세대에게 남겨[遺] 전함[傳]. 사전 ① 물려받아 내려옴. 또는 그렇게 전해짐. 　　② 어버이의 성격, 체질, 형상 등의 형질이 자손에게 전해짐. 또는 그런 현상. '20 모의 세포는 생명체의 고유한 유전(②) 정보가 담긴 DNA를 가지며 이를 복제 　　하여 증식하고 번식하는 과정을 통해 자신의 DNA를 후세에 전달한다.	**TIP톡!** ②의 현상은 오스트 리아의 '멘델(Mendel, Gregor Johann)'에 의해 처음으로 과 학적 설명이 이루어졌다. ⊕ 형질(形質): 동식물의 모 양, 크기 등의 고유한 성질.
이식 옮길 移	심을 植	옮겨[移] 심음[植]. 사전 ① 식물 등을 옮겨 심음. = 옮겨심기 　　② 살아 있는 조직이나 장기를 생체로부터 떼어 내어, 같은 개체의 다른 　　부분 또는 다른 개체에 옮겨 붙이는 일. '20 수능 신체의 세포, 조직, 장기가 손상되어 더 이상 제 기능을 하지 못할 때에 　　이를 대체하기 위해 이식(②)을 실시한다.	**TIP톡!** ①의 뜻으로 쓰일 때는 '묘목 이식', '서구 문화 의 이식' 등과 같이 쓰인다. ①-⊕ 이종(移種): 모종을 옮겨 심음.
장기 오장 臟	기관 器	다섯 가지 내장으로[臟] 이루어진 몸의 기관[器]. 사전 내장의 여러 기관. '21 모의 물이 관절의 충격을 흡수하며, 장기와 조직을 보호하는 등의 역할을 한 　　다는 점에서 물 섭취는 중요하다.	⊕ 장기(長期): 긴 기간. = 장기간.

젖산	젖당이 발효되어 만들어진 신맛의[酸] 물질.	⊕ 발효(醱酵): 미생물이 유기 화합물을 분해하여 알코올류, 이산화 탄소 등을 생기게 하는 작용.
젖 + 신맛 酸	사전 젖당이나 포도당 등의 발효로 생기는 산성의 유기 화합물.	
	'17 수능 젖산은 반추 동물의 세포로 직접 흡수되어 반추 동물의 에너지원으로 이용될 수 있다.	

증식	양이 더해져서[增] 불어남[殖].	TIP톡! ①의 뜻으로 쓰일 때는 '자산 증식' 등과 같이 쓰인다.
더할 增 | 불릴 殖	사전 ① 늘어서 많아짐. 또는 늘려서 많게 함. ② 생물이나 조직 세포 등이 세포 분열로 그 수를 늘려 감. 또는 그런 현상.	⊕ 세포질(細胞質): 세포에서 핵을 제외한 세포막 안의 부분.
	'20 모의 생존한 아메바의 세포질에서 서식하는 박테리아는 스스로 복제하여 증식(②)할 수 있었고 더 이상 병원성을 지니지는 않았다.	

피막	가죽처럼[皮] 덮고 있는 얇은 꺼풀[膜].	⊕ 지질(脂質): 생물체 안에 존재하며 물에 녹지 않고 유기 용매에 녹는 유기 화합물을 통틀어 이르는 말.
가죽 皮 | 꺼풀 膜	사전 ① 겉껍질과 속껍질을 통틀어 이르는 말. ② 껍질같이 얇은 막. = 껍질막	
	'21 모의 알코올 화합물은 지질 피막(②)이 없는 바이러스보다 지질 피막이 있는 병원성 바이러스에서 방역 효과가 크다.	

항체	병균을 막는[抗] 물질[體].	⊕ 항원(抗原): 생체 속에 침입하여 항체를 형성하게 하는 단백성 물질. 세균이나 독소 등이 있음. = 면역원
막을 抗 | 물질 體	사전 항원의 자극에 의해 생체에 만들어져 특이하게 항원과 결합하는 단백질. 생체에 그 항원에 대한 면역성이나 과민성을 줌. = 면역 항체	
	'19 모의 항원-항체 반응은 항원과 그 항원에만 특이적으로 반응하는 항체가 결합하는 면역 반응을 말한다.	

나만 몰랐어, 포모 증후군(Fear Of Missing Out Syndrome)

'포모 증후군'이란 '뒤처지거나 소외되는 것에 대한 두려움'을 뜻하는 'Fear Of Missing Out'의 머리글자와 '병적인 증상'을 뜻하는 '증후군(Syndrome)'을 합친 용어로, 우리말로 '소외 불안 증후군' 또는 '고립 공포감'이라 불린다. 일종의 사회적 불안이라 할 수 있는 이 증상은 어떤 기회나 세상의 흐름을 놓칠지 모른다는 불안감을 일컫는다.

원래 '포모(FOMO)'라는 용어는 제품의 공급량을 줄이거나 없는 것처럼 보이게 하여 소비자의 마음을 조급하게 만드는 마케팅 기법의 하나였다. '매진 임박'이나 '한정 수량'과 같은 표현으로 소비자의 구매를 유도하는 것이 그 예이다.

빠른 속도로 변화하는 사회에서 새롭게 등장한 용어나 애플리케이션, 최신 유행 아이템 등을 모를 때 그 정보를 통해 얻을 기회를 놓칠까 봐 불안해하거나 그 기회를 잡은 사람들을 보며 상대적 박탈감을 느끼는 것이 포모 증후군의 증상이다. 이러한 증상은 네트워킹을 통한 소통과 정보 수집이 보편화된 사회에서 심각하게 나타난다. 따라서 소셜 미디어의 긍정적인 기능은 충분히 활용하되, 소셜 미디어에 중독되거나 포모 증후군에 걸리지 않도록 현명하게 대처하여야 한다.

나만 방구석에서 아무것도 몰랐네.

▲ 포모 증후군의 증상

결의형제

맺을 結 | 의리 義
형 兄 | 아우 弟

의(義)로써 형제(兄弟)의 관계를 맺음[結].

[사전] 의로써 형제의 관계를 맺음. 또는 그렇게 관계를 맺은 형제. = 맹형제

['16 모의] 오랜 친구도 쓸데없고 결의형제도 쓸데없구나.

⊕ 도원결의(桃園結義): 의형제를 맺음. 『삼국지연의』에서 유비, 관우, 장비가 복숭아나무 정원에 모여 의형제를 맺은 데서 유래함.

금슬

거문고 琴 | 비파 瑟

거문고와[琴] 비파의[瑟] 소리처럼 잘 어울리는 부부.

[사전] ① 거문고와 비파를 아울러 이르는 말.
　　　② 부부간의 사랑을 비유적으로 이르는 말.

[예] 서로를 아끼고 사랑하는 우리 부모님은 금슬(②)이 좋기로 소문이 났다.

↻ 부부애

TIP톡! ②의 뜻으로 쓰일 때는 '금실'이라고도 한다.

백년가약

일백 百 | 해 年
아름다울 佳 | 약속 約

평생[百年] 함께하기로 다짐하는 아름다운[佳] 약속[約].

[사전] 젊은 남녀가 부부가 되어 평생 함께할 것을 굳게 다짐하는 아름다운 언약.

['20 학평] 인향 소저 나와 백년가약을 맺었으니 필연 나를 위하여 의복을 지어 두었을 것이니 들어가 찾아보리라.

↻ 결혼, 혼인

⊕ 소저(小姐): '아가씨'를 한문 투로 이르는 말.

⊕ 필연(必然): 틀림없이 꼭.

백년해로

일백 百 | 해 年
함께 偕 | 늙을 老

평생[百年] 함께[偕] 늙어감[老].

[사전] 부부가 되어 한평생을 사이좋게 지내고 즐겁게 함께 늙음.

['18 모의] 만금 같은 너를 만나 백년해로하잤더니, 금일 이별 어이 하리!

⊛ 백년동락(百年同樂): 부부가 되어 한평생을 같이 살며 함께 즐거워함.

연리지

잇닿을 連 | 나뭇결 理
가지 枝

나뭇결이[理] 이어진[連] 가지처럼[枝] 서로 연결된 부부.

[사전] ① 두 나무의 가지가 서로 맞닿아서 결이 서로 통한 것. = 연리
　　　② 화목한 부부나 남녀 사이를 비유적으로 이르는 말.

[예] 신랑과 신부는 평생 서로를 아끼며 연리지(②)가 될 것을 맹세하였다.

⊕ 비익조(比翼鳥): ① 암컷과 수컷의 눈과 날개가 하나씩이어서 짝을 지어야만 날 수 있다는 전설상의 새. ② 남녀나 부부의 두터운 정을 비유적으로 이르는 말.

죽마고우

대나무 竹 | 말 馬
옛날 故 | 벗 友

대나무[竹] 말을[馬] 타고 같이 놀던 옛[故] 친구[友].

[사전] 어릴 때부터 같이 놀며 자란 벗.

['20 수능] 제가 두 형과 더불어 죽마고우로 절친하고 또 아드님의 특출함을 아껴 제 딸의 배필로 삼고자 하여, 어제 세기를 보고 여차여차하니 아드님이 단호하게 말하고 돌아가더이다.

[01~03] 다음 뜻에 해당하는 어휘를 〈보기〉에서 찾아 쓰시오.

> 보기
>
> 공생   방역   복제   장기

01 내장의 여러 기관. _____

02 감염병이 발생하거나 유행하는 것을 미리 막는 일. _____

03 종류가 다른 생물이 같은 곳에서 서로에게 이익을 주며 함께 사는 일. _____

[04~06] 다음 문장에 어울리는 어휘를 고르시오.

04 사람은 수없이 많은 (세포 | 숙주)로 구성된 유기체이다.

05 면역력이 약한 아이들은 바이러스에 (감염 | 염기)되기 쉽다.

06 쓰레기 종량제를 실시하자 각 가정에서 쓰레기를 (배출 | 증식)하는 양이 크게 줄었다.

[07~09] 다음 설명이 맞으면 ○에, 그렇지 않으면 ✕에 표시하시오.

07 '대사'는 생물체의 원형질과 그 부수물의 양이 늘어나는 일이다. (○ , ✕)

08 '유전'은 어버이의 성격, 체질, 형상 등의 형질이 자손에게 전해짐을 뜻한다. (○ , ✕)

09 '항체'는 항원의 자극에 의해 생체에 만들어져 특이하게 항원과 결합하는
단백질이다. (○ , ✕)

[10~11] 빈칸에 알맞은 말을 넣어 밑줄 친 '이 말'에 해당하는 한자 성어를 완성하시오.

10 <u>이 말</u>은 부부가 되어 한평생을 사이좋게 지내고
즐겁게 함께 늙는다는 뜻이야. → | 백 | | | 로 |

11 <u>이 말</u>은 의로써 형제의 관계를 맺거나 그렇게 관계를 맺은 형제를
의미하는 말이야. → | 결 | | 형 | |

가속도

더할 加 | 빠를 速
정도 度

속도(速度)가 점점 더해짐[加].

사전 ① 일의 진행에 따라 점점 더해지는 속도. 또는 그렇게 변하는 속도.
　　 ② 물리에서, 단위 시간에 대한 속도의 변화율. = 속률

'16 수능 중력은 물체의 질량에 중력 가속도(②)를 곱한 값으로 물체가 낙하하는 동안 일정하다.

TIP톡! ①의 뜻으로 쓰일 때는 '사회 변화에 가속도가 붙다.' 등과 같이 쓰인다.

⊕ 중력(重力): 지구 위의 물체가 지구로부터 받는 힘.

⊕ 낙하(落下): 높은 데서 낮은 데로 떨어짐.

다량

많을 多 | 분량 量

많은[多] 양[量].

사전 많은 분량.

'19 모의 살모넬라균은 감염 속도가 빠르므로 다량의 시료 중 오염이 의심되는 시료부터 신속하게 골라낸 후에 이 시료만을 대상으로 더 정확한 방법으로 분석하여 오염 여부를 확정 짓는 것이 효과적이다.

⊕ 소량(少量): 적은 분량.

⊕ 대량(大量): 아주 많은 분량이나 수량.

⊕ 시료(試料): 시험, 검사, 분석 등에 쓰이는 물질이나 생물.

마찰

문지를 摩 | 문지를 擦

두 물체가 서로 문질러짐[摩擦].

사전 ① 두 물체가 서로 닿아 비벼짐. 또는 그렇게 함.
　　 ② 이해나 의견이 서로 다른 사람이나 집단이 충돌함.
　　 ③ 접촉한 두 물체가 상대 운동을 하려 하거나 상대 운동을 하고 있을 때, 그 접촉면에서 운동을 방해하려는 방향으로 힘이 작용하는 현상.

'16 수능 돌고 있는 팽이에 마찰(③)력이 일으키는 돌림힘을 포함하여 어떤 돌림힘도 작용하지 않으면 팽이는 영원히 돈다.

TIP톡! ②의 뜻으로 쓰일 때는 '무역 마찰' 등과 같이 쓰인다.

⊕ 돌림힘: 주어진 회전축을 중심으로 회전시키는 능력.

만유인력

일만 萬 | 있을 有
끌 引 | 힘 力

존재하는[有] 모든[萬] 물체가 서로 당기는[引] 힘[力].

사전 질량을 가지고 있는 모든 물체가 서로 잡아당기는 힘. = 중력

'19 수능 뉴턴은 이 원리를 적용하여 달의 공전 궤도와 사과의 낙하 운동 등에 관한 실측값을 연역함으로써 만유인력의 실재를 입증하였다.

⊕ 궤도(軌道): 행성, 혜성, 인공위성 등이 중력의 영향을 받아 다른 천체의 둘레를 돌면서 그리는 곡선의 길.

밀도

빽빽할 密 | 정도 度

빽빽하게[密] 들어찬 정도[度].

사전 ① 빽빽이 들어선 정도. ② 내용이 얼마나 충실한가의 정도.
　　 ③ 물리에서, 어떤 물질의 단위 부피만큼의 질량. 물의 밀도는 $1g/cm^3$임.

'16 수능 스티로폼 입자와 같이 밀도(③)가 매우 작은 물체가 낙하할 경우에는 부력이 물체의 낙하 속도에 큰 영향을 미친다.

TIP톡! ②의 뜻으로 쓰일 때는 '밀도 높은 강의', '삶의 밀도' 등과 같이 쓰인다.

방사성

놓을 放 | 쏠 射 | 성질 性

방사선을 내보내는[放射] 성질[性].

사전 물질이 방사능을 가진 성질.

'16 모의 라듐은 강한 방사성 물질이어서 양전기를 띤 알파 입자를 큰 에너지로 방출한다.

⊕ 방사능(放射能): 라듐, 우라늄, 토륨 등 원소의 원자핵이 붕괴하면서 방사선을 방출하는 일. 또는 그런 성질.

방출	가지고 있던 것을 놓아[放] 내보냄[出].	⊕ 궤적(軌跡): 수레바퀴가
놓을 放 | 날 出	[사전] ① 비축하여 놓은 것을 내놓음.	지나간 자국이라는 뜻으로,
	② 물리에서, 입자나 전자기파의 형태로 에너지를 내보냄. = 내쏘기	물체가 움직이면서 남긴 움
	['19 모의] 양극과 음극 간에 걸린 고전압의 영향으로 음극에서 방출(②)된 전자는	직임을 알 수 있는 자국이
	자기장의 영향을 받아 복잡한 형태의 궤적을 그리며 양극으로 이동한다.	나 자취를 이르는 말.

부력	뜨는[浮] 힘[力].	**TIP톡!** 물체에 작용하는 부
뜰 浮 | 힘 力	[사전] 기체나 액체 속에 있는 물체가 그 물체에 작용하는 압력에 의하여 중력	력이 중력보다 크면 뜬다.
	(重力)에 반하여 위로 뜨려는 힘. = 뜰힘	⊕ 흘수(吃水): 배가 물 위에
	['21 학평] 선박의 흘수를 계산하려면 물에 잠겨 있는 물체가 중력에 반해 밀어 올	떠 있을 때, 물에 잠겨 있는
	려지는 힘인 부력에 대해 이해해야 한다.	부분의 깊이.

분자	나누어진[分] 입자[子].	**TIP톡!** 원자가 결합하여
나눌 分 | 열매 子	[사전] ① 어떤 특성을 가진 인간 개체. 흔히 부정적인 관점에서 이르는 말.	분자가 되며, 원자 수가 수천
	② 물질에서 화학적 형태와 성질을 잃지 않고 분리될 수 있는 최소의 입자.	이 넘는 것을 고분자라 한다.
	['19 모의] 기체 분자(②)는 끊임없이 떠돌아다니다가 주변과 충돌한다.	(양자<원자<분자)
		TIP톡! ①의 뜻으로 쓰일
		때는 '불순분자', '불온 분
		자' 등과 같이 쓰인다.

분포	나뉘어[分] 펼쳐져[布] 있음.	⊕ 황반(黃斑): 망막의 가운
나눌 分 | 펼 布	[사전] ① 일정한 범위에 흩어져 퍼져 있음. ② 동식물의 지리적인 생육 범위.	데 부분에 있는 누르스름한
	['19 학평] 망막에는 시세포들이 분포(①)하고 있어 물체의 상을 볼 수 있는데 ……	반점.
	물체를 뚜렷하게 보려면 물체의 상이 두 눈의 황반에 맺혀야 한다.	

스펙트럼	외래어	**TIP톡!** 원자나 분자에서
spectrum	[사전] 가시광선, 자외선, 적외선 등이 분광기로 분해되었을 때의 성분. 파장에	나오는 빛이나 엑스선은 각
	따라 굴절률이 달라 분산을 일으키는데, 이것들은 파장의 순서로 배열됨.	기 고유한 스펙트럼을 가지
	['18 학평] 불꽃 감지기의 화재 감지 확률을 높이고 오보 확률을 낮추기 위해서는	고 있다.
	불꽃의 파장에 따른 스펙트럼 분포와 함께 간섭을 일으키는 요인에 대해	⊕ 감지(感知): 느끼어 앎.
	서도 분석해야 한다.	⊕ 오보(誤報): 어떤 소식 등
		을 그릇되게 전하여 알림.

양자	분량이[量] 최소에 이른 입자[子].	⊕ 양자 역학(量子力學): 입
분량 量 | 열매 子	[사전] 더 이상 나눌 수 없는 에너지의 최소량의 단위. '에너지 양자'라고도 불림.	자 및 입자 집단을 다루는
	['18 모의] 20세기에 등장한 양자 역학에 의해 미시 세계에서는 상호 배타적인 상	현대 물리학의 기초 이론.
	태들이 공존할 수 있음이 알려졌다.	⊕ 미시 세계(微視世界): 매
		우 작은 물질의 세계.

역학적	역학(力學)의 성질을 띤 (것)[的].	⊕ 역학(力學): 물체의 운
힘 力 | 배울 學	[사전] ① 역학의 원리나 성질을 띠는 (것).	동에 관한 법칙을 연구하는
어조사 的	② 부분을 이루는 요소가 서로 의존적 관계를 가지고 서로 제약하는 (것).	학문.
	['19 학평] 결국 전동기는 전기 에너지를 운동 에너지와 같은 역학적(①) 에너지로	
	바꾸는 기능을 하는 것이다.	

열효율 더울 熱 │ 효과 效 비율 率	**열(熱)을 내는 기구가 효과를[效] 내는 비율[率].** 사전 기관에 공급된 열이 유효한 일로 바뀐 정도를 나타내는 비율. '18 학평 디젤 엔진은 가솔린 엔진에 비해 일반적으로 이산화 탄소의 배출량이 적고 <u>열효율</u>이 높으며 내구성이 좋다.	⊕ 내구성(耐久性): 물질이 원래의 상태에서 변질되거나 변형됨이 없이 오래 견디는 성질.
원자 근원 原 │ 열매 子	**물질의 기본이[原] 되는 입자[子].** 사전 물질의 기본적 구성 단위. 한 개나 여러 개가 모여 분자를 이룸. = 아톰 '16 모의 과거에는 물질이 더 이상 쪼개지지 않는 작은 <u>원자</u>들로 구성되어 있다고 생각되었지만, 오늘날에는 <u>원자</u>가 전자, 양성자, 중성자로 구성된 복잡한 구조라는 것이 밝혀졌다.	**TIP톡!** 원자는 하나의 핵과 이를 둘러싼 여러 개의 전자로 구성되어 있다. ⊕ 전자(電子): 음전하를 가지고 원자핵의 주위를 도는 소립자의 하나.
유지 맬 維 │ 지킬 持	**현재 상태를 잘 이어 매어[維] 지킴[持].** 사전 어떤 상태나 상황을 그대로 보존하거나 변함없이 계속하여 지탱함. '19 학평 전기 자동차의 제동력은 실시간으로 조절되어 상황에 따른 전체 제동력이 일정하게 <u>유지</u>된다.	⊕ 지탱(支撑): 오래 버티거나 배겨 냄.
유체 흐를 流 │ 물체 體	**흘러가는[流] 물체[體].** 사전 기체와 액체를 아울러 이르는 말. = 동체, 유동체 '16 수능 어떤 물체가 물이나 공기와 같은 <u>유체</u> 속에서 자유 낙하할 때 물체에는 중력, 부력, 항력이 작용한다.	⊕ 자유 낙하(自由落下): 일정한 높이에서 정지하고 있는 물체가 중력의 작용만으로 떨어질 때의 운동.
입자 낟알 粒 │ 열매 子	**물질을 이루고 있는 작은 알갱이[粒子].** 사전 ① 물리에서, 물질을 구성하는 미세한 크기의 물체. 소립자, 원자, 분자 등. ② 물질의 일부로서, 구성하는 물질과 같은 종류의 매우 작은 물체. '16 모의 1932년에 채드윅은 전기적으로 중성이며 질량이 양성자와 비슷한 <u>입자</u>(①)인 중성자를 발견하였다.	**TIP톡!** ②의 뜻으로 쓰일 때는 '모래의 입자가 곱다.' 등과 같이 쓰인다. ⊕ 소립자(素粒子): 물질 또는 장(場: 자기장, 전기장 등)을 구성하는 작은 입자의 통칭.
저항 막을 抵 │ 대항할 抗	**어떤 힘을 막거나[抵] 그에 대항함[抗].** 사전 ① 어떤 힘이나 조건에 굽히지 않고 거역하거나 버팀. ② 물리에서, 물체의 운동 방향과 반대 방향으로 작용하는 힘. ③ 도체에 전류가 흐르는 것을 방해하는 작용. '16 수능 물체가 유체 내에 정지해 있을 때와는 달리, 유체 속에서 운동하는 경우에는 물체의 운동에 <u>저항</u>(②)하는 힘인 항력이 발생하는데, 이 힘은 물체의 운동 방향과 반대로 작용한다.	**TIP톡!** ①의 뜻으로 쓰일 때는 '저항 세력', '저항의 역사' 등과 같이 쓰인다. ⊕ 도체(導體): 열 또는 전기의 전도율이 비교적 큰 물체를 통틀어 이르는 말.
점성 끈끈할 粘 │ 성질 性	**끈끈한[粘] 성질[性].** 사전 ① 차지고 끈끈한 성질. ② 물리에서, 유체가 형태를 바꾸려고 할 때 유체 내부에 마찰이 생기는 성질. '16 수능 마찰 항력은 유체의 <u>점성</u>(②) 때문에 물체의 표면에 가해지는 항력으로, 유체의 <u>점성</u>이 크거나 물체의 표면적이 클수록 커진다.	↻ 끈기 **TIP톡!** ②의 뜻에 해당하는 성질은 유체 내부에서 속도가 서로 다를 때 생긴다.

질량 바탕 質 | 분량 量	**물질의[質] 양[量].** 사전 물체의 고유한 역학적 기본량. 국제단위는 킬로그램(kg). '16 학평 아인슈타인 이전 과학자들에게 에너지와 질량은 별개의 독립적인 물리량이었다.		TIP톡! 질량에는 관성 질량과 중력 질량이 있다. ⊕ 물리량(物理量): 물질계의 성질이나 상태를 나타내는 양.

질량
바탕 質 | 분량 量

물질의[質] 양[量].

사전 물체의 고유한 역학적 기본량. 국제단위는 킬로그램(kg).

'16 학평 아인슈타인 이전 과학자들에게 에너지와 질량은 별개의 독립적인 물리량이었다.

TIP톡! 질량에는 관성 질량과 중력 질량이 있다.

⊕ 물리량(物理量): 물질계의 성질이나 상태를 나타내는 양.

질점
바탕 質 | 점 點

물체의 질량이[質] 모여 있는 점[點].

사전 물체의 크기를 무시하고 질량이 모여 있다고 보는 점.

'19 수능 이때 가정된 만유인력은 두 질점이 서로 당기는 힘으로, 그 크기는 두 질점의 질량의 곱에 비례하고 거리의 제곱에 반비례한다.

TIP톡! 질점으로 물체의 위치나 운동을 표시할 수 있으며, 역학 원리 및 모든 법칙의 기초가 된다.

항력
대항할 抗 | 힘 力

물체의 움직임과 반대로 대항하는[抗] 힘[力].

사전 ① 어떤 물체가 유체 속을 운동할 때 운동 방향과는 반대쪽으로 물체에 미치는 유체의 저항력.
② 물체가 면 위에 있을 때, 면이 그 물체에 작용하는 힘.

'16 수능 항력(①)은 유체 속에서 운동하는 물체의 속도가 커질수록 이에 상응하여 커진다.

TIP톡! ②의 뜻에 해당하는 힘은 면에 수직으로 작용하는 수직 항력과 평행으로 작용하는 마찰력이 있다.

⊕ 상응(相應): 서로 응하거나 어울림.

흡수
빨 吸 | 거둘 收

빨아들여[吸] 안으로 거둠[收].

사전 빨아서 거두어들임.

'17 학평 백색광에서 필터의 색에 따라 특정 부분의 파장은 필터에 흡수되고 나머지는 투과된다.

⊕ 투과(透過): 물리에서, 광선이 물질의 내부를 통과함.

살았을까 죽었을까, 슈뢰딩거의 고양이

'양자 역학'이란 입자 및 입자 집단을 다루는 현대 물리학의 기초 이론으로, 입자가 가지는 파동과 입자의 이중성, 측정에서의 불확정 관계 등을 설명하는 학문이다. 오스트리아의 물리학자 슈뢰딩거(Schrödinger, Erwin)는 입자의 상태를 확률로 표현하는 양자 역학의 불완전함을 비판하기 위해 다음과 같은 사고 실험을 제안하였다.

밀폐되고 불투명한 상자 안에 살아 있는 고양이와 청산가리가 든 유리병을 함께 넣고, 한쪽에 한 시간에 50%의 확률로 방사선을 내보내는 우라늄 입자와 방사선 측정기, 그 측정기와 연결된 망치를 설치한다. 우라늄에서 방사성 물질이 나오면 측정기가 망치를 움직여 유리병을 깨뜨리고, 청산가리에 중독된 고양이는 죽게 된다.

▲ 슈뢰딩거의 사고 실험 예상도

한 시간 후에 상자를 열지 않고 고양이가 살았는지 죽었는지 알 수 있을까?

양자 역학에 따르면, 관측 전의 고양이는 반은 살고 반은 죽은 '중첩' 상태에 있다가 '측정'을 통해 하나의 상태로 확정된다. 하지만 슈뢰딩거는 측정 여부와 관계없이 고양이는 삶과 죽음 중 하나의 상태로 확정된다는 점을 들어, 결과를 확률적으로만 표현할 수 있는 양자 역학의 불완전성을 비판하였다.

양자 역학의 확률적 해석은 비록 고양이처럼 거시적인 물체에는 적용되지 않지만, 전자와 같은 미시 세계에서는 잘 적용된다는 것이 이후 많은 실험을 통해 밝혀졌다. 양자 역학을 비판하기 위해 고안된 이 사고 실험은 아이러니하게도 훗날 양자 역학을 알기 쉽게 묘사한 대표적인 사고 실험이 되었다.

견마지로

개 犬 | 말 馬
어조사 之 | 수고로울 勞

개나[犬] 말[馬]의[之] 수고로움[勞].

[사전] 개나 말 정도의 하찮은 힘이라는 뜻으로, 윗사람에게 충성을 다하는 자신의 노력을 낮추어 이르는 말.

[예] 우리나라를 위해서 어떤 일이든 <u>견마지로</u>를 다하겠습니다.

여러분을 위해 견마지로를 다하겠습니다!

불사이군

아닐 不 | 섬길 事
둘 二 | 임금 君

두[二] 임금을[君] 섬기지[事] 않음[不].

[사전] 두 임금을 섬기지 않음.

[유래] 중국 연(燕)나라가 제(齊)나라를 치려 할 때, 연나라 장수가 제나라의 왕촉이 어질다는 말을 듣고 그를 찾아가 회유하였으나 왕촉이 '충신은 두 임금을 섬기지 않는다.'라고 말하며 거절한 데서 유래하였다.

[예] <u>불사이군</u>의 충절을 지킨 신하 이야기는 역사에 기록되어 오랫동안 회자되었다.

⊕ 회유(懷柔): 어루만지고 잘 달래어 시키는 말을 듣도록 함.

사군이충

섬길 事 | 임금 君
써 以 | 충성 忠

임금을[君] 섬기기를[事] 충성[忠]으로써[以] 함.

[사전] 세속 오계의 하나로, 충성으로써 임금을 섬긴다는 말.

[예] 신라 시대 화랑은 <u>사군이충</u>을 중요한 규범으로 여겼다.

⊕ 세속 오계(世俗五戒): 신라 화랑의 다섯 가지 계율로, 사군이충·사친이효·교우이신·임전무퇴·살생유택을 이름.

위국충절

위할 爲 | 나라 國
충성 忠 | 절개 節

나라를[國] 위한[爲] 충성스러운[忠] 절개[節].

[사전] 나라를 위한 충성스러운 절개.

[예] 이순신 장군의 <u>위국충절</u>은 후세인들에게 큰 감동과 교훈을 준다.

⊕ 절개(節槪): 신념, 신의 등을 굽히지 않고 굳게 지키는 꿋꿋한 태도.

일편단심

하나 一 | 조각 片
붉을 丹 | 마음 心

한[一] 조각의[片] 붉은[丹] 마음[心].

[사전] 진심에서 우러나오는 변치 않는 마음을 이르는 말.

'18 학평 첩이 청루 생활 10년 동안 <u>일편단심</u>을 비출 수 있는 곳이 없었습니다.

⊕ 단심(丹心): 속에서 우러나오는 정성스러운 마음.

⊕ 첩(妾): 예전에, 결혼한 여자가 윗사람에게 자기를 낮춰 이르던 일인칭 대명사.

⊕ 청루(靑樓): 몸을 파는 기생 등이 있는 집.

진충보국

다할 盡 | 충성 忠
갚을 報 | 나라 國

충성을[忠] 다하여[盡] 나라의[國] 은혜를 갚음[報].

[사전] 충성을 다하여서 나라의 은혜를 갚음. = 갈충보국

[예] 장군은 혼신의 힘을 다해 적과 싸움으로써 <u>진충보국</u>하였다.

⊕ 혼신(渾身): 몸 전체. = 온몸

[01~03] 빈칸에 들어갈 어휘에 V표 하시오.

01 명태는 북태평양에 널리 (　　　　　)하는 한류성 어족이다.　　　☐ 분포 ☐ 흡수

02 물 (　　　　　)은/는 하나의 산소 원자와 두 개의 수소 원자로 분해된다.　　☐ 분자 ☐ 양자

03 열기구는 공기 주머니 속의 공기를 뜨겁게 데워서 (　　　　　)을 얻는
장치이다.　　　　　　　　　　　　　　　　　　　　　　　☐ 부력 ☐ 저항

[04~06] 제시된 초성을 참고하여 빈칸에 들어갈 어휘를 쓰시오.

04 내리막길을 달리는 자동차에는 ㄱ ㅅ ㄷ 가 붙는다.　　　　　＿＿＿＿＿＿

05 공장에서 흘러나온 폐수에서 중금속 물질이 ㄷ ㄹ 검출되었다.　　＿＿＿＿＿＿

06 정부는 에너지 절약을 위해 ㅇ ㅎ ㅇ 이 높은 보일러 사용을 권장하였다.　＿＿＿＿＿＿

[07~08] 제시된 초성을 참고하여 다음 뜻에 해당하는 어휘를 쓰시오.

07 ㅈ ㅅ : 차지고 끈끈한 성질.　　　　　　　　　　　　　　＿＿＿＿＿＿

08 ㅇ ㅊ : 기체와 액체를 아울러 이르는 말.　　　　　　　　＿＿＿＿＿＿

[09~11] 제시된 초성을 참고하여 다음 뜻에 해당하는 한자 성어를 쓰시오.

09 ㅇ ㄱ ㅊ ㅈ : 나라를 위한 충성스러운 절개.　　　　　　＿＿＿＿＿＿

10 ㅅ ㄱ ㅇ ㅊ : 세속 오계의 하나로, 충성으로써 임금을 섬긴다는 말.　＿＿＿＿＿＿

11 ㄱ ㅁ ㅈ ㄹ : 개나 말 정도의 하찮은 힘이라는 뜻으로,
윗사람에게 충성을 다하는 자신의 노력을 낮추어 이르는 말.　＿＿＿＿＿＿

결합
맺을 結 | 합할 合

서로 관계를 맺어[結] 합쳐짐[合].

[사전] 둘 이상의 사물이나 사람이 서로 관계를 맺어 하나가 됨.

['22 모의] 전통적인 PCR는 PCR의 최종 산물에 형광 물질을 결합시켜 발색을 통해 표적 DNA의 증폭 여부를 확인한다.

⊕ 증폭(增幅): 사물의 범위가 늘어나 커짐.

공전
함께 公 | 돌 轉

한 천체를 중심으로 하여 함께[公] 돎[轉].

[사전] 한 천체(天體)가 다른 천체의 둘레를 주기적으로 도는 일. 행성이 태양의 둘레를 돌거나 위성이 행성의 둘레를 도는 일 등을 이름. = 공전 운동

['19 수능] 코페르니쿠스는 태양을 우주의 중심에 고정하고 그 주위를 지구를 비롯한 행성들이 공전하며 지구가 자전하는 우주 모형을 만들었다.

⊕ 천체(天體): 우주에 존재하는 모든 물체.
⊕ 자전(自轉): 천체(天體)가 스스로 고정된 축을 중심으로 회전함. 또는 그런 운동. = 자전 운동

관측
볼 觀 | 헤아릴 測

눈으로 잘 보고[觀] 측정함[測].

[사전] ① 육안이나 기계로 천체나 기상 등의 자연 현상을 관찰하여 측정하는 일.
② 어떤 사정이나 형편 등을 잘 살펴보고 그 장래를 헤아림.

['16 수능] 어떤 천체의 표면 온도를 매년 같은 날 관측(①)했더니 100, 110, 120, 130, 140℃로 해마다 10℃씩 높아졌다.

⊕ 육안(肉眼): 안경이나 망원경, 현미경 등을 이용하지 않고 직접 보는 눈. = 맨눈
⊕ 관찰(觀察): 사물이나 현상을 주의하여 자세히 살핌.

농도
짙을 濃 | 정도 度

짙은[濃] 정도[度].

[사전] ① 용액 등의 진함과 묽음의 정도.
② 화학에서, 주어진 양의 용매나 용액에 들어 있는 용질의 양.

['21 모의] 단시간 내에 지나치게 많은 양의 물을 마시면 혈액 속 나트륨 농도(②)가 정상 수치 이하로 내려가는 '물 중독'이 발생할 수 있다.

⊕ 용매(溶媒): 어떤 액체에 물질을 녹여서 용액을 만들 때 그 액체를 가리키는 말.
⊕ 용질(溶質): 용액에 녹아 있는 물질.

반응
돌아올 反 | 응할 應

자극에 응하여[應] 돌아오는[反] 현상.

[사전] ① 자극에 대응하여 어떤 현상이 일어남. 또는 그 현상.
② 물질 사이에 일어나는 화학적 변화. 물질의 성질이나 구조가 변함.

['22 수능] 그는 사람들의 반응(①)을 종합해서 몇 가지 결론을 얻어내는 데 성공했다.

['17 모의] 콘크리트의 수화 반응(②)은 상온에서 일어나기 때문에 작업하기에도 좋다.

⊕ 수화(水和): 어떤 물질이 물과 회합하거나 결합하여 수화물이 되는 현상.

분해
나눌 分 | 풀 解

작게 나뉘어[分] 풀어짐[解].

[사전] ① 여러 부분이 결합되어 이루어진 것을 그 낱낱으로 나눔.
② 한 화합물이 두 가지 이상의 간단한 화합물로 변화함. 또는 그런 반응.

['18 모의] 자전거라는 발명 주제가 제시되면 …… 직접 자전거를 타 보이기도 하고, 자전거를 분해(①)해 보이기도 하면서 탐색된다.

['17 수능] 피브로박터숙시노젠(F)은 섬유소를 분해(②)하는 대표적인 미생물이다.

⊕ 분리(分離): ① 서로 나뉘어 떨어짐. 또는 그렇게 되게 함. ② 물질의 혼합물을 결정, 승화, 증류 등에 의하여 어떤 성분을 함유하는 부분과 함유하지 않는 부분으로 나누는 일.

산패 산소 酸 | 썩을 敗	**물질이 산소와[酸] 접촉하여 썩음[敗].** [사전] 술이나 지방류 등의 유기물이 공기 속의 산소, 빛, 열, 세균, 효소 등의 작용에 의하여 가수 분해 되거나 산화되어 여러 가지 산화물을 만드는 현상. ['16 모의] 산화 작용에 의한 산패는 불포화 지방산이 결합된 지방질에서 일어나며, 이중 결합의 수가 많을수록 잘 일어난다.	**TIP톡!** 산패가 일어나면 맛과 색이 변하고 불쾌한 냄새가 난다. ⊕ 가수 분해(加水分解): 큰 분자가 물과 반응하여 분리나 분열이 일어나는 반응.
산화 산소 酸 | 될 化	**물질이 산소와[酸] 만나 상태가 변화됨[化].** [사전] ① 어떤 원자, 분자, 이온 등이 전자를 잃는 일. ② 물질 중에 있는 어떤 원자의 산화수가 증가하는 일. ③ 어떤 물질이 산소와 결합하거나 수소를 잃는 일. ['16 모의] 지방질이 공기에 장시간 노출되어 열, 빛 등의 영향을 받으면 산화(③) 작용이 일어나 산패에 이르게 된다.	⊕ 환원(還元): 산화물에서 산소가 빠지거나 어떤 물질이 수소와 결합하는 것. 원자·분자·이온 등이 전자를 얻는 것. 물질 중에 있는 어떤 원자의 산화수가 감소하는 것을 이르는 말.
살균 죽일 殺 | 세균 菌	**세균[菌] 등을 죽임[殺].** [사전] 세균 등의 미생물을 죽임. = 멸균 ['21 모의] 항미생물 화학제는 다양한 병원체가 공통으로 갖는 구조를 구성하는 성분들에 화학 작용을 일으키므로 광범위한 살균 효과가 있다.	**TIP톡!** 살균에는 약품에 의한 화학적 방법과 열을 이용한 물리적 방법이 있다. ⊕ 소독(消毒): 병의 감염이나 전염을 예방하기 위하여 병원균을 죽이는 일. 약품, 일광, 열탕, 증기 등을 이용함.
세균 가늘 細 | 세균 菌	**매우 작은[細] 크기의 균[菌].** [사전] 생물체 가운데 가장 미세하고 가장 하등에 속하는 단세포 생활체. 다른 생물체에 기생하여 발효나 부패, 병 등을 일으키기도 함. = 박테리아, 균 ['21 모의] 질병을 유발하는 병원체에는 세균, 진균, 바이러스 등이 있다.	**TIP톡!** 세균은 육안으로는 볼 수 없다.
시료 시험할 試 | 재료 料	**시험이나[試] 검사에 쓰이는 재료[料].** [사전] 시험, 검사, 분석 등에 쓰는 물질이나 생물. = 검체, 시험감 ['19 모의] 키트가 시료에 목표 성분이 들어있다고 판정하면 이를 양성이라고 한다.	⊕ 키트(kit): 질병이나 바이러스 등의 감염 여부를 진단하는 도구.
연쇄 이어질 連 | 쇠사슬 鎖	**쇠사슬처럼[鎖] 서로 이어짐[連].** [사전] ① 연결된 사슬. ② 사물이나 현상이 사슬처럼 서로 이어져 통일체를 이룸. ['16 모의] 새로 생성된 알릴 라디칼은 다시 산소와 결합하여 퍼옥시 라디칼이 되면서 위의 연쇄(②) 반응이 반복된다.	⊕ 쇠사슬: 쇠로 만든 고리를 여러 개 죽 이어서 만든 줄. = 사슬 ⊕ 연쇄 반응(連鎖反應): 생성 물질의 하나가 다시 반응물로 작용하여 생성, 소멸을 계속하는 반응.
용해 녹을 溶 | 풀 解	**녹아서[溶] 풀어짐[解].** [사전] ① 녹거나 녹이는 일. ② 물질이 액체에 고르게 녹아 용액이 만들어지는 일. 또는 용액을 만드는 일. ['21 모의] 고농도 에탄올 등의 알코올 화합물은 세포막의 기본 성분인 지질을 용해(①)시키고 단백질을 변성시키며, 병원성 세균에서는 세포벽을 약화시킨다.	⊕ 융해(融解): 고체에 열을 가했을 때 액체로 되는 현상. ⊕ 약화(弱化): 세력이나 힘이 약해짐. 또는 그렇게 되게 함.

운행 움직일 運 │ 다닐 行	**움직이며[運] 다님[行].** 사전 ① 정하여진 길을 따라 차량 등을 운전하여 다님. ② 천체가 그 궤도를 따라 운동하는 일. '19 학평 북반구에서 관측한 태양은 동지 즈음에 가장 빠르게 운행(②)하는 것으로 보이고, 하지 즈음에 가장 느리게 운행하는 것으로 보인다.	⊕ 북반구(北半球): 적도를 경계로 지구를 둘로 나누었을 때의 북쪽 부분.
위성 지킬 衛 │ 별 星	**행성을 지키듯[衛] 그 주위를 도는 별[星].** 사전 ① 행성의 인력에 의하여 그 둘레를 도는 천체. ② 지구 등의 행성 둘레를 돌도록 로켓으로 쏘아 올린 인공 장치. = 인공위성 '20 모의 GPS는 위성(②)으로부터 오는 신호를 이용하여 절대 위치를 측정한다.	**TIP톡!** 달은 지구의 위성(①)이다. ⊕ 지피에스(GPS): 인공위성을 이용하여 자신의 위치를 알아낼 수 있는 시스템.
이온 ion	**외래어** 사전 전하를 띠는 원자 또는 원자단. 전기적으로 중성인 원자가 전자를 잃으면 양전하를, 전자를 얻게 되면 음전하를 가진 이온이 됨. '16 학평 시냅스 연결은 신경 세포에 있는 이온들의 활동이 바탕이 된다.	⊕ 전하(電荷): 물체가 띠고 있는 정전기의 양. ⊕ 시냅스(synapse): 신경 세포의 신경 돌기 말단이 다른 신경 세포와 접합하는 부위.
지질 기름 脂 │ 성질 質	**기름진[脂] 성질을[質] 가진 물질.** 사전 생물체 안에 있는, 물에 녹지 않고 유기 용매에 녹는 유기 화합물. '21 모의 생명체의 기본 구조에 속하는 세포막은 지질을 주성분으로 하는 이중층이다.	⊕ 지질(地質): 지각을 이루는 여러 가지 암석이나 지층의 성질 또는 상태.
천체 하늘 天 │ 물체 體	**하늘에[天] 존재하는 물체[體].** 사전 우주에 존재하는 모든 물체. 항성, 행성, 위성, 혜성, 성단, 성운, 성간 물질, 인공위성 등을 통틀어 이르는 말. = 성체 '19 수능 그는 경험주의자였기에 브라헤의 천체 관측치를 활용하여 태양 주위를 공전하는 행성의 운동 법칙들을 수립할 수 있었다.	⊕ 항성(恒星): 천구 위에서 서로의 상대 위치를 바꾸지 않고 별자리를 구성하는 별. ⊕ 성단(星團): 천구 위에 군데군데 몰려 있는 항성의 집단.
충돌 부딪칠 衝 │ 부딪칠 突	**서로 부딪침[衝突].** 사전 ① 서로 맞부딪치거나 맞섬. ② 전기·전자 분야 용어로, 움직이는 두 물체가 접촉하여 짧은 시간 내에 서로 힘을 미침. 또는 그런 현상. '16 모의 1919년에 러더퍼드는 질소 원자에 대한 충돌(②) 실험을 통하여 핵에서 떨어져 나오는 양성자를 확인하였다.	**TIP톡!** ①의 뜻으로 쓰일 때는 '자동차 충돌', '무력 충돌' 등과 같이 쓰인다.
침투 스며들 浸 │ 꿰뚫을 透	**스며들어[浸] 뚫고[透] 들어감.** 사전 ① 액체 등이 스며들어 뱀. ② 세균이나 병균 등이 몸속에 들어옴. ③ 화학에서, 반투막을 사이에 두고 양쪽 용액에 농도 차가 있을 경우, 농도가 높은 쪽으로 용매가 옮겨 가는 현상. = 삼투 현상 '21 모의 병원체의 표면에 생긴 약간의 손상이 병원체를 사멸시키는 데 충분하지 않더라도, 항미생물 화학제가 내부로 침투(②)하면 살균 효과가 증가한다.	⊕ 반투막(半透膜): 용액이나 기체의 혼합물에 대하여 어떤 성분은 통과시키고 다른 성분은 통과시키지 않는 막.

포화
가득할 飽 | 화할 和

물질이 가득[飽] 차서 어우러진[和] 상태.

[사전] ① 더 이상의 양을 수용할 수 없이 가득 참.

② 화학에서, 일정한 조건하에 있는 어떤 상태 함수의 변화에 따라서 다른 양의 증가가 나타날 경우에, 앞의 것을 아무리 크게 변화시켜도 뒤의 것이 일정 한도에서 머무르는 일.

['16 모의] 지방산에서 탄소끼리의 결합은 대부분 단일 결합인데 이중 결합인 경우도 있다. 이중 결합이 없으면 포화(②) 지방산, 한 개 이상의 이중 결합이 있으면 불포화 지방산이라고 한다.

TIP톡! ①의 뜻으로 쓰일 때는 '창고가 포화 상태에 이르다.', '나들이 차량으로 도로가 포화 상태이다.' 등과 같이 쓰인다.

⊕ 불포화(不飽和): ① 최대 한도까지 한껏 이르지 않음. ② 포화에 미달한 상태.

항생제
막을 抗 | 살 生 | 약제 劑

생물[生] 세포를 막는[抗] 약제[劑].

[사전] 미생물이 만들어 내는 항생 물질로 된 약제. 다른 미생물이나 생물 세포를 선택적으로 억제하거나 죽임.

['20 모의] 아메바에게는 무해하지만 박테리아에게는 치명적인 항생제를 아메바에게 투여하면 박테리아와 함께 아메바도 죽었다.

⊕ 치명적(致命的): ① 생명을 위협하는 (것). ② 일의 흥망, 성패에 결정적으로 영향을 주는 (것).

⊕ 투여(投與): 약 등을 환자에게 복용시키거나 주사함.

행성
다닐 行 | 별 星

태양의 주변을 궤도에 따라다니는[行] 별[星].

[사전] 중심 별의 강한 인력의 영향으로 타원 궤도를 그리며 중심 별의 주위를 도는 천체. 스스로 빛을 내지 못하고, 중심 별의 빛을 받아 반사함.

['18 모의] 행성의 궤도를 도는 인공적 물체가 처음 만들어졌을 때, 그 물체를 가리키는 말이 필요해서 '인공위성'이라는 말이 생긴 거겠죠?

TIP톡! 태양계에는 수성, 금성, 지구, 화성, 목성, 토성, 천왕성, 해왕성 등 여덟 개의 행성이 있다.

효소
삭힐 酵 | 성질 素

음식물 등을 삭히는[酵] 성분의[素] 물질.

[사전] 생물의 세포 안에서 합성되어 생체 속에서 행하여지는 거의 모든 화학 반응의 촉매 구실을 하는 고분자 화합물을 통틀어 이르는 말. = 뜸씨, 뜸팡이

['17 수능] 사람은 체내에서 합성한 효소를 이용하여 곡류의 녹말과 같은 비섬유소를 포도당으로 분해하고 이를 소장에서 흡수하여 에너지원으로 이용한다.

TIP톡! 효소는 주로 술·간장·치즈 등의 식품 및 소화제 등의 의약품을 만드는 데 쓰인다.

⊕ 촉매(觸媒): 자신은 변하지 않으면서 다른 물질의 화학 반응을 일으키는 물질.

1분 배경 지식

밤을 잃은 도시, 빛 공해의 시대

인공조명의 발명은 우리 생활을 한층 더 편리하게 바꾸어 주었으나, 그 빛의 남용은 오히려 우리의 삶을 위협하는 공해가 되기도 한다.

도시의 조명이 필요 이상으로 밝고 많아서 사람과 자연환경에 주는 피해를 '빛 공해'라고 한다. 빛 공해는 눈부심을 유발하는 것뿐만 아니라 사람의 생체 리듬을 방해하고 나아가서는 동식물의 번식과 성장에까지 영향을 미친다.

▲ 밤에도 밝게 빛나는 도시

알을 낳기 위해 해안을 찾는 바다거북이 방향 감각을 잃어 해안으로 올라오지 못하거나 짝짓기하기 위해 생체 발광하던 반딧불이의 빛이 인공 불빛에 묻히는 등 빛 공해는 서서히 생태계를 교란하고 있다.

이에 심각성을 느낀 우리나라 환경부는 2013년부터 '인공조명에 의한 빛 공해 방지법'을 시행 중이다. 관련 법에 따라 빛 공해 우려 지역을 지정하여 관리하고, 빛 방사 허용 기준을 마련하는 등 빛 공해 방지를 위해 다양한 노력을 기울이고 있다.

낙목한천

떨어질 落 | 나무 木
찰 寒 | 하늘 天

나무의[木] 잎이 다 떨어진[落] 추운[寒] 하늘[天].

[사전] 나뭇잎이 다 떨어진 겨울의 춥고 쓸쓸한 풍경. 또는 그런 계절.

[예] 국화 한 송이가 낙목한천에 홀로 피어 있다.

날씨만큼이나 마음도 춥구나.

나도 무지 춥다옹~.

누거만년

여러 累 | 많을 巨
일만 萬 | 해 年

매우 많은[累巨萬] 해를[年] 거친 오랜 세월.

[사전] 아주 오랜 세월.

[예] 저 산은 누거만년 변함없이 언제나 그 자리를 지키고 서 있다.

만고천추

일만 萬 | 오래될 古
일천 千 | 세월 秋

매우[萬] 오래되고[古] 긴[千] 세월[秋].

[사전] 오래고 영원한 세월.

[예] 백성을 사랑한 임금의 높은 은덕은 만고천추에 남을 것이다.

TIP톡! '가을 秋'는 계절이 변화하며 지나간 '세월'을 의미하는 말로도 쓰인다.

⊕ 만고역대(萬古歷代): 아주 오랜 세월 동안.

삼춘가절

셋 三 | 봄 春
아름다울 佳 | 철 節

석[三] 달 봄철의[春] 아름다운[佳] 시절[節].

[사전] 봄철 석 달의 좋은 시절.

['19 학평] 삼춘가절이 좋을씨고. 도화 만발 점점홍(桃花滿發點點紅)이로구나.

⊕ 양춘가절(陽春佳節): 따뜻하고 좋은 봄철.

⊕ 도화 만발 점점홍(桃花滿發點點紅): 활짝 핀 복숭아꽃이 여기저기 붉다.

엄동설한

혹독할 嚴 | 겨울 冬
눈 雪 | 찰 寒

눈이[雪] 차갑게[寒] 내리는 혹독한[嚴] 겨울[冬].

[사전] 눈 내리는 깊은 겨울의 심한 추위.

['19 학평] 이 비단으로 옷을 지어 입으면 엄동설한이라도 춥지 않을 것이요, 이 진주를 몸에 두면 칠십이 넘도록 녹발(綠髮)이 장춘(長春)이요, 또 죽은 사람의 입에 넣으면 환생하나니, 이는 극한 보배로소이다.

⊕ 삼동설한(三冬雪寒): 눈 내리고 추운 겨울 석 달 동안.

⊕ 삼복(三伏)더위: 삼복 기간의 몹시 심한 더위.

⊕ 장춘(長春): 어느 때나 늘 봄과 같음.

춘하추동

봄 春 | 여름 夏
가을 秋 | 겨울 冬

봄[春]·여름[夏]·가을[秋]·겨울의[冬] 사계절.

[사전] 봄·여름·가을·겨울의 네 계절.

[예] 춘하추동 사철 내내 잎이 푸른 나무를 상록수라고 한다.

⊕ 사(四)철: 봄·여름·가을·겨울의 네 철. = 사계, 사계절

확인 문제

• 정답과 해설 39쪽

[01~03] 밑줄 친 말을 대신할 수 있는 어휘를 고르시오.

01 채취한 <u>검사 물질</u>에서 식중독균이 검출되었다. ☐ 시료 ☐ 효소

02 갑자기 내린 폭설로 차들이 감속 <u>운전</u>을 하였다. ☐ 공전 ☐ 운행

03 <u>전하를 띠는 원자단</u>은 농도가 높은 곳에서 낮은 곳으로 확산된다. ☐ 세균 ☐ 이온

[04~06] 다음 설명이 맞으면 ○에, 그렇지 않으면 ✕에 표시하시오.

04 '천체'는 우주에 존재하는 모든 물체를 뜻한다. (○ , ✕)

05 '항생제'는 미생물이 만들어 내는 항생 물질로 된 약제이다. (○ , ✕)

06 '산화'는 물질 중에 있는 어떤 원자의 산화수가 감소하는 것을 이른다. (○ , ✕)

[07~09] 다음 뜻에 해당하는 어휘를 〈보기〉에서 찾아 쓰시오.

보기
농도　　　　살균　　　　연쇄　　　　지질

07 세균 등의 미생물을 죽임. _____

08 용액 등의 진함과 묽음의 정도. _____

09 사물이나 현상이 사슬처럼 서로 이어져 통일체를 이룸. _____

[10~11] 빈칸에 알맞은 말을 넣어 밑줄 친 '이 말'에 해당하는 한자 성어를 완성하시오.

10 <u>이 말</u>은 오래고 영원한 세월을 의미해. → 만 [ ] 천 [ ]

11 <u>이 말</u>은 나뭇잎이 다 떨어진 겨울의 춥고 쓸쓸한 풍경을 의미해. → 낙 [ ] [ ] 천

가상
임시 假 | 생각 想

임시로[假] 하는 생각[想].

[사전] 사실이 아니거나 사실 여부가 분명하지 않은 것을 사실이라고 가정하여 생각함.

['22 모의] '메타버스(metaverse)'는 '초월'이라는 의미의 '메타(meta)'와 '세계'를 뜻하는 '유니버스(universe)'의 합성어로, 현실 세계와 <u>가상</u> 공간이 적극적으로 상호 작용하는 공간을 의미한다.

⊕ 가상 현실(假想現實): 현실이 아닌데도 실제처럼 생각하고 보이게 하는 현실.

강도
강할 強 | 정도 度

강한[強] 정도[度].

[사전] ① 센 정도.
② 물리에서, 전장(電場)·전류(電流)·방사능 등의 양(量)의 세기. = 세기

['17 모의] <u>강도</u>(①)가 높고 지지력이 좋아진 철근 콘크리트를 건축 재료로 사용하면서, 대형 공간을 축조하고 기둥의 간격도 넓힐 수 있게 되었다.

⊕ 전장(電場): 전기를 띤 물체 주위의 공간을 표현하는 전기적 속성. = 전기장
⊕ 축조(築造): 쌓아서 만듦.

갱신
다시 更 | 새로울 新

고쳐서 다시[更] 새롭게[新] 함.

[사전] ① 이미 있던 것을 고쳐 새롭게 함. = 경신
② 법률에서, 법률관계의 존속 기간이 끝났을 때 그 기간을 연장하는 일.
③ 정보·통신에서, 기존 내용을 변동 사실에 따라 변경·추가·삭제하는 일.

['16 수능] 두 번째로 공공 데이터를 이용하는 데에는 비용이 거의 들지 않기 때문에, 정보를 수집하고 <u>갱신</u>(③)할 때 소요되는 비용을 줄일 수 있다는 점이다.

⊕ 쇄신(刷新): 그릇되거나 묵은 것을 버리고 새롭게 함.
⊕ 경신(更新): ① 이미 있던 것을 고쳐 새롭게 함. ② 경기 등에서, 종전 기록을 깨뜨림. ③ 어떤 분야의 종전 최고치나 최저치를 깨뜨림.

검출
검사할 檢 | 날 出

검사하여[檢] 뽑아냄[出].

[사전] 화학 분석에서, 시료(試料) 속에 화학종이나 미생물 등의 존재 유무를 알아내는 일.

['19 모의] 검사선이 발색되면 시료에서 목표 성분이 <u>검출</u>되었다고 판정한다.

⊕ 추출(抽出): ① 전체 속에서 어떤 물건, 생각, 요소 등을 뽑아냄. ② 고체 또는 액체의 혼합물에 용매를 가하여 혼합물 속의 어떤 물질을 뽑아내는 일.

계수
맬 係 | 수효 數

일정하게 매어[係] 있는 수[數].

[사전] 하나의 수량을 여러 양의 다른 함수로 나타내는 관계식에서, 물질의 종류에 따라 달라지는 비례 상수.

['22 수능] 이 왜곡에 영향을 주는 카메라 자체의 특징을 내부 변수라고 하며 왜곡 <u>계수</u>로 나타낸다.

⊕ 비례 상수(比例常數): 두 변수의 비가 일정할 때, 그 일정한 값. 'y = ax'에서 a를 이름.

고유
굳을 固 | 있을 有

원래부터 굳어져[固] 있는[有] 것.

[사전] 본래부터 가지고 있는 특유한 것.

['18 모의] 인터넷에 연결된 컴퓨터들이 서로를 식별하고 통신하기 위해서 각 컴퓨터들은 IP에 따라 만들어지는 <u>고유</u> IP 주소를 가져야 한다.

⊕ 특유(特有): 일정한 사물만이 특별히 갖추고 있음.
⊕ 아이피(IP): 서로 다른 네트워크 간의 데이터 전송을 가능하게 하는 통신 규약.

관성 익숙할 慣 | 성질 性	**이미 익숙해져[慣] 있는 성질[性].** 사전 물체가 밖의 힘을 받지 않는 한 정지 또는 등속도 운동의 상태를 지속하려는 성질. = 습관성, 타성 '19 학평 달리던 자동차의 관성으로 인해 바퀴는 일정 시간 굴러가기 때문에 바퀴가 회전자를 돌리는 상황이 된다.	**TIP톡!** 보통 질량이 클수록 물체의 관성이 크다. ⊕ **회전자(回轉子):** 발전기, 전동기 등의 회전 기계에서 회전하는 부분을 통틀어 이르는 말.
광각 넓을 廣 | 각도 角	**넓게[廣] 보이는 각도[角].** 사전 ① 넓은 각도. 특히 사진에서 렌즈의 사각(寫角)이 넓은 것을 이름. ② 시야가 넓은 것. '22 수능 이 장치에서 사용하는 광각(①) 카메라는 큰 시야각을 갖고 있어 사각지대가 줄지만 …… 렌즈에 의한 상의 왜곡이 발생한다.	⊕ **사각(寫角):** 찍고자 하는 대상에 대한 카메라의 위치나 렌즈의 각도. ⊕ **사각지대(死角地帶):** 사물이 눈으로 보이지 않게 되는 각도.
광학 빛 光 | 배울 學	**빛을[光] 연구하는 학문[學].** 사전 물리학의 한 분야. 빛의 성질과 현상을 연구하는 학문. '21 모의 영상 안정화 기술에는 빛을 이용하는 광학적 기술과 소프트웨어를 이용하는 디지털 기술 등이 있다.	
교차 서로 交 | 엇갈릴 叉	**서로[交] 엇갈림[叉].** 사전 서로 엇갈리거나 마주침. '19 모의 베르토프는 짧은 이미지들의 빠른 교차를 통해 영화가 편집의 예술임을 확인시켜 준다.	
구조 얽을 構 | 만들 造	**얽어서[構] 만들어진[造] 짜임.** 사전 ① 부분이나 요소가 어떤 전체를 짜 이룸. 또는 그렇게 이루어진 얼개. ② 일정한 설계에 따라 여러 가지 재료를 얽어서 만든 물건. = 구조물 '19 학평 승강기의 전동기와 전기 자동차의 전동기는 기본적인 구조(①)와 작동 원리가 동일하다.	**TIP톡!** ②의 뜻에 해당하는 예로는 건물, 다리, 축대, 터널 등이 있다. ⊕ **얼개:** 어떤 사물이나 조직의 전체를 이루는 짜임새나 구조.
구현 갖출 具 | 나타날 現	**모습을 갖추어[具] 나타냄[現].** 사전 어떤 내용이 구체적인 사실로 나타나게 함. '21 수능 최근의 3D 애니메이션은 섬세한 입체 영상을 구현하여 실물을 촬영한 것 같은 느낌을 준다. '18 모의 프로토콜은 컴퓨터들이 연결되어 서로 데이터를 주고받기 위해 사용하는 통신 규약으로 소프트웨어나 하드웨어로 구현된다.	**TIP톡!** '구현'은 '具顯'이라는 한자로도 쓰인다.
굴곡 굽을 屈 | 굽을 曲	**이리저리 굽음[屈曲].** 사전 ① 이리저리 굽어 꺾여 있음. 또는 그런 굽이. ② 사람이 살아가면서 잘되거나 잘 안되는 일이 번갈아 나타나는 변동. '21 수능 이 방법으로 복잡한 굴곡(①)이 있는 표면도 정밀하게 표현할 수 있다.	**TIP톡!** ②의 뜻으로 쓰일 때는 '굴곡진 인생', '굴곡을 겪다.' 등과 같이 쓰인다. ⊕ **정밀(精密):** 아주 정교하고 치밀하여 빈틈이 없고 자세함.

근접성	가까이[近] 이어진[接] 성질[性].	⊕ 비컨(beacon): 전자기파를 이용하여 항공기나 선박의 위치, 방향 등을 확인하는 장치.
가까울 近 ǀ 이을 接 성질 性	사전 지리적이나 심리적으로 가까운 성질.	
	'20 모의 근접성 기법은 단말기가 비컨 신호를 수신하면 해당 비컨의 위치를 단말기의 위치로 정한다.	

기능	어떤 틀[機] 안에서 작용하는 능력[能].	○ 쓰임
틀 機 ǀ 능할 能	사전 ① 어떤 구실이나 작용을 함. 또는 그런 것.	⊕ 알고리즘(algorism): 어떤 문제 해결을 위해 입력된 자료를 토대로 원하는 출력을 유도해 내는 규칙 집합.
	② 권한이나 직책, 능력 등에 따라 일정한 분야에서 하는 역할과 작용.	
	'21 학평 검색어 제안 기능(①)은 전체 이용자의 검색 횟수를 기반으로 한 알고리즘에 바탕을 두고 있습니다.	⊕ 퇴색(退色): 무엇이 낡거나 몰락하면서 그 존재가 희미해지거나 볼품없이 됨을 비유적으로 이르는 말.
	'17 모의 주주가 한 사람뿐이면 사실상 그의 뜻대로 될 뿐, 이사회나 주주 총회의 기능(②)은 퇴색하기 쉽다.	

기준치	판단의 토대가[基] 되는 표준[準] 값[值].	
토대 基 ǀ 표준 準 ǀ 값 值	사전 어떤 상태를 판정하는 기준이 되는 수치.	
	'18 모의 그동안 1일 영양 성분 기준치에 대한 비율을 표시하지 않았던 열량, 당류, 트랜스 지방 중에서 당류는 이번에 개정되면서 그 비율을 표시하도록 바뀌었습니다.	

단말기	처리 장치의 끝에서[端末] 입력과 출력을 전달하는 기계[機].	TIP톡! 금융 기관 업무, 좌석 예약 등 특정한 업무에 맞도록 만들어진 전용(專用) 단말기와 일반적인 입출력 업무에 사용하는 범용(汎用) 단말기가 있다.
끝 端 ǀ 끝 末 ǀ 기계 機	사전 중앙에 있는 컴퓨터와 통신망으로 연결되어 데이터를 입력하거나 처리 결과를 출력하는 장치. = 단말, 단말 장치, 터미널	
	'19 학평 우리 시는 버스 정보 안내 단말기의 설치율이 낮아서 많은 시민들이 버스를 이용하는 데 큰 불편을 겪고 있습니다.	

단자	기계나 회로의 끝부분[端子].	⊕ 퍼셉트론(perceptron): 시각과 뇌의 기능을 모델화한 학습 기계. 학습 기능과 지적 동작 기능을 가진 패턴 인식 기계.
끝 端 ǀ 접미사 子	사전 전기 기계나 기구 등에서, 전력을 끌어들이거나 보내는 데 쓰는 회로의 끝부분.	
	'17 모의 퍼셉트론은 입력값들을 받아들이는 여러 개의 입력 단자와 이 값을 처리하는 부분, 처리된 값을 내보내는 한 개의 출력 단자로 구성되어 있다.	

대역	전파 등이 닿도록 띠처럼 둘러진[帶] 구역[域].	⊕ 주파수(周波數): ① 전파나 음파가 1초 동안에 진동하는 횟수. ② 교류 전기에서 1초 동안에 전류의 방향이 바뀌는 횟수.
두를 帶 ǀ 구역 域	사전 어떤 폭으로써 정해진 범위로, 최대 주파수에서 최저 주파수까지의 구역.	
	'21 학평 우리가 일상적으로 사용하는 무선 통신인 휴대 전화는 800MHz 대역이나 2100MHz 대역 등과 같이 일정한 주파수 대역이 분배되어 있다.	

도달	목적한 곳에 이름[到達].	⊕ 당도(當到): 어떤 곳에 다다름.
이를 到 ǀ 이를 達	사전 목적한 곳이나 수준에 다다름.	⊕ 광자(光子): 빛을 입자로 보았을 때의 이름.
	'16 수능 빛은 광자의 흐름이므로 빛의 세기가 약하다는 것은 단위 시간당 수신기에 도달하는 광자의 수가 적다는 뜻이다.	

모듈	외래어
module	[사전] ① 프로그램을 기능별로 분할한 논리적인 일부분. ② 컴퓨터 시스템에서, 부품 교환이 쉽도록 설계되어 있을 때의 각 부분. ['21 모의] 광학 영상 안정화 기술을 사용하는 카메라 모듈(②)은 렌즈 모듈, 이미지 센서, 자이로 센서, 제어 장치, 렌즈를 움직이는 장치로 구성되어 있다.

⊕ 센서(sensor): 여러 가지 물리량(物理量), 곧 소리·빛·온도·압력 등을 검출하는 기계 장치. = 감지기

무작위	지어내지[作爲] 않음[無].
없을 無 | 지을 作 | 할 爲	[사전] ① 일부러 꾸미거나 뜻을 더하지 않음. ② 통계의 표본 추출에서, 모집단의 각 원소가 표본으로 뽑힐 확률이 모두 같도록 함. ['22 모의] 가령 갑의 딸기 우유 선택이 단지 갑의 뇌에서 무작위(①)로 일어난 신경 사건이라고 한다면, 그것은 자유 의지의 산물이라고 보기 어려울 것이다.

ⓗ 작위(作爲): 사실은 그렇지 않은데도 그렇게 보이기 위해 의식적으로 하는 행위.
⊕ 모집단(母集團): 통계적인 관찰의 대상이 되는 집단.

미세	작고[微] 가늚[細].
작을 微 | 가늘 細	[사전] ① 분간하기 어려울 정도로 아주 작음. ② 몹시 자세하고 꼼꼼함. ['18 학평] 자외선 불꽃 감지기는 특정 파장에 해당하는 미세(①)한 자외선의 발생 유무도 감지할 수 있어 화재 상황에 빠르게 대처할 수 있도록 해 준다.

TIP톡! ②의 뜻으로 쓰일 때는 '미세 공정을 거치다.' 등과 같이 쓰인다.

반도체	전류가 도체의 반[半] 정도만 통하는[導] 물질[體].
반 半 | 통할 導 | 물질 體	[사전] 상온에서 전기 전도율이 도체와 절연체의 중간 정도인 물질. 낮은 온도에서는 거의 전기가 통하지 않으나 높은 온도에서는 전기가 잘 통함. ['16 수능] 광통신에서는 적어진 수의 광자를 검출하는 장치가 필수적이며, 약한 광신호를 측정이 가능한 크기의 전기 신호로 변환해 주는 반도체 소자로서 애벌랜치 광다이오드가 널리 사용되고 있다.

⊕ 소자(素子): 장치, 전자 회로 등을 구성하며 독립된 고유의 기능을 가진 낱낱의 부품.

1분 배경 지식

AI 기술의 두 얼굴, 딥페이크(Deepfake)

'딥페이크'는 '스스로 학습하는 컴퓨터'를 의미하는 '딥러닝(deep learning)'과 '가짜'를 뜻하는 '페이크(fake)'의 합성어로, 인공 지능(AI: Artificial Intelligence)을 이용한 이미지 합성 기술을 말한다.

이 기술을 활용하면 원하는 영상에 특정 인물의 얼굴이나 신체 등을 자연스럽게 합성할 수 있다. 온라인 수업이나 뉴스를 진행할 때 특정 교사나 아나운서의 얼굴을 합성하여 시청자에게 생동감을 줄 수도 있고, 패션 제품에 자신의 모습을 합성하여 맞춤형 패션을 추천받을 수도 있다. 또, 고인(故人)의 얼굴과 목소리를 복원하여 그 사람을 추억하거나 추모하는

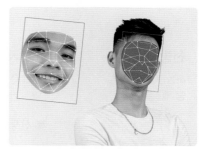

▲ 딥페이크 기술의 적용 과정

데에도 활용된다. 딥페이크 기술은 간편한 사용 방식과 정교한 결과물, 저렴한 비용을 장점으로 엔터테인먼트와 교육, 의료, 범죄 수사 등에까지 그 상용 범위를 넓히고 있다.

반면, 가짜 뉴스나 딥페이크 피싱, 디지털 성범죄 등과 같이 범죄 수단으로 악용되기도 한다. 자식의 모습을 합성한 영상으로 부모에게 돈을 송금하도록 유도하거나 해킹을 통해 개인 정보를 수집하여 불법 영상에 합성하는 등 비윤리적 범죄에도 딥페이크 기술이 쓰이면서 심각한 사회적 혼란을 야기하고 있다.

대경실색

큰 大 | 놀랄 驚
잃을 失 | 빛 色

크게[大] 놀라[驚] 얼굴빛을[色] 잃음[失].

사전 몹시 놀라 얼굴빛이 하얗게 질림. = 대경실성

유래 중국 한(漢)나라 창읍왕(昌邑王) 유하(劉賀)가 황제에 즉위하여 주색과 향연을 일삼았는데, 이를 본 곽광(霍光)이 여러 대신을 불러 황제 폐위를 논의하니 대신들이 몹시 놀라며 수긍하였다는 데서 유래하였다.

'20 학평 그놈들이 이 말을 들으매 대경실색하여 아니 떠는 놈이 없더라.

불의지변

아닐 不 | 뜻 意
어조사 之 | 변고 變

뜻하지[意] 않[不]은[之] 변고[變].

사전 뜻밖에 당한 변고.

'18 학평 이윽고 장임의 전군이 낱낱이 땅굴에 빠지며 일성 대포 소리에 사면 복병이 일어나니 북군이 불의지변을 만나 사방으로 흩어지며 죽는 자 또한 부지기수라.

○ 날벼락

⊕ 변고(變故): 갑작스러운 재앙이나 사고.

⊕ 부지기수(不知其數): 헤아릴 수가 없을 만큼 많음. 또는 그렇게 많은 수효.

우왕좌왕

오른쪽 右 | 갈 往
왼쪽 左 | 갈 往

오른쪽으로[右] 갔다가[往] 왼쪽으로[左] 갔다가[往] 함.

사전 이리저리 왔다 갔다 하며 일이나 나아가는 방향을 종잡지 못함. = 좌왕우왕

'20 모의 세상 사람들은 세력을 좇다 우왕좌왕하여 그때마다 시비의 소리가 분분하지만, 지금 당신은 물러나 앉았으니 당신에 대한 시비의 소리가 전혀 없지 않습니까?

⊕ 갈팡질팡: 갈피를 잡지 못하고 이리저리 헤매는 모양.

전지도지

엎드러질 顚 | 갈 之
넘어질 倒 | 갈 之

엎드러지며[顚] 가고[之] 넘어지며[倒] 감[之].

사전 엎드러지고 곱드러지며 몹시 급히 달아나는 모양.

'17 학평 이때 승상이 부친 오신다는 말을 듣고 전지도지하여 나오더니, 나라에서 부르심을 듣고 급히 예궐 숙배하온대, ……

⊕ 곱드러지다: 무엇에 부딪히거나 남에게 걷어차이거나 하여 고꾸라져 엎어지다.

⊕ 예궐(詣闕): 대궐 안으로 들어감.

천방지축

하늘 天 | 방향 方
땅 地 | 축 軸

하늘[天] 방향이[方] 어디인지 땅의[地] 축이[軸] 어디인지 모르고 날뜀.

사전 ① 못난 사람이 종작없이 덤벙이는 일.
② 너무 급하여 허둥지둥 함부로 날뜀.

예 선생님은 천방지축(①)으로 뛰어다니는 아이들을 이끄느라 진땀을 흘렸다.

⊕ 천방지방(天方地方): 너무 급하여 허둥지둥 함부로 날뛰는 모양.

⊕ 종작없이: 말 등이 똑똑지 못하여 종잡을 수가 없이.

혼비백산

넋 魂 | 날 飛
넋 魄 | 흩어질 散

혼백(魂魄)이 날아다니고[飛] 흩어짐[散].

사전 혼백이 어지러이 흩어진다는 뜻으로, 몹시 놀라 넋을 잃음을 이르는 말.

'21 학평 유씨 부인이 이 광경을 보고 혼비백산(魂飛魄散)하여 어찌할 줄 모르나, 또한 곳간 문 열쇠를 내어놓지 아니할 수 없어 열쇠를 내어놓는지라.

⊕ 곳간(庫間): 물건을 간직하여 두는 곳.

확인 문제

• 정답과 해설 39쪽

[01~06] 다음 십자말풀이를 완성하시오.

01			02	
		03		
04			06	
05				

가로

01 넓은 각도. 특히 사진에서 렌즈의 사각이 넓은 것을 이름.

03 상온에서 전기 전도율이 도체와 절연체의 중간인 물질.

04 전력을 끌어들이거나 보내는 데 쓰는 회로의 끝부분.

05 어떤 상태를 판정하는 기준이 되는 수치.

06 부분이나 요소가 어떤 전체를 짜 이룸.

세로

01 빛의 성질과 현상을 연구하는 학문.　**02** 센 정도.

04 중앙에 있는 컴퓨터와 통신망으로 연결되어 데이터를 입력하거나 처리 결과를 출력하는 장치.

06 어떤 내용이 구체적인 사실로 나타나게 함.

[07~10] 빈칸에 들어갈 어휘를 〈보기〉에서 찾아 쓰시오.

보기

검출　　　고유　　　도달　　　미세

07 한복은 우리 민족 (　　　　)의 의상이다.

08 오래된 고기에서 세균이 다량 (　　　　)되었다.

09 두 단체는 오랜 협상 끝에 합의점에 (　　　　)하였다.

10 현미경으로 (　　　　)한 물체를 확대하여 관찰할 수 있다.

[11~13] 제시된 초성을 참고하여 다음 상황에 어울리는 한자 성어를 쓰시오.

11 비상벨이 울리자 건물 안에 있던 사람들이 ㅇ ㅇ ㅈ ㅇ 하였다.　_____

12 아군의 복수전에 휘말린 적군은 ㅎ ㅂ ㅂ ㅅ 하여 달아나고 말았다.　_____

13 늦잠을 잔 동생은 급히 옷을 챙겨 입고는 ㅊ ㅂ ㅈ ㅊ 으로 뛰어나갔다.　_____

발색

드러날 發 | 빛깔 色

빛깔이[色] 드러남[發].

사전 ① 컬러 필름이나 염색 등의 색채의 됨됨이. ② 빛깔이 남. 또는 빛깔을 냄.

'19 모의 검사선이 발색(②)되어 나타나는 반응선을 통해서는 목표 성분의 유무를 판정할 수 있다.

변형

변할 變 | 모양 形

모양이[形] 변함[變].

사전 ① 모양이나 형태가 달라지거나 달라지게 함. 또는 그 달라진 형태.
② 물리에서, 탄성체의 형태나 부피가 바뀌는 일. 또는 탄성체가 형태나 부피를 바꾸는 일.

'18 학평 이와 같은 사진기 장치들의 특성은 대상을 사진으로 정확하게 재현할 수도, 의도적으로 변형(①)할 수도 있게 한다.

'18 학평 탄성 반동이란 변형(②)을 주고 있는 힘에 반발하여 원래 형태로 돌아가려는 힘인데 폐는 마치 풍선처럼 줄어들려고 하는 성질인 탄성 반동을 가지고 있다.

⊕ **탄성(彈性):** 물체에 외부에서 힘을 가하면 부피와 모양이 바뀌었다가, 그 힘을 제거하면 본디의 모양으로 되돌아가려는 성질.

⊕ **반발(反撥):** 탄력이 있는 물체가 퉁겨져 일어남.

변환

변할 變 | 바꿀 換

모양이나 상태가 변하도록[變] 바꿈[換].

사전 달라져서 바뀜. 또는 다르게 하여 바꿈.

'16 모의 이미지 센서는 빛의 세기를 디지털 신호로 변환하여 지문 영상을 만든다.

⊕ **변경(變更):** 다르게 바꾸어 새롭게 고침.

⊕ **지문(指紋):** 손가락 끝마디 안쪽에 있는 살갗의 무늬.

병목 현상

병 瓶 + 목
나타날 現 | 모양 象

병(瓶)의 목처럼 좁아지는 현상(現象).

사전 ① 도로의 폭이 병목처럼 갑자기 좁아진 곳에서 일어나는 교통 정체 현상.
② 사용 과부하로 전체 시스템 효율의 저하를 초래하는 현상.

'21 수능 병목 현상(②)은 연산할 데이터의 양이 처리 능력을 초과할 때 발생한다.

⊕ **병(瓶)목:** 병의 아가리 아래쪽의 잘록한 부분.

⊕ **저하(低下):** 정도, 수준, 능률 등이 떨어져 낮아짐.

보정

보탤 補 | 바를 正

부족한 부분을 보태어[補] 바르게[正] 함.

사전 부족한 부분을 보태어 바르게 함.

'21 모의 영상을 보정하는 과정에서 영상을 회전하면 프레임에서 비어 있는 공간이 나타난다.

⊕ **프레임(frame):** 동영상에서의 한 순간의 완전한 화상.

복원

회복할 復 | 처음 元

처음의[元] 모습을 회복함[復].

사전 원래대로 회복함.

'21 학평 무손실 압축은 압축 과정에서 데이터를 손실시키는 방법을 사용하지 않고 압축이 진행되기 때문에 압축 효율은 떨어지지만, 원본과 동일한 이미지로 복원이 가능하다.

TIP톡! '복원'은 '復原'이라는 한자로도 쓰인다.

⊕ **복구(復舊):** 손실 이전의 상태로 회복함.

⊕ **압축(壓縮):** 특수한 코딩 방법을 사용하여 불필요하거나 반복되는 부분을 없애 데이터의 양을 줄임.

부호화 들어맞을 符 | 부호 號 될 化	**의미에 들어맞는[符] 부호로[號] 바꿈[化].** [사전] 주어진 정보를 어떤 표준적인 형태로 변환하거나 거꾸로 변환함. '18 수능 | 디지털 통신 시스템은 송신기, 채널, 수신기로 구성되며, 전송할 데이터를 빠르고 정확하게 전달하기 위해 <u>부호화</u> 과정을 거쳐 전송한다.	⊕ 인코더(encoder): 입력한 데이터를 다음 처리 단계에서 사용할 수 있도록 부호화하는 장치. = 부호기
비례 견줄 比 | 본보기 例	**본보기에[例] 견주어[比] 맞추어짐.** [사전] 한쪽의 양이나 수가 증가하는 만큼 그와 관련 있는 다른 쪽의 양이나 수도 증가함. '19 모의 | 진공 통 내부의 온도가 일정하고 한 종류의 기체 분자만 존재할 경우, 기체 분자의 종류와 상관없이 통 내부의 기체 압력은 단위 부피당 떠돌아다니는 기체 분자의 수에 <u>비례</u>한다.	⊕ 정비례(正比例): 두 양이 서로 같은 비율로 늘거나 주는 일. ⊕ 반비례(反比例): 한쪽의 양이 커질 때 다른 쪽 양이 그와 같은 비로 작아지는 관계.
서버 server	**외래어** [사전] 주된 정보의 제공이나 작업을 수행하는 컴퓨터 시스템. '20 모의 | <u>서버</u>는 수신된 신호 세기와 가장 가까운 신호 세기를 갖는 기준점을 데이터베이스에서 찾아 이 기준점의 위치를 단말기에 알려 준다.	**TIP톡!** 서버는 클라이언트 시스템이 요청한 작업·정보의 수행 결과를 돌려준다. ⊕ 데이터베이스(database): 여러 가지 업무에 공동으로 필요한 데이터를 유기적으로 결합하여 저장한 집합체.
성능 성질 性 | 능력 能	**성질이나[性] 기능[能].** [사전] 기계 등이 지닌 성질이나 기능. '20 모의 | 단기간 움직임에 대한 측정 <u>성능</u>이 뛰어나지만 센서가 측정한 값의 오차가 누적되기 때문에 시간이 지날수록 위치 오차가 커진다.	⊕ 누적(累積): 포개어 여러 번 쌓음. 또는 포개져 여러 번 쌓임.
센서 sensor	**외래어** [사전] 여러 가지 물리량(物理量), 곧 소리·빛·온도·압력 등의 물리적인 양을 검출하는 기계 장치. = 감지기 '21 모의 | 일반적으로 카메라는 렌즈를 통해 들어온 빛이 이미지 <u>센서</u>에 닿아 피사체의 상이 맺히고, 피사체의 한 점에 해당하는 위치인 화소마다 빛의 세기에 비례하여 발생한 전기 신호가 저장 매체에 영상으로 저장된다.	⊕ 화소(畫素): 텔레비전이나 사진 전송에서, 화면을 전기적으로 분해한 최소의 단위 면적.
수신기 받을 受 | 정보 信 기계 機	**정보를[信] 받는[受] 기계[機].** [사전] 외부로부터 신호를 받아 필요한 정보를 얻는 장치. 일반적으로 무선 통신기를 이르며, 텔레비전 수상기·팩시밀리 등이 있음. '18 수능 | 전송된 부호를 <u>수신기</u>에서 원래의 기호로 복원하려면 부호들의 평균 비트 수가 기호 집합의 엔트로피보다 크거나 같아야 한다.	⊕ 송신기(送信機): 무선 방송에서, 신호를 고주파의 전류로 바꾸어 송신 안테나에서 보내는 장치. ⊕ 엔트로피(entropy): 평균 정보량.
식별 알 識 | 구별 別	**구별하여[別] 앎[識].** [사전] 분별하여 알아봄. '21 학평 | 페어링은 블루투스 기기들 간의 무선 통신을 위해 서로 <u>식별</u>할 수 있는 정보를 확인하고 연결을 설정하는 것이다.	⊕ 판별(判別): 옳고 그름이나 좋고 나쁨을 판단하여 구별함. 또는 그런 구별.

신호 정보 信 | 부호 號	**정보를[信] 보내는 데 쓰는 부호[號].** 사전 ① 일정한 부호, 표지, 소리, 몸짓 등으로 특정한 내용 또는 정보를 전달하거나 지시를 함. 또는 그렇게 하는 데 쓰는 부호. = 시그널 ② 일이나 사건 등의 출발점. '21 학평 블루투스 기기들은 항시 검색 **신호**(①)를 탐지하고 있고 검색 신호에 응답을 한다.	⊕ **탐지(探知)**: 드러나지 않은 사실이나 물건 등을 더듬어 찾아 알아냄.
압력 누를 壓 | 힘 力	**누르는[壓] 힘[力].** 사전 ① 두 물체가 접촉면을 경계로 하여 서로 그 면에 수직으로 누르는 단위 면적에서의 힘의 단위. ② 권력이나 세력에 의하여 타인을 자기 의지에 따르게 하는 힘. '19 모의 진공이란 기체 **압력**(①)이 대기압보다 낮은 상태를 통칭하며 기체 압력이 낮을수록 진공도가 높다고 한다.	**TIP톡!** ②의 뜻으로 쓰일 때는 '군사적 압력', '(무엇을 하라는) 압력을 가하다.' 등과 같이 쓰인다.
연산 펼 演 | 셈 算	**식을 펼쳐서[演] 계산함[算].** 사전 식이 나타낸 일정한 규칙에 따라 계산함. '18 모의 최근에는 상호 배타적인 상태의 공존을 적용함으로써 초고속 **연산**을 수행하는 양자 컴퓨터에 대한 연구가 진행되고 있다.	
영상 비칠 映 | 형상 像	**물체가 화면에 비쳐[映] 나타나는 형상[像].** 사전 ① 빛의 굴절이나 반사 등에 의하여 이루어진 물체의 상(像). ② 영사막이나 브라운관, 모니터 등에 비추어진 상. '16 모의 생체 정보 수집 단계는 지문 입력 장치를 사용하여 지문 **영상**(①)을 얻는 과정에 해당한다.	**TIP톡!** ②의 뜻으로 쓰일 때는 '홍보 영상', '영상 매체' 등과 같이 쓰인다. ⊕ **굴절(屈折)**: 휘어서 꺾임.
영역 다스릴 領 | 구역 域	**다스림이[領] 미치는 구역[域].** 사전 ① 한 나라의 주권이 미치는 범위. 영토, 영해, 영공으로 구성됨. ② 활동, 기능, 효과, 관심 등이 미치는 일정한 범위. '20 모의 교점이 하나로 모이지 않는 경우에는 세 원에 공통으로 속한 **영역**(②)의 중심점을 단말기의 위치로 측정한다.	②-㉮ **부문(部門)**: 일정한 기준에 따라 나누어 놓은 낱낱의 범위나 부분. ②-㉯ **분야(分野)**: 여러 갈래로 나누어진 범위나 부분. ⊕ **교점(交點)**: 서로 만나는 점.
오차 그르칠 誤 | 어긋날 差	**잘못되거나[誤] 어긋남[差].** 사전 ① 실지로 셈하거나 측정한 값과 이론적으로 정확한 값과의 차이. ② 실수 또는 잘못. '20 모의 GPS는 위치 **오차**(①)가 시간에 따라 누적되지 않는다.	**TIP톡!** ②의 뜻으로 쓰일 때는 주로 '한 치의 오차도 없이' 등과 같이 쓰인다.
왜곡 비뚤 歪 | 굽을 曲	**비뚤고[歪] 굽음[曲].** 사전 사실과 다르게 해석하거나 그릇되게 함. '22 수능 차량에 장착된 카메라의 기울어짐 등으로 인해 발생하는 **왜곡**의 원인을 외부 변수라고 한다.	⊕ **곡해(曲解)**: 사실을 옳지 않게 해석함. 또는 그런 해석.

원근법 멀 遠 | 가까울 近 방법 法	**멀고[遠] 가까움을[近] 표현하는 방법[法].** [사전] 일정한 시점에서 본 물체와 공간을 눈으로 보는 것과 같이 멀고 가까움을 느낄 수 있도록 평면 위에 표현하는 방법. ['18 학평] 최근에는 증강 현실의 구현에 투시 <u>원근법</u>이 활용되고 있다.	⊕ 증강 현실(增強現實): 실존하는 사물이나 환경에 가상의 사물이나 환경을 덧입혀, 실제인 것처럼 보여 주는 컴퓨터 그래픽 기술.
인공 사람 人 | 만들 工	**사람이[人] 만듦[工].** [사전] ① 사람이 하는 일. ② 사람의 힘으로 자연에 대하여 가공하거나 작용을 하는 일. ['17 모의] 인간의 신경 조직을 수학적으로 모델링하여 컴퓨터가 인간처럼 기억·학습·판단할 수 있도록 구현한 것이 <u>인공(②)</u> 신경망 기술이다.	⊜ 인위(人爲): 자연의 힘이 아닌 사람의 힘으로 이루어지는 일. ⊕ 천연(天然): 사람의 힘을 가하지 않은 상태.
자기장 자석 磁 | 기운 氣 마당 場	**자석의[磁] 기운이[氣] 미치는 공간[場].** [사전] 자석의 주위, 전류의 주위, 지구의 표면 등과 같이 자기의 작용이 미치는 공간. = 자장 ['21 모의] 카메라가 흔들리면 제어 장치에 의해 코일에 전류가 흘러서 <u>자기장</u>과 전류의 직각 방향으로 전류의 크기에 비례하는 힘이 발생한다.	⊕ 코일(coil): 나사 모양이나 원통 꼴로 여러 번 감은 도선.
장치 꾸밀 裝 | 둘 置	**꾸며[裝] 둔[置] 도구.** [사전] ① 어떤 목적에 따라 기능하도록 기계, 도구 등을 그 장소에 장착함. 또는 그 기계, 도구, 설비. ② 어떤 일을 원만하게 수행하기 위하여 설정한 조직 구조나 규칙 등을 비유적으로 이르는 말. ['22 모의] 감각 전달 <u>장치(①)</u>는 메타버스 속에서 사용자를 대신하는 아바타가 보고 만지는 것으로 설정된 감각을 사용자에게 전달하는 장치이다. ['19 학평] 잊힐 권리를 적극적으로 보장하는 법적 <u>장치(②)</u>가 마련되어야 한다.	⊕ 아바타(avatar): 가상 현실에서 자신의 역할을 대신하는 캐릭터.

미디어 환경의 새로운 패러다임*, OTT 서비스

[1분 배경 지식]

* 패러다임(paradigm): 틀이나 체계.

'OTT'는 'Over The Top'의 머리글자를 딴 용어로, '셋톱 박스(Top)를 넘어선'이라는 뜻이다. 셋톱 박스 없이 인터넷과 같은 개방된 네트워크를 통해 가입자에게 영상, 음악, 오락, 교육, 정보 등의 멀티미디어 콘텐츠를 실시간으로 제공하는 서비스로, 넷플릭○, 왓△ 등이 대표적이다.

예전에는 전파나 케이블을 통해 TV를 볼 수 있었는데, 2000년대 중반부터 통신망의 발달과 스마트폰 보급률 증가로 인터넷 기반의 OTT 서비스가 등장하였다. 이후 서비스할 수 있는 단말기 범위를 확대하고 다양한 콘텐츠 확보, 독점적 콘텐츠 공급 등을 통해 급격히 성장하였다.

▲ 다양한 종류의 OTT 서비스

OTT 서비스의 확산으로 콘텐츠 제공 서비스는 매체 편성 중심의 수동적 방식에서 소비자 선택 중심의 능동적 방식으로 변화하였다. 또, 콘텐츠 유통 구조도 매체 중심에서 개별 콘텐츠 중심으로 옮겨 갔다.

한편, OTT 서비스의 이용자가 늘어나면서 케이블 TV의 코드를 끊고 새로운 플랫폼으로 이동하는 현상을 뜻하는 '코드 커팅(Cord-Cutting)'이나 가전제품 중에 TV가 없다는 뜻의 '제로(zero) TV'라는 말도 새롭게 생겨났다.

내우외환

안 内 | 근심 憂
바깥 外 | 근심 患

안의[内] 근심과[憂] 밖의[外] 근심[患].

[사전] 나라 안팎의 여러 가지 어려움.

'16학평 조선 시대에 여러 내우외환을 겪으면서 나라의 사정은 어려워지고 권력과 부귀를 지니지 못한 선비들도 삶의 어려움을 겪을 수밖에 없었다.

사면초가

넷 四 | 방면 面
초나라 楚 | 노래 歌

사방에서[四面] 초나라의[楚] 노랫소리가[歌] 들림.

[사전] 아무에게도 도움을 받지 못하는, 외롭고 곤란한 지경에 빠진 형편을 이르는 말.

[유래] 초(楚)나라의 항우가 사면을 둘러싼 한나라 군사 쪽에서 들려오는 초나라의 노랫소리를 듣고 초나라 군사가 이미 항복한 줄 알고 놀랐다는 데서 유래하였다.

[예] 적의 계략에 속아 포위당한 병사들은 사면초가의 위기에 처하였다.

우리 팀 어디 갔어?

아수라장

언덕 阿 | 닦을 修
벌일 羅 | 마당 場

불교 용어로, 아수라(阿修羅) 왕이 제석천과 싸운 장소[場].

[사전] 싸움이나 그 밖의 다른 일로 큰 혼란에 빠진 곳. 또는 그런 상태. = 수라장

'18학평 중낮부터 시작된 이런 아수라장은 저물녘까지 지긋지긋하게 계속되었다.

TIP톡! '아수라'는 산스크리트어 '아수르(asur)'를 한 자음으로 나타낸 말이다.

⊕ 난장(亂場)판: 여러 사람이 어지러이 뒤섞여 떠들거나 뒤엉켜 뒤죽박죽이 된 곳.

인산인해

사람 人 | 산 山
사람 人 | 바다 海

사람이[人] 산을[山] 이루고 사람이[人] 바다를[海] 이룸.

[사전] 사람이 수없이 많이 모인 상태를 이르는 말.

'20학평 유공이 즉시 또 택일하여 한림과 인향 소저의 혼례를 지낼새 일가친척이며 동네 남녀 빈객이 인산인해를 이루었더라.

⊕ 조인광좌(稠人廣座): 여러 사람이 빽빽하게 많이 모인 자리.

⊕ 빈객(賓客): 귀한 손님.

전후곡절

앞 前 | 뒤 後
굽을 曲 | 꺾을 折

일이 앞에서부터[前] 뒤까지[後] 복잡하게 굽고[曲] 꺾임[折].

[사전] 일의 처음부터 끝까지의 이런저런 복잡한 사정. = 전후사연

'20학평 동지가 대경하여 별선을 불러 왈, "너희 둘을 보지 못하면 눈에 암암하여 지더니, 이런 참혹한 일이 어디 있으리오." 하며 전후곡절을 말하니, ……

⊕ 우여곡절(迂餘曲折): 뒤얽혀 복잡하여진 사정.

⊕ 대경(大驚): 크게 놀람.

⊕ 암암(暗暗): 기억에 남은 것이 눈앞에 아른거리는 듯함.

진퇴유곡

나아갈 進 | 물러날 退
오직 維 | 골 谷

나아가거나[進] 물러나려[退] 하여도 오직[維] 골짜기뿐임[谷].

[사전] 이러지도 저러지도 못하고 꼼짝할 수 없는 궁지.

'18학평 우리 전혀 장군을 부모같이 바라고 투항하였더니 이제 이렇듯 의심하매 가위 진퇴유곡이라.

㉠ 진퇴양난(進退兩難): 이러지도 저러지도 못하는 어려운 처지.

⊕ 전(專)혀: 오로지.

⊕ 가위(可謂): 참으로.

[01~03] 〈보기〉의 글자를 조합하여 빈칸에 들어갈 어휘를 쓰시오.

> 보기
>
> 곡   능   복   성   왜   원

01 학자들은 일본의 역사 [   ]을/를 조목조목 비판하였다.

02 정부는 훼손된 문화재를 [   ]하기 위해 많은 비용을 투입하였다.

03 새롭게 출시된 보일러는 기존 제품에 비해 [   ]이/가 월등히 개선되었다.

[04~05] 다음 뜻에 해당하는 어휘에 V표 하시오.

04 부족한 부분을 보태어 바르게 함.   ☐ 변환 ☐ 보정

05 어떤 목적에 따라 기능하도록 기계, 도구 등을 그 장소에 장착함.   ☐ 연산 ☐ 장치

[06~08] 다음 설명이 맞으면 ○에, 그렇지 않으면 ✕에 표시하시오.

06 '식별'은 주어진 정보를 어떤 표준적인 형태로 변환함을 뜻한다.   (○ , ✕)

07 '센서'는 소리 · 빛 · 온도 · 압력 등의 물리적인 양을 검출하는 기계 장치이다.   (○ , ✕)

08 '자기장'은 전류의 주위, 지구의 표면 등과 같이 자기의 작용이 미치는 공간이다.   (○ , ✕)

[09~11] 제시된 초성을 참고하여 다음 뜻에 해당하는 한자 성어를 쓰시오.

09 [ㄴ ㅇ ㅇ ㅎ] : 나라 안팎의 여러 가지 어려움.   _____

10 [ㅈ ㅎ ㄱ ㅈ] : 일의 처음부터 끝까지의 이런저런 복잡한 사정.   _____

11 [ㅈ ㅌ ㅇ ㄱ] : 이러지도 저러지도 못하고 꼼짝할 수 없는 궁지.   _____

적용	**알맞게[適] 맞추어 씀[用].**
알맞을 適 | 쓸 用	사전 알맞게 이용하거나 맞추어 씀.
	'19 모의 키트 제작에는 다양한 과학적 원리가 적용되는데, 적은 비용으로 쉽고 빠르고 정확하게 검사할 수 있는 키트를 제작하는 것이 요구된다.

전도	**열이나 전기가 전하여[傳] 통함[導].**	⊕ **대류(對流):** 기체나 액체
전할 傳 | 통할 導	사전 ① 열 또는 전기가 물체 속을 이동하는 일. 또는 그런 현상.	에서, 물질이 이동함으로써
	② 흥분이 신경이나 근육 등의 같은 종류의 세포를 따라 전해지는 일. 또는 그런 현상.	열이 전달되는 현상.
	'16 학평 무쇠솥으로 지은 밥이 맛있는 이유는 열의 대류와 전도(①)에 있답니다.	⊕ **대뇌 피질(大腦皮質):** 대뇌 반구의 표면을 덮고 있는 회백질의 얇은 층(層).
	'20 학평 C섬유를 따라 전도(②)된 통증 신호가 대뇌 피질로 전달되면, 대뇌 피질에서는 욱신거리고 둔한 지연 통증을 느낀다.	⊕ **지연(遲延):** 무슨 일을 더디게 끌어 시간을 늦춤. 또는 시간이 늦추어짐.

전류	**전기의[電] 흐름[流].**	⊕ **전위(電位):** 전하가 갖는
전기 電 | 흐를 流	사전 전하가 연속적으로 이동하는 현상. 도체 내부의 전위가 높은 곳에서 낮은 곳으로 흐르며 이는 양전기가 흐르는 방향임. 단위는 암페어(A).	위치 에너지.
	'19 모의 탐침과 시료의 거리가 매우 가까우면 양자 역학적 터널링 효과에 의해 둘이 접촉하지 않아도 전류가 흐른다.	⊕ **탐침(探針):** 지뢰 등이 있는지 알아내려고 찔러 보는 기구.

전송	**전류나 전파를[電] 이용하여 내용을 보냄[送].**
전기 電 | 보낼 送	사전 글이나 사진 등을 전류나 전파를 이용하여 먼 곳에 보냄.
	'21 학평 디지털 이미지를 효율적으로 저장하고 전송하기 위해서는 데이터의 용량을 줄여 주는 디지털 이미지 압축 기술이 필요하다.

전압	**전기가[電] 흐르도록 누르는[壓] 힘.**	⊕ **첨예(尖銳):** 날카롭고 뾰
전기 電 | 누를 壓	사전 전기장이나 도체 안에 있는 두 점 사이의 전기적인 위치 에너지 차. 단위는 볼트(V).	족함.
	'19 모의 주사 터널링 현미경에서는 끝이 첨예한 금속 탐침과 도체 또는 반도체 시료 표면 간에 적당한 전압을 걸어 주고 둘 간의 거리를 좁히게 된다.	

전파	**전기나[電] 전류의 파동[波].**	⊕ **방사(放射):** 물체로부터
전기 電 | 물결 波	사전 전하의 진동 또는 전류의 주기적 변화에 의해 에너지가 공간으로 방사되는 현상. 전기장과 자기장으로 구성된 파동 형태로 공간에 퍼져 나감.	열이나 전자기파가 사방으로 방출됨.
	'20 모의 전파 지연 등으로 접속 초기에 짧은 시간 동안이지만 큰 오차가 발생하고 실내나 터널 등에서는 GPS 신호를 받기 어렵다.	

제약 억제할 制	묶을 約	조건을 붙여 막거나[制] 묶어[約] 둠. 사전 조건을 붙여 내용을 제한함. 또는 그 조건. '16 학평 우선 드론은 헬기에 비해 훨씬 낮은 고도에서 비행이 가능한 데다 소음으로 인한 제약이 적어 근접 촬영이 가능합니다.	⊕ 드론(drone): 자동 조종되거나 무선 전파를 이용하여 원격 조종되는 무인 비행 물체.

제어 억제할 制	다스릴 御	마음대로 억제하고[制] 다스림[御]. 사전 ① 상대편을 억눌러서 제 마음대로 다룸. ② 감정, 충동 등을 막거나 누름. ③ 기계나 설비 또는 화학 반응 등이 목적에 알맞은 작용을 하도록 조절함. '22 모의 모션 트래킹 시스템이 사용자의 동작 정보를 컴퓨터에 전달하면, 컴퓨터는 사용자가 움직이는 방향과 속도에 맞춰 트레드밀의 바닥을 제어(③)한다.	TIP톡! '제어'는 '制馭'라는 한자로도 쓰인다. ⊕ 통제(統制): 일정한 방침이나 목적에 따라 행위를 제한하거나 제약함.

조직 짤 組	짤 織	구조를 짜서[組織] 이룸. 사전 ① 짜서 이루거나 얽어서 만듦. ② 날실과 씨실로 짠 천의 짜임새. ③ 특정 목적을 달성하기 위해 여러 개체가 모여 체계적으로 이룬 집단. ④ 생명 분야에서, 동일한 기능과 구조를 가진 세포의 집단. '20 학평 통증은 조직(④) 손상이 일어나거나 일어나려고 할 때 의식적인 자각을 주는 방어적 작용으로 감각의 일종이다.	⊕ 자각(自覺): 현실을 판단하여 자기의 입장이나 능력 등을 스스로 깨달음.

진공 참 眞	빌 空	정말로[眞] 비어[空] 있는 곳. 사전 물질이 전혀 존재하지 않는 공간. 실제로는 극히 저압의 상태를 이름. '18 학평 광전자 증배관은 진공 상태의 유리관으로, 음극과 양극, 그리고 그 사이에서 2차 전자를 방출하는 전극인 다이노드 등으로 구성되어 있다.	⊕ 저압(低壓): 낮은 압력.

차단 가릴 遮	끊을 斷	길이나 관계 등이 통하지 못하게 가리거나[遮] 끊음[斷]. 사전 ① 액체나 기체 등의 흐름 또는 통로를 막거나 끊어서 통하지 못하게 함. ② 다른 것과의 관계나 접촉을 막거나 끊음. '19 학평 운전자가 제동 페달을 밟는 순간부터 배터리에서 전동기로 공급되는 전류가 차단(①)되어 …… 회전자를 회전시키는 전자기력은 사라진다.	⊕ 단절(斷絕): ① 유대나 연관 관계를 끊음. ② 흐름이 연속되지 않음. ⊕ 제동(制動): 기계나 자동차 등의 운동을 멈추게 함.

차원 차례 次	단위 元	공간 등의 차례를[次] 나타내는 단위[元]. 사전 ① 사물을 보거나 생각하는 처지. 또는 어떤 생각에 담긴 사상이나 학식 수준. ② 도형, 공간 등의 한 점의 위치를 말하는 데 필요한 실수의 최소 개수. 직선은 1차원, 평면은 2차원, 입체는 3차원 등. '21 수능 모델링은 3차원(②) 가상 공간에서 물체의 모양과 크기, 공간적인 위치, 표면 특성 등과 관련된 고유의 값을 설정하거나 수정하는 단계이다.	TIP톡! ①의 뜻으로 쓰일 때는 '국가 차원의 문제' 등과 같이 쓰인다.

추적 쫓을 追	자취 跡	자취를[跡] 따라 쫓음[追]. 사전 ① 도망하는 사람의 뒤를 밟아서 쫓음. ② 사물의 자취를 더듬어 감. '22 모의 동작 추적(②) 센서는 사용자의 동작을 파악하며, 관성 측정 센서는 사용자의 이동 속도 변화율 및 회전 속도를 측정한다.	⊕ 자취: 어떤 것이 남긴 표시나 자리.

추출	뽑아[抽]냄[出].	⊕ 샘플링(sampling): 통계
뽑을 抽 | 날 出	사전 ① 전체 속에서 어떤 물건, 생각, 요소 등을 뽑아냄.	의 목적으로 모집단에서 표
	② 화학에서, 고체 또는 액체의 혼합물에 용매(溶媒)를 가하여 혼합물 속	본을 골라내는 일.
	의 어떤 물질을 용매에 녹여 뽑아내는 일.	
	'21 학평 색상 모델이 RGB 모델에서 YCbCr 모델로 변경되면, 화소들에서 일부	
	값만을 추출(①)하는 샘플링이 진행된다.	

출력	내보내는[出] 힘[力].	⊕ EGR(Exhaust Gas
날 出 | 힘 力	사전 ① 엔진, 전동기, 발전기 등이 외부에 공급하는 기계적 · 전기적 힘.	Recirculation): 배기가스를
	② 컴퓨터 등의 기기(機器)나 장치가 입력을 받아 일을 하고 외부로 결과	엔진으로 재순환시킨 다음,
	를 내는 일. = 아웃풋	연료를 배기가스와 함께 연
	'18 학평 EGR 방식은 엔진에 불순물이 쌓일 수 있고, 출력(①)이 저하될 수 있는	소시켜 연소 온도를 낮추는
	단점이 있다.	기술.

측량	분량을[量] 잼[測].	⊕ 환산(換算): 어떤 단위나
잴 測 | 분량 量	사전 ① 지표의 각 지점 위치와 지점 간의 거리, 지형의 높낮이, 면적 등을 재는 일.	척도로 된 것을 다른 단위
	② 생각하여 헤아림.	나 척도로 고쳐서 헤아림.
	'20 모의 삼변 측량(①) 기법은 3개 이상의 비컨으로부터 수신된 신호 세기를 측	
	정하여 단말기와 비컨 사이의 거리로 환산한다.	

측정	정해진[定] 기준에 따라 잼[測].	⊕ 계량(計量): 부피, 무게
잴 測 | 정할 定	사전 ① 일정한 양을 기준으로 하여 같은 종류의 다른 양의 크기를 잼.	등을 잼.
	② 헤아려 결정함.	⊕ 계측(計測): 시간이나 물
	'22 모의 압력 센서는 서로 다른 물체 간에 작용하는 압력을 측정(①)한다.	건의 양 등을 헤아리거나 잼.

탑재	물건을 실음[搭載].	⊕ 코어(core): 1비트의 정
실을 搭 | 실을 載	사전 배, 비행기, 차 등에 물건을 실음.	보를 기억하기 위하여 사용
	'21 수능 그래픽 처리 장치는 연산을 비롯한 데이터 처리를 독립적으로 수행할 수	하는 기억 소자(素子).
	있는 장치인 코어를 수백에서 수천 개씩 탑재하고 있다.	

파장	물결[波] 사이의 길이[長].	TIP톡! ②의 뜻으로 쓰일
물결 波 | 길이 長	사전 ① 파동에서, 같은 위상을 가진 서로 이웃한 두 점 사이의 거리.	때는 '사회적 파장' 등과 같
	② 충격적인 일이 끼치는 영향 또는 그 영향의 정도를 비유적으로 이르는 말.	이 쓰인다.
	'18 학평 불꽃 감지기는 불꽃에서 발생하는 다양한 복사 에너지 중 자외선이나 적	⊕ 복사 에너지(輻射energy):
	외선의 특정 파장(①)을 검출하여 이를 전기 에너지로 변환한다.	물체에서 방출되는 전자기파
		의 에너지. = 방사 에너지

프레임	외래어	↻ 틀
frame	사전 ① 자동차, 자전거 등의 뼈대. ② 동영상에서의 한 순간의 완전한 화상.	
	'21 수능 화면을 구성하는 모든 화소의 화솟값이 결정되면 하나의 프레임(②)이	
	생성된다.	

해상도	물체의 형상을[像] 선으로 촘촘히 풀어[解] 선명하게 나타내는 정도[度].	⊕ 고해상도(高解像度): 텔
풀 解 | 형상 像 | 정도 度	**사전** 텔레비전 화면이나 컴퓨터의 디스플레이 등의 표시의 선명도.	레비전의 화면이나 프린터
	'21학평 일반적으로 화소의 수가 많을수록 해상도는 높아지지만 대신 저장되는 데이터의 용량은 커지게 된다.	의 출력물 등이 선명도가 높은 상태.

해석	이해하기 쉽게 풀어[解釋] 설명함.	**TIP톡!** ①의 뜻으로 쓰일
풀 解 | 풀 釋	**사전** ① 문장이나 사물 등으로 표현된 내용을 이해하고 설명함. 또는 그 내용.	때는 '영어 원문 해석' 등과 같이 쓰인다.
	② 사물이나 행위 등의 내용을 판단하고 이해하는 일. 또는 그 내용.	
	'18학평 인공 지능은 스스로 빅 데이터에서 수많은 패턴을 발견하여 정보를 해석 (②), 추론하며 학습합니다.	

화소	그림의[畫] 바탕을[素] 이루는 작은 단위.	**TIP톡!** 영상 전체의 화소
그림 畫 | 바탕 素	**사전** 텔레비전이나 사진 전송에서, 화면을 전기적으로 분해한 최소의 단위 면적.	총수는 화질을 비교하는 데 유용하다.
	'21학평 디지털 이미지는 최소 단위의 점인 화소로 구성되며, 각 화소에는 밝기 나 색상 등을 나타내는 값이 부여되어 있다.	

회피	몸을 돌려[回] 피함[避].	**TIP톡!** ②의 뜻으로 쓰일
돌 回 | 피할 避	**사전** ① 몸을 숨기고 만나지 않음.	때는 '책임 회피', '답변 회피' 등과 같이 쓰인다.
	② 꾀를 부려 마땅히 져야 할 책임을 지지 않음.	⊕ 기피(忌避): 꺼리거나 싫
	③ 어떤 일을 꺼리어 선뜻 나서지 않음.	어하여 피함.
	'17수능 매체 이용자들은 이러한 광고를 불필요한 정보로 판단해 회피(③)하는 경향이 있다.	

1분 배경 지식

DNA도 짜깁기가 되나요, 유전자 가위

'DNA'란, 살아 있는 유기체나 바이러스의 유전적 정보를 담고 있는 사슬 모양의 고분자 물질이다. 유전자의 본체로서 유전이나 생물의 증식, 생명 활동 유지 등에 중요한 작용을 한다.

유전자에 문제를 안고 있는 유전병의 경우, 다른 질병보다 치료하기가 상대적으로 어렵다. 몸 전체를 구성하는 모든 세포에 병의 원인이 포함되어 있어 근본적인 문제 해결이 쉽지 않기 때문이다. 이러한 유전병을 치료할 수 있는 기술 중 하나가 '유전자 가위'이다.

유전자 가위는 DNA의 특정 염기 서열을 식별하여 해당 부위의 DNA를 자르는 데 사용되는 효소이다. 세균이 자기방어를 위해 외부에서 침입한 바이러스를 골라 절단하는 모습에서 발견하여 발전시켰다. 특정 DNA를 찾아내는 길잡이 역할의 RNA와 DNA를 자르는 제한 효소로 구성되어 있는데, 길잡이인 RNA가 DNA 염기 서열 중 문제 위치에 자리 잡으면 제한 효소가 해당 부분의 DNA를 잘라낸다. 잘라낸 부분에 새로운 유전자를 짜 깁기하면 유전체 교정이 이루어진다.

유전자 가위는 에이즈나 혈우병 등 유전 질환 치료에 도움을 주는 것은 물론, 농작물 품질 개량에 활용할 수 있어 유전자 조작 식물(GMO)의 대안으로 주목받고 있다. 한편 일각에서는 생태계 파괴나 맞춤형 아기와 같은 윤리적 문제에 대한 우려를 제기하기도 한다.

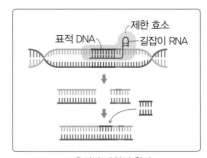

▲ 유전자 가위의 원리

삼매경 셋 三 | 어두울 昧 상태 境	삼매(三昧)의 상태[境]. [사전] 잡념을 떠나서 오직 하나의 대상에만 정신을 집중하는 경지. 이 경지에서 바른 지혜를 얻고 대상을 올바르게 파악하게 됨. = 삼매 ['22모의] 고기를 낚는 취미도 실로 삼매경에 몰입할 수 있는 좋은 놀음이다.	**TIP톡!** '삼매'는 산스크리트어 '사마디(samadhi)'를 한자음으로 나타낸 말이다. ⊕ 몰입(沒入): 깊이 파고들거나 빠짐.
시시비비 옳을 是 | 옳을 是 아닐 非 | 아닐 非	옳은[是] 것을 옳다고[是] 하고 그른[非] 것을 그르다고[非] 함. [사전] ① 여러 가지의 잘잘못. ② 옳고 그름을 따지며 다툼. [예] 양측의 치열했던 공방은 결국 법정에서 시시비비(①)가 가려질 전망이다.	↻ 말다툼, 시비 ⊕ 치열(熾烈): 기세나 세력 등이 불길같이 맹렬함. ⊕ 공방(攻防): 서로 공격하고 방어함.
심사숙고 깊을 深 | 생각 思 깊을 熟 | 생각할 考	깊이[深] 생각하고[思] 또 깊이[熟] 생각함[考]. [사전] 깊이 잘 생각함. = 심사숙려 ['16학평] 우리는 이러한 심사숙고를 통해 욕망, 감정, 행위에 있어서 중용에 도달할 수 있다.	⊕ 숙고(熟考): 곰곰 잘 생각함. 또는 그런 생각. ⊕ 중용(中庸): 지나치거나 모자라지 않은, 떳떳하고 변함 없는 상태나 정도.
이해타산 이로울 利 | 해로울 害 셀 打 | 셈 算	이로움과[利] 해로움을[害] 계산함[打算]. [사전] 이해관계를 이모저모 모두 따져 봄. 또는 그런 일. ['20수능] '중풍 후유증' 때문에 '언어 장애'가 있는 아버지 대신 혹부리 영감을 상대하게 된 경험은, '나'에게 어린 나이에 이해타산적인 어른들의 세계를 느끼게 한 기억이겠어.	⊕ 타산(打算): 자신에게 도움이 되는지를 따져 헤아림.
좌고우면 왼쪽 左 | 돌아볼 顧 오른쪽 右 | 곁눈질할 眄	왼쪽으로[左] 돌아보고[顧] 오른쪽으로[右] 곁눈질하며[眄] 살펴봄. [사전] 이쪽저쪽을 돌아본다는 뜻으로, 앞뒤를 재고 망설임을 이르는 말. [예] 좌고우면하지 않고 자신과의 약속을 꾸준히 실천한 그는 마침내 원하던 꿈을 이루었다.	짜장이냐, 짬뽕이냐. 그것이 문제로다. 왜 저리 심각하지?
주사야몽 낮 晝 | 생각 思 밤 夜 | 꿈 夢	낮에는[晝] 생각하고[思] 밤에는[夜] 꿈을[夢] 꿈. [사전] ① 밤낮으로 깊이 생각하고 헤아림. = 주사야탁 ② 낮에 생각한 것이 밤에 꿈으로 나타남. ['22모의] 아득한 정신은 기러기 소리를 따라 멀어지고 몸은 책상머리에 엎드렸더니, 잠시간에 잠이 들어 주사야몽(①)(晝思夜夢) 꿈이 되어 ……	⊕ 잠시간(暫時間): 짧은 시간 동안.

[01~03] 다음 뜻에 해당하는 어휘를 〈보기〉에서 찾아 쓰시오.

〈보기〉

전류　　　전압　　　추출　　　출력

01 전하가 연속적으로 이동하는 현상. _____

02 전체 속에서 어떤 물건, 생각, 요소 등을 뽑아냄. _____

03 전기장이나 도체 안에 있는 두 점 사이의 전기적인 위치 에너지 차. _____

[04~06] 다음 문장에 어울리는 어휘를 고르시오.

04 간호사는 환자의 체온을 (측량 | 측정)하였다.

05 경찰은 끈질긴 (진공 | 추적) 끝에 범죄 조직을 일망타진하였다.

06 현대의 첨단 무기들은 컴퓨터에 의해 (전도 | 제어)되고 조종된다.

[07~08] 제시된 초성과 뜻을 참고하여 빈칸에 들어갈 어휘를 쓰시오.

07 ㅈ ㅇ : 조건을 붙여 내용을 제한함.

　　예 환경 단체들은 무분별한 자연의 개발을 (　　　　　)하라고 요구하였다.

08 ㅎ ㅍ : 꾀를 부려 마땅히 져야 할 책임을 지지 않음.

　　예 가해자는 시종일관 변명만을 늘어놓으며 자신의 책임을 (　　　　　)하였다.

[09~11] 다음 뜻에 해당하는 한자 성어를 찾아 바르게 연결하시오.

09 깊이 잘 생각함. ·　　　　　· ㉠ 시시비비

10 옳고 그름을 따지며 다툼. ·　　　　　· ㉡ 심사숙고

11 낮에 생각한 것이 밤에 꿈으로 나타남. ·　　　　　· ㉢ 주사야몽

감흥 느낄 感 ǀ 흥취 興	**느껴지는[感] 흥취[興].** 사전 마음속 깊이 감동받아 일어나는 흥취. '20 모의 시냇물에 떠내려오는 도화를 보며 이상향을 연상하는 데에서 화자의 고조되는 감흥이 드러나는군.	⊕ **신명:** 흥겨운 신이나 멋. ⊕ **도화(桃花):** 복숭아꽃. ⊕ **이상향(理想鄕):** 인간이 생각할 수 있는 최선의 상태를 갖춘 완전한 사회.
강호 강 江 ǀ 호수 湖	**강과[江] 호수[湖].** 사전 ① 강과 호수를 아울러 이르는 말. ② 예전에, 은자(隱者)나 시인(詩人), 묵객(墨客) 등이 현실을 도피하여 생활하던 시골이나 자연. ③ '세상'을 비유적으로 이르는 말. '16 수능 「강호(②)사시가」는 정계를 떠난 선비가 강호에서 누리는 개인적 삶을 표현한 작품이다.	⊕ **은자(隱者):** 산과 들에 묻혀 숨어 사는 사람. 또는 벼슬을 하지 않고 숨어 사는 사람. ⊕ **묵객(墨客):** 먹을 가지고 글씨를 쓰거나 그림을 그리는 사람. ⊕ **사시가(四時歌):** 사계절의 순서에 따른 즐거움과 감상을 담은 노래.
곡조 가락 曲 ǀ 가락 調	**음악을 이루는 가락[曲調].** 사전 ① 음악적 통일을 이루는 음의 연속. = 곡 ② 음악적 통일을 이루는 음의 연속이나 노랫가락을 세는 단위. = 가락 '17 모의 옥영(玉英)도 어젯밤에 들려왔던 피리 소리가 조선의 곡조(①)인 데다 평소에 익히 들었던 것과 너무나 흡사하여서 남편 생각에 감회가 일어 저절로 시를 읊게 되었던 것이다.	**TIP톡!** ②의 뜻은 '시조 한 곡조', '유행가 한 곡조' 등과 같이 주로 수량을 나타내는 말 뒤에 쓰인다. ⊕ **흡사(恰似):** 거의 같을 정도로 비슷한 모양. ⊕ **감회(感懷):** 지난 일을 돌이켜 볼 때 느껴지는 회포.
공명 공 功 ǀ 이름 名	**공을[功] 세워 이름을[名] 알림.** 사전 공을 세워서 자기의 이름을 널리 드러냄. 또는 그 이름. '20 수능 부귀 보기를 뜬구름과 같이 하고 공명을 헌신짝 벗어 버리듯 하여, 스스로 세상의 물욕 밖에서 방랑하는 것이니, ……	⊕ **명예(名譽):** 세상에서 훌륭하다고 인정되는 이름이나 자랑. ⊕ **방랑(放浪):** 정한 곳 없이 이리저리 떠돌아다님.
낭군 사내 郎 ǀ 남편 君	**남성[郎] 연인이나 남편[君].** 사전 ① 예전에, 젊은 여자가 자기 남편이나 연인을 부르던 말. ② 남의 아들을 높여 이르는 말. '20 수능 제가 낭군(①)을 좇는 것을 원망했다면 어찌 깊은 규방에서 홀로 늙는 것을 감심하였사오리까?	⊕ **규방(閨房):** 부녀자가 거처하는 방. ⊕ **감심(甘心):** 괴로움이나 책망 등을 기꺼이 받아들임. 또는 그런 마음.
묘사 그릴 描 ǀ 베낄 寫	**그림을 그리듯[描] 그대로 베껴서[寫] 표현함.** 사전 어떤 대상이나 사물, 현상 등을 언어로 서술하거나 그림을 그려서 표현함. '21 모의 「관동별곡」의 작가는 자연의 미를 현실에서 발견하여 사실감 있게 묘사함으로써 그들과의 차별성을 드러내었다.	

반전
반대로 反 | 구를 轉

위치나 상황 등이 반대로[反] 바뀜[轉].

사전 ① 반대 방향으로 구르거나 돎. ② 위치, 방향, 순서 등이 반대로 됨.
③ 일의 형세가 뒤바뀜.

'19 모의 인물의 과장된 말과 행동을 통해서 비극적인 분위기에 반전(③)을 꾀하고 있다.

TIP톡! ②의 뜻으로 쓰일 때는 '좌우 반전', '반전 출력' 등과 같이 쓰인다.

① / ③ - ⑨ 역전(逆轉): ① 거꾸로 회전함. ② 형세가 뒤집힘. 또는 형세를 뒤집음.

빈천
가난할 貧 | 천할 賤

가난하고[貧] 천함[賤].

사전 가난하고 천함. = 천빈

'22 수능 하늘 삼긴 이내 궁(窮)을 설마한들 어이하리
빈천도 내 분(分)이니 서러워해 무엇하리

⑳ 부귀(富貴): 재산이 많고 지위가 높음.

⊕ 삼기다: '생기게 하다'의 옛말.

⊕ 궁(窮): 가난한 상태. 또는 그런 기색.

생동감
살 生 | 움직일 動
느낄 感

살아[生] 움직이는[動] 느낌[感].

사전 생기 있게 살아 움직이는 듯한 느낌.

'20 학평 계절의 변화를 통해 생동감을 조성하고 있다.

'19 수능 이는 봄을 맞이한 생동감과 고향 마을의 따뜻한 풍경에 대한 그리움을 형상화한 것이라고 할 수 있다.

⑨ 약동감(躍動感): 생기 있고 활발하게 움직이는 느낌.

시상
시 詩 | 생각 想

시를[詩] 짓기 위한 생각[想].

사전 ① 시를 짓기 위한 착상이나 구상. ② 시에 나타난 사상이나 감정.
③ 시적인 생각이나 상념. = 시사

'17 학평 초기의 사시가는 주로 사계절을 나열하는 단조로운 시상(②) 전개를 보인다.

⊕ 나열(羅列): 죽 벌여 놓음. 또는 죽 벌여 있음.

⊕ 단조(單調)롭다: 단순하고 변화가 없어 새로운 느낌이 없다.

여생
남을 餘 | 살 生

남은[餘] 삶[生].

사전 앞으로 남은 인생. = 여년

'22 모의 오십이 넘은 판교(板橋)는 마음에 맞지 않는 관직을 버리고 거리낌 없는 자유로운 심경에서 여생을 보냈다.

⑨ 잔명(殘命): 얼마 남지 않은 쇠잔한 목숨.

연분
인연 緣 | 인연 分

서로 관계를 맺는 인연[緣分].

사전 ① 서로 관계를 맺게 되는 인연. ② 부부가 되는 인연.

'19 모의 자네 내게서 아무 연분(①)에 돈 오십 냥을 취하여 갔으니 이참에 못 주겠느냐.

'20 학평 한림은 저를 재생코자 하시거든 하늘께 축수하와 금생 연분(②)을 이루게 하옵소서.

⊕ 천생연분(天生緣分): 하늘이 정하여 준 연분.

⊕ 축수(祝手): 두 손바닥을 마주 대고 빎.

영속성
길 永 | 이을 續 | 성질 性

길게[永] 이어지는[續] 성질[性].

사전 영원히 계속되는 성질이나 능력.

'21 모의 봉우리를 '백옥', '동명'과 같은 무생물에 빗대어 대상에서 느낄 수 있는 자연의 영속성을 표현하였다.

⊕ 항구성(恒久性): 변하지 않고 오래가는 성질.

우회적	멀리[迂] 돌아가는[廻] (것)[的].	**TIP톡!** '우회적'은 '迂回的'이라는 한자로도 쓰인다.
멀 迂	돌 廻	어조사 的	[사전] 곧바로 가지 않고 멀리 돌아서 가는 (것).	⊕ 간접적(間接的): 중간에 매개가 되는 사람이나 사물 등을 통하여 연결되는 (것).
	['21 학평] 작가는 이 과정에서 인물의 상황과 심리를 우회적으로 드러내기 위해 비유적 표현, 모순 형용 등을 활용한다.	

은자	숨어[隱] 사는 사람[者].	⊕ 은둔자(隱遁者): 은둔 생활을 하는 사람.
숨을 隱	사람 者	[사전] 산과 들에 묻혀 숨어 사는 사람. 또는 벼슬을 하지 않고 숨어 사는 사람. = 은인	⊕ 권유(勸誘): 어떤 일 등을 하도록 권함.
	['19 모의] 유교적 출처관(出處觀)에 따라 은자로서의 삶을 살아가던 그는 42세 이후 줄곧 조정에 천거되어 정치 현실로 나올 것을 권유받았으나 매번 이를 거절했다.	

의인화	사람에[人] 비기어[擬] 표현함[化].	⊕ 인격화(人格化): 사물을 감정과 의지가 있는 인간으로 여김.
비길 擬	사람 人	될 化	[사전] 사람이 아닌 것을 사람에 비기어 표현함.	⊕ 전가(轉嫁): 잘못이나 책임을 다른 사람에게 넘겨 씌움.
	['21 학평] 애정 시조에 나타나는 이러한 발상과 표현에는 …… 의인화된 사물에 이별의 책임을 전가하는 것, 아름다움을 상징하는 사물에 임을 빗대어 표현하는 것 등이 있다.	

이다지	고유어	⊕ 그다지: 그러한 정도로는. 또는 그렇게까지는. = 그리, 그리도
	[사전] 이러한 정도로. 또는 이렇게까지. = 이리도	⊕ 사형(舍兄): 남에게 자기의 맏형을 겸손하게 이르는 말.
	['18 모의] 사형(舍兄)이 어찌 이다지 불량하여 무죄한 인명을 창파 중에 원혼이 되게 하고, 나로 하여금 이 지경이 되게 하였으니 이제는 부모가 곁에 계신들 얼굴을 알지 못하게 되었으니 어찌 통한치 아니하리오.	

적막	고요하고[寂] 쓸쓸함[寞].	⊕ 고요: 조용하고 잠잠한 상태.
고요할 寂	쓸쓸할 寞	[사전] ① 고요하고 쓸쓸함. ② 의지할 데 없이 외로움.	⊕ 경문(經文): 불경의 문구.
	['16 학평] 우리 부처의 법문은 한 바리 밥과 한 병 물과 두어 권 경문과 일백 여덟 낱 염주뿐이라. 도덕이 비록 높고 아름다우나 적막(①)하기 심하도다.	

체념	생각을[念] 잘 살피고[諦] 달래어 단념함.	⊕ 단념(斷念): 품었던 생각을 아주 끊어 버림.
살필 諦	생각 念	[사전] 희망을 버리고 아주 단념함.	⊕ 실상(實相): 실제 모양이나 상태.
	['21 수능] 시각을 통해서는 긴장 상태에서 극대화된 감각 체험을 보여 주는 한편 전쟁의 실상을 체험하면서 갖게 된, 현실에 대한 체념을 드러낸다.	

초장	시조의 첫째[初] 문장[章].	**TIP톡!** 세 개의 장으로 나누어진 악곡이나 시조에서 가운데 장은 중장(中章), 마지막 장은 종장(終章)이라고 한다.
처음 初	글 章	[사전] ① 가곡 등의 첫째 장. ② 세 개의 장으로 나누어진 악곡이나 시조의 첫째 장. ③ 한문 시구의 운(韻)을 맞추는 놀이인 초중종(初中終)에서, 정한 글자가 맨 처음에 오는 시구.	
	['20 모의] 〈제1장〉의 초장(②)에는 화자가 강호를 선택하게 되는 동기가 드러난다.	

풍월 바람 風 | 달 月	**바람과[風] 달을[月] 벗 삼아 놂.** 사전 ① 맑은 바람과 밝은 달. ② 맑은 바람과 밝은 달을 대상으로 시를 짓고 흥취를 자아내어 즐겁게 놂. ③ 얻어들은 짧은 지식. '20 학평 '풍월(①)'과 '연하'는 화자가 느끼는 한가함의 정서와 조응이 되는 대상을 나타낸 것이다. '17 학평 화전놀이의 내용으로는 '내칙' 같은 교양물을 읊는 풍월(③) 놀이, 부녀자의 신세 한탄, 놀이에 대한 감흥 등을 들 수 있다.	⊕ 풍류(風流): 멋스럽고 풍치가 있는 일. 또는 그렇게 노는 일. ⊕ 조응(照應): 둘 이상의 사물이나 현상 또는 말과 글의 앞뒤 등이 서로 일치하게 대응함. ⊕ 신세(身世): 주로 불행한 일과 관련된 일신상의 처지와 형편.
향유 누릴 享 | 가질 有	**누려서[享] 가짐[有].** 사전 누리어 가짐. '16 수능 사대부들이 향유한 시가는 정치적인 성격을 띠기도 한다.	⊕ 영위(營爲): 일을 꾸려 나감.
홍진 붉을 紅 | 티끌 塵	**붉은[紅] 먼지가[塵] 나부끼는 속된 세상.** 사전 ① 수레와 말이 일으키는 먼지. ② 번거롭고 속된 세상을 비유적으로 이르는 말. '19 모의 겸손한 자연은 그의 귀한 예술이 홍진(②)(紅塵)에 물들 것을 염려하여 그것을 이 깊은 산골짜기에 감추었던 것인가 보다.	㉮ 홍진세계(紅塵世界): 어지럽고 속된 세상을 비유적으로 이르는 말. ⊕ 속세(俗世): 불가에서 일반 사회를 이르는 말.
희롱 놀 戲 | 희롱할 弄	**장난삼아 놀림[戲弄].** 사전 ① 말이나 행동으로 실없이 놀림. ② 손아귀에 넣고 제멋대로 가지고 놂. ③ 서로 즐기며 놀리거나 놂. '21 모의 너 같은 요술이 임금을 속이고 세상을 희롱(②)하니 어찌 죽이지 아니하리오?	①-㉮ 기롱(譏弄): 실없는 말로 놀림. ⊕ 유희(遊戲): 즐겁게 놀며 장난함. 또는 그런 행위.

1분 배경 지식

여인들의 노래, 규방 가사(閨房歌辭)

　남존여비(男尊女卑: 사회적 지위나 권리에 있어 남자를 여자보다 우대하고 존중하는 일) 사상이 팽배했던 조선 사회에서 여성의 사회 활동은 엄격히 제약되었다. 이처럼 억압된 봉건 사회에서 여성들이 자신의 감정이나 생각을 표출하는 수단 중 하나는 바로 시가를 짓는 일이었다.

　'규방 가사'는 조선 시대에 부녀자(婦女子: 결혼한 여자와 성숙한 여자)가 짓거나 읊은 가사 작품을 통틀어 이르는 말이다. 부녀자가 거처하는 방을 '규방'이라고 하였기에 그렇게 이름 붙였으며, '내방 가사(內房歌辭)'라고도 한다.

　내용은 주로 시집에서 부녀자가 지켜야 할 몸가짐과 예절, 부모님에 대한 그리움, 봉건적 체제 속에서 여성이 겪는 고민과 정서 등을 주제로 하였는데, 때로는 여성들의 취미나 놀이, 당시의 문물이나 풍속을 소재로 하기도 하였다. 규방 가사의 대부분은 한글로 지어졌으며, 작자와 연대를 알 수 없는 것이 특징이다.

　규방 가사는 여성이 기록 문학의 새로운 주체가 되었다는 점과 한글 기록으로써 조선 시대의 한글 사용법을 살펴볼 수 있다는 점에서 매우 의미 있는 자료로 평가받고 있다.

서러운 여인의 신세여.

낙락장송

떨어질 落 | 떨어질 落
길 長 | 소나무 松

가지가 아래로 축축 늘어져[落落] 있는 긴[長] 소나무[松].

[사전] 가지가 길게 축축 늘어진 키가 큰 소나무.

[예] 여인은 <u>낙락장송</u>이 우거진 산길을 따라 하염없이 걸어 들어갔다.

⊕ **장송(長松)**: 잘 자란 큰 소나무.

⊕ **하염없이**: 자신의 의지와 상관없이 계속되는 상태로.

만경창파

일만 萬 | 이랑 頃
푸를 蒼 | 물결 波

만[萬] 이랑의[頃] 푸른[蒼] 물결[波].

[사전] 한없이 넓고 넓은 바다를 이르는 말.

`'16 모의` 사공들이 이혈룡을 배에 싣고 <u>만경창파</u> 깊은 물에 둥기둥실 떠나갔다.

⊕ **만리창파(萬里滄波)**: 만 리까지 펼쳐진 푸른 물결이라는 뜻으로, 끝없이 넓은 바다를 이르는 말.

망망대해

아득할 茫 | 아득할 茫
큰 大 | 바다 海

아득히[茫茫] 넓고 큰[大] 바다[海].

[사전] 한없이 크고 넓은 바다. = 망망대양

`'19 학평` 그 <u>망망대해</u> 한가운데서 예상치도 않게 우리는 다시 난민선 한 척을 만나게 된 것입니다.

⊕ **창해(滄海)**: 넓고 큰 바다.

⊕ **난민선(難民船)**: 전쟁이나 재난 등을 당하여 곤경에 빠진 사람들이 탄 배.

배산임수

등질 背 | 산 山
임할 臨 | 물 水

산을[山] 등지고[背] 물에[水] 임해[臨] 있음.

[사전] 땅의 형세가 뒤로는 산을 등지고 앞으로는 물에 면하여 있음.

[예] <u>배산임수</u> 지형은 추위를 막고 생활에 필요한 물을 얻는 데 유리하다.

⊕ **형세(形勢)**: 산의 모양과 지세.

심산궁곡

깊을 深 | 산 山
외질 窮 | 골짜기 谷

깊은[深] 산속의[山] 외진[窮] 골짜기[谷].

[사전] 깊은 산속의 험한 골짜기.

`'22 수능` <u>심산궁곡</u>에 들어가 초목으로 붓을 적시고, 금수로 벗을 삼아 세월을 보내다가 성군을 기다리자.

⊕ **심산유곡(深山幽谷)**: 깊은 산속의 으슥한 골짜기.

⊕ **금수(禽獸)**: 날짐승과 길짐승이라는 뜻으로, 모든 짐승을 이르는 말.

청풍명월

맑을 淸 | 바람 風
밝을 明 | 달 月

맑은[淸] 바람과[風] 밝은[明] 달[月].

[사전] 맑은 바람과 밝은 달. = 풍월

`'19 모의` 참옹고집 즐겨 돌아와서 제집 문전 다다르니 고루거각 높은 집에 <u>청풍명월</u> 맑은 경은 옛 놀던 풍경이라.

⊕ **고루거각(高樓巨閣)**: 높고 크게 지은 집.

[01~03] 빈칸에 들어갈 어휘에 V표 하시오.

01 작가는 특별했던 여행의 (　　　　　)을 글로 옮겼다.　　　　☐ 감흥 ☐ 여생

02 사실주의는 현실을 있는 그대로 (　　　　　)하려는 창작 태도를 말한다.　　☐ 공명 ☐ 묘사

03 조선 시대 사대부들은 가사와 시조를 (　　　　　)하며 문화생활을 즐겼다.　☐ 향유 ☐ 희롱

[04~06] 다음 설명이 맞으면 ○에, 그렇지 않으면 ✕에 표시하시오.

04 '시상'은 시를 짓기 위한 착상이나 구상을 뜻한다.　　　　　　(○ , ✕)

05 '이다지'는 영원히 계속되는 성질이나 능력을 말한다.　　　　(○ , ✕)

06 '은자'는 예전에, 젊은 여자가 자기 남편이나 연인을 부르던 말이다.　(○ , ✕)

[07~08] 제시된 초성과 뜻을 참고하여 빈칸에 들어갈 어휘를 쓰시오.

07 ｜ ㅂ ｜ ㅈ ｜ : 반대 방향으로 구르거나 돎.

예 세탁기는 세탁조의 물에 계속 (　　　　　)을 일으켜서 빨래의 때를 뺀다.

08 ｜ ㅇ ｜ ㅇ ｜ ㅎ ｜ : 사람이 아닌 것을 사람에 비기어 표현함.

예 작가는 동물들을 (　　　　　)하여 인간 사회의 모순 및 불합리를 풍자하였다.

[09~11] 제시된 초성을 참고하여 다음 뜻에 해당하는 한자 성어를 쓰시오.

09 ｜ ㅅ ｜ ㅅ ｜ ㄱ ｜ ㄱ ｜ : 깊은 산속의 험한 골짜기.　　　　　　＿＿＿＿＿

10 ｜ ㅁ ｜ ㄱ ｜ ㅊ ｜ ㅍ ｜ : 한없이 넓고 넓은 바다를 이르는 말.　　　＿＿＿＿＿

11 ｜ ㄴ ｜ ㄹ ｜ ㅈ ｜ ㅅ ｜ : 가지가 길게 축축 늘어진 키가 큰 소나무.　＿＿＿＿＿

결실 맺을 結 | 열매 實	**열매를[實] 맺음[結].** 사전 ① 식물이 열매를 맺거나 맺은 열매가 여묾. 또는 그런 열매. 　　② 일의 결과가 잘 맺어짐. 또는 그런 성과. '16 모의 사랑이 이루어진 상황을 사랑의 결실(②)이라고 부르는 것은, 사랑을 이루기 위해 지극한 노력이 필요하기 때문이다.	**TIP톡!** ①의 뜻으로 쓰일 때는 '가을은 결실의 계절' 등과 같이 쓰인다. ①-⓪ 결과(結果): 열매를 맺음. 또는 그 열매.
결핍 이지러질 缺 | 모자랄 乏	**없어지거나[缺] 모자람[乏].** 사전 ① 있어야 할 것이 없어지거나 모자람. ② 다 써 없어짐. '22 모의 시인은 결핍(①)을 느끼는 상황에서 새로운 가치를 발견하고 이를 통해 삶을 성찰하는 경우가 많다.	⊕ 결여(缺如): 마땅히 있어야 할 것이 빠져서 없거나 모자람.
내력 올 來 | 지날 歷	**지나[歷]온[來] 길.** 사전 ① 지금까지 지내온 경로나 경력. 　　② 일정한 과정을 거치면서 이루어진 까닭. 　　③ 부모나 조상으로부터 내려오는 유전적인 특성. = 내림 '18 학평 과거와 현재의 빈번한 교체를 통해 인물의 내력(①)을 소개하고 있다. '16 학평 손님이 소리를 찾아다니게 된 내력(②)을 말했을 때는 다시 의심할 여지도 없었고요.	**TIP톡!** ③의 뜻으로 쓰일 때는 '집안 내력' 등과 같이 쓰인다. ②-⓪ 유래(由來): 사물이나 일이 생겨난 바.
대조 마주할 對 | 견줄 照	**마주하여[對] 놓고 견주어[照] 봄.** 사전 ① 둘 이상인 대상의 내용을 맞대어 같고 다름을 검토함. = 비준 　　② 서로 달라서 대비가 됨. '22 모의 '한꺼번에'와 '하나씩'의 대조(②)는 개별적인 존재의 고유성을 부각한다.	**TIP톡!** ①의 뜻으로 쓰일 때는 '원본 대조', '장부 대조' 등과 같이 쓰인다. ⊕ 부각(浮刻): 어떤 사물을 특징지어 두드러지게 함.
동질감 같을 同 | 성질 質 느낄 感	**성질이[質] 같아[同] 잘 맞는 느낌[感].** 사전 성질이 서로 비슷해서 익숙하거나 잘 맞는 느낌. '21 모의 '들뜬 뿌리'는 나무가 처한 상황에 대한 화자의 동질감을 반영하고 있군.	⊖ 이질감(異質感): 성질이 서로 달라 낯설거나 잘 맞지 않는 느낌.
리듬 rhythm	**외래어** 사전 ① 음의 장단이나 강약 등이 반복될 때의 그 규칙적인 음의 흐름. 　　② 일정한 규칙에 따라 반복되는 움직임을 이르는 말. '19 모의 글자의 개수이건 음의 보폭이건 동일 요소의 반복은 시에 질서를 부여하고 리듬(①)을 형성한다.	**TIP톡!** ②의 뜻으로 쓰일 때는 '신체 리듬', '생활 리듬' 등과 같이 쓰인다. ⊕ 박자(拍子): 음악적 시간을 구성하는 기본적 단위. ⊕ 운율(韻律): 시문(詩文)의 음성적 형식. 음의 강약, 장단, 고저 또는 동음이나 유음의 반복으로 이루어짐.

반어적	**반대로[反] 말하는[語] (것)[的].**	⊕ **반어법(反語法)**: 참뜻과
반대로 反 ㅣ 말씀 語 어조사 的	사전 표현의 효과를 높이기 위하여 실제와 반대되게 말을 하는 (것).	반대로 말해 그 의미를 강화하는 수사법. 잘못한 사람에게 '잘한다.'라고 말하는 것 등.
	'18 수능 **반어적** 어조를 활용하여 현실에 대한 비관적 태도를 드러내고 있다.	

비유	**다른 것에 견주어[比] 말함[喻].**	TIP톡! '비유'는 '譬喻'라는 한자로도 쓰인다.
견줄 比 ㅣ 이를 喻	사전 어떤 현상이나 사물을 직접 설명하지 않고 다른 비슷한 현상이나 사물에 빗대어서 설명하는 일.	⊕ **은유(隱喻)**: 사물의 상태나 동작을 암시적으로 나타내는 수사법. '내 마음은 호수요.' 등의 표현. = 은유법
	'18 학평 며칠째 눈보라를 맞고 있는 '늙은 고욤나무'처럼 서럽도록 추웠던 과거 그녀의 삶의 모습은 '바람벽'에 **비유**되어 있다고 볼 수 있겠군.	

생기	**생생한[生] 기운[氣].**	⊕ **활기(活氣)**: 활동력이 있거나 활발한 기운.
살 生 ㅣ 기운 氣	사전 싱싱하고 힘찬 기운.	
	'16 수능 '태양의 즐거운 울림'은 하늘의 태양이 지상에 있는 사물들과 서로 어울려 **생기**를 띠는 모습을 표현한 것이다.	

속성	**어떠한 무리가[屬] 가지는 성질[性].**	⊕ **특성(特性)**: 일정한 사물에만 있는 특수한 성질. = 특이성
무리 屬 ㅣ 성질 性	사전 사물의 특징이나 성질.	
	'21 학평 부정적 **속성**을 지니고 있는 바다와 긍정적 대상인 하늘을 대비하여 나타냄으로써 화자의 내면 상황을 선명하게 드러내고 있는 것이다.	

순응	**순순히 따르며[順] 응함[應].**	⊕ **반항(反抗)**: 다른 대상에 맞서 대들거나 반대함.
따를 順 ㅣ 응할 應	사전 환경이나 변화에 적응하여 익숙하여지거나 체계, 명령 등에 적응하여 따름.	⊕ **적응(適應)**: 일정한 조건이나 환경 등에 맞추어 응하거나 알맞게 됨.
	'20 수능 '불려 가는'이라는 피동 표현을 통해 자신이 처한 현실에 **순응**하려는 화자의 태도를 강조하고 있다.	

심상	**마음속에[心] 떠오르는 모습[象].**	TIP톡! '심상'은 '心像'이라는 한자로도 쓰인다.
마음 心 ㅣ 형상 象	사전 감각에 의하여 획득한 현상이 마음속에서 재생된 것. = 이미지	
	'21 학평 촉각적 **심상**을 활용하여 대상의 속성을 구체화하고 있다.	

아이러니	**외래어**	⊕ **역설(逆說)**: 일반적으로는 모순을 야기하지 않으나 특정한 경우에 논리적 모순을 일으키는 논증. = 역변, 패러독스
irony	사전 ① 표현의 효과를 높이기 위하여 실제와 반대되게 말하는 것. = 반어	
	② 예상 밖의 결과가 빚은 모순이나 부조화.	
	③ 역설에 상응하여, 전하려는 생각을 반대로 말하여 효과를 보는 수사법.	⊕ **외면(外面)**: 어떤 사상이나 이론, 현실, 사실, 진리 등을 인정하지 않고 무시함.
	'20 수능 '새'의 행동에 대한 묘사는 일상에 충실할수록 잠재된 힘과 본질을 잃어 가는 **아이러니(②)**와, 일상에 만족하며 자유로운 삶의 가능성을 외면하는 현대인의 모습을 보여 준다.	
	'19 모의 **아이러니(③)**는 흔히 말하는 반어보다 넓은 개념이다. 소설에서는 어떤 인물의 행위나 내면, 그리고 그가 살고 있는 세계에서 대립적인 두 의미를 동시에 찾을 수 있을 때에 **아이러니**가 발견될 수 있다.	

암시 어두울 暗 │ 알릴 示	은밀히[暗] 알림[示]. 사전 ① 넌지시 알림. 또는 그 내용. ② 문학에서, 뜻하는 바를 간접적으로 나타내는 표현법. = 암시법 '21학평 할 얘기가 있다는 암시(①)를 그에게 주면서 문화부장은 그의 앞장을 서서 걸어가기 시작했다. '16학평 이 작품의 제목인 '봄날'은 이러한 세대교체의 과정이 순환되는 계절의 흐름과 닮아 있음을 암시(②)한다.	①-⑩ 풍시(諷示): 넌지시 가리킴. ⊕ 내포(內包): 어떤 성질이나 뜻 등을 속에 품음.
억압 누를 抑 │ 누를 壓	억지로 누름[抑壓]. 사전 자기의 뜻대로 자유로이 행동하지 못하도록 억지로 억누름. '20수능 「새」에서 '새장에 갇힌 새'는 일상의 안온함에 길들어 자유를 억압하는 일상을 벗어나지 못하는 현대인의 알레고리이다.	⊕ 안온(安穩): 조용하고 편안함. ⊕ 알레고리(allegory): 어떤 한 주제 A를 말하기 위하여 다른 주제 B를 사용하여 그 유사성을 적절히 암시하면서 주제를 나타내는 수사법.
역설적 거스를 逆 │ 말씀 說 어조사 的	논리를 거슬러[逆] 말하는[說] (것)[的]. 사전 어떤 주장이나 이론이 겉보기에는 모순되는 것 같으나 그 속에 중요한 진리가 함축되어 있는 (것). '17학평 '산에서도 오히려 산을 그리며'라는 역설적 표현으로 자연에 동화되고자 하는 화자의 태도를 강조하고 있다.	⊕ 동화(同化): 성질, 양식(樣式), 사상 등이 다르던 것이 서로 같게 됨.
유년 어릴 幼 │ 나이 年	어린[幼] 나이[年]. 사전 어린 나이나 때. 또는 어린 나이의 아이. '18학평 글쓴이는 아름답고 낭만적인 유년 시절의 체험과 그 체험 속의 풍물들을 통해 지난날의 순수를 잃어버린 현실을 안타까워하며 순수함이 회복되기를 갈망하고 있다.	⑩ 동년(童年): 어린 나이. ⊕ 노년(老年): 나이가 들어 늙은 때. 또는 늙은 나이. ⊕ 갈망(渴望): 간절히 바람.
이승	고유어 사전 지금 살고 있는 세상. = 금생, 금세 '17모의 이승에서 함께 오래 살다가 백 년 후에 같이 세상을 떠날 수는 없겠소?	⑪ 저승: 사람이 죽은 뒤에 그 혼이 가서 산다고 하는 세상.
자부심 스스로 自 │ 힘입을 負 마음 心	스스로[自] 재능에 힘입어[負] 당당한 마음[心]. 사전 자기 자신 또는 자기와 관련되어 있는 것에 대하여 스스로 그 가치나 능력을 믿고 당당히 여기는 마음. '20모의 자신의 삶을 옛사람과 비교하며 스스로를 풍월주인이라 여기는 데에서 화자의 자부심이 드러나는군.	⊕ 자긍심(自矜心): 스스로에게 긍지를 가지는 마음. ⊕ 풍월주인(風月主人): 맑은 바람과 밝은 달 등의 아름다운 자연을 즐기는 사람.
잠재력 숨을 潛 │ 있을 在 힘 力	숨어[潛] 있는[在] 힘[力]. 사전 겉으로 드러나지 않고 속에 숨어 있는 힘. '20수능 닭처럼 날개가 귀찮아질 때까지 부지런히 걷는 새는, 성실한 생활이 잠재력의 상실로 이어지는 아이러니를 보여 주는군.	⊕ 늠품(늠品): 앞으로 좋게 발전할 품질이나 품성. ⊕ 저력(底力): 속에 간직하고 있는 든든한 힘.

장막 장막 帳 | 장막 幕	**가리거나 막기 위해 둘러친 막[帳幕].** [사전] ① 한데에서 볕 또는 비바람을 피할 수 있도록 둘러치는 막. = 장악 ② 어떤 사실이나 현상을 보이지 않게 가리는 사물을 비유적으로 이르는 말. ['22 수능] 그런데도 귀함이 저와 같고 천함이 이와 같아, 어떤 것은 부호가의 깊은 장막(②) 안에서 눈앞의 봄바람을 지키고, 어떤 것은 짧은 낮을 든 어리석은 종의 손아귀에서 가을 서리처럼 변한다.	⊕ **한데**: 사방, 상하를 덮거나 가리지 않은 곳. 곧 집채의 바깥. = 노천, 밖 ⊕ **부호(富豪)**: 재산이 넉넉하고 세력이 있는 사람. ⊕ **서리**: 대기 중의 수증기가 지상의 물체 표면에 얼어붙은 것.
절박감 끊을 切 | 닥칠 迫 느낄 感	**매우[切] 가까이 닥친[迫] 느낌[感].** [사전] 일이 급하여 몹시 긴장된 느낌. ['22 모의] (가)에서 '날로'는 부정적 상황의 지속적인 심화를, (나)에서 '당장'은 당면한 상황에서 벗어나려는 절박감을 강조한다.	**TIP톡!** '끊을 切'은 여기에서 '매우, 심히'라는 뜻으로 쓰였다.
점층적 점점 漸 | 계단 層 어조사 的	**점점[漸] 단계를[層] 높여 가는 (것)[的].** [사전] 그 정도를 점점 강하게 하거나, 크게 하거나, 높게 하는 (것). ['16 학평] 각 연에서는 반복되는 시구들이 있고 거기에 새로운 시구가 점층적으로 덧붙여지고 있으며, 그러한 변주가 연과 연 사이에서도 나타난다.	⊕ **변주(變奏)**: 어떤 주제를 바탕으로, 선율·리듬·화성 등을 여러 가지로 변형하여 연주함.
허공 빌 虛 | 공중 空	**텅 빈[虛] 공중[空].** [사전] 텅 빈 공중. ['20 모의] 허공에 띄우는 돌팔매 하나 기울어진 풍경의 장막 저쪽에 고독한 반원을 긋고 잠기어 간다	⊕ **공중(空中)**: 하늘과 땅 사이의 빈 곳. ⊕ **돌팔매**: 무엇을 맞히려고 던지는 돌멩이.

1분 배경 지식

새로운 시선으로 말하다, 낯설게하기

'익숙함에 속아 소중함을 잃지 말자.'라는 말이 있다. 익숙하여 나태해지면 그것이 지닌 본연의 가치를 놓치기 쉬우므로 경계하라는 뜻이다. 익숙하면 나태해지는 것은 문학에서도 마찬가지이다. 익숙하고 보편적인 이야기 구조 속에서는 작품이 지닌 주제와 가치를 드러내고 독자의 관심을 끌어내는 것이 여간 어려운 일이 아니다. 이때 '낯설게하기'라는 기법을 쓰면 익숙함을 탈피할 수 있다.

낯설게하기란, 일상화되어 친숙하거나 반복되어 참신하지 않은 사물이나 관념을 특수화하고 낯설게 하여 새로운 느낌이 들도록 표현하는 것을 이른다. 러시아의 문학 이론가이자 형식주의자였던 시클롭스키(Shklovsky, V.)가 이 말을 처음 사용하였는데, 그는 형식을 어렵게 함으로써 독자가 내용을 지각하는 데 걸리는 시간을 늘려야 한다고 주장하였다. 이야기를 있는 그대로 바라보지 못하게 방해함으로써 긴장과 흥미를 유발하는 것이다.

낯설게하기의 기법으로는 실제 사건이 일어난 시간과 그 일을 서술하는 시간을 달리하여 회상이나 예상을 통해 전달하기, 액자식 구성으로 형태를 난해하게 만들기, 비유나 역설을 통해 주의를 환기하기 등이 있다.

변기가 샘이라니! 굉장히 낯설어.

마르셀 뒤샹 샘

구만리

아홉 九 | 일만 萬
거리 단위 里

구만리(九萬里)나 되는 먼 거리.

[사전] 아득하게 먼 거리를 비유적으로 이르는 말.

'19 수능 인생 천지간에 이런 구경 또 있을까
　　　　　구만리 우주 속에 큰 물결뿐이로다

정상이 코앞이야.

아직도 구만리인걸!

금수

날짐승 禽 | 짐승 獸

날짐승과[禽] 길짐승[獸].

[사전] ① 날짐승과 길짐승이라는 뜻으로, 모든 짐승을 이르는 말.
　　　② 행실이 아주 더럽고 나쁜 사람을 비유적으로 이르는 말.

예 부모를 공경할 줄 모르는 사람은 금수(②)만도 못하다.

①-㈜ 조수(鳥獸): 새와 짐승을 아울러 이르는 말.

목낭청

성씨 睦
사내 郎 | 관청 廳

목(睦)씨 성을 가진 낭청(郎廳) 벼슬의 줏대 없는 사람.

[사전] 자기 주견 없이 이래도 응 저래도 응 하는 사람을 놀림조로 이르는 말.

'22 모의 사공은 목낭청의 혼이 씌었던지 그대로 좇아가며, "그렇습니다. 내가 이
　　　　　배 임자올시다."

TIP톡! '목낭청'은 「춘향전」 속 등장인물이다.

㈜ 주견(主見): 자기의 주장이 있는 의견.

㈜ 임자: 물건을 소유한 사람.

목석

나무 木 | 돌 石

나무나[木] 돌처럼[石] 딱딱한 것.

[사전] ① 나무와 돌을 아울러 이르는 말.
　　　② 나무나 돌처럼 아무런 감정도 없는 사람을 비유적으로 이르는 말.

'17 모의 내가 비록 어리석고 무디기는 하지만 진실로 목석(②)은 아닙니다.

㈜ 돌부처: 감각이 둔하고 고집이 세며 감정에 좀처럼 흔들리지 않는 사람을 비유적으로 이르는 말.

요지경

아름다운 옥 瑤 | 연못 池
거울 鏡

요지(瑤池)라는 연못처럼 아름다운 경관이나 그림이 펼쳐져 보이는 거울[鏡].

[사전] ① 확대경을 장치하여 그 속의 여러 가지 그림을 돌리면서 구경하는 장난감.
　　　② 알쏭달쏭하고 묘한 세상일을 비유적으로 이르는 말.

'19 수능 인생이 저 골목에서 십 환짜리를 받고 코 흘리는 어린애들에게 보여 주
　　　　　는 요지경(①)이라면야 가지고 있는 돈값만치 구멍으로 들여다보고 말
　　　　　수도 있죠.

㈜ 요지(瑤池): 중국 곤륜산에 있다는 못. 신선이 살았다고 함.

춘몽

봄 春 | 꿈 夢

봄날의[春] 꿈[夢].

[사전] 봄에 꾸는 꿈이라는 뜻으로, 덧없는 인생을 비유적으로 이르는 말.

'22 모의 허! 내가 그저 춘몽을 못 깨고 또 실수를 하였구나!

'16 학평 상공이 오히려 춘몽(春夢)을 깨지 못하였도소이다.

㈜ 봄꿈: 한때의 덧없는 일이나 헛된 공상을 비유적으로 이르는 말.

㈜ 남가일몽(南柯一夢): 꿈과 같이 헛된 한때의 부귀영화를 이르는 말.

[01~03] 다음 뜻에 해당하는 어휘를 〈보기〉에서 찾아 쓰시오.

> 보기
>
> 내력   순응   심상   장막

01 지금까지 지내온 경로나 경력. _____

02 어떤 사실이나 현상을 보이지 않게 가리는 사물을 비유적으로 이르는 말. _____

03 환경이나 변화에 적응하여 익숙하여지거나 체계, 명령 등에 적응하여 따름. _____

[04~06] 빈칸에 들어갈 어휘에 V표 하시오.

04 주인공의 대사에는 소설의 비극적인 결말이 (   )되어 있었다. ☐ 암시 ☐ 억압

05 시험 감독관은 수험자의 얼굴과 수험표의 사진을 (   )하였다. ☐ 결실 ☐ 대조

06 오랜만에 고향에 간 청년은 (   ) 시절을 회상하며 추억에 잠겼다. ☐ 생기 ☐ 유년

[07~09] 〈보기〉의 글자를 조합하여 빈칸에 들어갈 어휘를 쓰시오.

> 보기
>
> 공   비   승   유   이   허

07 개똥밭에 굴러도 ☐☐이/가 좋다.

08 비행기가 굉음과 함께 ☐☐을/를 가르며 날아올랐다.

09 예로부터 우리 민족은 용감무쌍한 사람을 호랑이에 ☐☐하였다.

[10~11] 제시된 초성을 참고하여 다음 상황에 어울리는 한자 성어를 쓰시오.

10 다른 사람의 은혜를 저버리는 사람은 ☐ㄱ ㅅ☐만도 못하다. _____

11 그렇게 잘살던 사람이 하루아침에 망하다니 세상은 정말 ☐ㅇ ㅈ ㄱ☐이다. _____

가약 아름다울 佳 | 약속 約	**아름다운[佳] 약속[約].** [사전] ① 아름다운 약속. ② 부부가 되자는 약속. '17 모의　세 번 가약(②)을 맺었건만, 세상일은 뜻대로 되지 않나 봅니다.	②-㉠ **약혼(約婚)**: 혼인하기로 약속함. ⊕ **언약(言約)**: 말로 약속함. 또는 그런 약속.
각설 그칠 却 | 말씀 說	**앞서 하던 말을[說] 그침[却].** [사전] 말이나 글 등에서, 이제까지 다루던 내용을 그만두고 화제를 돌림. '20 모의　각설. 이때 동지촌에 딱부리란 새가 있으되 주먹볏에 흑공단 두루마기, 홍공단 끝동이며, 주둥이는 두 자나 하고 위풍이 헌앙한 짐승이라.	⊕ **공단(貢緞)**: 두껍고, 무늬는 없지만 윤기가 도는 고급 비단. ⊕ **헌앙(軒昂)**: 풍채가 좋고 의기가 당당함.
갈등 칡 葛 | 등나무 藤	**칡과[葛] 등나무[藤].** [사전] ① 칡과 등나무가 서로 얽히는 것과 같이, 개인이나 집단 사이에 목표나 이해관계가 달라 서로 적대시하거나 충돌함. 또는 그런 상태. ② 소설이나 희곡에서, 등장인물 사이에 일어나는 대립과 충돌 또는 등장인물과 환경 사이의 모순과 대립을 이르는 말. ③ 두 가지 이상의 상반되는 요구나 욕구, 기회 또는 목표에 직면하였을 때, 선택을 하지 못하고 괴로워함. 또는 그런 상태. '17 학평　'어룡전'은 계모와 전처소생 간의 갈등(②)을 다룬 계모형 가정 소설이다. '19 모의　소망이나 욕구가 충족되지 못해서 갈등(③)을 겪는 개인은 심리적으로 불안한 상태에 빠진다.	**TIP톡!** ①의 뜻으로 쓰일 때는 '사회적 갈등', '세대 갈등', '노사 갈등' 등과 같이 쓰인다. ⊕ **냉전(冷戰)**: 두 대상의 대립이나 갈등 구조를 비유적으로 이르는 말. ⊕ **계모(繼母)**: 아버지가 재혼함으로써 생긴 어머니.
계책 계획할 計 | 꾀 策	**일을 처리할 계획이나[計] 꾀[策].** [사전] 어떤 일을 이루기 위하여 꾀나 방법을 생각해 냄. 또는 그 꾀나 방법. '20 수능　화설, 장 씨 이화정에 돌아와 긴 단장을 벗고 난간에 기대어 하늘가를 바라보며 평생 살아갈 계책을 골똘히 헤아리자, ……	↻ 꾀 ㉠ **계략(計略)**: 어떤 일을 이루기 위한 꾀나 수단. ⊕ **화설(話說)**: 고소설에서 이야기를 시작할 때 쓰는 말.
고초 괴로울 苦 | 아플 楚	**괴롭고[苦] 아픔[楚].** [사전] 괴로움과 어려움을 아울러 이르는 말. = 고난 '18 수능　한편 한림학사 유연수는 유배지에 도착하니 바람이 거세고 인심이 사나워 갖은 고초를 겪게 되었다.	⊕ **고생(苦生)**: 어렵고 고된 일을 겪음. 또는 그런 일이나 생활.
권세 권력 權 | 기세 勢	**권력과[權] 기세[勢].** [사전] 권력과 세력을 아울러 이르는 말. = 세권 '20 수능　공주가 위에 계셔 온 집의 권세를 오로지 하시니 그 위의와 덕택이 저로 하여금 변변찮은 재주 가진 하졸이 머릿수나 채워 우물 속에서 하늘을 바라보는 것 같게 만드옵니다.	⊕ **위의(威儀)**: 위엄이 있고 엄숙한 태도나 차림새. ⊕ **하졸(下卒)**: 예전에, 군대의 가장 낮은 직위인 병졸을 이르던 말.

대목	고유어	**TIP톡!** ②의 뜻으로 쓰일 때는 '결정적인 대목', '주목할 만한 대목' 등과 같이 쓰인다.

고유어

사전 ① 설이나 추석 등의 명절을 앞두고 경기(景氣)가 가장 활발한 시기.
② 일의 어떤 특정한 부분이나 대상. ③ 이야기나 글 등의 특정한 부분.

'19 수능 「임장군전」을 읽은 당시 독자층은 책의 여백과 말미에 특정 대목(③)에 대한 자신의 생각을 적은 다양한 필사기를 남겼다.

⊕ 경기(景氣): 매매나 거래에 나타나는 호황·불황 등의 경제 활동 상태.

만고
일만 萬 | 옛날 古

아주[萬] 옛날[古].

사전 ① 매우 먼 옛날. ② 아주 오랜 세월 동안. ③ 세상에 비길 데가 없음.

'21 학평 그 부모가 생각하여도 만고(②)에 없는 대변(大變)이요, 분하고 원통한 중에도 기뻐함을 이기지 못하여 그 딸을 더욱 사랑하며 불쌍히 여기더라.

'21 학평 윤 진주는 진실로 만고(③)의 제일가는 영웅이로다!

⊕ 태고(太古): 아득한 옛날.

⊕ 대변(大變): 중대하고 큰 재앙이나 사고.

몰락
가라앉을 沒 | 떨어질 落

바닥으로 가라앉거나[沒] 떨어짐[落].

사전 ① 재물이나 세력 등이 쇠하여 보잘것없이 됨.
② 멸망하여 모조리 없어짐.

'20 모의 「장끼전」은 '까투리'를 중심으로 남존여비와 여성의 개가 금지 같은 가부장제 사회의 문제를, '장끼'를 중심으로는 몰락(①) 양반의 삶과 조선 후기 향촌 사회의 다양한 변화상을 형상화했다.

⊕ 멸망(滅亡): 망하여 없어짐.

⊕ 개가(改嫁): 결혼하였던 여자가 남편과 사별하거나 이혼하여 다른 남자와 결혼함.

⊕ 향촌(鄕村): 시골의 마을.

물색
물건 物 | 빛 色

물건의[物] 빛깔[色].

사전 ① 물건의 빛깔. ② 어떤 기준에 알맞은 사람이나 물건, 장소를 고르는 일.
③ 어떤 일의 까닭이나 형편. ④ 자연의 경치.

'18 모의 골목길을 오르내리며 마땅해 보이는 장소를 물색(②)했을 것이다.

'16 학평 산천과 물색(④)은 의구하다마는 나는 불과 한 달 동안에 행색이 이렇게 초췌하여졌단 말이냐?

TIP톡! ①의 뜻으로 쓰일 때는 '물색 고운 옷', ③의 뜻으로 쓰일 때는 '물색없다', '물색 모르다' 등과 같이 쓰인다.

⊕ 의구(依舊): 옛날 그대로 변함이 없음.

배필
짝 配 | 짝 匹

인생을 함께하는 짝[配匹].

사전 부부로서의 짝. = 배우

'17 모의 이미 조용히 만난 것은 진실로 천행이라고 할 것인데, 어찌 차마 배필의 죽음을 팔아서 일생의 벼슬을 바랄 수 있겠소?

⊕ 배우자(配偶者): 부부의 한쪽에서 본 다른 쪽.

⊕ 천행(天幸): 하늘이 준 큰 행운.

부호
넉넉할 富 | 호걸 豪

재산이 넉넉하고[富] 모습이 호방한[豪] 사람.

사전 재산이 넉넉하고 세력이 있는 사람.

'20 모의 이 대목은 가족의 생계 문제를 걱정하는 몰락 양반의 출현과 향촌 사회에 새롭게 등장한 신흥 부호의 생활상을 보여 주고 있다.

⊕ 갑부(甲富): 첫째가는 큰 부자.

⊕ 신흥(新興): 어떤 사회적 사실이나 현상이 새로 일어남.

비범
아닐 非 | 평범할 凡

평범하지[凡] 않음[非].

사전 보통 수준보다 훨씬 뛰어남.

'21 수능 파경노는 용모가 기이하고 탄복할 일이 많으니 비범한 사람일 것입니다. 마부 일도, 천한 일도 맡기지 마세요.

⊕ 평범(平凡): 뛰어나거나 색다른 점이 없이 보통임.

⊕ 기이(奇異): 기묘하고 이상함.

빌미	**고유어** [사전] 재앙이나 탈 등이 생기는 원인. ['16 수능] 호랑이는 별나라에 대한 자신의 무지를 드러내어 별주부에게 자신을 공략할 <u>빌미</u>를 제공하고 있군.	♻ 꼬투리 ⊕ **구실(口實):** 핑계를 삼을 만한 재료. ⊕ **도화선(導火線):** 사건이 일어나게 된 직접적인 원인.
소저 어릴 小 | 누이 姐	**어린[小] 아가씨[姐].** [사전] '아가씨'를 한문 투로 이르는 말. ['21 수능] 장사가 소저의 얼굴을 언뜻 보고 반해, 손에 쥐었던 거울을 일부러 떨어뜨려 깨뜨렸다.	⊕ **아가씨:** 시집갈 나이의 여자를 이르거나 부르는 말.
속절없이	**고유어** [사전] 단념할 수밖에 달리 어찌할 도리가 없이. ['19 모의] 어찌 장부의 힘을 갖고 <u>속절없이</u> 집안에서만 늙으리까?	⊕ **꼼짝없이:** 벗어날 방법이나 여지가 전혀 없이. ⊕ **여지(餘地)없이:** 어찌할 방법이나 가능성이 없이.
송사 고소할 訟 | 일 事	**법적으로 고소하여[訟] 다투는 일[事].** [사전] ① 재판에 의하여 원고와 피고 사이의 권리나 의무 등의 법률관계를 확정하여 줄 것을 법원에 요구함. 또는 그런 절차. = 소송 ② 과거에 백성끼리 분쟁이 있을 때, 관부에 호소하여 판결을 구하던 일. ['19 모의] 가운이 불길하여 어떠한 놈이 왔으되 용모 나와 비슷해 제가 내라 하고 자칭 옹고집이라 하기로, 억울한 분을 견디지 못하여 일체 구별로 <u>송사</u>(②)하러 가는지라.	⊕ **관부(官府):** 예전에, 벼슬아치들이 모여 나랏일을 처리하던 곳. = 관아 ⊕ **가운(家運):** 집안의 운수. ⊕ **자칭(自稱):** 자기 자신을 스스로 일컬음.
시련 시험할 試 | 단련할 鍊	**의지 등을 시험하거나[試] 단련함[鍊].** [사전] ① 겪기 어려운 단련이나 고비. ② 의지나 사람됨을 시험하여 봄. ['17 수능] 순간 나도 저 잔디처럼 <u>시련</u>(①)에도 꺾이지 않고 꿈을 이루어 나가야겠다는 마음이 생겼다.	**TIP톡!** '시련'은 '試鍊'이라는 한자로도 쓰인다. ⊕ **고비:** 일이 되어 가는 과정에서 가장 중요한 단계나 대목. 또는 막다른 절정.
신세 몸 身 | 세상 世	**몸이[身] 세상에서[世] 처해 있는 처지.** [사전] 주로 불행한 일과 관련된 일신상의 처지와 형편. ['17 모의] 최척은 홀로 선창에 기대어 있다가 이 소리를 듣고 자신의 <u>신세</u>가 처량하게 느껴졌다.	**TIP톡!** '신세'는 '身勢'라는 한자로도 쓰인다. ⊕ **일신상(一身上):** 한 개인의 형편. ⊕ **처량(凄凉):** 초라하고 가여움.
심사 마음 心 | 생각 思	**마음속[心] 생각[思].** [사전] ① 어떤 일에 대한 여러 가지 마음의 작용. ② 마음에 맞지 않아 어깃장을 놓고 싶은 마음. ['22 모의] 송이가 모든 <u>심사</u>(①) 잊어버리고 책상머리에 의지하여 잠깐 졸다가 기러기 소리에 놀라 눈을 뜨고 보니, 남창 밝은 달 발허리에 가득하고 쓸쓸한 낙엽성은 심회를 돕는지라.	**TIP톡!** ②의 뜻으로 쓰일 때는 '심사를 부리다', '고약한 심사가 나다' 등과 같이 쓰인다. ⊕ **어깃장:** 순순히 따르지 않고 못마땅한 말이나 행동으로 뻗대는 일. ⊕ **심회(心懷):** 마음속에 품고 있는 생각이나 느낌.

안위	편안함과[安] 위태로움[危].
편안할 安 | 위태로울 危	사전 편안함과 위태함을 아울러 이르는 말.
	'17 모의 날이 어두워진 뒤에 배에 오른 데다 정신이 없어 서로 잃어버리게 되었으니, 제가 두 분의 안위를 어찌 알 수 있었겠습니까?

양상	모양과[樣] 형상[相].	⊕ 모순적(矛盾的): 어떤 사
모양 樣 | 형상 相	사전 사물이나 현상의 모양이나 상태.	실의 앞뒤, 또는 두 사실이
	'21 모의 「심청전」은 효의 실현 과정에서 다양한 양상의 모순적 상황이 발생한다.	이치상 어긋나서 서로 맞지
	'17 모의 기이한 사건은 흥미를 끌기 위한 소재로만 쓰여서, 서사 구조가 유기적이지 못했고 결말의 양상도 다양했다.	않는 (것).

염려	근심스러운[慮] 생각[念].	↻ 걱정, 고민
생각 念 | 근심할 慮	사전 앞일에 대하여 여러 가지로 마음을 써서 걱정함. 또는 그런 걱정.	⊕ 괘념(掛念): 마음에 두고 걱정하거나 잊지 않음.
	'20 모의 원수 꿈속의 일을 생각하니 저절로 마음이 비창하여 슬픔을 머금고 종일 행군할 동안에 염려가 끊이지 않았다.	⊕ 비창(悲愴): 마음이 몹시 상하고 슬픔.
	'18 수능 조만간 길을 인도하는 자가 있을 것이니 조금도 염려 마라.	⊕ 행군(行軍): 군대가 대열을 지어 먼 거리를 이동하는 일.

염치	청렴함과[廉] 부끄러움을[恥] 아는 마음.	⊕ 얌치: 마음이 깨끗하여 부끄러움을 아는 태도.
청렴할 廉 | 부끄러울 恥	사전 체면을 차릴 줄 알며 부끄러움을 아는 마음.	⊕ 흠모(欽慕): 기쁜 마음으로 공경하며 사모함.
	'20 수능 제가 더욱 흠모하여 염치를 잊고 거짓말로 일을 꾸며 구혼하면서 '정약'이라는 글자 둘을 더했으니 이는 진실로 저의 희롱함이외다.	⊕ 구혼(求婚): 결혼을 청함.
		⊕ 정약(定約): 정한 약속이나 계약.

통쾌한 영웅담, 군담 소설(軍談小說)

1분 배경 지식

'군담 소설'은 전쟁을 배경으로 군사적[軍] 영웅이 활약하는 모습을 이야기한[談] 고전 소설이다. 대개 비범한 인물이 고난을 극복하고 성장하여 전란(戰亂: 전쟁으로 인한 난리)의 위기에서 나라를 구한 뒤 부귀영화를 누린다는 일대기적 구성을 취한다.

군담 소설의 종류는 실재했던 전쟁을 소재로 한 '역사 군담 소설'과 허구적 전쟁을 소재로 한 '창작 군담 소설'로 크게 나눌 수 있다. 역사 군담 소설로는 임진왜란을 배경으로 이순신·권율 장군 등의 활약상을 담은 「임진록」과 병자호란을 배경으로 한 「임경업전」, 「박씨전」 등이 대표적이며, 창작 군담 소설로는 「유충렬전」, 「조웅전」 등이 전한다.

군담 소설은 임진왜란과 병자호란 이후에 발생하여 조선 후기에 크게 유행하였는데, 이는 양란(兩亂)의 국가 위기 상황에서 드러난 지배층의 무능함을 폭로하고, 허구 세계에서라도 영웅의 활약상을 통해 민족적 울분과 패배감을 씻어 내리고자 한 민중의 욕구가 반영된 것이라고 볼 수 있다.

극락세계

지극할 極 | 즐거울 樂
세상 世 | 지경 界

지극한[極] 즐거움이[樂] 있는 세계(世界).

[사전] 아미타불(부처)이 살고 있는 정토(淨土)로, 괴로움이 없으며 지극히 안락하고 자유로운 세상. = 극락

[18 학평] 옥황상제의 성지(聖旨)를 받들어 무곡성의 병서(兵書)를 그대에게 전하니, 그대는 널리 중생을 구제하고 빨리 천상 극락세계로 돌아오시오.

⊕ 정토(淨土): 번뇌의 굴레를 벗어난 아주 깨끗한 세상.
⊕ 성지(聖旨): 임금의 뜻.
⊕ 병서(兵書): 군사를 지휘하여 전쟁하는 방법에 대하여 쓴 책.

무릉도원

무사 武 | 언덕 陵
복숭아 桃 | 수원 源

무릉(武陵)에 사는 어부가 갔다는 복숭아꽃이[桃] 핀 수원지[源].

[사전] '이상향', '별천지'를 비유적으로 이르는 말. = 도원

[유래] 중국 진(晉)나라 때 무릉의 한 어부가 배를 타고 복숭아꽃이 만발한 수원지로 올라가 한 마을에 들어섰는데, 마을 사람들이 그곳에서 살기가 좋아서 그동안 바깥세상이 달라지고 많은 세월이 지난 줄을 몰랐다는 데서 유래하였다.

[20 학평] 옛날 사람이 일컫는 무릉도원이라는 곳도 여기보다 낫지는 않을 듯하다.

TIP톡! 도연명의 「도화원기」에 나오는 말이다.

별세계

다를 別 | 세상 世
지경 界

현실과 다른[別] 새로운 세계(世界).

[사전] ① 이 세상 밖의 다른 세상. ② 특별히 경치나 분위기가 좋은 곳. = 별천지

[예] 그는 마치 별세계(①)에서 온 사람처럼 세상 돌아가는 일을 전혀 몰랐다.

선경

신선 仙 | 지경 境

신선이[仙] 산다는 곳[境].

[사전] ① 신선이 산다는 곳. ② 경치가 신비하고 그윽한 곳을 비유적으로 이르는 말.

[21 학평] 소자는 세상에 사는 사람이온데 난을 피하여 오다가 제 분수에 지나치게 선경(①)에 들어왔으니 죄가 무거워서 죽어도 안타깝지 아니하오이다.

[18 학평] 굴문을 나서니, 밖에는 선경(②)이 또한 나를 기다린다.

⊕ 굴문(窟門): 굴로 드나드는 문.

이상향

이치 理 | 생각 想
마을 鄕

가장 이상(理想)적이라고 생각하는 곳[鄕].

[사전] 인간이 생각할 수 있는 최선의 상태를 갖춘 완전한 사회. = 유토피아

[17 학평] 사시가에서 나타나는 이상향으로서의 자연의 모습은 당대의 현실이나 작가의 삶과 관련되어 작품마다 조금씩 다르게 나타난다.

천지개벽

하늘 天 | 땅 地
열 開 | 열 闢

새로운 세상이[天地] 열림[開闢].

[사전] ① 천지가 처음으로 열림을 이르는 말.
② 자연계에서나 사회에서 큰 변혁이 일어남을 비유적으로 이르는 말.

[유래] 원래 하나의 혼돈체였던 하늘과 땅이 서로 나뉘면서 이 세상이 시작되었다는 중국 고대의 사상에서 유래하였다.

[21 모의] 뭇 소경이 천지 세상 보게 되니 맹인에게는 천지개벽(①)이라.

⊕ 천지(天地): '세상', '우주', '세계'를 이르는 말.
⊕ 개벽(開闢): ① 세상이 처음으로 생겨 열림. ② 새로운 시대가 열리는 것을 비유적으로 이르는 말.
⊕ 소경: '시각 장애인(맹인)'을 낮잡아 이르는 말.

확인 문제

정답과 해설 41쪽

[01~03] 다음 설명이 맞으면 ○에, 그렇지 않으면 X에 표시하시오.

01 '소저'는 '아저씨'를 한문 투로 이르는 말이다. (○ , X)

02 '안위'는 괴로움과 어려움을 아울러 이르는 말이다. (○ , X)

03 '신세'는 주로 불행한 일과 관련된 일신상의 처지와 형편을 뜻한다. (○ , X)

[04~05] 다음 문장에 어울리는 어휘를 고르시오.

04 소년은 부모님의 (염려 | 염치)를 뒤로하고 유학길에 올랐다.

05 공장 이전을 결정한 기업가는 새로운 공장 부지를 (물색 | 양상)하였다.

[06~08] 다음 뜻에 해당하는 어휘에 V표 하시오.

06 부부가 되자는 약속. □ 가약 □ 배필

07 겪기 어려운 단련이나 고비. □ 갈등 □ 시련

08 재산이 넉넉하고 세력이 있는 사람. □ 권세 □ 부호

[09~11] 제시된 초성을 참고하여 다음 뜻에 해당하는 한자 성어를 쓰시오.

09 ㅅ ㄱ : 신선이 산다는 곳.
또는 경치가 신비하고 그윽한 곳을 비유적으로 이르는 말. ________

10 ㅁ ㄹ ㄷ ㅇ : 도연명의 「도화원기」에 나오는 말로,
'이상향', '별천지'를 비유적으로 이르는 말. ________

11 ㄱ ㄹ ㅅ ㄱ : 아미타불이 살고 있는 정토(淨土)로,
괴로움이 없으며 지극히 안락하고 자유로운 세상. ________

원한
원망할 怨 | 한 恨

원망스럽고[怨] 한스러운[恨] 마음.

[사전] 억울하고 원통한 일을 당하여 응어리진 마음.

'20 학평 「김인향전」의 서사에는 전처의 소생이 계모와 갈등하며 비극적 사건이 발생하고 그로 인한 <u>원한</u>을 해소하는 계모 모티프가 반영되어 있는데, 여기에 …… 혼사 장애 모티프가 결합되어 있다.

'19 학평 불쌍한 소저는 이팔청춘에 몹쓸 악명을 쓰고 죽으니 철천(徹天)한 <u>원한</u>을 뉘라서 씻으리오?

⊕ 한(恨): 몹시 원망스럽고 슬퍼 응어리진 마음.
⊕ 이팔청춘(二八靑春): 16세 무렵의 꽃다운 청춘.
⊕ 악명(惡名): 악하다는 평판.
⊕ 철천(徹天): 하늘에 사무침.

유배
귀양 보낼 流 | 나눌 配

귀양 보내어[流] 사람들과 떨어지게[配] 함.

[사전] 조선 시대에, 죄인을 처벌하던 형벌 가운데 죄인을 귀양 보내던 일.

'20 학평 그러다가 늙어서는 태평성대에 죄를 짓고 불모지로 <u>유배</u>되었다.

'18 학평 그대는 내가 일찍 <u>유배</u>에서 돌아갈 것인지 늦게 돌아갈 것인지 어찌 알 수 있단 말이오?

TIP톡! 유배는 그 죄의 무겁고 가벼움에 따라 원근(遠近)의 등급이 있었다.
⊕ 불모지(不毛地): 식물이 자라지 못하는 거칠고 메마른 땅.

자취

고유어

[사전] 어떤 것이 남긴 표시나 자리.

'19 학평 며칠이 지나도록 낭자의 방에서 이상한 <u>자취</u>를 발견할 수 없는지라.

장졸
장수 將 | 병졸 卒

장수와[將] 병졸[卒].

[사전] 예전에, 장수와 병졸을 아울러 이르던 말. = 장사

'17 수능 박씨가 주렴을 드리우고 부채를 쥐어 불을 부치니, 불길이 오랑캐 진을 덮쳐 오랑캐 <u>장졸</u>이 타 죽고 밟혀 죽으며 남은 군사는 살기를 도모하여 다 도망하는지라.

⊕ 장병(將兵): 장교와 부사관, 사병을 통틀어 이르는 말.
⊕ 주렴(珠簾): 구슬 등을 꿰어 만든 발.

조력자
도울 助 | 힘 力
사람 者

힘써[力] 도와주는[助] 사람[者].

[사전] 도와주는 사람.

'21 학평 이 작품은 민시영이라는 평범한 인물이 아내와 신이한 능력을 지닌 <u>조력자</u>의 도움으로 학업을 성취하고 입신양명하는 성공담을 담고 있다.

⊕ 신이(神異): 신기하고 이상함.
⊕ 성공담(成功談): 목적으로 삼은 바를 이룬 과정이나 방법 등에 관한 이야기.

참상
참혹할 慘 | 형상 狀

참혹한[慘] 모습[狀].

[사전] 비참하고 끔찍한 상태나 상황. = 참황

'17 모의 특히 서사 공간이 조선을 포함하여 아시아 여러 국가에 걸쳐 있고 국가 간 갈등을 넘어선 개인 간의 인간적 배려 및 전쟁의 <u>참상</u>에 대해 각국 백성들이 보인 인류애적 연민의 모습도 형상화하고 있다는 점이 주목할 만하다.

⊕ 연민(憐憫): 불쌍하고 가련하게 여김.

책망 꾸짖을 責 ∣ 원망할 望	**꾸짖고[責] 원망함[望].** 사전 잘못을 꾸짖거나 나무라며 못마땅하게 여김. '22모의 그 계집이 한참 물끄러미 보다가 대답도 아니 하고 고개를 돌리니, 배 비장 그중에도 분해서 목소리를 돋우어 다시 <u>책망</u> 겸 묻것다.	↻ 꾸중, 꾸지람 ⊕ 힐책(詰責): 잘못된 점을 따져 나무람.
처지 머무를 處 ∣ 땅 地	**머물러[處] 있는 곳[地].** 사전 처하여 있는 사정이나 형편. '21모의 지금부터 이십 년 전만 해도 그는 다 찌그러진 오막살이에서 콩나물죽으 로 연명하던 <u>처지</u>였다. '20모의 내가 앞으로도 당신을 도울 것인데, 도리어 나를 나무라시니 자신의 <u>처</u> <u>지</u>를 아십시오.	⊕ 상황(狀況): 일이 되어 가 는 과정이나 형편. ⊕ 연명(延命): 목숨을 겨우 이어 살아감.
초월적 뛰어넘을 超 ∣ 넘을 越 어조사 的	**기준을 뛰어넘는[超越] (것)[的].** 사전 어떠한 한계나 표준, 이해나 자연 등을 뛰어넘거나 경험과 인식의 범위를 벗어나는 (것). '21학평 「민시영전」은 영웅 소설의 계열에 속하지만, 일반적인 영웅 소설과 달리 이 작품에는 <u>초월적</u> 능력을 지닌 주인공이 나타나지 않으며, 국가적 위 기 상황을 해결하려는 영웅적 행위도 나타나지 않는다.	⊕ 고답적(高踏的): 속세에 초연하며 현실과 동떨어진 것을 고상하게 여기는 (것).
출사 날 出 ∣ 군대 師	**군대를[師] 전쟁에 내보냄[出].** 사전 군대를 싸움터로 내보내는 일. = 출병 '16모의 짐이 덕이 없어 지금 오초 양국이 반하여 호주 북지를 항복 받고 남관을 넘어 황성을 범하고자 한다 하니 경은 마땅히 <u>출사</u>하야 사직을 안보하게 하라.	⊕ 출사(出仕): 벼슬을 하여 관청에 출근함. ⊕ 황성(皇城): 황제가 있는 나라의 서울. ⊕ 사직(社稷): 나라 또는 조정을 이르는 말.
한탄 한 恨 ∣ 탄식할 歎	**한스러워하며[恨] 탄식함[歎].** 사전 원통하거나 뉘우치는 일이 있을 때 한숨을 쉬며 탄식함. 또는 그 한숨. '18수능 허생의 처가 남편에 대해 <u>한탄</u>하는 대목을 볼 때 허생의 처는 가족 간의 소원한 관계도 행복하지 않은 이유로 여기는 것 같아.	⊕ 소원(疏遠): 지내는 사이 가 두텁지 않고 거리가 있 어서 서먹서먹함.
행색 다닐 行 ∣ 모양 色	**하고 다니는[行] 모양[色].** 사전 ① 겉으로 드러나는 차림이나 태도. ② 길을 떠나기 위하여 차리고 나선 모양. '18학평 조고만 체통에 비를 쪼르를 맞은 <u>행색</u>(①)은 쪽제비 같고 삽살개 같으나 캄캄한 속에서 반짝이는 눈은 올빼미 눈 같다.	↻ 꼴, 몰골 ⊕ 차림: 옷이나 물건 등을 입거나 꾸려서 갖춘 상태. ⊕ 체(體)통: 몸통이나 몸집.
행실 행할 行 ∣ 실제로 實	**실제로[實] 하는 행동[行].** 사전 실지로 드러나는 행동. '20수능 선생이 백공을 돌려보낸 후에 한림을 불러 앞으로 더욱 <u>행실</u>을 닦을 것 을 훈계하자 한림이 절을 하면서 명령을 받들었다.	⊕ 품행(品行): 품성과 행실 을 아울러 이르는 말. ⊕ 훈계(訓戒): 타일러서 잘 못이 없도록 주의를 줌.

향촌 시골 鄕 ㅣ 마을 村	시골[鄕] 마을[村]. [사전] 시골의 마을. = 향리 ['19 모의] 「옹고집전」은 주인공 '참옹고집'이 소외를 경험하도록 그와 똑같이 생긴 '짚옹고집'을 등장시켜 그를 대신하게 하는 독특한 인물 관계를 설정하였다. 이는 '참옹고집'으로 형상화된 조선 후기 <u>향촌</u> 사회의 부유층에게 요구되는 사회적 책무와도 연결된다.	⊕ 소외(疏外): 어떤 무리에서 기피하여 따돌리거나 멀리함.
허구적 없을 虛 ㅣ 꾸며댈 構 어조사 的	없는[虛] 것을 있는 것처럼 꾸며낸[構] (것)[的]. [사전] 사실에 없는 일을 사실처럼 꾸며 만드는 성질을 띤 (것). ['17 수능] 「박씨전」의 후반부는 패전했던 병자호란을 있는 그대로 받아들이고 싶지 않았던 조선 사람들의 욕망에 따라, <u>허구적</u> 인물 박씨가 패전의 고통을 안겼던 실존 인물 용골대를 물리치는 장면을 중심으로 허구화되었다.	⊕ 패전(敗戰): 싸움에 짐.
혼백 넋 魂 ㅣ 넋 魄	사람의 몸을 다스리는 넋[魂魄]. [사전] 사람의 몸에 있으면서 몸을 거느리고 정신을 다스리는 비물질적인 것으로, 몸이 죽어도 영원히 남아 있다고 생각하는 초자연적인 것. = 넋 ['20 학평] 첩은 다른 사람이 아니오라 심천동에 가서 죽은 인향의 <u>혼백</u>이로소이다.	⊕ 넋: 정신이나 마음.
혼사 혼인할 婚 ㅣ 일 事	혼인하는[婚] 일[事]. [사전] 혼인에 관한 일. ['20 수능] 아들 유세기가 부모의 허락 없이 백공과 <u>혼사</u>를 결정했다고 여긴 선생은 유세기를 집에서 내쫓는다.	
화답 응할 和 ㅣ 대답할 答	응하여[和] 대답함[答]. [사전] 시(詩)나 노래에 응하여 대답함. ['21 수능] 파경노는 꽃 사이에 숨어 있다가, "새가 숲 아래서 우는데 눈물 보기 어렵네."라고 시로 <u>화답</u>했다.	
황공 두려울 惶 ㅣ 두려울 恐	두렵고도[惶] 두려움[恐]. [사전] 위엄이나 지위 등에 눌리어 두려움. ['20 모의] 존객의 이름은 높이 들었더니 나를 먼저 찾아 누지에 와 주시니 <u>황공</u> 감사하오이다. ['17 학평] 소녀는 남해 용궁 시녀이온데 소저를 모시고 세상으로 나왔다가 황제의 모습을 뵈오니 극히 <u>황공</u>하옵니다.	⊕ 황송(惶悚): 분에 넘쳐 고맙고도 송구함. ⊕ 위엄(威嚴): 존경할 만한 위세가 있어 점잖고 엄숙함. 또는 그런 태도나 기세. ⊕ 존객(尊客): 높고 귀한 손님. ⊕ 누지(陋地): 누추한 곳.
황천 누를 黃 ㅣ 샘 泉	누런[黃] 샘이[泉] 흐른다는 지하 세계. [사전] 사람이 죽은 뒤에 그 혼이 가서 산다고 하는 세상. = 저승 ['21 학평] 그렇게 해 주신다면 <u>황천</u>에서도 은혜를 입어 고통에서 벗어날 수 있을 것입니다.	⊕ 저세상(저世上): 죽은 다음에 간다는 저쪽의 세상이라는 뜻으로, '저승'을 달리 이르는 말.

횡액 뜻밖의 橫 │ 재앙 厄	**뜻밖의[橫] 재앙[厄].** 사전 뜻밖에 닥쳐오는 불행. = 횡래지액 '17 모의 장차 백년해로의 낙을 누리려 했는데 어찌 <u>횡액(橫厄)</u>을 만나 구렁에 넘어질 줄 알았겠습니까?	⊕ 액(厄): 모질고 사나운 운수.
효행 효도 孝 │ 행할 行	**효성스러운[孝] 행실[行].** 사전 부모를 잘 섬기는 행실. '21 모의 심청이 효를 실천하기 위해 자기희생을 선택함으로써 정작 부친 곁에 남아 있지 못하게 되는 것은 심청의 <u>효행</u>으로 인한 모순적 상황이다.	
희생 희생 犧 │ 희생 牲	**자신의 것을 바쳐 희생함[犧牲].** 사전 ① 다른 사람이나 어떤 목적을 위하여 자신의 목숨, 재산, 명예, 이익 등을 바치거나 버림. 또는 그것을 빼앗김. ② 사고나 자연재해 등으로 애석하게 목숨을 잃음. ③ 제사 지낼 때 제물로 바치는 소, 양, 돼지 등의 산 짐승. = 희생물 '21 모의 심청의 자기<u>희생</u>(①)의 목적이었던 부친의 개안(開眼)이 뒤늦게 실현되는 것은 결말의 지연을 위해 설정된 모순적 상황이라 할 수 있다. '17 수능 이 소설에서는 …… 무고한 <u>희생</u>(②)을 목도한 인물의 내면이 드러남으로써 개인의 존엄이 탐색되었다.	⊕ 헌신(獻身): 몸과 마음을 바쳐 있는 힘을 다함. ⊕ 제물(祭物): 제사 지낼 때 바치는 물건이나 짐승 등. ⊕ 개안(開眼): 눈을 뜸. ⊕ 목도(目睹): 눈으로 직접 봄. = 목격
희화화 희롱할 戱 │ 그릴 畫 될 化	**희롱하듯[戱] 그려내어[畫] 놀림감으로 만듦[化].** 사전 어떤 인물의 외모나 성격, 또는 사건이 의도적으로 우스꽝스럽게 묘사되거나 풍자됨. 또는 그렇게 만듦. '19 수능 인물 간의 대화를 통해 특정 인물의 생각과 행동을 <u>희화화</u>하고 있다.	⊕ 풍자(諷刺): ① 남의 결점을 다른 것에 빗대어 비웃으면서 폭로하고 공격함. ② 문학 작품 등에서, 현실의 부정적 현상이나 모순 등을 빗대어 비웃으면서 씀.

서술자의 가치 판단, 편집자적 논평

1분
배경
지식

문학 작품을 읽다 보면 중간중간 서술자의 목소리가 개입되는 부분이 있다. 가령 전지적 성격의 서술자가 등장인물의 행위나 상황에 대해 직접적으로 가치를 판단하거나 감정을 표출하고, 글의 흐름을 의도적으로 차단하는 말을 걸어 전개를 늦추기도 하는 것 등이다. 이를 '서술자 개입'이라고 하는데, 일반적으로 고전 소설에서는 서술자 개입이 빈번하게 나타난다.

그중 인물의 행동이나 상황에 대하여 서술자의 가치 판단이나 감정 표출 등의 반응이 드러나는 경우를 '편집자적 논평'이라고 한다. 예를 들어 조선 후기 판소리계 소설인 「흥부전」에서 '놀부 놈의 거동 보소.'라는 서술은 '놀부'라는 인물에 대한 서술자의 부정적 평가가 드러난 부분이다. 또, 허균의 「홍길동전」에서 '어찌 가련치 아니하리오.'라는 서술에도 '홍길동'이라는 인물에 대한 서술자의 심정적 동조가 드러나 있다.

편집자적 논평은 서술자의 직접적인 평가를 드러냄으로써 작품의 향유자들로부터 관심과 공감을 끌어내고, 작가의 사상이나 주제 의식을 전달하는 데 효과적이다.

형님, 쌀 좀 빌려주오.

너도 참 염치없다.

놀부 놈의 거동 보소.

군신유의

임금 君 | 신하 臣
있을 有 | 의리 義

임금과[君] 신하[臣] 사이의 도리는 의리에[義] 있음[有].

[사전] 오륜(五倫)의 하나. 임금과 신하 사이의 도리는 의리에 있음을 이름.

[예] 군신유의는 임금과 신하 사이의 의리와 충성을 강조한 유교 규범이다.

⊕ 군의신충(君義臣忠): 임금은 의리 있고, 신하는 충성스러움.

⊕ 오륜(五倫): 유학에서, 사람이 지켜야 할 다섯 가지 도리. 부자유친, 군신유의, 부부유별, 장유유서, 붕우유신을 이름.

부부유별

남편 夫 | 아내 婦
있을 有 | 구별 別

남편과[夫] 아내[婦] 사이의 도리는 서로의 영역을 구별함에[別] 있음[有].

[사전] 오륜(五倫)의 하나. 남편과 아내 사이의 도리는 서로 침범하지 않음에 있음을 이름.

[예] 부부유별은 부부간의 역할 존중과 상호 공경의 의미를 담고 있다.

⊕ 남녀유별(男女有別): 유교 사상에서, 남자와 여자 사이에 분별이 있어야 함을 이르는 말.

부자유친

아버지 父 | 아들 子
있을 有 | 친할 親

아버지와[父] 아들[子] 사이의 도리는 친하게[親] 사랑함에 있음[有].

[사전] 오륜(五倫)의 하나. 아버지와 아들 사이의 도리는 친애에 있음을 이름.

[예] 아버지와 나는 평소에 많은 대화를 나누며 부자유친의 덕목을 실천하고 있다.

⊕ 부자자효(父慈子孝): 어버이는 자식을 사랑하고 자식은 부모에게 효도함.

붕우유신

벗 朋 | 벗 友
있을 有 | 믿을 信

친구[朋友] 사이의 도리는 믿음에[信] 있음[有].

[사전] 오륜(五倫)의 하나. 벗과 벗 사이의 도리는 믿음에 있음을 이름.

[예] 어려서부터 붕우유신의 도리를 지켜 온 두 친구는 사람들의 이간질에도 서로를 의심하지 않았다.

⊕ 이간(離間)질: 두 사람이나 나라 등의 중간에서 서로를 멀어지게 하는 일을 낮잡아 이르는 말.

예의염치

예절 禮 | 의리 義
청렴할 廉 | 부끄러울 恥

예절과[禮] 의리와[義] 청렴함과[廉] 부끄러움을[恥] 아는 마음.

[사전] 예절, 의리, 청렴, 부끄러움을 아는 태도.

['22 모의] 양반이면 남녀유별 예의염치도 모르고 남의 여인네 발가벗고 일하는 데 와서 말이 무슨 말이며, 싸라기밥 먹고 병풍 뒤에서 낮잠 자다 왔습나?

⊕ 예의범절(禮儀凡節): 일상생활에서 갖추어야 할 모든 예의와 절차.

⊕ 싸라기밥: 부스러진 쌀알이 섞인 쌀로 지은 밥.

장유유서

어른 長 | 어릴 幼
있을 有 | 차례 序

어른과[長] 어린이[幼] 사이에는 지켜야 할 차례가[序] 있음[有].

[사전] 오륜(五倫)의 하나. 어른과 어린이 사이의 도리는 엄격한 차례가 있고 복종해야 할 질서가 있음을 이름.

[예] 청년은 오랜 여정으로 지친 상황에서도 장유유서를 실천하여 어르신께 자리를 양보하였다.

누가 먼저 하실래요?

찬물도 위아래가 있죠!

[01~03] 제시된 초성을 참고하여 다음 뜻에 해당하는 어휘를 쓰시오.

01 ㅈ ㄹ ㅈ : 도와주는 사람. _____

02 ㅊ ㅁ : 잘못을 꾸짖거나 나무라며 못마땅하게 여김. _____

03 ㅎ ㄱ ㅈ : 사실에 없는 일을 사실처럼 꾸며 만드는 성질을 띤 것. _____

[04~06] 〈보기〉의 글자를 조합하여 빈칸에 들어갈 어휘를 쓰시오.

> 보기
>
> 상   자   참   촌   취   향

04 들판에 쌓여 있는 해골은 전쟁의 [   ]을/를 전해 준다.

05 경찰은 사건 직후 [   ]을/를 감춘 용의자를 수배하였다.

06 기차를 타고 내달려 도착한 곳은 한가로운 [   ]의 작은 역이었다.

[07~08] 제시된 초성과 뜻을 참고하여 빈칸에 들어갈 어휘를 쓰시오.

07 ㅎ ㅅ : 혼인에 관한 일.

예 두 집안은 이번 (   )로 인척이 되었다.

08 ㅇ ㅎ : 억울하고 원통한 일을 당하여 응어리진 마음.

예 새로 부임한 사또는 가혹한 정치로 백성으로부터 (   )을 샀다.

[09~11] 빈칸에 알맞은 말을 넣어 밑줄 친 '이 말'에 해당하는 한자 성어를 완성하시오.

09 이 말은 예절, 의리, 청렴, 부끄러움을 아는 태도를 의미해. → 예 [ ] 치

10 이 말은 오륜의 하나로, 임금과 신하 사이의 도리는 의리에 있음을 뜻해. → 군 신 [ ]

11 이 말은 오륜의 하나로, 남편과 아내 사이의 도리는
서로 침범하지 않음에 있음을 이르는 말이야. → 부 [ ] 유

갈망 목마를 渴 | 바랄 望	**목말라하며[渴] 간절히 바람[望].** [사전] 간절히 바람. '16 수능 그러나 그뿐, 이미 그의 눈엔 10년 전의 앳된 <u>갈망</u>은 없다.	⊕ **열망(熱望)**: 열렬히 바람.
납득 받아들일 納 | 깨달을 得	**받아들이고[納] 이해함[得].** [사전] 다른 사람의 말이나 행동, 형편 등을 잘 알아서 긍정하고 이해함. '20 모의 그 이율 좀 더 솔직하게 말해 달라 이거야. 이 무식한 놈도 좀 분명하게 알아듣고 <u>납득</u>이 가게끔 말씀이야. '19 모의 정상의 면적은 좁디좁아서 아무나 디딜 수 있는 곳이 아니라는 엄연한 현실도 그들에게는 단지 속임수로밖에 <u>납득</u>되지 않았다.	⊕ **수긍(首肯)**: 옳다고 인정함.
넋두리	**고유어** [사전] 불만을 길게 늘어놓으며 하소연하는 말. = 넋풀이 '18 모의 그것은 반드시 그를 향해 묻는 말이라기보다는 <u>넋두리</u>에 더 가까웠다.	⊕ **푸념**: 마음에 품은 불평을 늘어놓음. 또는 그런 말.
둔갑 숨을 遁 | 껍질 甲	**껍질에[甲] 숨듯[遁] 몸을 감춤.** [사전] ① 술법을 써서 자기 몸을 감추거나 다른 것으로 바꿈. ② 사물의 본디 형체나 성질이 바뀌거나 가리어짐을 비유적으로 이르는 말. '21 학평 (가)에서는 선옥이 '<u>둔갑</u>(①)술로 몸을 숨김과 풍운조화를 부림'을 통해 …… 조력자들로부터 능력을 인정받고 있습니다. '18 모의 동시에 좀 전의 그 환하던 겨울 아침은 대뜸 우리 둘 사이에서 음산한 분 위기로 <u>둔갑</u>(②)을 하고 있었다.	⊕ **둔갑술(遁甲術)**: 마음대로 자기 몸을 감추거나 다른 것으로 변하게 하는 술법(術法). ⊕ **풍운조화(風雲造化)**: 바람이나 구름의 예측하기 어려운 변화. ⊕ **음산(陰散)**: 분위기 등이 을씨년스럽고 썰렁함.
목전 눈 目 | 앞 前	**눈[目]앞[前].** [사전] ① 눈의 앞. 또는 눈으로 볼 수 있는 가까운 곳. = 눈앞 ② 아주 가까운 장래. = 눈앞 '19 학평 <u>목전</u>(①)(目前)에 보이는 송죽(松竹)아 내 벗인가 하노라 '17 수능 <u>목전</u>(②)의 형세가 여차하여 아무리 생각하여도 항복할 밖에 다른 묘책 이 없으니 경들은 다시 말 말라.	↻ 코앞 ⊕ **지척(咫尺)**: 아주 가까운 거리. ⊕ **송죽(松竹)**: 소나무와 대나무를 아울러 이르는 말. ⊕ **여차(如此)**: 이와 같음. ⊕ **묘책(妙策)**: 교묘한 꾀.
반감 반대할 反 | 느낄 感	**반대하는[反] 느낌[感].** [사전] 반대하거나 반항하는 감정. '19 모의 그다음 얼마 동안은 병일이가 스스로 믿고 사는 자기의 담박한 성정을 그리도 못 미더워하는 주인의 태도에 원망과 <u>반감</u>을 가지게 되었다.	⊕ **반감(半減)**: 절반으로 줆. 또는 절반으로 줄임. ⊕ **담박(淡泊)**: 욕심이 없고 마음이 깨끗함. ⊕ **성정(性情)**: 성질과 심정. 또는 타고난 본성.

비참
슬플 悲 | 참혹할 慘

슬프고[悲] 참혹함[慘].

사전 더할 수 없이 슬프고 끔찍함.

'17 학평 '나'는 고향에서의 비참한 삶을 피해 서울로 도망쳐 산동네 자취방에서 삶의 의미를 찾지 못한 채 하루하루를 연명했다.

⊕ 참혹(慘酷): 비참하고 끔찍함.

빈민
가난할 貧 | 백성 民

가난한[貧] 백성[民].

사전 가난한 백성.

'18 모의 그 후, 그는 두 번 다시 그 빈민 구호소 식당 앞에서 얼쩡거리지 않았다.

⊜ 영세민(零細民): 수입이 적어 몹시 가난한 사람.
⊜ 부민(富民): 살림이 넉넉한 백성.

소시민
작을 小
행정 구역 市 | 백성 民

사회에서의 역할이 작은[小] 시민(市民).

사전 노동자와 자본가의 중간 계급에 속하는 소상인, 수공업자, 하급 봉급생활자 등을 통틀어 이르는 말. = 소부르주아, 프티 부르주아

'21 학평 이 작품은 만화가가 겪는 하루의 사건을 통해 1960년대를 살아가는 소시민의 생계에 대한 불안과 비애를 드러낸다.

⊕ 비애(悲哀): 슬퍼하고 서러워함. 또는 그런 것.

소외
멀 疏 | 바깥 外

멀리하며[疏] 밖으로[外] 따돌림.

사전 어떤 무리에서 기피하여 따돌리거나 멀리함.

'17 모의 주인공은 사회적으로 소외된 존재이거나 짝을 얻지 못한 상태에서 실의에 빠져 있는 존재이다.

⊕ 실의(失意): 뜻이나 의욕을 잃음.

순사
돌 巡 | 조사할 査

돌아다니며[巡] 사람들을 조사하는[査] 경찰.

사전 일제 강점기에 둔, 경찰관의 가장 낮은 계급. 또는 그 계급의 사람.

'20 모의 읍내서 헌병, 순사들이 왔다는 말에 홍 씨는 겨우 본채로 돌아갔다.

TIP톡! 순사는 지금의 순경(巡警: 경찰 공무원 계급 중 경장의 아래)에 해당한다.

습격
엄습할 襲 | 칠 擊

갑자기 엄습하여[襲] 상대를 침[擊].

사전 갑자기 상대편을 덮쳐 침.

'20 모의 윤보 일행이 습격하자 조준구와 홍 씨는 사당 마루 밑에 숨어 있다가 삼수의 도움을 받는다.

⊕ 기습(奇襲): 적이 생각지 않았던 때, 갑자기 들이쳐 공격함. 또는 그런 공격.
⊕ 엄습(掩襲): 뜻하지 않은 사이에 습격함.

실상
실제로 實 | 형상 狀

실제[實] 모습[狀].

사전 ① 실제의 상태나 내용. ② 거짓이나 상상이 아니고 현실적으로. = 실제로

'16 수능 실상(②) 나는 고가의 해체에 곁들여 나 자신의 해체를 시도하고 있었는지도 모를 일이었다.

TIP톡! ①의 뜻은 명사로, ②의 뜻은 부사로 쓰인다. ①의 뜻으로 쓰일 때는 '실상을 파악하다', '실상은 다르다' 등과 같이 쓰인다.

안간힘

고유어

사전 ① 어떤 일을 이루기 위해서 몹시 애쓰는 힘.
② 고통이나 울화 등을 참으려고 숨 쉬는 것도 참으면서 애쓰는 힘.

'21 모의 황만근은 한 팔로 옆에 있는 나무를 붙잡으면서 빨려 들어간 팔을 도로 빼려고 안간힘(①)을 썼다.

⊕ 전력(全力): 모든 힘.
⊕ 울화(鬱火): 마음속이 답답하여 일어나는 화.

양면성 두 兩 | 방면 面 | 성질 性	두[兩] 가지 면(面)의 성질[性]. 사전 한 가지 사물에 속하여 있는 서로 맞서는 두 가지의 성질. '20 모의 필자는 게으름의 양면성을 드러내어 게으름의 부정적 측면을 경계하는 한편 게으름의 긍정적 측면을 통해 세태에 대한 비판적 시각을 보여 준다.	⊕ 이중성(二重性): 하나의 사물에 겹쳐 있는 서로 다른 두 가지의 성질. ⊕ 세태(世態): 사람들의 일상생활, 풍습 등에서 보이는 세상의 상태나 형편.
유대감 끈 紐 | 띠 帶 | 느낄 感	끈과[紐] 띠로[帶] 두른 듯 가까운 느낌[感]. 사전 서로 밀접하게 연결되어 있는 공통된 느낌. '16 수능 1970년대 한국 소설에는 산업화 과정에서 공동체적 유대감이 파괴되고 개인주의가 팽배하면서 그 사이에서 고민하게 되는 소시민이 나타난다.	⊕ 연대감(連帶感): 한 덩어리로 서로 연결되어 있음을 느끼는 마음. ⊕ 팽배(澎湃): 어떤 기세나 사조 등이 매우 거세게 일어남.
자서전 스스로 自 | 펼 敍 전기 傳	스스로[自] 펴낸[敍] 자신의 전기(일대기)[傳]. 사전 작자 자신의 일생을 소재로 스스로 짓거나, 남에게 구술하여 쓰게 한 전기. '20 모의 회의가 없는 자서전이야말로 영락없이 한 거인의 동상에 불과할 뿐이었다.	⊕ 회의(懷疑): 의심을 품음. 또는 마음속에 품은 의심. ⊕ 영락(零落)없이: 조금도 틀리지 않고 꼭 들어맞게.
주술 빌 呪 | 방법 術	바라는 것을 비는[呪] 방법[術]. 사전 불행이나 재해를 막으려고 주문을 외거나 술법을 부리는 일. 또는 그 술법. '18 모의 도시화 과정에서 도시인들은 …… 남을 배려하기보다 자신의 안위를 보장받는 데 더 관심을 둔다. 또한, 미신과 같은 주술적인 사고방식이 남아 있는가 하면 합리적인 사고방식으로 사태에 대처하려는 태도를 보이기도 한다.	⊕ 미신(迷信): ① 비과학적이고 비합리적으로 여겨지는 믿음. ② 과학적·합리적 근거가 없는 것을 맹목적으로 믿음.
짐작 짐작할 斟 | 헤아릴 酌	가늠하여[斟] 헤아림[酌]. 사전 사정이나 형편 등을 어림잡아 헤아림. '21 학평 한동안은 누가 나를 쳐다보고 수군거리기만 해도 엄마 이야기라고 지레짐작했으며 남에게 그것을 눈치채이기 싫어서 짐짓 고개를 숙여 버리곤 했다.	⊕ 어림: 대강 짐작으로 헤아림. 또는 그런 셈이나 짐작. ⊕ 지레짐작(지레斟酌): 어떤 일이 일어나기 전에 확실하지 않은 것을 성급하게 미리 하는 짐작.
해방 풀 解 | 놓을 放	풀어[解] 놓아짐[放]. 사전 ① 구속이나 억압, 부담 등에서 벗어나게 함. ② 1945년 8월 15일에 우리나라가 일본 제국주의의 강점에서 벗어난 일. '16 모의 해방(②) 후 '나'는 벗인 '방(方)'과 함께, 장춘에서 서울에 이르는 귀로에 오른다.	⊕ 자주독립(自主獨立): 국가 등이 다른 나라의 간섭을 받거나 다른 나라에 의존하지 않고 자주권을 행사하는 일. ⊕ 강점(強占): 남의 물건, 영토 등을 강제로 차지함.
해소 풀 解 | 사라질 消	풀어서[解] 사라지게[消] 함. 사전 ① 어려운 일이나 문제가 되는 상태를 해결하여 없애 버림. ② 어떤 단체나 조직 등을 없애 버림. '17 학평 이렇게 인간들은 자신들의 불편함을 해소(①)하기 위해 은행나무의 생태를 어지럽히는 일도 서슴지 않는다.	⊕ 타개(打開): 매우 어렵거나 막힌 일을 잘 처리하여 해결의 길을 엶. ⊕ 서슴다: 어떤 행동을 선뜻 결정하지 못하고 머뭇거리며 망설이다.

해체 풀 解 | 몸 體	조직의 몸체를[體] 풀어버림[解].	
	[사전] ① 단체 등이 흩어짐. 또는 그것을 흩어지게 함. ② 체제나 조직 등이 붕괴함. 또는 그것을 붕괴하게 함. ③ 기계 등이 풀어져 흩어짐. 또는 그것을 뜯어서 헤침. ④ 구조물 등이 헐어 무너짐. 또는 그것을 헐어 무너뜨림.	TIP톡! ②의 뜻으로 쓰일 때는 '중세 사회의 해체', '신분제 해체', ③의 뜻으로 쓰일 때는 '폭발물 해체', '기기의 조립과 해체' 등과 같이 쓰인다.
	'18 학평 학생의 처지를 이해하게 된 노인은 자신이 기억에서 의식적으로 지워 버렸던, 화려했던 과거와 해체(①)된 가족의 이야기를 들려줍니다.	⊕ 추녀: 네모지고 끝이 번쩍 들린, 처마의 네 귀에 있는 큰 서까래(나무).
	'16 수능 우아한 추녀와 드높은 용마루는 헌 기왓장으로 해체(④)되고, 웅장한 대들보와 길들은 기둥목, 아른거리던 바둑마루는 허술한 장작더미처럼 나자빠졌다.	⊕ 용(龍)마루: 지붕 가운데 부분에 있는 가장 높은 수평 마루.

혐오 싫어할 嫌 | 미워할 惡	싫어하고[嫌] 미워함[惡].	↺ 미움
	[사전] 싫어하고 미워함.	ⓨ 염오(厭惡): 마음으로부터 싫어하여 미워함. 또는 그런 느낌.
	'16 수능 나는, 젖힌 그의 얼굴에서 동굴처럼 뚫린 콧구멍과 그 속을 무성하게 채운 코털을 보며 잠깐 모멸과 혐오를 느꼈다.	⊕ 모멸(侮蔑): 업신여기고 얕잡아 봄.

회상 돌 回 | 생각 想	돌이켜[回] 생각함[想].	⊕ 상기(想起): 지난 일을 돌이켜 생각하여 냄.
	[사전] 지난 일을 돌이켜 생각함. 또는 그런 생각.	⊕ 행적(行跡): 행위의 실적(實績)이나 자취.
	'22 모의 기범의 행적을 잘 알고 있는 '임 씨'를 만나 사연을 듣기 전에, 일규의 장례식 후에 있었던 기범과의 과거 일을 회상한다.	

비유 속에 담긴 암시, 알레고리(allegory)

1분 배경 지식

'알레고리'는 '달리 말하다'라는 뜻을 가진 그리스어 '알레고리아(allegoria)'의 영어식 표현이다. 문학에서 어떤 사물이나 추상적인 생각을 직접 표현하지 않고 유사한 다른 사물에 빗대어 암시적으로 표현하여 주제를 드러내는 수사법을 가리킨다.

문학적 표현 기교 중에 은유법과 유사하다고 할 수 있는데, 은유법이 하나의 단어나 하나의 문장과 같은 작은 단위에서 구사되는 반면, 알레고리는 이야기 전체가 하나의 총체적인 은유법으로 관철되어 있다는 차이가 있다. 우리말로는 '우의(寓意)' 또는 '풍유(諷諭)'라고 한다.

알레고리를 사용한 대표적인 작품으로는 『이솝 우화』가 있다. 그리스 작가 이솝(Aesop)의 우화집인 이 작품은 동물을 주인공으로 도덕과 처세에 관한 교훈을 풍자적으로 제시하였다. 또, 현대 작품 중 조지 오웰(George Orwell)의 『동물 농장』은 동물을 의인화하여 변질된 사회주의 혁명을 은유적으로 묘사하고, 권력 남용과 지도자의 부패가 가져오는 공포와 위험성을 풍자한 소설이다.

표현의 자유가 억압된 사회에서 비판의 목소리를 내야 할 때, 혹은 사회적 금기(禁忌)나 불편한 진실을 전해야 할 때, 알레고리는 작가의 생각에 자유를 실어 주는 돌파구 역할을 한다.

▲ 『이솝 우화』 중 「곰과 나그네」

각골통한

새길 刻 | 뼈 骨
아플 痛 | 한할 恨

뼈에[骨] 새겨질[刻] 만큼 아프고[痛] 한스러움[恨].

사전 뼈에 사무칠 만큼 원통하고 한스러움. 또는 그런 일.

예 장군은 부하들의 배신을 평생 각골통한으로 여겼다.

⊕ 각골지통(刻骨之痛): 뼈에 사무칠 만큼 원통함. 또는 그런 일. = 각골지원

⊕ 원통(冤痛): 분하고 억울함.

대성통곡

큰 大 | 소리 聲
슬플 痛 | 울 哭

큰[大] 소리로[聲] 슬프게[痛] 욺[哭].

사전 큰 소리로 몹시 슬프게 곡을 함.
= 방성대곡, 방성통곡

'21학평 부모님과 낭자가 생각나서
대성통곡하니, 풀과 나무도
슬퍼하는 듯하였다.

⊕ 일장통곡(一場痛哭): 한 바탕 소리를 높여 슬피 욺.

실성통곡

잃을 失 | 성품 性
슬플 痛 | 울 哭

이성을[性] 잃을[失] 정도로 슬프게[痛] 욺[哭].

사전 정신에 이상이 생길 정도로 슬프게 통곡함.

'20학평 흥이 망극하여 실성통곡 왈, "우리 집의 가세는 어찌 남과 다른고. 숙부가
불의를 행하여 문중이 따로따로 흩어지니 무슨 아름다운 일이 있으리오."

⊕ 망극(罔極): 한이 없는 슬픔. 보통 임금이나 부모가 죽은 사고에 쓰는 말.

⊕ 불의(不義): 의리, 도의, 정의 등에 어긋남.

천수만한

일천 千 | 근심 愁
일만 萬 | 한할 恨

천[千] 가지를 근심하고[愁] 만[萬] 가지를 한스러워함[恨].

사전 이것저것 슬퍼하고 원망함. 또는 그런 슬픔과 한.

'19학평 아름다운 자태거동 이목(耳目)에 매여 있어
못 보아 병이 되고 못 잊어 원수로다
천수만한(千愁萬恨) 가득한데 끝끝치 느끼워라

⊕ 자태(姿態): 어떤 모습이나 모양. 주로 사람의 맵시나 태도를 이름.

⊕ 거동(擧動): 몸을 움직이는 태도.

철천지한

뚫을 徹 | 하늘 天
어조사 之 | 한 恨

하늘을[天] 뚫을[徹] 만큼의[之] 큰 한[恨].

사전 하늘에 사무치는 크나큰 원한. = 철천지원

'20학평 첩이 전생의 죄 중하여 일찍 모친을 이별하고 계모의 누명을 애매히 쓰
고 죽사와 철천지한을 설원할 길이 없삽더니 명찰하신 성주님을 만나 원
수를 갚삽고 또한 한림이 금의환향하사 원혼을 위로하여 주시었사오니
이제는 한이 없는지라.

⊕ 설원(雪冤): 원통한 사정을 풀어 없앰.

⊕ 명찰(明察): 사물을 똑똑히 살핌.

⊕ 금의환향(錦衣還鄉): 출세를 하여 고향에 돌아가거나 돌아옴.

함분축원

품을 含 | 분할 憤
쌓을 蓄 | 원망 怨

분함을[憤] 품고[含] 원망을[怨] 쌓음[蓄].

사전 분한 마음을 품고 원한을 쌓음.

예 3·1 독립 선언서에서는 함분축원의 2천만 조선인을 위력으로 구속한다는 것
은 동양 평화를 영구히 보장하는 길이 될 수 없음을 밝혔다.

⊕ 위력(威力): 상대를 압도할 만큼 강력함. 또는 그 힘.

⊕ 영구(永久)히: 시간상으로 무한히 이어진 상태로.

[01~03] 다음 뜻에 해당하는 어휘를 〈보기〉에서 찾아 쓰시오.

〈보기〉

납득	소외	순사	해방

01 구속이나 억압, 부담 등에서 벗어나게 함. _____

02 어떤 무리에서 기피하여 따돌리거나 멀리함. _____

03 다른 사람의 말이나 행동, 형편 등을 잘 알아서 긍정하고 이해함. _____

[04~05] 제시된 초성을 참고하여 밑줄 친 말을 대신할 수 있는 어휘를 쓰시오.

04 운동은 스트레스를 <u>해결하여 없애는</u> 데 도움이 된다.

ㅎ ㅅ 하는 ➡ (   )

05 어지러운 시대일수록 국민은 뛰어난 지도자가 배출되기를 <u>간절히 바란다.</u>

ㄱ ㅁ 한다 ➡ (   )

[06~08] 다음 설명이 맞으면 ○에, 그렇지 않으면 ✕에 표시하시오.

06 '빈민'은 가난한 백성을 의미한다. (○ , ✕)

07 '넋두리'는 불행이나 재해를 막으려고 주문을 외거나 술법을 부리는 일이다. (○ , ✕)

08 '양면성'은 한 가지 사물에 속하여 있는 서로 맞서는 두 가지의 성질을 뜻한다. (○ , ✕)

[09~11] 다음 뜻에 해당하는 한자 성어를 찾아 바르게 연결하시오.

09 이것저것 슬퍼하고 원망함.　　　•　　　　　　　　　• ㉠ 각골통한

10 뼈에 사무칠 만큼 원통하고 한스러움.　•　　　　　　　　• ㉡ 실성통곡

11 정신에 이상이 생길 정도로 슬프게 통곡함.　•　　　　　• ㉢ 천수만한

감회 느낄 感 | 품을 懷	**마음에 느껴지거나[感] 품은[懷] 생각.** [사전] 지난 일을 돌이켜 볼 때 느껴지는 회포. '21 수능　과거 인물의 행적에 비추어, 다시 찾은 옛집에서 떠올린 기억에 대한 감회를 드러내고 있다.	⑨ 감구지회(感舊之懷): 지난 일을 떠올리며 느끼는 회포. ⊕ 회포(懷抱): 마음속에 품은 생각이나 정.
경외감 공경할 敬 | 두려워할 畏 느낄 感	**공경하면서[敬] 두려워하는[畏] 느낌[感].** [사전] 공경하면서 두려워하는 감정. '21 모의　대상에 대한 호칭을 전환하여, 시적 대상에 대한 화자의 경외감을 표현한다.	⊕ 경외심(敬畏心): 공경하면서 두려워하는 마음. ⊕ 호칭(呼稱): 이름 지어 부름. 또는 그 이름.
고난 괴로울 苦 | 어려울 難	**괴롭고[苦] 어려움[難].** [사전] 괴로움과 어려움을 아울러 이르는 말. = 고초 '21 모의　일반적으로 영웅 소설에서 주인공은 고난을 겪지만 조력자를 만나 병서나 무기 등을 얻어 탁월한 능력을 갖게 됩니다. '16 모의　시련과 고난을 드러내는 표현을 사용하여 기대가 실현되기 이전의 상황을 제시하고 있다.	↻ 시련 ⊕ 가시밭길: 괴로움과 어려움이 심한 경로를 비유적으로 이르는 말.
괴리 어그러질 乖 | 떨어질 離	**서로 어긋나거나[乖] 동떨어짐[離].** [사전] 서로 어그러져 동떨어짐. '17 학평　민 씨로 하여금 현실과 이상의 괴리를 깨닫게 하여 현실에 안주하게 한다.	⊕ 안주(安住): 현재의 상황이나 처지에 만족함.
궁핍 궁할 窮 | 가난할 乏	**살림이 궁하고[窮] 가난함[乏].** [사전] 몹시 가난함. '22 수능　「탄궁가」는 향촌 공동체에서 경제적 기반이 취약한 사대부가 가정과 사회에 대한 책임을 다하기 어려운 자신의 궁핍한 삶을 실감 나게 그려 낸 작품이다. '19 학평　어미 닭은 매나 솔개가 하늘에 뜨거나 매운바람이 몰아치거나 하면 얼른 날개를 펴 제 새끼들을 거두어 안았는데, 그 따뜻하고 넉넉한 모성애는 궁핍한 시절에 자식 넷을 먹여 살려야 했던 내 어머니의 모습이기도 했다.	↻ 가난 ⊕ 취약(脆弱): 무르고 약함. ⊕ 모성애(母性愛): 자식에 대한 어머니의 본능적인 사랑.
독백 홀로 獨 | 아뢸 白	**혼자서[獨] 말함[白].** [사전] ① 혼자서 중얼거림. ② 연기에서, 배우가 상대역 없이 혼자 말하는 행위. 또는 그런 대사. 관객에게 인물의 심리 상태를 전달하는 데 효과적임. = 모놀로그 '21 학평　인물의 말과 내적 독백(①)을 교차하여 인물의 심리를 드러내고 있다.	↻ 혼잣말 ⊕ 방백(傍白): 연극에서, 다른 등장인물은 듣지 못하고 관객만 들을 수 있는 것으로 약속된 대사.

명리 이름 名 | 이로울 利	**명예와[名] 이로움[利].** [사전] 명예와 이익을 아울러 이르는 말. ['21 모의] 산림(山林)에 살면서 명리(名利)에 마음을 두는 것은 큰 부끄러움[大恥] 이다.	⑰ 명문이양(名聞利養): 세 간의 평판과 이익.
몰입 빠질 沒 | 들 入	**빠져[沒] 듦[入].** [사전] 깊이 파고들거나 빠짐. ['22 모의] 좋은 글귀를 손으로 차분히 따라 쓰는 필사는 자신이 적고 있는 글귀에 몰입하는 경험을 하게 한다.	⊕ 몰두(沒頭): 어떤 일에 온 정신을 다 기울여 열중함. ⊕ 필사(筆寫): 베끼어 씀.
사색 생각 思 | 탐구할 索	**깊이 생각하고[思] 탐구함[索].** [사전] 어떤 것에 대하여 깊이 생각하고 이치를 따짐. ['20 모의] 「조용」에서 필자는 '나'와 '게으름 귀신'의 대화라는 구조를 활용하여 게 으름에 대한 사색의 결과를 담아내고 있다. ['17 모의] 눈이 쌓이는 깊은 밤 혼자 앉아 있는 서재는 사색의 보금자리요, 책상 위에 밝혀 놓은 램프불은 사색의 꽃이다.	⊕ 명상(冥想): 고요히 눈을 감고 깊이 생각함. 또는 그 런 생각. ⊕ 보금자리: 지내기에 매 우 포근하고 아늑한 곳을 비유적으로 이르는 말.
세속 세상 世 | 풍속 俗	**세상의[世] 풍속[俗].** [사전] ① 사람이 살고 있는 모든 사회를 통틀어 이르는 말. = 세상 ② 세상의 일반적인 풍속. ③ 불가에서 일반 사회를 이르는 말. = 속세 ['17 학평] 자연은 세속(①)에서 벗어난 이상적 세계로 그려지기도 하고, 때로는 인 간이 본받을 만한 우월한 특성을 지닌 인격체로 그려지기도 한다. ['16 수능] 여자를 소유하고 가정을 갖고 싶다는 세속(②)적인 소망 외에는 한 번도 야망이나 고뇌가 깃들어 보지 않은 눈. 부스스한 머리가 늘어진 이마에 어느새 굵은 주름이 자리 잡기 시작한 중년의 그가 나는 또다시 낯설다.	⊕ 우월(優越): 다른 것보다 나음. ⊕ 세속적(世俗的): 세상의 일반적인 풍속을 따르는 (것). ⊕ 야망(野望): 크게 무엇을 이루어 보겠다는 희망. ⊕ 고뇌(苦惱): 괴로워하고 번뇌함.
세태 세상 世 | 모습 態	**세상의[世] 모습[態].** [사전] 사람들의 일상생활, 풍습 등에서 보이는 세상의 상태나 형편. = 세상 ['19 모의] 풍자적 어조를 통해 세태를 우회적으로 비판하고 있다.	⊕ 물정(物情): 세상의 이러 저러한 실정이나 형편.
신념 믿을 信 | 생각 念	**믿고[信] 있는 생각[念].** [사전] 굳게 믿는 마음. ['20 모의] 믿음이 논리를 초월할 수도 있다고는 했지만 그러나 논리적인 이해가 불 가능한 신념은 맹목적인 아집에 그칠 위험성이 있었다. ['19 학평] 그건 나 자신부터가 충분히 생생한 신념을 껴안고 살아가고 있을 때만 가능한 얘기였다.	↻ 믿음 ⊕ 맹목적(盲目的): 주관이 나 원칙이 없이 덮어놓고 행 동하는 (것). ⊕ 아집(我執): 좁은 생각에 집착하여 자기의 의견이나 입장만을 내세우는 것.
영탄적 읊을 詠 | 탄식할 歎 어조사 的	**마음속 탄식을[歎] 읊는[詠] (것)[的].** [사전] 기쁨·슬픔·놀라움과 같은 감정을 강하게 나타내는 (것). ['18 모의] 영탄적 표현을 통해 대상의 속성을 예찬하고 있다.	⊕ 예찬(禮讚): 무엇이 훌륭 하거나 좋거나 아름답다고 찬양함.

영화 영화 榮 | 빛날 華	**영광스럽게[榮] 빛남[華].** 사전 몸이 귀하게 되어 이름이 세상에 빛남. '20 수능 저 영달에 얽매여 벼슬하는 자는 구차하게 영화에 매달리지만 나는 만나는 대로 편안하다.	⊕ 영달(榮達): 지위가 높고 귀하게 됨. ⊕ 구차(苟且): 말이나 행동이 떳떳하거나 버젓하지 못함.
울화 답답할 鬱 | 불 火	**마음이 답답하여[鬱] 생기는 화[火].** 사전 마음속이 답답하여 일어나는 화. '22 모의 보이는 것 들리는 것이 모조리 심사 틀리는 소식밖엔 없어 그래도 죄 없는 곳은 내 서재니라 하여 며칠만 틀어박혀 있으면 그만 속에서 울화가 터져 나온다.	⊕ 울분(鬱憤): 답답하고 분함. 또는 그런 마음.
위안 위로할 慰 | 편안 安	**위로하여[慰] 편안하게[安] 함.** 사전 위로하여 마음을 편하게 함. 또는 그렇게 하여 주는 대상. '18 수능 원고를 쓰다가 밤을 새우기도 왕왕 하였다. 그러하면 그러할수록 난의 위안이 더 필요하였다.	⊕ 안위(安慰): 몸을 편안하게 하고 마음을 위로함. ⊕ 왕왕(往往): 시간의 간격을 두고 이따금.
은거 숨을 隱 | 살 居	**숨어서[隱] 삶[居].** 사전 ① 세상을 피하여 숨어서 삶. ② 예전에, 벼슬자리에서 물러나 한가로이 지내던 일. '19 학평 '우도(友道)'란 벗을 사귀는 데 중요한 덕목으로, 사대부 시가에서 '우도'는 신의와 공경, 충효 등의 유교적 이념이나 풍류와 은거(②) 등의 친자연적 삶의 모습과 같이 작가가 추구하는 가치를 드러내는 방식으로 활용되었다.	
의탁 의지할 依 | 의탁할 託	**의지하여[依] 몸과 마음을 맡김[託].** 사전 어떤 것에 몸이나 마음을 의지하여 맡김. '20 수능 이것이 내가 몸은 벼슬을 하면서도 뜻은 강호에 두어 매양 노래에 의탁하는 것이니, 그대는 어떻게 생각하는가?	**TIP톡!** '의탁'은 '依托'이라는 한자로도 쓰인다. ⊕ 매양: 매 때마다.
정서 마음 情 | 실마리 緖	**여러 가지 마음을[情] 일으키는 실마리[緖].** 사전 사람의 마음에 일어나는 여러 가지 감정. 또는 감정을 불러일으키는 기분이나 분위기. '21 학평 달은 문학적 상상력을 바탕으로 화자와 임 사이를 정서적으로 이어 주는 역할을 한다. '18 학평 다른 새 집은 새 보금자리, 새둥지, 이런 말을 쓰면서 오직 제비집 까치집만 집이라 하는 것을 보면, 한국 사람의 집에 대한 관념이나 정서를 알 수가 있다.	⊕ 정서적(情緒的): 정서를 불러일으키는 (것).
체면 몸 體 | 얼굴 面	**드러낼 만한 몸과[體] 얼굴[面].** 사전 남을 대하기에 떳떳한 도리나 얼굴. '19 모의 야, 작가 선생이 밤무대 가수 신세인 옛 친구 만나려니까 체면이 안 서데?	⊕ 면목(面目): 남을 대할 만한 체면. = 낯

추구	쫓아서[追] 구함[求].	⊕ **갈구(渴求)**: 간절히 바라
쫓을 追 | 구할 求	사전 목적을 이룰 때까지 뒤좇아 구함.	며 구함.
	'20 수능 작가는 자신이 <u>추구</u>하는 삶의 방향성과 가치관을 드러내며 벗의 생각에 공감하고 있다.	

탄식	탄식하며[歎] 한숨을 쉼[息].	↻ 한숨
탄식할 歎 | 숨 쉴 息	사전 한탄하여 한숨을 쉼. 또는 그 한숨.	⊕ **사모(思慕)**: 우러러 받들
	'22 수능 나는 이에 한숨을 쉬며 <u>탄식</u>하여 말하였다.	고 마음속 깊이 따름.
	'17 모의 이 소식을 들은 사람들은 모두 슬퍼하고 <u>탄식</u>하면서 그들의 절개를 사모 하지 않는 사람이 없었다.	

투영	물체의 그림자를[影] 다른 물체에 던져[投] 보내어 비춤.	⊕ **반영(反映)**: ① 빛이 반사
던질 投 | 그림자 影	사전 ① 물체의 그림자를 어떤 물체 위에 비추는 일. 또는 그 비친 그림자.	하여 비침. ② 다른 것에 영
	② 어떤 일을 다른 일에 반영하여 나타냄을 비유적으로 이르는 말.	향을 받아 어떤 현상이 나타
	③ 어떤 상황이나 자극에 대한 해석, 판단 등에 심리 상태나 성격이 반영 되는 일.	남. 또는 어떤 현상을 나타냄.
	'21 모의 첫째는 자기의 경험은 물론 자기 내면의 정서나 의식 등을 대상에 <u>투영</u> (③)하여, 외부 세계에 새로운 의미를 부여하는 경우이다.	

행여	다행히[幸] 운이 좋겠지만 혹시나.	↻ 혹시, 혹
다행 幸 + 여	사전 어쩌다가 혹시.	
	'22 모의 잡아당길 때 무거울 것을 생각하면서 배꼽에 힘을 잔뜩 주고 <u>행여</u>나 낚 대를 놓칠세라 두 손으로 꽉 붙잡고 번쩍 치켜 올리면, 허허 이런 기막 힌 일도 있을까.	

사실을 기록하다, 르포르타주(reportage)

'르포르타주'는 프랑스어로 '탐방, 보도'라는 뜻으로, 다큐멘터리 수법을 써서 현실의 사건과 사실을 충실하게 묘사하고 기록하는 문학 형식이다. 방송·신문·잡지 등에서 현지 보고나 보고 기사를 이르는 말로도 쓰이며, 줄여서 '르포'라고도 한다.

어떤 사회 현상이나 사건에 관해 보고자가 자신의 관점을 가지고 심층 취재한 후, 뉴스나 에피소드를 포함하여 종합적인 기사로 완성한다. 실제 현장을 직접 조사하거나 체험한 내용을 토대로 생생하게 묘사하기 때문에 현장감과 생동감을 주는 것이 특징이다. 또, 보고자의 관점이 포함되기에 독자나 시청자를 설득하는 인상을 주기도 한다. 우리나라 방송 프로그램 중 「추○ 60분」이나 「PD △첩」과 같은 것이 대표적인 르포르타주 형식의 보도이다.

르포르타주는 주관을 배제하고 최대한 객관적으로 사실을 전달하되, 보고자의 관점대로 기사를 끌어간다는 점에서 보고 기사와 문학을 넘나드는 영역에 있다. 객관적인 틀 안에서 기록되지만, 보고자의 의식이나 감정의 흔적이 남을 수밖에 없기에 르포르타주의 보고자는 진실을 훼손하지 않도록 주의해야 한다.

▲ 취재를 통해 사실을 기록하는 르포르타주

고립무원

외로울 孤 | 설 立
없을 無 | 도움 援

외로이[孤] 서[立] 있어 도움을[援] 받을 데가 없음[無].

[사전] 고립되어 구원을 받을 데가 없음.

[예] 그는 잦은 말실수로 사람들의 신임을 잃고 <u>고립무원</u>의 신세가
되었다.

살려 줘……

고침단금

외로울 孤 | 베개 枕
홀 單 | 이불 衾

외로운[孤] 베개와[枕] 한[單] 채의 이불[衾].

[사전] 젊은 여자가 홀로 쓸쓸히 자는 잠자리를 이르는 말.

['19학평] <u>고침단금(孤枕單衾)</u> 깊이 든 밤 상사몽(相思夢) 훌쩍 깨여
죽창(竹窓)을 반만 열고 막막히 앉아 보니 ……

⊕ 상사몽(相思夢): 남녀 사
이에 서로 그리워하여 꾸
는 꿈.

⊕ 죽창(竹窓): 대나무로 창
살을 만든 창문.

독수공방

홀로 獨 | 지킬 守
빌 空 | 방 房

홀로[獨] 빈[空]방을[房] 지킴[守].

[사전] 혼자서 지내는 것. 또는 아내가 남편 없이 혼자 지내는 것.

['22모의] 무심한 사람도 마음이 상하거든 <u>독수공방</u>에 눈물로 세월을 보내는 송이
야 오죽할까.

⊕ 공방(空房)살이: 남편 없
이 혼자 지내는 생활.

사고무인

사방 四 | 돌아볼 顧
없을 無 | 사람 人

사방을[四] 돌아보아도[顧] 의지할 사람이[人] 없음[無].

[사전] 주위에 사람이 없어 쓸쓸함.

['18모의] <u>사고무인(四顧無人)</u> 적막한데 십이 세 적공자가 불량한 사형에게 두 눈
을 상하고서 일시에 맹인이 되어 외로운 암석 상에 홀로 앉아 자탄하니
그 아니 처량한가.

⊕ 사고무친(四顧無親): 의
지할 만한 사람이 아무도
없음.

조실부모

이를 早 | 잃을 失
아버지 父 | 어머니 母

일찍[早] 부모(父母)를 잃음[失].

[사전] 어려서 부모를 여읨. = 조상부모

['20학평] "낭군은 본디 어디 살아 계시며 부형은 뉘라 하시나이까." 학공이 대 왈,
"<u>조실부모</u>한 고로 알지 못하노라."

⊕ 부형(父兄): 아버지와 형
을 아울러 이르는 말.

혈혈단신

외로울 孑 | 외로울 孑
홀 單 | 몸 身

외로운[孑孑] 홀[單]몸[身].

[사전] 의지할 곳이 없는 외로운 홀몸.

['19모의] 살아서는 근본마저 알 길 없던 <u>혈혈단신</u>
텁텁한 얼굴에 달빛 같은 슬픔이 엉겨 수염을 흔들곤 했다

✏TIP톡! '홀홀단신'은 잘못
된 표현이다.

㊇ 고독단신(孤獨單身): 도
와주는 사람 없이 외로운
처지에 있는 몸.

확인 문제

[01~08] 다음 십자말풀이를 완성하시오.

01				
02	03		04	
05				
	07	08		인
06				

세로

01 물체의 그림자를 어떤 물체 위에 비추는 일.
03 한탄하여 한숨을 쉼.
04 사람들의 일상생활, 풍습 등에서 보이는 세상의 상태.
05 공경하면서 두려워하는 감정.
08 괴로움과 어려움을 아울러 이르는 말.

가로

02 기쁨·슬픔·놀라움과 같은 감정을 강하게 나타내는 (것).
04 사람이 살고 있는 모든 사회를 통틀어 이르는 말. = 세상
06 지난 일을 돌이켜 볼 때 느껴지는 회포.
07 사방을 돌아보아도 의지할 사람이 없다는 뜻으로,
　　　주위에 사람이 없어 쓸쓸함을 이르는 말.

[09~11] 빈칸에 들어갈 어휘에 V표 하시오.

09 판소리에는 우리 민족의 (　　　　　)이/가 배어 있다.　　　　　☐ 정서 ☐ 체면

10 바쁜 현대인들은 인생에 대하여 (　　　　　)할 시간이 부족하다.　　☐ 사색 ☐ 은거

11 세계 각국은 자국의 이익을 (　　　　　)하기 위해 서로 경쟁하고 있다.　☐ 의탁 ☐ 추구

[12~14] 〈보기〉의 글자를 조합하여 빈칸에 들어갈 어휘를 쓰시오.

보기

독	몰	백	울	입	화

12 나는 불쑥 치미는 ☐☐을/를 가라앉히려고 노력하였다.

13 과학자들은 전염병 치료제를 개발하기 위해 연구에 ☐☐하였다.

14 그 연극은 무대 위에 홀로 남은 주인공의 ☐☐(으)로 끝을 맺었다.

감독

살필 監 | 거느릴 督

일이나 사람을 살피고[監] 거느림[督].

사전 ① 일이나 사람이 잘못되지 않게 살펴 단속함. 또는 일의 전체를 지휘함.
② 영화나 운동 경기 등에서 일의 전체를 지휘하며 책임을 맡은 사람.

'17 학평 시나리오에 언급된 내용을 영상으로 구현하기 위해 영화감독(②)은 촬영 대본을 작성하는데, 여기에는 연기, 의상, 소품, 녹음, 촬영 등에 대한 세부 사항이 기록된다.

TIP톡! ①의 뜻으로 쓰일 때는 '시험 감독', '관리 감독' 등과 같이 쓰인다.

계기

맺을 契 | 기회 機

어떤 일이 맺어지도록[契] 만드는 기회[機].

사전 어떤 일이 일어나거나 변화하도록 만드는 결정적인 원인이나 기회.

'18 모의 '발견'이란 인물이 극의 전개 과정에서 사건의 숨겨진 측면을 알아차리는 계기를 드러내는 기법이다.

⊕ 발단(發端): 어떤 일의 계기가 됨. 또는 그 계기가 되는 일.
⊕ 시발점(始發點): 일이 처음 시작되는 계기.

공허

빌 空 | 빌 虛

텅 빔[空虛].

사전 ① 아무것도 없이 텅 빔. ② 실속이 없이 헛됨.

'19 수능 그는 갑자기 조금 웃고, 그리고, 문득, 정신을 바짝 차리지 않으면, 그대로 그곳에서 혼도해 버리고 말 것 같은 극도의 피로와, 또 이제는 이미 도저히 구할 길 없는 마음속의 공허(①)를, 그는 일시에 느꼈다.

⊕ 허무(虛無): ① 아무것도 없이 텅 빔. ② 무가치하고 무의미하게 느껴져 매우 허전하고 쓸쓸함.
⊕ 혼도(昏倒): 정신이 어지러워 쓰러짐.

관객

볼 觀 | 손님 客

공연 등을 보러[觀] 온 손님[客].

사전 운동 경기, 공연, 영화 등을 보거나 듣는 사람.

'19 모의 관객은 영화가 제공하는 시각적 무의식을 체험함으로써 일상적 공간에 대해 새로운 의미를 발견하게 된다.

⑨ 관람자(觀覽者): 연극, 영화, 운동 경기, 미술품 등을 구경하는 사람.
⑨ 구경꾼: 구경하는 사람.

관습

익숙할 慣 | 풍습 習

익숙한[慣] 풍습[習].

사전 어떤 사회에서 오랫동안 지켜 내려와 그 사회 성원들이 널리 인정하는 질서나 풍습.

'16 수능 '늙은 사람 앞에 ~ 고약한 놈 같으니!', '나를 보고는 그만 도망을 했어!' 등의 대사를 통해 계층 간 위계 관계를 중시하는 당대 농촌 사회의 관습을 보여 주는군.

⊕ 관행(慣行): 오래전부터 해 오는 대로 함. 또는 관례에 따름.
⊕ 관례(慣例): 전부터 해 내려오던 방식이 관습으로 굳어진 것.
⊕ 위계(位階): 지위나 계층 등의 모습.

궁리

연구할 窮 | 이치 理

이치를[理] 연구함[窮].

사전 ① 사물의 이치를 깊이 연구함.
② 마음속으로 이리저리 따져 깊이 생각함. 또는 그런 생각.

'18 모의 흥! 너희들은 모두 한속이 되어서 어쩌든지 내 일을 안 되게 하고 이 집을 날려 버릴 궁리(②)들만 하고 있구나!

TIP톡! ①의 뜻은 학문 수양의 한 방법으로, 정확한 지식을 얻기 위한 과정이다.
⊕ 고안(考案): 연구하여 새로운 안을 생각함. 또는 그 안.

긴장 팽팽할 緊 | 부어오를 張	마음이 팽팽하게[緊] 부어오름[張]. 사전 ① 마음을 조이고 정신을 바짝 차림. ② 정세나 분위기가 평온하지 않은 상태. ③ 근육이나 신경 중추의 지속적인 수축, 흥분 상태. '21 학평 긴장(①)이 풀린 아이는 어느새 잠이 들어 있었던 것이다. '17 모의 밤은 주인공이 새로운 상황을 맞이하면서 서사적 긴장(②)이 조성되고, 아침은 극적 장면이 펼쳐지면서 그 긴장이 해소되는 시간이다. '22 수능 스트레칭 운동으로 근육의 긴장(③)을 완화하고, 안정화 운동을 통해 바른 자세로 교정하면 근골격계에 도움이 됩니다.	⊕ 완화(緩和): 긴장된 상태나 급박한 것을 느슨하게 함.
대사 무대 臺 | 말 詞	무대에서[臺] 하는 말[詞]. 사전 연극이나 영화 등에서 배우가 하는 말. 대화, 독백, 방백이 있음. '17 모의 시나리오 「독 짓는 늙은이」는 원작과 달리, 인물의 관점에서 사건을 재구성하고 인물들의 행동과 대사를 통해 인물의 성격을 드러냄으로써 개연성을 높였다.	TIP톡! '대사'는 '臺辭'라는 한자로도 쓰인다.
면모 얼굴 面 | 모양 貌	얼굴의[面] 모양[貌]. 사전 ① 얼굴의 모양. ② 사람이나 사물의 겉모습. 또는 그 됨됨이. '18 모의 여러 작품에서 '춘향'은 다양한 면모(②)를 지닌 인물로 형상화되었다.	↻ 겉모습, 됨됨이
설정 세울 設 | 정할 定	조건 등을 세우고[設] 정함[定]. 사전 ① 새로 만들어 정해 둠. ② 법률에서, 제한 물권을 새로이 발생시키는 행위. '16 모의 현대극에서는 무대 공간과 관객석의 경계를 허물고 관객석까지 무대 공간으로 설정(①)하여 표현하는 경우도 있다.	TIP톡! ②의 뜻으로 쓰일 때는 '담보 설정', '근저당 설정' 등과 같이 쓰인다. ⊕ 제한 물권(制限物權): 어떤 물건을 특정 목적을 위해 제한적으로 지배하는 권리.
수난 받을 受 | 어려울 難	어려움을[難] 겪음[受]. 사전 견디기 힘든 어려운 일을 당함. '17 모의 임진왜란(1592~1598년) 등 16세기 말~17세기 초 동아시아에서 발생한 전쟁들은 각국 백성들의 삶에 심대한 수난을 초래했다.	⊕ 심대(甚大): 매우 큼.
실마리	고유어 사전 ① 감겨 있거나 헝클어진 실의 첫머리. ② 일이나 사건을 풀어 나갈 수 있는 첫머리. = 단초 '19 수능 인물의 회상 장면을 통해 사건 해결의 실마리(②)를 과거에서 찾고 있다.	↻ 꼬투리 ②-⊕ 단서(端緒): 어떤 문제를 해결하는 방향으로 이끌어 가는 일의 첫 부분. = 서단
연민 불쌍히 여길 憐 가엾게 여길 憫	불쌍하고[憐] 가엾게[憫] 여김. 사전 불쌍하고 가련하게 여김. '16 모의 하인의 폭력적인 행동에 무기력하게 당하는 남자를 외면하지 않음으로써 빈털터리가 된 남자에 대한 연민을 드러내는군.	TIP톡! '연민'은 '憐憫'이라는 한자로도 쓰인다. ⊕ 동정(同情): 남의 어려운 처지를 자기 일처럼 딱하고 가엾게 여김.

연출
펼 演 | 날 出

어떤 상태가 되도록 만들어 펼쳐[演] 냄[出].

[사전] ① 연극이나 방송극 등에서, 각본을 바탕으로 배우의 연기, 무대 장치 등을 종합적으로 지도하여 작품을 완성하는 일. 또는 그런 일을 맡은 사람.
② 어떤 상황이나 상태를 만들어 냄.

['16 모의] 점차 여러 사진작가들이 사진을 연출(②)된 형태로 찍거나 제작함으로써 자기의 주관을 표현하고자 하는 시도를 하였다.

⊕ 각본(脚本): 연극이나 영화를 만들기 위하여 쓴 글. 배우의 동작이나 대사, 무대 장치 등이 구체적으로 적혀 있음. = 극본

유희
놀 遊 | 놀이 戲

즐겁게 놂[遊戲].

[사전] 즐겁게 놀며 장난함. 또는 그런 행위.

['20 모의] 신선의 세계에서 유희를 즐기는 인물과 동물을 나타낸 것입니다.

['18 모의] 언어유희를 통해 인물 간의 긴장을 고조시키고 있다.

⑪ 놀이: 여러 사람이 모여서 즐겁게 노는 일. 또는 그런 활동.
⊕ 언어유희(言語遊戲): 말이나 글자로 하는 놀이.

인용
끌 引 | 쓸 用

끌어다[引] 씀[用].

[사전] 남의 말이나 글을 자신의 말이나 글 속에 끌어 씀.

['20 수능] 「어촌기」의 작가는 벗의 말을 인용하여 자신의 생각을 드러내고 있다.

임시
임할 臨 | 때 時

그때그때에[時] 임하여[臨].

[사전] ① 미리 정하지 않고 그때그때 필요에 따라 정한 것.
② 미리 얼마 동안으로 정하지 않은 잠시 동안.

['16 학평] 부모님은 여자가 절개를 지킨 일을 옳게 여기셔서 외진 땅 외진 곳의 풀밭에 임시(②) 거처를 마련해 주셨으니, 제가 그곳에 머문 지도 이미 삼 년이 되었습니다.

①-⑪ 부정기(不定期): 시기나 기한이 일정하게 정해져 있지 않음.
⊕ 잠정(暫定): 임시로 정함.

장면
무대 場 | 모습 面

무대에[場] 펼쳐진 모습[面].

[사전] ① 어떤 장소에서 겉으로 드러난 면이나 벌어진 광경.
② 영화, 연극, 문학 작품 등에서 같은 인물이 동일한 공간 안에서 벌이는 사건의 광경.

['19 학평] 클로즈업은 인물이나 배경의 일부를 화면에 크게 나타내어 주로 장면(②)의 의미 등을 부각하는 방법이고, 이펙트는 화면에 음향을 삽입하여 장면 속 상황을 전달하거나 장면 전환을 하는 등의 효과를 준다.

TIP톡! 영어의 '신(scene)'과 비슷한 의미이다.
⊕ 광경(光景): 벌어진 일의 형편과 모양.

전개
펼 展 | 열 開

펼쳐[展] 열어서[開] 진행해 나감.

[사전] ① 열리어 나타남. ② 시작하여 벌임. ③ 내용을 진전시켜 펴 나감.

['16 모의] 인물의 등퇴장은 이 두 공간을 연결하여 무대 공간에서의 사건 전개(③)에 영향을 미친다.

TIP톡! ①의 뜻으로 쓰일 때는 '놀라운 광경의 전개', ②의 뜻으로 쓰일 때는 '환경 운동의 전개' 등과 같이 쓰인다.

전환
옮길 轉 | 바꿀 換

상황이나 상태를 옮기거나[轉] 바꿈[換].

[사전] 다른 방향이나 상태로 바뀌거나 바꿈.

['19 수능] #69에서 '노래'를 활용하여 학창 시절 아내의 화면을 결혼 피로연장 아내의 화면으로 전환하고 있다.

진위		
참 眞 | 거짓 僞	**참과[眞] 거짓[僞].**	㈜ **진가(眞假):** 진짜와 가짜를 아울러 이르는 말.
	[사전] 참과 거짓 또는 진짜와 가짜를 통틀어 이르는 말.	㊉ **허실(虛實):** ① 허함과 실함. ② 참과 거짓을 아울러 이르는 말.
	'20 모의 기억이나 구술 증언은 거짓이거나 변형될 가능성이 있기 때문에 다른 자료와 비교하여 <u>진위</u> 여부를 검증한 후에야 사료로 사용이 가능하다.	

총체적		
모두 總 | 몸 體 어조사 的	**모든[總] 부분에[體] 걸친 (것)[的].**	㊉ **종합적(綜合的):** 여러 가지를 한데 모아 합한 (것).
	[사전] 있는 것들을 모두 하나로 합치거나 묶은 (것).	
	'19 수능 서사는 다양한 사건 구성의 방식을 통해 인간의 문제를 <u>총체적</u>으로 파악하고자 하는 고민을 담고 있다.	

행적		
다닐 行 | 자취 跡	**다니면서[行] 남긴 자취[跡].**	○ 발자취
	[사전] ① 행위의 실적(實績)이나 자취. ② 평생 동안 한 일이나 업적. ③ 나쁜 행실로 남긴 흔적.	**TIP톡!** '행적'은 '行績' 또는 '行蹟'이라는 한자로도 쓰인다.
	'16 학평 인물의 말을 통해 과거의 <u>행적</u>(①)이 요약적으로 제시되어 있다.	

희곡		
놀 戲 | 악곡 曲	**마당놀이[戲] 등의 대본이 되는 악곡[曲].**	㊉ **시나리오(scenario):** 영화를 만들기 위하여 쓴 각본. 장면이나 그 순서, 배우의 행동이나 대사 등을 상세하게 표현함. = 영화 각본
	[사전] ① 공연을 목적으로 하는 연극의 대본. ② 등장인물들의 행동이나 대화를 기본 수단으로 하여 표현하는 예술 작품.	
	'16 모의 일반적으로 <u>희곡</u>(①)은 무대화를 전제로 창작된다.	

1분 배경 지식

레디, 액션! 시나리오 용어

'시나리오(scenario)'는 영화를 만들기 위해 쓴 각본이다. 장면을 기본 단위로 하며, 주로 등장인물의 행동이나 대사를 통해 사건을 전개한다. 시나리오에는 장면의 순서나 촬영·편집 기법 등이 상세하게 표현되는데, 효율성을 위해 다음과 같은 간략한 용어를 사용한다.

시나리오 용어	의미	시나리오 용어	의미
S#(Scene Number)	장면 번호	Nar.(Narration)	화면 밖에서 줄거리나 장면 등을 해설
E.(Effect)	음향이나 그래픽 등의 효과	C.U.(Close Up)	인물이나 사물을 집중적으로 확대
Ins.(Insert)	장면 사이에 삽입된 화면	Cut In	한 장면에 다른 화면을 끼워 넣는 것
F.I.(Fade In)	화면이 차차 밝아지는 것	F.O.(Fade Out)	화면이 차차 어두워지는 것
DIS.(Dissolve)	앞 장면이 서서히 사라지고 다음 장면이 서서히 나타나는 것	O.L.(Over Lap)	장면이 끝날 때 다음 장면을 겹쳐 화면을 부드럽게 전환
W.O.(Wipe Out)	화면을 닦아 내듯이 지우며 다음 화면으로 전환	F.B.(Flash Back)	플래시가 터지듯 번쩍하며 장면을 전환 (주로 과거 회상 장면에 사용)
P.U.(Pan up)	카메라 받침을 고정 후, 카메라만 위로 움직여 촬영	P.D.(Pan down)	카메라 받침을 고정 후, 카메라만 아래로 움직여 촬영
PAN.(Panning)	카메라 받침을 고정 후, 카메라만 상하좌우로 움직여 촬영	Sequence	여러 신이 모여 구성된 하나의 이야기 (Shot/Cut < Scene < Sequence)

녹빈홍안

검은빛 綠 | 귀밑털 鬢
붉을 紅 | 얼굴 顔

윤이 나는 검은빛[綠] 귀밑머리와[鬢] 발그레한[紅] 얼굴[顔].

[사전] 젊고 아름다운 여자의 얼굴 또는 젊은 여자의 아름다움을 이르는 말.

[예] <u>녹빈홍안</u>의 처자를 만난 선비는 넋을 잃었다.

⊕ 설빈화안(雪鬢花顔): 고운 머리채와 젊고 아름다운 얼굴.

⊕ 처자(處子): 결혼하지 않은 성년 여자.

면목가증

얼굴 面 | 눈 目
가히 可 | 미워할 憎

얼굴과[面] 눈의[目] 생김새가 미워할[憎] 만함[可].

[사전] 얼굴 생김생김이 남에게 미움을 살 만한 데가 있음.

[예] 뻔뻔하게 거짓말만 늘어놓는 그녀의 모습은 참으로 <u>면목가증</u>하였다.

선풍도골

신선 仙 | 풍채 風
도사 道 | 골격 骨

신선의[仙] 풍채와[風] 도인의[道] 골격[骨].

[사전] 남달리 뛰어나고 고아(高雅)한 풍채를 이르는 말.

[예] 선생님은 비록 백발노인이 되었지만, 그 몸은 여전히 <u>선풍도골</u>이었다.

㊞ 선골(仙骨): 신선의 골격. 비범한 생김새를 이르는 말.

⊕ 고아(高雅): 뜻이나 품격 등이 높고 우아함.

섬섬옥수

가늘 纖 | 가늘 纖
구슬 玉 | 손 手

가녀리고[纖纖] 옥처럼[玉] 고운 손[手].

[사전] 가냘프고 고운 손을 이르는 말.

['22 모의] <u>섬섬옥수</u>로 붓대를 곱게 쥐고 장우단탄(長吁短歎)에 맥맥히 앉았다가 ……

⊕ 장우단탄(長吁短歎): 긴 한숨과 짧은 탄식이라는 뜻으로, 탄식하여 마지않음을 이르는 말.

요조숙녀

얌전할 窈 | 조용할 窕
어질 淑 | 여자 女

얌전하고[窈] 조용하며[窕] 행실이 어진[淑] 여자[女].

[사전] 말과 행동이 품위가 있으며 얌전하고 정숙한 여자.

['19 학평] 가련하고 애닯을사, 유 부인 같은 <u>요조숙녀</u> 이렇게 참혹히 원사(冤死)할 줄 꿈에나 생각하였으리오.

⊕ 숙녀(淑女): 교양과 품격을 갖춘 정숙한 여자.

⊕ 원사(冤死): 원통하게 죽음.

이목구비

귀 耳 | 눈 目
입 口 | 코 鼻

귀와[耳] 눈과[目] 입과[口] 코[鼻].

[사전] 귀·눈·입·코를 아울러 이르는 말. 또는 귀·눈·입·코를 중심으로 한 얼굴의 생김새.

[예] 결혼식장에 나온 신랑은 <u>이목구비</u>가 번듯하여 하객들에게 호감을 주었다.

↻ 얼굴

⊕ 호감(好感): 좋게 여기는 감정.

[01~03] 다음 뜻에 해당하는 어휘에 V표 하시오.

01 평생 동안 한 일이나 업적. ☐ 면모 ☐ 행적

02 운동 경기, 공연, 영화 등을 보거나 듣는 사람. ☐ 관객 ☐ 연출

03 미리 정하지 않고 그때그때 필요에 따라 정한 것. ☐ 설정 ☐ 임시

[04~06] 다음 설명이 맞으면 ○에, 그렇지 않으면 ×에 표시하시오.

04 '긴장'은 정세나 분위기가 평온하지 않은 상태를 말한다. (○ , ×)

05 '희곡'은 연극이나 영화 등에서 배우가 하는 말을 의미한다. (○ , ×)

06 '인용'은 남의 말이나 글을 자신의 말이나 글 속에 끌어 쓰는 것이다. (○ , ×)

[07~08] 제시된 초성과 뜻을 참고하여 빈칸에 들어갈 어휘를 쓰시오.

07 ㅅ ㅁ ㄹ : 일이나 사건을 풀어 나갈 수 있는 첫머리.

예 오랜 수사에도 경찰은 사건의 ( )를 찾아내지 못하였다.

08 ㄱ ㄷ : 일이나 사람이 잘못되지 않게 살펴 단속함. 또는 일의 전체를 지휘함.

예 관리자는 안전사고 예방을 위해 현장 작업을 철저하게 ( )하였다.

[09~11] 제시된 초성을 참고하여 다음 뜻에 해당하는 한자 성어를 쓰시오.

09 ㅇ ㅁ ㄱ ㅂ : 귀·눈·입·코를 아울러 이르는 말. _____

10 ㅅ ㅍ ㄷ ㄱ : 신선의 풍채와 도인의 골격이라는 뜻으로,
남달리 뛰어나고 고아한 풍채를 이르는 말. _____

11 ㄴ ㅂ ㅎ ㅇ : 윤이 나는 검은 귀밑머리와 발그레한 얼굴이라는 뜻으로,
젊고 아름다운 여자의 얼굴을 이르는 말. _____

강연 강의 講	펼 演	강의를[講] 펼침[演]. 사전 일정한 주제에 대하여 청중 앞에서 강의 형식으로 말함. '21학평 얼마 전 학교에서 열린 김○○ 교수의 강연에 따르면, 상호 의존적인 관계로 맺어진 사회에 살고 있는 우리는 다른 사람의 행동에 쉽게 영향을 받는다.	⊕ 연설(演說): 여러 사람 앞에서 자기의 주의나 주장 또는 의견을 진술함. ⊕ 강의(講義): 학문이나 기술의 일정한 내용을 체계적으로 설명하여 가르침.

경각심 경계할 警	깨달을 覺 마음 心	경계하여[警] 깨닫는[覺] 마음[心]. 사전 정신을 차리고 주의 깊게 살피어 경계하는 마음. '17모의 가해자는 별다른 죄의식 없이 사이버 언어폭력을 저지르지만 사이버 언어폭력은 처벌받게 되는 범죄 행위라는 점을 첫째 근거로 들어 경각심을 불러일으키자.	㊀ 경계심(警戒心): 경계하여 조심하는 마음.

공감 함께 共	느낄 感	감정을 함께[共] 느낌[感]. 사전 남의 감정, 의견, 주장 등에 대하여 자기도 그렇다고 느낌. 또는 그렇게 느끼는 기분. '21모의 독자의 감정에 호소하는 감성적 설득 전략에는 독자의 공감을 얻기 위해 독자나 필자의 경험을 언급하기 등이 있다. '19모의 학생회장 선거의 투표율을 높여야 하는 것에는 공감하지만, 결선 투표제를 도입한다고 해서 이 문제가 해결된다고 생각하지 않습니다.	㊀ 동감(同感): 어떤 견해나 의견에 같은 생각을 가짐. 또는 그 생각. ⊕ 공감대(共感帶): 서로 공감하는 부분.

과반 지날 過	반 半	절반이[半] 넘음[過]. 사전 절반이 넘음. '19모의 결선 투표제는 과반의 득표자가 없을 때, 다수표를 얻은 사람들을 후보자로 올려 과반의 득표로 선출하는 방식입니다.	

과장 자랑할 誇	자랑할 張	사실보다 크게 부풀림[誇張]. 사전 사실보다 지나치게 불려서 나타냄. '21학평 조사 결과의 내용을 과장하여 해석한 부분이 있으므로 조사 결과의 해석이 정확하지 않다. '20모의 일반적으로 아프리카의 탈은 과장과 생략이 특징입니다.	⊕ 과대(誇大): 작은 것을 큰 것처럼 과장함. ⊕ 생략(省略): 전체에서 일부를 줄이거나 뺌.

논지 논할 論	뜻 늠	논하는[論] 말의 뜻[늠]. 사전 논하는 말이나 글의 취지. '21학평 예상되는 반론을 제시하고 이를 반박하여 논지를 강화했다.	㊀ 논의(論意): 논하는 말이나 글의 뜻이나 의도. ⊕ 취지(趣旨): 어떤 일의 근본이 되는 목적이나 긴요한 뜻.

담화	**이야기를[談話] 나눔.**	**TIP톡!** ②의 뜻으로 쓰일
말씀 談 | 말씀 話	사전 ① 서로 이야기를 주고받음. ② 공적인 자리에 있는 사람이 어떤 문제에 대한 견해를 밝히는 말. ③ 언어에서, 둘 이상의 문장이 연속되어 이루어지는 말의 단위. '21 모의 담화(③)는 하나 이상의 발화나 문장으로 이루어진다.	때는 '대통령 특별 담화' 등과 같이 쓰인다. ⊕ 대담(對談): 마주 대하고 말함. 또는 그런 말.

대책	**어떤 일에 대응할[對] 계책[策].**	⊕ 대비책(對備策): 앞으로
대할 對 | 계책 策	사전 어떤 일에 대처할 계획이나 수단. '22 모의 모두가 만족하는 대책을 찾으려 머리를 맞대었다.	일어날지도 모르는 어떤 일에 대응하기 위한 방책.

동의	**생각이나 뜻이[意] 같음[同].**	②-⊕ 이의(異意): 다른 의
같을 同 | 뜻 意	사전 ① 같은 뜻. 또는 뜻이 같음. ② 의사나 의견을 같이함. ③ 다른 사람의 행위를 승인하거나 시인함. ④ 다른 사람의 법률 행위에 대한 인허(認許)나 시인의 의사 표시. 행위자의 단독 행위로는 완전한 법률 효과가 생기지 않을 때, 이를 보충하는 다른 사람의 의사 표시를 이름. '17 모의 피해자가 겪는 고통을 핵심 근거로 보는 네 의견에는 동의(②)해. '21 학평 인물이 자신의 동의(③)를 구하는 상대의 말에 설득당하고 있다. '21 학평 다만 전문 증거임에도 피고인이 증거로 사용할 수 있다는 데에 동의(④)하면 증거 능력을 인정하는데, 이를 '증거 동의'라고 한다.	견이나 의사. ⊕ 찬성(贊成): 어떤 행동이나 견해, 제안 등이 옳거나 좋다고 판단하여 수긍함. ⊕ 전문 증거(傳聞證據): 증인 자신이 직접 보고 들은 것이 아니고 다른 사람으로부터 전하여 들은 것을 법원에 진술하는 증거.

동조	**상대의 의견에 같이[同] 어울림[調].**	⊕ 가세(加勢): 힘을 보태거
같을 同 | 어울릴 調	사전 남의 주장에 자기의 의견을 일치시키거나 보조를 맞춤. '19 학평 '청중 4'는 강연자의 의도를 확인한 후 강연자의 견해에 동조하고 있다.	나 거듦.

면담	**얼굴을[面] 마주하고 이야기함[談].**	⊕ 사서(司書): 도서관 등에
얼굴 面 | 말씀 談	사전 서로 만나서 이야기함. '20 모의 면담에서 받은 사서에 대한 주관적 인상을 포함하여 독자들에게 도서관에 대한 호감을 높인다.	서, 일정한 자격을 가지고 자료의 수집, 정리, 보존 및 열람에 관한 사무에 종사하는 사람.

반론	**상대의 의견에 반대하여[反] 논함[論].**	⊕ 반박(反駁): 어떤 의견,
반대할 反 | 논할 論	사전 남의 논설이나 비난, 논평 등에 대하여 반박함. 또는 그런 논설. '19 모의 반대 측 첫 번째 토론자 반론해 주십시오.	주장, 논설 등에 반대하여 말함.

발상	**생각을[想] 일으킴[發].**	⊕ 통찰(洞察): 예리한 관찰
일어날 發 | 생각 想	사전 어떤 생각을 해 냄. 또는 그 생각. '19 모의 글쓴이의 발상과 통찰은 제재에서 새로운 의미를 이끌어 내고, 글쓴이의 문체는 내용을 효과적으로 표현하는 데 활용되지요.	력으로 사물을 꿰뚫어 봄. ⊕ 제재(題材): 예술 작품이나 학술 연구의 바탕이 되는 재료. ⊕ 문체(文體): 문장의 개성적 특색.

발언 나타날 發	말씀 言	생각을 말로[言] 나타냄[發].	⊕ 발의(發意): ① 의견을 내놓음. ② 무슨 일을 생각해 냄.
	사전 말을 꺼내어 의견을 나타냄. 또는 그 말. = 발어	
	'16 모의 상대방의 <u>발언</u> 내용을 요약하며 대화를 진행하고 있다.	

배경지식 뒤 背	경치 景 알 知	알 識	머릿속에 배경(背景)처럼 깔려 있는 지식(知識).	⊕ 예비지식(豫備知識): 어떤 일을 하거나 연구하는 데 미리 알아 두는 지식.
	사전 어떤 일을 하거나 연구할 때, 이미 머릿속에 들어 있거나 기본적으로 필요한 지식.	
	'21 수능 제재에 대한 <u>배경지식</u>이 부족한 예상 독자의 이해를 돕기 위해 용어를 정의한다.	

보도 알릴 報	말할 道	알리어[報] 말함[道].	⊕ 뉴스(news): ① 새로운 소식을 전하여 주는 방송의 프로그램. ② 일반에게 잘 알려지지 않은 새로운 소식.
	사전 대중 전달 매체를 통하여 일반 사람들에게 새로운 소식을 알림. 또는 그 소식. = 보	
	'17 모의 피해 사례를 다룬 언론 <u>보도</u> 자료를 보여 주면 친구들이 문제의 심각성을 인식하게 될 거야.	

부각 뜰 浮	새길 刻	높이 떠오르게[浮] 새김[刻].	⊕ 강조(強調): 어떤 부분을 특별히 강하게 주장하거나 두드러지게 함.
	사전 ① 어떤 사물을 특징지어 두드러지게 함. ② 평평한 면에 글자나 그림 등을 도드라지게 새기는 일. = 돋을새김	⊕ 양각(陽刻): 조각에서, 평평한 면에 글자나 그림 등을 도드라지게 새기는 일. 또는 그 조각.
	'22 모의 기자는 취재한 내용을 단순히 나열하는 것이 아니라, 전달하고자 하는 바를 효과적으로 드러내기 위해 취재 내용 중 일부를 선별하고 그중 특정 내용을 <u>부각</u>(①)하는 방식으로 기사를 구성한다.	⊕ 취재(取材): 작품이나 기사에 필요한 제재(題材)를 조사하여 얻음.
	'18 학평 기본 정보를 글의 마지막에 제시하면 그 정보들이 <u>부각</u>(①)되지 않아서 공연 일시와 장소를 잘 기억 못하지 않을까?	

비언어적 아닐 非	말씀 言 말씀 語	어조사 的	언어(言語)가 아닌[非] (것)[的].	⊕ 준언어적(準言語的): 언어와 분리할 수 없는, 소리의 억양이나 세기, 강세, 말의 빠르기나 음의 높고 낮음 등으로 의사를 전달하는 (것).
	사전 언어가 아닌, 사람의 몸짓, 얼굴 표정, 신체 접촉, 상대방과의 거리, 기호 등을 매개로 의사를 전달하는 (것).	
	'18 학평 주의를 집중시키기 위해 <u>비언어적</u> 표현을 적절히 사용해야 한다고 배웠는데, 손동작을 잘 활용했다는 생각이 들어.	

사연 말씀 辭	이유 緣	어떤 일에 대한 말이나[辭] 그 이유[緣].	**TIP톡!** '사연'은 '詞緣'이라는 한자로도 쓰인다.
	사전 편지나 말의 내용.	⊕ 사연(事緣): 일의 앞뒤 사정과 까닭.
	'19 수능 여러분의 삶에 든든한 달빛 같은 방송, 청취자의 <u>사연</u>을 읽고 상담해 주는 '나에게 말해 줘' 시간입니다.	

설득 말씀 說	얻을 得	말하여[說] 동의를 얻음[得].	
	사전 상대편이 이쪽 편의 이야기를 따르도록 여러 가지로 깨우쳐 말함.	
	'21 학평 일반적으로 광고는 사실적인 정보와 주관적인 평가를 함께 활용하여 <u>설득</u>의 효과를 높이고자 한다.	

세부 자세할 細 │ 분야 部	**자세하게[細] 나누어진 부분[部].** [사전] 자세한 부분. = 세부분 '20 모의) 양측은 세부적인 사업 추진 계획을 협의하기 위해 이달 내 추가 협상을 진행한다. '17 모의) 토의에서 결정된 사항을 이행하기 위한 <u>세부</u> 계획을 결정하였다.	⊕ **세부적(細部的)**: 세세한 부분까지 미치는 (것). ⊕ **협의(協議)**: 둘 이상의 사람이 서로 협력하여 의논함.
언급 말씀 言 │ 미칠 及	**어떤 문제에 대해 말이[言] 미침[及].** [사전] 어떤 문제에 대하여 말함. '17 수능) 새로운 광고 기법의 문제점을 <u>언급</u>하고, 이 광고 기법에 대한 매체 이용자들의 비판적 인식을 촉구해야겠어.	⊕ **거론(擧論)**: 어떤 사항을 논제로 삼아 제기하거나 논의함. ⊕ **촉구(促求)**: 급하게 재촉하여 요구함.
언론 말씀 言 │ 논할 論	**말을[言] 꺼내어 공식적으로 논하는[論] 일.** [사전] 매체를 통하여 어떤 사실을 밝혀 알리거나 어떤 문제에 대하여 여론을 형성하는 활동. '18 모의) 중앙 <u>언론</u>은 이 사건이 지역 내 현상이라며 아예 보도하지 않았다.	⊕ **매스컴(mass communication)**: 대중 매체를 통하여 대중에게 많은 정보를 전달하는 일. 또는 그 기관. ⊕ **여론(輿論)**: 사회 대중의 공통된 의견.
연설 펼 演 │ 말씀 說	**말을[說] 펼침[演].** [사전] 여러 사람 앞에서 자기의 주의나 주장 또는 의견을 진술함. '16 학평) 평소 동물원을 폐쇄해야 한다고 주장해 오신 ○○○ 정책 국장님께 투표단을 대상으로 동물원 폐쇄를 지지하는 <u>연설</u>을 부탁드립니다.	⊕ **폐쇄(閉鎖)**: 기관이나 시설을 없애거나 기능을 정지함.

합리적 의사소통, 토론

1분 배경 지식

'토론'은 어떤 문제에 대하여 여러 사람이 각각 의견을 말하며 논의하는 합리적인 의사소통 방식이다. 사회자를 두고 찬성 측과 반대 측으로 나뉜 토론자들이 논제에 대한 각각의 입장과 의견의 정당성을 내세우며 청중이나 판정단을 설득한다.

토론의 종류는 크게 '자유 토론'과 '아카데미 토론'으로 나눌 수 있는데, 자유 토론은 말 그대로 정해진 형식이 없이 자유롭게 의견을 나누는 것이고, 아카데미 토론은 형식과 규칙을 정해 두고 제한된 시간 내에 토론자들이 공평하게 주장을 펼치고 반박하며 의견을 교환하는 방식이다.

토론의 주제는 사실·가치·정책 논제로 나뉘며, 토론의 절차는 '주장 펼치기 – 반론하기 – 주장 다지기 – 판정하기'의 순서로 진행된다.

주장을 펼칠 때는 그 주장에 대한 구체적인 근거를 제시해야 한다. 설문 조사나 관련 자료 등으로 의견을 뒷받침하며 주장에 신뢰를 더하는 것이 좋다.

반론할 때는 상대의 주장을 요약한 후 그 주장이나 근거가 타당하지 않음을 밝혀야 한다. 이때, 상대편에게 그들의 주장이 타당하지 않음을 밝히는 질문을 제시하면 좋다.

주장을 다질 때는 자기편의 주장을 요약한 후 상대의 반론이 잘못되었음을 지적해야 한다. 상대의 반론이 적용되지 않는 예외를 제시하는 것이 좋다.

마지막으로 청중이나 판정단은 양측의 의견을 토대로 토론의 승패를 가리게 된다.

주장 펼치기
↓
반론하기
↓
주장 다지기
↓
판정하기

▲ 토론의 절차

감언이설

달 甘 | 말씀 言
이로울 利 | 말씀 說

달콤한[甘] 말과[言] 이로운[利] 말[說].

사전 귀가 솔깃하도록 남의 비위를 맞추거나 이로운 조건을 내세워 꾀는 말.

예 사기꾼의 감언이설에 속은 사업가는 사업 밑천을 잃고 말았다.

⊕ 사탕(沙糖)발림: 달콤한 말로 남의 비위를 맞추어 살살 달래는 일. 또는 그런 말. = 입발림

손님한테 딱 맞네요!

그, 그래요?

만단정화

일만 萬 | 가지 端
마음 情 | 말씀 話

만[萬] 가지[端] 정다운[情] 이야기[話].

사전 온갖 정다운 이야기.

예 명절을 맞아 오랜만에 한자리에 모인 식구들은 만단정화를 나누었다.

⊕ 만단정담(萬端情談): 온 갖 이야기.

언중유골

말씀 言 | 가운데 中
있을 有 | 뼈 骨

말[言] 속에[中] 뼈가[骨] 있음[有].

사전 예사로운 말 속에 단단한 속뜻이 들어 있음을 이르는 말.

예 언중유골이라 했으니, 그의 말을 그냥 흘려들어서는 안 된다.

⊕ 언중유언(言中有言): 말 속에 말이 있다는 뜻으로, 예사로운 말 속에 어떤 풍자나 암시가 들어 있음을 이르는 말.

일언반구

하나 一 | 말씀 言
반 半 | 구절 句

한[一] 마디의 말과[言] 반[半] 구절의[句] 말.

사전 아주 짧은 말을 이르는 말. = 일언반사

'16 학평 다 듣고 난 그는 사건에 대한 일언반구의 반문도 없이 엉뚱스럽게도 작가의 남편이 장사꾼이란 것에 대한 호기심과 흥미를 나타냈다.

⊕ 편언척자(片言隻字): 한 두 마디의 짧은 말과 글.
⊕ 반문(反問): 상대의 주장이나 의견에 이의를 제기하며 질문함.

중언부언

거듭 重 | 말씀 言
다시 復 | 말씀 言

거듭[重] 말하고[言] 다시[復] 말함[言].

사전 이미 한 말을 자꾸 되풀이함. 또는 그런 말.

예 긴장한 발표자는 앞뒤가 맞지 않는 말을 중언부언하였다.

⊕ 재탕(再湯): 한 번 썼던 말이나 일 등을 다시 되풀이함을 비유적으로 이르는 말.

촌철살인

마디 寸 | 쇠 鐵
죽일 殺 | 사람 人

한 마디의[寸] 쇠붙이로도[鐵] 사람을[人] 죽일[殺] 수 있음.

사전 간단한 말로도 남을 감동하게 하거나 남의 약점을 찌를 수 있음을 이르는 말.

예 소설가는 촌철살인의 풍자로 현실을 비판하였다.

⊕ 정문일침(頂門一鍼): 정 수리에 침을 놓는다는 뜻으로, 따끔한 충고나 교훈을 이르는 말. = 정상일침

[01~03] 제시된 초성을 참고하여 다음 뜻에 해당하는 어휘를 쓰시오.

01 | ㅅ | ㅇ | : 편지나 말의 내용. _____

02 | ㄱ | ㅇ | : 일정한 주제에 대하여 청중 앞에서 강의 형식으로 말함. _____

03 | ㄱ | ㄱ | : 남의 감정, 의견, 주장 등에 대하여 자기도 그렇다고 느낌. _____

[04~06] 빈칸에 들어갈 어휘를 〈보기〉에서 찾아 쓰시오.

| 보기 |
| 과반   면담   부각   연설 |

04 빈부 격차의 심화가 사회적 문제로 (   )되었다.

05 유세장에 모인 유권자들은 후보자의 (   )에 귀를 기울였다.

06 시장은 (   )이나 설문지 조사 등의 방법을 통해 시민들의 의견을 수렴하였다.

[07~08] 밑줄 친 말을 대신할 수 있는 어휘를 고르시오.

07 화가는 사물의 <u>자세한 부분</u>까지 생생하게 묘사하였다.   ☐ 발상 ☐ 세부

08 발언자는 상대편의 주장에 대해 논리적으로 <u>반박</u>하였다.   ☐ 반론 ☐ 설득

[09~11] 제시된 초성을 참고하여 다음 상황에 어울리는 한자 성어를 쓰시오.

09 그는 사람들과 | ㅇ | ㅇ | ㅂ | ㄱ | 의논도 없이 행사를 취소하였다. _____

10 독립투사들은 일제의 협박과 | ㄱ | ㅇ | ㅇ | ㅅ |에도 신념을 굽히지 않았다. _____

11 상대를 설득할 때는 | ㅈ | ㅇ | ㅂ | ㅇ |하지 않고 핵심을 간결하게
전달하는 것이 좋다. _____

공부한 날짜   월   일

용이

쉬울 容 | 쉬울 易

매우 쉬움[容易].

사전 어렵지 않고 매우 쉬움.

'21 모의 특히 소셜 미디어의 등장은 정보 공유가 <u>용이</u>한 인포그래픽의 쓰임을 더욱 확대하였다.

⊕ 인포그래픽(infographic): 정보를 시각적인 이미지 디자인으로 전달하는 그래픽.

위엄

권위 威 | 엄숙할 嚴

권위[威] 있고 엄숙한[嚴] 모습.

사전 존경할 만한 위세가 있어 점잖고 엄숙함. 또는 그런 태도나 기세.

'20 모의 얼굴과 머리 부분을 모두 이용해 관우의 박력과 <u>위엄</u>을 드러내고 있는 것이 인상적입니다.

⊕ 위세(威勢): ① 사람을 두렵게 하여 복종하게 하는 힘. ② 위엄이 있거나 맹렬한 기세.

⊕ 박력(迫力): 힘 있게 밀고 나가는 힘.

유도

꾈 誘 | 이끌 導

상대방을 꾀어[誘] 원하는 대로 이끎[導].

사전 사람이나 물건을 목적한 장소나 방향으로 이끎.

'22 모의 홍보를 통해 협동조합 가입을 <u>유도</u>하는 방안을 마련한다.

'21 수능 과제에 참여한 사람들 간의 경쟁을 <u>유도</u>하거나, 목표를 달성하면 성취감과 같은 보상을 받을 수 있게 하여 참여자들이 과제에 몰입할 수 있도록 돕는다.

↻ 꾐

⊕ 유인(誘引): 주의나 흥미를 일으켜 꾀어냄.

⊕ 성취감(成就感): 목적한 바를 이루었다는 느낌.

의의

뜻 意 | 뜻 義

어떤 말이나 일에 담긴 뜻[意義].

사전 ① 말이나 글의 속뜻. ② 어떤 사실이나 행위 등이 갖는 중요성이나 가치.

'18 수능 청소년기는 육체적·심리적·사회적으로 중요한 변화가 나타나고 성장이 이루어지는 시기라는 점에서 <u>의의</u>(②)가 있다.

⊕ 의미(意味): ① 말이나 글의 뜻. ② 사물이나 현상의 가치.

적합

알맞을 適 | 적합할 合

어떤 일이나 상황에 잘 맞음[適合].

사전 일이나 조건 등에 꼭 알맞음.

'20 수능 오랜 기간 회사의 인사 정보가 축적된 데이터가 잠재력을 판단하는 데 <u>적합</u>하기 때문에 인공 지능 면접이 신뢰성도 높습니다.

⊕ 적격(適格): 어떤 일에 자격이 알맞음.

⊕ 부적합(不適合): 일이나 조건 등에 꼭 알맞지 않음.

전망

펼 展 | 바라볼 望

펼쳐진[展] 경치나 미래를 바라봄[望].

사전 ① 넓고 먼 곳을 멀리 바라봄. 또는 멀리 내다보이는 경치.
② 앞날을 헤아려 내다봄. 또는 내다보이는 장래의 상황.

'20 학평 태풍전망(①)대에서 바라다보이는 임진강 너머 북녘 산하에 봄빛이 내린다.

'18 학평 연구자들은 몇 년 이내에 인공 지능이 스스로 소설을 창작할 수 있을 것으로 <u>전망</u>(②)합니다.

TIP톡! ①의 뜻으로 쓰일 때는 '탁 트인 전망', '전망이 좋다/나쁘다' 등과 같이 쓰인다.

①-⊕ 조망(眺望): 먼 곳을 바라봄. 또는 그런 경치.

전반 모두 全 | 일반 般	모든[全] 부분에 일반적으로[般] 걸쳐져 있음. 사전 어떤 일이나 부문에 대하여 그것에 관계되는 전체. 또는 통틀어서 모두. '22모의 광고가 특정한 상품에 대한 독점적 경쟁 시장을 넘어서 경제와 사회 전반에 영향을 주기도 한다. '18수능 궁중 음식이 무형 문화재로 지정되었다는 것은 단지 음식만이 아니라 조리법을 비롯한 음식 문화 전반의 가치를 인정한 것이겠군.	⊕ 제반(諸般): 어떤 것과 관련된 모든 것.
절충안 판단할 折 | 알맞을 衷 생각 案	여러 가지 생각이나 의견을 판단하여[折] 알맞게[衷] 조절한 생각[案]. 사전 두 가지 이상의 안을 서로 보충하여 알맞게 조절한 안. '21학평 생산자와 사용자의 의견을 수렴한 절충안을 만들어 모두를 만족시키는 것이 디자이너의 역할임을 깨닫게 되었다.	⊕ 타협안(妥協案): 어떤 일을 서로 양보하는 마음으로 협의하여 내놓는 의안.
조언 도울 助 | 말씀 言	상대를 돕기[助] 위하여 건네는 말[言]. 사전 말로 거들거나 깨우쳐 주어서 도움. 또는 그 말. = 도움말 '22모의 방송을 듣고 여러분이 조언하고 싶은 말이나 소감을 청취자 게시판에 남겨 주시면 좋겠어요. '19학평 영양사 선생님의 조언을 구해 급식 메뉴를 결정했다.	⊕ 충고(忠告): 남의 결함이나 잘못을 진심으로 타이름. 또는 그런 말.
중점 중요할 重 | 점 點	중요한[重] 점[點]. 사전 가장 중요하게 여겨야 할 점. '21학평 이번 방송은 동해의 지명 표기 방법에 대한 내용을 중점적으로 다룰 예정이었습니다. '17모의 타이포그래피의 언어적 기능은 글자 자체가 가지고 있는 의미 전달에 중점을 두는 기능을 말합니다.	⊕ 요점(要點): 가장 중요하고 중심이 되는 사실이나 관점. ⊕ 타이포그래피(typography): 편집 디자인에서, 활자의 서체나 글자 배치 등을 구성하고 표현하는 일.
질의응답 본질 質 | 의심할 疑 응할 應 | 대답 答	의심나는[疑] 일의 본질을[質] 묻고, 그에 응하여[應] 대답함[答]. 사전 의심나거나 모르는 점을 묻고 물음에 대답을 하는 일. '17모의 매주 정해진 분량을 각자 읽고 매주 한 명씩 돌아가면서 책의 내용에 대해 발표를 한 후 질의응답을 하는 방식이 좋겠어.	⊕ 문답(問答): 물음과 대답. 또는 서로 묻고 대답함.
참여 관계할 參 | 같이할 與	어떤 일에 관계하여[參] 함께함[與]. 사전 ① 어떤 일에 끼어들어 관계함. ② 재판 등이 벌어지는 현장에 나가 지켜봄. '22모의 청소년 사회 참여(①)는 청소년이 사회 문제나 정치 문제에 관심을 갖고 의사 결정 과정에 참여해 영향력을 행사하는 것을 말한다.	TIP톡! ②의 뜻으로 쓰일 때는 '국민 참여 재판' 등과 같이 쓰인다. ⊕ 참관(參觀): 어떤 자리에 직접 나아가서 봄.
청유 청할 請 | 꾈 誘	어떤 행동을 하도록 청하며[請] 상대방을 꾐[誘]. 사전 어떠한 행동 등을 같이 할 것을 요청함. 또는 그런 일. '21모의 청유의 문장을 사용하여 주장이 야기한 논란을 해소한다.	⊕ 청유문(請誘文): 화자가 청자에게 같이 행동할 것을 요청하는 문장.

청중 들을 聽 | 무리 衆	강의나 음악을 듣기[聽] 위해 모인 무리[衆]. [사전] 강연이나 설교, 음악 등을 듣기 위하여 모인 사람들. ['22 수능] 학생회가 진행해 온 토론 한마당은 예선과 본선에서 항상 많은 **청중**이 참여한 가운데 대면 토론으로 진행되어 현장감이 넘친다는 장점이 있습니다. ['16 모의] 발표자가 **청중**의 반응을 살피지 않고 화면과 발표 원고에만 집중하며 발표한 것은 고쳐야 할 점이라고 생각해.	⊕ 관중(觀衆): 운동 경기 등을 구경하기 위하여 모인 사람들. ⊕ 대면(對面): 서로 얼굴을 마주 보고 대함.
출처 날 出 | 곳 處	어떤 말이나 사물이 나온[出] 곳[處]. [사전] ① 사물이나 말 등이 생기거나 나온 근거. ② 사람이 다니거나 가는 곳. ['20 학평] 가치 있는 정보란 독자의 요구와 흥미 등을 고려하면서도 참신하고 실용적이며 출처(①)가 분명한 것을 말한다.	**TIP톡!** ②의 뜻으로 쓰일 때는 '출처를 알리고 외출하다' 등과 같이 쓰인다. ⊕ 참신(斬新): 새롭고 산뜻함.
취지 뜻 趣 | 뜻 旨	어떤 말이나 행위를 하려는 깊은 뜻[趣旨]. [사전] 어떤 일의 근본이 되는 목적이나 긴요한 뜻. ['22 모의] 우리 학교는 '협력을 통한 나눔 실천'이라는 **취지**로 학생 조합원으로 구성된 협동조합을 만들어 전교생을 대상으로 협동 매점을 운영하고 있다. ['19 수능] 마라톤이 끝난 뒤, 행사의 **취지**에 공감하며 성금을 기탁한 시민도 있었다.	⊕ 의도(意圖): 무엇을 하고자 하는 생각이나 계획. ⊕ 긴요(緊要): 꼭 필요하고 중요함. ⊕ 기탁(寄託): 어떤 일을 부탁하여 맡겨 둠.
친밀감 친할 親 | 가까울 密 느낄 感	친하고[親] 가까운[密] 느낌[感]. [사전] 지내는 사이가 매우 친하고 가까운 느낌. ['22 모의] **친밀감**이 형성되기 전에 자신의 고민과 같은 민감한 정보까지 드러내는 것은 상대방이 부담을 느끼고 거리를 두는 원인이 돼요.	⊕ 친근감(親近感): 지내는 사이가 매우 친하고 가까운 느낌.
토론 칠 討 | 논할 論	상대방의 의견을 받아치며[討] 자신의 의견을 논함[論]. [사전] 어떤 문제에 대하여 여러 사람이 각각 의견을 말하며 논의함. ['20 수능] 이번 시간에는 '인공 지능을 면접에 활용하는 것이 바람직하다.'라는 논제로 **토론**을 진행하겠습니다. ['19 모의] **토론** 단계에 따른 발언의 적합성에 대해 살펴보면, 입론 단계에서 반대 측은 상대측의 주장을 반박하며 자신의 주장을 강화할 수 있다.	**TIP톡!** '토론'은 논제에 대해 찬반으로 나누어 각자의 주장을 펼치는 것이고, '토의(討議)'는 어떤 문제에 대한 해결책을 얻기 위해 함께 의논하는 것이다. ⊕ 적합성(適合性): 일이나 조건 등에 꼭 알맞은 성질.
토의 탐구할 討 | 의논할 議	어떤 문제에 대하여 탐구하며[討] 함께 의논함[議]. [사전] 어떤 문제에 대하여 검토하고 협의함. ['18 수능] 이번 시간에는 '허생의 처가 추구하는 행복의 조건은 무엇인가?'라는 주제로 **토의**하려고 해.	
편협 치우칠 偏 | 좁을 狹	생각이나 상태가 한쪽으로 치우쳐[偏] 있어 그 폭이 좁음[狹]. [사전] ① 한쪽으로 치우쳐 도량이 좁고 너그럽지 못함. ② 땅 등이 좁음. ['22 수능] 서로 다른 관점을 비교·대조하면서 검토함으로써 **편협**(①)한 시각에서 벗어나 문제를 폭넓게 보아야겠군.	**TIP톡!** '편협'은 '褊狹'이라는 한자로도 쓰인다. ⊕ 도량(度量): 사물을 너그럽게 용납하여 처리할 수 있는 넓은 마음과 깊은 생각.

협상 합할 協 | 헤아릴 商	**여럿이 힘을 합쳐[協] 의견을 헤아림[商].** 사전 ① 어떤 목적에 부합되는 결정을 하기 위하여 여럿이 서로 의논함. ② 둘 이상의 나라가 외교 문서를 교환하여 어떤 일에 대하여 약속하는 일. '16학평 협상(①) 참여자들은 자신의 요구를 관철하기 위한 방안들을 제시하거 나, 상대방의 요구를 수용하는 데 필요한 조건들을 제시하면서 협상을 진행하게 됩니다.	⊕ 교섭(交涉): 어떤 일을 이루기 위하여 서로 의논하 고 절충함.
화자 말씀 話 | 사람 者	**말하는[話] 사람[者].** 사전 이야기를 하는 사람. '21모의 지시 표현은 담화 장면을 구성하는 화자, 청자, 사물, 시간, 장소 등의 요소를 직접 가리키는 표현이다.	⊜ 청자(聽者): 이야기를 듣 는 사람.
환기 부를 喚 | 일어날 起	**불러[喚]일으킴[起].** 사전 주의나 여론, 생각 등을 불러일으킴. '20학평 청중의 경험을 환기시켜 발표 내용에 대해 친근감을 느끼게 하고 있다.	⊕ 환기(換氣): 탁한 공기를 맑은 공기로 바꿈.
희소성 드물 稀 | 적을 少 성질 性	**드물고[稀] 적게[少] 존재하는 성질[性].** 사전 인간의 물질적 욕구에 비하여 그 충족 수단이 질적·양적으로 제한되어 있거나 부족한 상태. '16모의 한시적으로 개방되는 경회루의 관람 인원이 소수로 제한되어 있다는 소 식에 경회루를 관람하고 싶은 마음이 들었다는 내용이니까 희소성의 원 리를 보여 준다고 생각합니다.	⊕ 한시적(限時的): 일정한 기간에 한정되어 있는 (것).

최선의 결과를 위한 타협 과정, 협상

1분 배경 지식

'협상'이란 개인이나 집단 간의 견해차나 갈등을 해소하기 위하여 당사자가 서로 협의하는 것으로, 갈등을 합리적으로 조정하여 충돌을 막고, 조화로운 관계를 유지하도록 도와주는 의사소통 과정이다. 협상은 일반적으로 '시작 – 조정 – 해결'의 단계를 거쳐 진행된다.

협상을 진행하기 위해서는 의사를 결정할 수 있는 둘 이상의 주체나 당사자가 필요하다. 협상의 당사자는 원하는 물질적·유형적 조건을 구체적으로 정리하여 입장을 표명해야 한다. 이때 합의가 가능한 사항이나 최대 양보 기준을 미리 설정해 두면 원만한 합의를 이루는 데 도움이 된다.

시작 단계	• 갈등의 원인 분석 • 해결 가능성 확인
↓	
조정 단계	• 문제 확인 • 상대의 처지와 관점 이해 • 구체적 제안 검토
↓	
해결 단계	• 타협과 조정 • 문제 해결 및 합의

▲ 협상의 절차

협상을 유리하게 이끌어 가기 위해서는 당당한 태도와 논리적인 언변이 필요하다. 또, 상대방의 숨은 의도를 파악하여 상대의 요구를 어느 정도 받아들이면서 대안을 제시할 줄 알아야 한다.

이와 같은 과정으로 협상을 진행하면 민주적으로 최선의 타협안을 도출할 수 있고, 당사자들 간의 갈등을 효율적으로 개선할 수 있다.

상사일념 서로 相 | 그리워할 思 하나 一 | 생각 念	서로[相] 그리워하는[思] 한결같은[一] 생각[念]. [사전] 서로 그리워하는 한결같은 마음을 이르는 말. [예] 견우와 직녀는 <u>상사일념</u>으로 칠석이 되기만을 기다렸다.	⊕ **칠석(七夕)**: 음력 7월 7일의 밤. 은하의 서쪽에 있는 직녀와 동쪽에 있는 견우가 오작교에서 일 년에 한 번 만난다는 전설이 있음.
수구초심 머리 首 | 언덕 丘 처음 初 | 마음 心	머리를[首] 고향 언덕으로[丘] 두고 초심(初心)으로 돌아감. [사전] 여우가 죽을 때 머리를 자기가 살던 굴 쪽으로 둔다는 뜻으로, 고향을 그리워하는 마음을 이르는 말. [예] <u>수구초심</u>이란 말이 있듯이 사람은 늙어 갈수록 고향을 그리워하기 마련이다.	⊕ **향수(鄕愁)**: 고향을 그리워하는 마음이나 시름.
오매불망 깰 寤 | 잠잘 寐 아닐 不 | 잊을 忘	깨어[寤] 있을 때나 잠잘[寐] 때나 잊지[忘] 못함[不]. [사전] 자나 깨나 잊지 못함. ['22 모의] <u>오매불망</u>하던 장필성이 적막 공방에 혼자 몸이 전일의 답시(答詩)를 내놓고 보며 울고 울고 보며 전전반측 누웠거늘, 송이가 달려들어 마주 붙들고 울다가 꿈 가운데 우는 소리가 잠꼬대가 되어 아주 내처 울음이 되었더라.	⊕ **공방(空房)**: 사람이 들지 않거나 거처하지 않는 방. ⊕ **전전반측(輾轉反側)**: 누워서 몸을 이리저리 뒤척이며 잠을 이루지 못함. ⊕ **내처**: ① 어떤 일 끝에 더 나아가. ② 줄곧 한결같이.
온고지정 익힐 溫 | 옛날 故 어조사 之 | 마음 情	옛일을[故] 생각[溫]하는[之] 마음[情]. [사전] 옛일을 돌이켜 생각하고 그리는 마음이나 정. ['19 학평] 노독(路毒)을 풀 겸 식후에 바둑이나 두려고 남포등 아래에 앉으니, 온고지정(溫故之情)이 불현듯 새로워졌다.	⊕ **온고지신(溫故知新)**: 옛 것을 익히고 그것을 미루어서 새것을 앎. ⊕ **노독(路毒)**: 먼 길에 지치고 시달려서 생긴 피로나 병.
일일삼추 하나 一 | 날 日 셋 三 | 가을 秋	하루가[一日] 세[三] 번의 가을처럼[秋] 느껴짐. [사전] 하루가 삼 년 같다는 뜻으로, 몹시 애태우며 기다림을 이르는 말. = 일일여삼추 [예] 청년은 유학을 떠난 연인이 돌아오기를 <u>일일삼추</u>로 애타게 기다렸다.	**TIP톡!** 가을은 1년에 한 번씩 오기 때문에 '가을 秋'는 '1년'을 의미하는 말로도 쓰인다.
학수고대 학 鶴 | 머리 首 괴로울 苦 | 기다릴 待	학처럼[鶴] 머리를[首] 빼고 애타게[苦] 기다림[待]. [사전] 학의 목처럼 목을 길게 빼고 간절히 기다림. [예] 국민들은 우리나라 선수단의 승전보를 <u>학수고대</u>하였다.	⊕ **승전보(勝戰譜)**: 싸움에 이긴 경과를 적은 기록. 

확인 문제

• 정답과 해설 43쪽

[01~03] 다음 설명이 맞으면 ○에, 그렇지 않으면 ✕에 표시하시오.

01 '청자'는 이야기를 하는 사람이고, '화자'는 이야기를 듣는 사람이다. (○ , ✕)

02 '절충안'은 두 가지 이상의 안을 서로 보충하여 알맞게 조절한 안을 뜻한다. (○ , ✕)

03 '편협'은 어떤 목적에 부합되는 결정을 하기 위하여 여럿이 서로 의논하는 것이다. (○ , ✕)

[04~06] 〈보기〉의 글자를 조합하여 빈칸에 들어갈 어휘를 쓰시오.

> 보기
>
> 도   반   유   전   지   취

04 광고는 소비자의 실질적 구매를 [ ] 하는 효과적인 매체이다.

05 산업 혁명은 인간 생활 [ ] 에 걸쳐서 커다란 변혁을 가져왔다.

06 노벨 평화상은 세계 평화에 기여한 공이 큰 사람에게 시상한다는 [ ] (으)로 제정되었다.

[07~08] 밑줄 친 어휘의 뜻을 고르시오.

07 수출 부진으로 경제 불황이 심화될 <u>전망</u>이다.

① 앞날을 헤아려 내다봄. 또는 내다보이는 장래의 상황.

② 넓고 먼 곳을 멀리 바라봄. 또는 멀리 내다보이는 경치.

08 근무 시간에 외출할 때는 <u>출처</u>를 밝혀 주십시오.

① 사람이 다니거나 가는 곳.　　　　　② 사물이나 말 등이 생기거나 나온 근거.

[09~11] 다음 뜻에 해당하는 한자 성어를 찾아 바르게 연결하시오.

09 자나 깨나 잊지 못함. · · ㉠ 수구초심

10 학의 목처럼 목을 길게 빼고 간절히 기다림. · · ㉡ 오매불망

11 여우가 죽을 때 머리를 자기가 살던 굴 쪽으로 둔다는 · · ㉢ 학수고대
뜻으로, 고향을 그리워하는 마음을 이르는 말.

개선

고칠 改 | 좋을 善

좋게[善] 고침[改].

[사전] 잘못된 것이나 부족한 것, 나쁜 것 등을 고쳐 더 좋게 만듦.

'22 수능 토론 한마당을 담당하는 학생회 운영진에게 토론 한마당 예선 방식의 개선을 건의하고자 게시판에 글을 쓰게 되었습니다.

[반] 개악(改惡): 고치어 도리어 나빠지게 함.

[관] 개량(改良): 나쁜 점을 보완하여 더 좋게 고침.

개요

대개 槪 | 중요할 要

대강의[槪] 중요한[要] 내용.

[사전] 간결하게 추려 낸 주요 내용.

'17 학평 여러 방송 매체에서 이 드라마의 줄거리와 개요를 공개하였는데, 사제 간의 정을 소재로 학교와 학생들의 모습을 긍정적으로 표현할 것이라고 합니다.

[관] 골자(骨子): 말이나 일의 내용에서 중심이 되는 줄기를 이루는 것.

[관] 대강(大綱): 자세하지 않은, 기본적인 부분만을 따낸 줄거리.

건의

세울 建 | 의견 議

의견을[議] 내세움[建].

[사전] 개인이나 단체가 의견이나 희망을 내놓음. 또는 그 의견이나 희망.

'18 학평 제가 건의한 내용이 받아들여진다면 학생들의 교통사고를 예방할 뿐만 아니라 등·하교가 훨씬 더 수월해질 것입니다.

[관] 제안(提案): 안이나 의견으로 내놓음. 또는 그 안이나 의견.

[관] 수월하다: 까다롭거나 힘들지 않아 하기가 쉽다.

도입

이끌 導 | 들 入

끌어[導] 들임[入].

[사전] ① 기술, 방법, 물자 등을 끌어 들임.
② 문학 작품이나 예술 작품, 책 등에서, 전체를 개관하고 방향이나 방법, 준비 등을 미리 알리거나 암시하는 일. 또는 그 단계.

'19 수능 과거에도 새로운 기계가 도입(①)되면서 일부 분야에서 일자리가 줄어든 경우가 있었지만, 산업 전반적으로는 일자리가 증가했다.

'22 모의 독자들이 기사의 중심 내용인 협상의 결과를 도입(②)부에서 파악할 수 있도록 한다.

[관] 개관(槪觀): 전체를 대강 살펴봄. 또는 그런 것.

매체

매개 媒 | 물체 體

양쪽 사이를 이어[媒] 주는 물체[體]

[사전] 어떤 작용을 한쪽에서 다른 쪽으로 전달하는 물체. 또는 그런 수단.

'17 수능 우리는 인터넷, 신문, 잡지 등의 다양한 매체를 이용하면서 수많은 광고에 노출된다.

[관] 미디어(media): 어떤 작용을 한쪽에서 다른 쪽으로 전달하는 역할을 하는 것.

문맥

글월 文 | 줄기 脈

글을[文] 잇는 큰 줄기[脈].

[사전] 글이나 문장에 표현된 의미의 앞뒤 연결. = 글발, 문리

'21 학평 앞서 언급한 두 가지 문제를 해결할 수 있음을 밝히며 마무리하되, 문맥에 어울리는 관용적 표현을 활용하면 좋겠어요.

[관] 맥락(脈絡): 사물 등이 서로 이어져 있는 관계나 연관. = 맥.

[관] 관용적(慣用的): 오랫동안 써서 굳어진 대로 늘 쓰는 (것).

방안 방법 方 | 생각 案	**어떤 일을 해결할 방법이나[方] 생각[案].** 사전 일을 처리하거나 해결하여 나갈 방법이나 계획. '22모의 주민의 요구가 다양한 3층 공간은 의견 수렴을 통해 도서관, 주민 영화 관, 체육 시설 중 주민 선호도를 파악하여 활용 방안을 결정한다.	㊌ **방책(方策):** 방법과 꾀를 아울러 이르는 말. ㊉ **선호도(選好度):** 좋아하 는 정도.
보편성 널리 普 | 두루 遍 성질 性	**널리[普] 두루[遍] 통하는 성질[性].** 사전 모든 것에 두루 미치거나 통하는 성질. '21학평 우리의 애정 시조와 달을 바라보며 임을 그리워하는 외국의 시가를 비교 해서 읽는 활동은 한국 문학의 보편성을 파악하는 데 도움이 된다.	㊌ **일반성(一般性):** 전체에 두루 해당하는 성질. ㊉ **특수성(特殊性):** 일반적 이고 보편적인 것과 다른 성질.
본질 근본 本 | 바탕 質	**본래의[本] 성질[質].** 사전 본디부터 가지고 있는 사물 자체의 성질이나 모습. '22수능 '산'을 수시로 변하는 인간과 달리 태고로부터 본질을 잃지 않는 불변성 을 지닌 것으로 인식하는군.	㊉ **본성(本性):** ① 사람이 본디부터 가진 성질. ② 사 물이나 현상에 본디부터 있 는 고유한 특성. ㊉ **불변성(不變性):** 변하지 않는 성질.
부제 도울 副 | 제목 題	**본 제목에 덧붙여 뜻을 보충하는[副] 제목[題].** 사전 서적, 논문, 문예 작품 등의 제목에 덧붙어 그것을 보충하는 제목. = 부제목, 서브타이틀 '21학평 이러한 광고는 표제와 부제, 핵심 내용을 요약한 전문 등을 갖춰 일반적 인 기사문과 유사한 형태를 보인다.	㊉ **주제(主題):** 대화나 연구 등에서 중심이 되는 문제. ㊉ **표제(標題):** 신문이나 잡 지 기사의 제목. ㊉ **전문(前文):** 한 편의 글에 서 앞부분에 해당하는 글.
빅 데이터 big data	**외래어** 사전 기존의 데이터베이스로는 수집·저장·분석 등을 수행하기가 어려울 만큼 방대한 양의 데이터. '17모의 기상과 병충해 같은 농업 관련 정보를 수집, 처리, 활용하는 빅 데이터 활용 기술이 농업에 도입되면 농산물의 생산량을 적절하게 조절하는 것 이 가능해져 농가가 안정적인 수익을 올릴 수 있다.	
선별 가릴 選 | 나눌 別	**가려내어[選] 따로 나눔[別].** 사전 ① 가려서 따로 나눔. ② 농업에서, 같은 계통의 유전자형이나 품종을 골라내는 일. '22모의 이러한 독서는 목차나 책 전체를 훑어보아 글의 전체 구조를 파악하고, 필요한 부분을 찾아 중점적으로 읽을 내용을 선별(①)하는 것으로부터 출발한다.	㊉ **구별(區別):** 성질이나 종 류에 따라 차이가 남. 또는 성질이나 종류에 따라 갈라 놓음.
수집 모을 蒐 | 모을 集	**물건이나 재료 등을 모음[蒐集].** 사전 취미나 연구를 위하여 여러 가지 물건이나 재료를 찾아 모음. '19모의 수집한 내용들을 나열해서 쓰기만 하면 평범한 글이 될 것 같은데, 어떻 게 하면 인상적인 글을 쓸 수 있을까?	㊉ **수집(收集):** 거두어 모음.

실태	실제의[實] 모습[態].	
실제로 實 | 모습 態	사전 있는 그대로의 상태. 또는 실제의 모양.	
	'21학평 실태 조사는 앞서 수면이 중요하다고 응답한 학생들을 대상으로, 수면의 양과 질에 대한 항목을 각각 설정하여 실시하였다.	

요구	물건이나 행위 등을 바라서[要] 청함[求].	⊕ 요청(要請): 필요한 어떤
바랄 要 | 구할 求	사전 ① 받아야 할 것을 필요에 의하여 달라고 청함. 또는 그 청.	일이나 행동을 청함. 또는
	② 법률 용어로, 어떤 행위를 할 것을 청함.	그런 청.
	'18학평 건의문은 개인이나 기관에 문제 상황과 관련된 요구(①)나 제안을 밝히는 글이다.	
	'20학평 이에 갑은 을을 상대로 계약금 반환을 요구(②)하는 소송을 제기하였다.	

입론	논의할[論] 내용에 관한 입장을 세움[立].	⊕ 의론(議論): 어떤 사안에
설 立 | 논할 論	사전 의론(議論)하는 취지나 순서 등의 체계를 세움. 또는 그 의론.	대하여 각자의 의견을 제기함. 또는 그런 의견.
	'20수능 찬성 측이 먼저 입론해 주신 후 반대 측에서 반대 신문해 주십시오.	⊕ 반대 신문(反對訊問): 토
	'19모의 찬성 측은 입론에서 결선 투표제를 도입하면 과반을 득표한 사람이 학생 회장으로 선출되므로 대표성을 갖게 된다고 주장한다.	론에서, 상대측 발언의 잘 못된 점 등을 지적하고 그에 대한 답변을 듣는 일.

쟁점	다툼의[爭] 중심이 되는 점[點].	⊕ 쟁송(爭訟): 권리의 있고
다툴 爭 | 점 點	사전 ① 서로 다투는 중심이 되는 점. = 이슈	없음 또는 행위의 효력 등에
	② 법률 용어로, 소송 당사자 사이에 쟁송(爭訟)의 중심이 되는 내용. = 이슈	관한 분쟁.
	'21학평 뉴스 생산자는 쟁점(①)이 되는 화제를 다룰 때 공정성 있는 태도를 지닐 필요가 있다.	⊕ 공정성(公正性): 공평하고 올바른 성질.

제시	끌어내어[提] 보여[示] 줌.	TIP톡! ②의 뜻으로 쓰일
끌 提 | 보일 示	사전 ① 어떠한 의사를 말이나 글로 나타내어 보임.	때는 '영장 제시', '증거물 제
	② 검사나 검열 등을 위하여 물품을 내어 보임.	시' 등과 같이 쓰인다.
	'17모의 학생회에서는 여러 대안을 모색하던 중 시민 공원에 소나무를 기증하자는 의견을 제시(①)하였다.	⊕ 기증(寄贈): 선물 등으로 남에게 물품을 거저 줌.

조화	서로 잘 어우러짐[調和].	↻ 어울림
어울릴 調 | 화할 和	사전 서로 잘 어울림.	⊕ 부조화(不調和): 서로 잘
	'19학평 전문가에 따르면 우리 지역의 탑은 주변 산수는 물론 절 내부 건축물들과의 조화를 고려하여 세워졌다고 한다.	어울리지 않음.

초고	처음에 쓴 거친[草] 원고[稿].	⊕ 퇴고(推敲): 글을 지을 때
거친 풀 草 | 원고 稿	사전 초벌로 쓴 원고. = 고, 글초, 원고, 저고	여러 번 생각하여 고치고 다
	'19학평 기사문의 초고를 살피다 보니, 회의에서 기사문에 포함하기로 했던 급식 메뉴 선정 과정의 어려움과 그 이유를 잘 드러내지 못한 것 같아.	듬. 또는 그런 일.

취재 가질 取 | 재료 材	글이나 작품에 쓸 재료를[材] 가져옴[取]. [사전] 작품이나 기사에 필요한 재료나 제재(題材)를 조사하여 얻음. ['21 학평] 취재한 자료 영상을 보시면 문제의 심각성을 확인하실 수 있습니다.	
타당성 마땅할 妥 | 마땅할 當 성질 性	이치에 마땅한[妥當] 성질[性]. [사전] 사물의 이치에 맞는 옳은 성질. ['17 수능] 기존의 심사 방식은 전체 학생을 대표하는 다수의 평가자가 참여하여 평가자의 주관적 개입을 줄일 수 있고, 평가 기준 역시 매년 학생들의 의견을 수렴하여 개선해 왔기 때문에 그 타당성이 매우 높다고 할 수 있습니다.	⊕ 보편타당성(普遍妥當性): 개인적이며 주관적인 사고나 지각과 관계없이 모든 사고나 인식에 타당한 성질.
편향 치우칠 偏 | 향할 向	한쪽으로 치우쳐[偏] 향해[向] 있음. [사전] 한쪽으로 치우침. ['20 모의] 이처럼 자신의 생각이나 주장과 일치하는 정보만을 선택적으로 수집하고 그렇지 않은 것은 의도적으로 무시하는 심리적 경향을 확증 편향이라고 한다.	⊕ 편중(偏重): 중심이 한쪽으로 치우침. ⊕ 편파(偏頗): 공정하지 못하고 어느 한쪽으로 치우쳐 있음.
현안 매달릴 懸 | 안건 案	해결이 안 되어 아직 매달려[懸] 있는 안건[案]. [사전] 이전부터 의논하여 오면서도 아직 해결되지 않은 채 남아 있는 문제나 의안. ['17 학평] 이렇게 경전의 강독을 끝내고 나면, 왕과 경연관들은 강독한 경전의 내용과 관련한 국정 현안에 대해 논의를 하였습니다.	⊕ 의안(議案): 회의에서 심의하고 토의할 안건. ⊕ 강독(講讀): 글을 읽고 그 뜻을 밝힘.

1분 배경 지식

표절 vs. 패러디 vs. 오마주

'표절(剽竊)'은 시나 글, 그림, 노래 등 새로운 작품을 만들 때 다른 사람이 창작한 작품의 일부나 전부를 몰래 따라 쓰는 행위를 말한다. 따라 쓴 부분의 출처를 밝히지 않고 자신의 것인 양 도용하는 것이다. 음악, 논문, 드라마, 패션 디자인 등 분야에 관계없이 표절 시비가 일어날 수 있는데, 표절자와 원작자 간의 원만한 합의가 이루어지기도 하지만, 소송으로 번져 오랫동안 분쟁을 일으키기도 한다.

하지만 다른 사람의 창작물을 따라 썼다고 해서 모두 표절은 아니다. 다른 사람의 창작물을 인용하거나 차용하되 그 출처를 밝히며 드러내는 방식도 있다. '패러디(parody)'와 '오마주(hommage)'가 그 예이다.

패러디는 특정 작품의 소재나 작가의 문체를 흉내 내어 익살스럽게 표현하는 수법을 의미한다. 원작을 밝히고 그것을 풍자적이고 해학적으로 표현함으로써 새로운 의미를 부여한다는 점에서 표절과 다르다.

오마주는 프랑스어로 '존경', '경의'를 뜻하는데, 영화에서 다른 감독이나 작가에 대한 존경의 표시로 그 감독이나 작가가 만든 영화의 대사나 장면을 인용하는 것을 이른다. 원작을 추억하거나 알리고 싶어 한다는 점에서 표절과 구별된다.

▲ 레오나르도 다빈치의 「모나리자」(좌)를 패러디한 작품(우)

모순

창 矛 | 방패 盾

창과[矛] 방패[盾].

[사전] 어떤 사실의 앞뒤, 또는 두 사실이 이치상 어긋나서 서로 맞지 않음을 이르는 말.

[유래] 중국 초(楚)나라의 상인이 창과 방패를 팔면서 창은 어떤 방패로도 막지 못하는 창이라 하고 방패는 어떤 창으로도 뚫지 못하는 방패라 하여, 앞뒤가 맞지 않은 말을 하였다는 데서 유래하였다.

['16 수능] 같은 사안에 대해 서로 모순되는 확정 판결이 존재하도록 할 수 없는 것이다.

⊕ 배반(背反): 논리적으로 양립할 수 없음.

그 창으로 그 방패를 찌르면 어떻게 되오?

그게......

선경후정

먼저 先 | 경치 景
뒤 後 | 마음 情

먼저[先] 경치를[景] 묘사하고 나중에[後] 감정을[情] 표현함.

[사전] 시에서, 앞부분에 자연 경관이나 사물에 대한 묘사를 먼저 하고 뒷부분에 자기의 감정이나 정서를 그려 내는 구성.

['17 모의] 선경후정의 전개 방식을 통해 화자의 내면을 드러내고 있다.

수미상관

머리 首 | 꼬리 尾
서로 相 | 관계할 關

머리[首] 부분과 꼬리[尾] 부분이 서로[相] 관계되어[關] 있음.

[사전] 처음과 끝을 같거나 비슷하게 하여 서로 관련을 맺음. 또는 그러한 구성.

['20 모의] 수미상관의 기법을 활용하여 구조적 안정감을 얻고 있다.

⊕ 수미상응(首尾相應): 양쪽 끝이 서로 통함.

일맥상통

하나 一 | 줄기 脈
서로 相 | 통할 通

하나의[一] 줄기로[脈] 서로[相] 통함[通].

[사전] 사고방식, 상태, 성질 등이 서로 통하거나 비슷해짐.

['22 모의] 학문 과정에서 '학문의 깊은 뜻을 꿰뚫어' 보고자 하는 것은 주제를 깊이 있게 탐구하고자 하는 태도와 일맥상통한다.

일필휘지

하나 一 | 붓 筆
휘두를 揮 | 갈 之

한[一] 번 붓을[筆] 휘둘러[揮] 죽 써 내려감[之].

[사전] 글씨를 단숨에 죽 내리 씀.

['16 모의] 조맹부의 필체로 단숨에 일필휘지하여 바쳤는데, 전하께서 보시고는 글자마다 비점(批點)이요 글귀마다 관주(貫珠)를 치는 것이었다.

⊕ 비점(批點): 시가나 문장 등을 비평하여 아주 잘된 곳에 찍는 둥근 점.

⊕ 관주(貫珠): 예전에, 글이나 시문을 따져 보면서 잘된 곳에 치던 동그라미.

취사선택

취할 取 | 버릴 捨
고를 選 | 뽑을 擇

취할[取] 것과 버릴[捨] 것을 골라[選] 뽑음[擇].

[사전] 여럿 가운데서 쓸 것은 쓰고 버릴 것은 버림.

[예] 학생들은 인터넷에서 검색한 정보들을 취사선택하여 보고서를 작성하였다.

• 정답과 해설 44쪽

[01 ~ 03] 제시된 초성을 참고하여 다음 뜻에 해당하는 어휘를 쓰시오.

01 ㅍ ㅎ : 한쪽으로 치우침. _____

02 ㅂ ㅍ ㅅ : 모든 것에 두루 미치거나 통하는 성질. _____

03 ㅁ ㅊ : 어떤 작용을 한쪽에서 다른 쪽으로 전달하는 물체. 또는 그런 수단. _____

[04 ~ 05] 제시된 초성을 참고하여 빈칸에 들어갈 어휘를 쓰시오.

04 노조는 사측과의 협상에서 열악한 노동 환경 ㄱ ㅅ 을 요구하였다. _____

05 최첨단 기술이 국내에 ㄷ ㅇ 되어 통신 산업이 눈부시게 발전하고 있다. _____

[06 ~ 08] 다음 뜻에 해당하는 어휘에 V표 하시오.

06 서로 다투는 중심이 되는 점. ☐ 부제 ☐ 쟁점

07 본디부터 가지고 있는 사물 자체의 성질이나 모습. ☐ 본질 ☐ 실태

08 이전부터 의논하여 오면서도 아직 해결되지 않은 채 남아 있는 문제나 의안. ☐ 방안 ☐ 현안

[09 ~ 11] 다음 뜻에 해당하는 한자 성어를 찾아 바르게 연결하시오.

09 글씨를 단숨에 죽 내리 씀. · · ㉠ 모순

10 처음과 끝을 같거나 비슷하게 하여 서로 관련을 맺음. · · ㉡ 수미상관

11 어떤 사실의 앞뒤, 또는 두 사실이 이치상 어긋나서 서로 · · ㉢ 일필휘지
맞지 않음을 이르는 말.

객체 대상 客 | 몸 體	주체가 하는 행위의 대상이[客] 되는 몸[體]. 사전 문장 내에서 동사의 행위가 미치는 대상. '18학평 중세 국어에서는 주체나 객체로 표현되는 인물이 신분이나 지위가 높은 경우, 대개 그 인물을 직접적으로 높여 표현하였다.	⊕ 주체(主體): 문장 내에서 술어의 동작을 나타내는 대상이나 술어의 상태를 나타내는 대상.
겹문장 겹 + 글월 文 | 글 章	둘 이상의 문장이 겹쳐진 문장(文章). 사전 주어와 서술어 관계가 두 번 이상 이루어지는 문장. '18학평 문장은 주어와 서술어 관계가 한 번 나타나는 홑문장과 두 번 이상 나타나는 겹문장으로 나뉘는데, 겹문장에는 이어진문장과 안은문장이 있다.	⊕ 홑문장(홑文章): 주어와 서술어가 각각 하나씩 있어서 둘 사이의 관계가 한 번만 이루어지는 문장.
고유어 굳을 固 | 있을 有 말씀 語	원래부터 그 언어에 굳어져[固] 있는[有] 말[語]. 사전 해당 언어에 본디부터 있던 말이나 그것에 기초하여 새로 만들어진 말. '20모의 돼지도 흔한 가축인데, 현대 국어에서 어린 돼지를 가리키는 고유어 단어는 따로 없다.	○ 순우리말, 토박이말, 토착어 TIP톡! 국어에서 고유어는 '아버지', '어머니', '하늘', '땅' 등이 있다.
관형격 갓 冠 | 모양 形 | 자격 格	관형(冠形)어의 자격을[格] 갖게 하는 것. 사전 문장 안에서, 앞에 오는 체언이 뒤에 오는 체언의 관형어임을 보이는 격. '20학평 관형어는 체언을 수식하는 문장 성분으로 관형사나 체언이 그대로 관형어가 되기도 하며, 체언에 관형격 조사 '의'가 결합된 형태나 용언의 관형사형으로도 나타난다.	⊕ 체언(體言): 문장에서 주어 등의 기능을 하는 명사, 대명사, 수사를 통틀어 이르는 말. ⊕ 관형어(冠形語): 체언 앞에서 체언의 뜻을 꾸며 주는 문장 성분.
구개음화 입 口 | 덮을 蓋 소리 音 | 될 化	구개음(口蓋音)으로 변하는[化] 현상. 사전 끝소리가 'ㄷ', 'ㅌ'인 형태소가 모음 'ㅣ'나 반모음 'ㅣ[j]'로 시작되는 형식 형태소와 만나 구개음 'ㅈ', 'ㅊ'이 되거나, 'ㄷ' 뒤에 형식 형태소 '히'가 올 때 'ㅎ'과 결합하여 이루어진 'ㅌ'이 'ㅊ'이 되는 현상. 굳이[구지], 굳히다[구치다] 등. = 입천장소리되기 '19학평 'ㄷ, ㅌ'으로 끝나는 말 뒤에 'ㅣ'로 시작하는 형식 형태소가 오면 'ㄷ, ㅌ'이 'ㅈ, ㅊ'으로 변하는 구개음화가 일어난다.	⊕ 구개음(口蓋音): 혓바닥과 경구개 사이에서 나는 소리. 'ㅈ', 'ㅉ', 'ㅊ' 등. ⊕ 형태소(形態素): 뜻을 가진 가장 작은 말의 단위. ⊕ 형식 형태소(形式形態素): 실질 형태소에 붙어 주로 말과 말 사이의 관계를 표시하는 형태소. 조사, 어미 등.
다의어 많을 多 | 뜻 義 말씀 語	많은[多] 뜻을[義] 가진 말[語]. 사전 두 가지 이상의 뜻을 가진 단어. '다리'가 '사람이나 짐승의 몸통을 받치는 부분' 또는 '물건의 하체 부분'을 뜻하는 것 등. '20수능 다의어에서 기본이 되는 핵심 의미를 중심 의미라고 하고, 중심 의미에서 확장된 의미를 주변 의미라고 한다.	⊕ 단의어(單義語): 하나의 뜻만을 가진 단어. 또는 그런 단어 결합. ⊕ 동음이의어(同音異議語): 소리는 같으나 뜻이 다른 단어. = 동음어

마찰음

문지를 摩 | 문지를 擦
소리 音

목청 사이를 마찰(摩擦)하며 나오는 소리[音].

[사전] 입 안이나 목청 등의 조음 기관이 좁혀진 사이로 공기가 비집고 나오면서 마찰하여 나는 소리. 'ㅅ', 'ㅆ', 'ㅎ' 등. = 갈이소리

[17 수능] 음절의 종성에 마찰음, 파찰음이 오거나 파열음 중 거센소리나 된소리가 올 경우, 모두 파열음의 예사소리로 교체된다.

⊕ **파찰음(破擦音):** 파열음과 마찰음의 성질을 다 가지는 소리. 'ㅈ', 'ㅉ', 'ㅊ' 등.

⊕ **파열음(破裂音):** 폐에서 나온 공기를 막았다 터뜨리는 소리. 'ㅂ', 'ㅃ', 'ㅍ' 등.

맥락

줄기 脈 | 이을 絡

줄기가[脈] 이어짐[絡].

[사전] 사물 등이 서로 이어져 있는 관계나 연관. = 맥

[21 모의] 담화 전개 과정에서 화자는 청자 및 맥락을 고려하면서 발화나 문장을 통해 자신의 의도를 효과적으로 구현한다.

모음 조화

어머니 母 | 소리 音
어울릴 調 | 화할 和

같은 성질의 모음(母音)끼리 조화(調和)롭게 어울리는 현상.

[사전] 두 음절 이상의 단어에서, 뒤의 모음이 앞 모음의 영향으로 그와 가깝거나 같은 소리로 되는 언어 현상. 양성 모음은 양성 모음끼리, 음성 모음은 음성 모음끼리 어울리는 현상. 알록달록, 얼룩덜룩 등.

[17 학평] 현대 국어에서는 모음 조화가 형태소 내부와 경계에서 지켜지지 않는 경우가 많다.

⊕ **모음 동화(母音同化):** 모음과 모음이 서로 닮게 되는 음운 변화. 모음 조화, 전설 모음화 등.

문장 성분

글월 文 | 글 章
이룰 成 | 나눌 分

문장(文章)을 이루는[成] 각 부분[分].

[사전] 문장을 구성하는 기능적 단위. 주어·서술어·목적어·보어·관형어·부사어·독립어 등이 있음.

[21 수능] 겹문장은 안은문장에서 다양한 문장 성분으로도 쓰인다.

TIP톡! 주어, 서술어, 목적어, 보어는 '주성분', 관형어, 부사어는 '부속 성분', 독립어는 '독립 성분'이다.

반모음

반 半
어머니 母 | 소리 音

이중 모음(母音)에서 그 소리의 반만[半] 담당하는 음.

[사전] 모음과 같이 발음하지만 음절을 이루지 못하는 아주 짧은 모음. 'ㅑ', 'ㅒ', 'ㅕ', 'ㅖ', 'ㅘ', 'ㅙ', 'ㅛ', 'ㅝ', 'ㅞ', 'ㅠ', 'ㅢ' 등의 이중 모음에서 나는 'ㅣ[j]', 'ㅗ, ㅜ[w]' 등. = 반홀소리

[21 모의] 용언 어간 뒤에 '-아/어'로 시작하는 어미가 결합할 때, 단모음이 반모음으로 교체되는 음운 변동이 일어날 수 있어요.

⊕ **활음(滑音):** 조음 기관이 한 음의 위치에서 다른 음의 위치로 옮겨 갈 때, 그 소리가 분명히 드러나지 않고 인접한 소리에 곁들어 나타나는 소리. 국어의 반모음 등.

방언

방위 方 | 말씀 言

각 지방에서[方] 쓰는 말[言].

[사전] ① 한 언어에서, 사용 지역 또는 사회 계층에 따라 분화된 말의 체계.
② 어느 한 지방에서만 쓰는, 표준어가 아닌 말. = 사투리

[20 수능] 지역 방언(②)이 사라져 가는 원인은 복합적이다.

⊕ **표준어(標準語):** 전 국민이 공통적으로 쓸 수 있는 자격을 부여받은 단어. 우리나라에서는 교양 있는 사람들이 두루 쓰는 현대 서울말로 정함을 원칙으로 함.

부사격

도울 副 | 말 詞 | 자격 格

부사(副詞)어의 자격을[格] 갖게 하는 것.

[사전] 문장 안에서 체언이 부사어임을 표시하는 격. 처소, 도구, 자격, 원인, 때 등을 나타냄. = 어찌자리

[20 모의] 부사격 조사 '에'에 '서'가 붙은 '에서'가 주격 조사로 쓰인 것처럼 부사격 조사 '께'에 '서'가 붙은 '께서'도 주격 조사로 쓰인다.

⊕ **부사(副詞):** 용언 등의 앞에 놓여 그 뜻이 분명해지도록 돕는 품사.

사동 시킬 使 | 움직일 動	**동작을[動] 하게 시킴[使].** 사전 주체가 제3의 대상에게 동작이나 행동을 하게 하는 동사의 성질. = 사역 '17 수능 동사 '익다'와 '먹다'의 어근에 각각 접미사 '-히-'와 '-이-'가 붙어 형성된 '익히다'와 '먹이다'는 '고기를 익히다.'와 '아이에게 밥을 먹이다.'에서와 같이 <u>사동</u>의 의미를 가진다.	⊕ 사동문(使動文): 사동사가 서술어로 쓰인 문장. ⊕ 주동(主動): 주체가 스스로 동작이나 행동을 하는 동사의 성질.
상의어 위 上 | 뜻 義 | 말씀 語	**한 단계 위의[上] 뜻을[義] 갖는 말[語].** 사전 어떤 말보다 일반적이고 포괄적인 뜻이 있는 말. = 상위어 '18 모의 '구기'는 '스포츠'와의 관계 속에서 하의어가 되지만, '축구'와의 관계 속에서는 <u>상의어</u>가 된다.	⊕ 하의어(下義語): 어떤 말보다 구체적이고 자세한 뜻이 있는 말. = 하위어
서술어 펼 敍 | 펼 述 | 말씀 語	**주어의 움직임이나 상태 등을 서술(敍述)하는 말[語].** 사전 한 문장에서 주어의 움직임, 상태, 성질 등을 서술하는 말. 주로 동사, 형용사, 서술격 조사의 종결형으로 나타냄. '17 모의 문장에는 주어와 <u>서술어</u>가 나타나므로, 문장의 직접 구성 요소는 주어와 서술어가 된다.	TIP톡! 서술어의 예로는 '철수가 웃는다.'에서 '웃는다', '철수는 학생이다.'에서 '학생이다' 등이 있다.
선어말 어미 앞 先 | 말씀 語 | 끝 末 말씀 語 | 꼬리 尾	**단어[語] 끝에[末] 붙은 어미(語尾)의 바로 앞에[先] 위치하는 말.** 사전 어말 어미 앞에 나타나는 어미. '-시-', '-옵-' 등과 같이 높임법에 관한 것과 '-았-', '-는-', '-더-', '-겠-' 등과 같이 시제와 동작의 양태에 관한 것이 있음. '21 학평 가령, "나는 물건을 들었다."라는 문장에서 '들었다'는 어간 '들-'에 <u>선어말 어미</u> '-었-'과 어말 어미 '-다'가 결합된 용언이다.	TIP톡! '어말 어미'는 보통 '어미'라고 불린다. ⊕ 양태(樣態): 발화 내용과 현실의 관계에 대하여 화자의 주관적 태도를 나타내는 범주.
시제 때 時 | 규정 制	**일이 일어난 때를[時] 규정짓는[制] 말.** 사전 어떤 사건이나 사실이 일어난 시간 선상의 위치를 표시하는 문법 범주. '21 학평 한편 선어말 어미는 문장의 주체를 높이거나 문장의 <u>시제</u>를 표현하는 것과 같은 문법적 기능을 한다.	TIP톡! 시제에는 과거·현재·미래가 있으며, 발화시를 기준으로 한 절대 시제와 사건시를 기준으로 한 상대 시제가 있다.
안긴문장 안긴 + 글월 文 | 글 章	**안은문장 안에 안겨 있는 문장(文章).** 사전 안은문장 속에 절(節)의 형태로 포함되어 있는 문장. '우리는 철수가 유능한 일꾼이라는 사실을 알았다.'에서 '철수가 유능한 일꾼이라는' 등. '19 모의 하나의 문장이 <u>안긴문장</u>으로 다른 문장에 안길 때, 원래 있던 문장 성분이 생략되는 경우가 있다.	⊕ 절(節): 주어와 술어를 갖추었으나 독립하여 쓰이지 못하고 다른 문장의 한 성분으로 쓰이는 단위.
어간 말씀 語 | 줄기 幹	**단어에서[語] 형태가 변하지 않는 줄기[幹] 부분.** 사전 활용어가 활용할 때 변하지 않는 부분. '깨끗하다', '깨끗하니', '깨끗하고'에서 '깨끗하-' 등. '20 모의 '붙잡다'의 <u>어간</u> '붙잡-'은 어근 '붙-'과 어근 '잡-'으로 나뉘고, '잡히다'의 <u>어간</u> '잡히-'는 어근 '잡-'과 접사 '-히-'로 나뉜다.	TIP톡! 활용어는 문장에서 형태가 변하는 단어로, 동사, 형용사, 서술격 조사(-이다)가 이에 해당한다.

어근 말씀 語 | 뿌리 根	**단어의[語] 중심 의미를 담고 있는 뿌리[根] 부분.** 사전 단어를 분석할 때, 실질적 의미를 나타내는 중심이 되는 부분. '깨끗하다'에서 '깨끗' 등. = 밑말, 뿌리 '18학평 단어를 이루는 형태소 중에 실질적인 의미를 나타내는 중심 부분을 <u>어근</u>이라고 하는데, <u>어근</u>이 두 개 이상 결합한 단어를 합성어라고 한다.	
어미 말씀 語 | 꼬리 尾	**단어에서[語] 형태가 변하는 꼬리[尾] 부분.** 사전 용언 및 서술격 조사가 활용하여 변하는 부분. '깨끗하다', '깨끗하니', '깨끗하고'에서 '다', '니', '고' 등. '21학평 어간은 용언이 활용할 때 변하지 않는 부분을 가리키고, <u>어미</u>는 어간 뒤에 결합하여 여러 가지 문법적 의미를 더해 주는 요소를 가리킨다.	
어원 말씀 語 | 근원 源	**말이[語] 생겨난 근원[源].** 사전 어떤 단어의 근원적인 형태. 또는 어떤 말이 생겨난 근원. = 말밑 '20학평 '넙치'처럼 <u>어원</u>이 분명하지 않거나 본뜻에서 멀어진 경우에는 소리대로 적습니다.	**TIP톡!** '어원'은 '語原'이라는 한자로도 쓰인다.
용언 행할 用 | 말씀 言	**문장에서 행위나[用] 상태 등을 나타내는 말[言].** 사전 문장에서 서술어의 기능을 하는 동사, 형용사를 통틀어 이르는 말. 문장 안에서의 쓰임에 따라 본용언과 보조 용언으로 나눔. '17모의 <u>용언</u>은 어간에 어미가 붙어 다양한 의미를 나타내며 활용된다.	**TIP톡!** '나는 밥을 먹고 싶다.'에서 '먹다'는 문장의 주체를 주되게 서술하는 본용언이고, '싶다'는 본용언과 연결되어 그 뜻을 보충하는 보조 용언이다.

우리말 최초의 문법서, 주시경의 『국어 문법』

1분 배경 지식

'한글'이라는 이름은 어떻게 만들어졌을까?

세종 대왕이 훈민정음을 창제한 이후에도 우리나라에는 여전히 중국의 한문을 숭상하고 우리말을 경시하는 풍조가 남아 있었다. 더욱이 일제 강점기에는 일제가 우리의 민족정신을 말살하기 위해 우리말과 글을 사용하지 못하게 탄압하였다.

독립운동가들은 우리 민족의 얼이 담긴 우리말과 글의 권위를 세우고 그 명맥을 유지하기 위하여 '세상에 오직 하나뿐인, 으뜸가는 큰 글'이라는 의미를 담아 '한글'이라는 이름을 지었다. 이 이름을 짓는 데 앞장서고 한글의 발전을 이끈 사람이 국어학자 '주시경'이다.

주시경은 '국어 연구 학회'를 만들어 우리말과 글을 연구하고 민중에게 널리 알리기 위해 노력하였다. 그 과정에서 우리말 최초의 문법서가 탄생했는데, 1910년에 지은 『국어 문법』이 바로 그것이다. 이후 1911년 12월에 내용을 고쳐서 『조선어 문법』이라는 제목으로 간행하였다.

『국어 문법』은 내용을 소리갈(음성론), 기난갈(씨갈: 품사론), 짬듬갈(월갈: 구문론) 등 3가지로 나누고, 순우리말로 된 문법 용어를 사용하여 우리말을 설명하였다. 이후 이는 '한글 맞춤법 통일안'의 기본이 되었다.

▲ 주시경의 『국어 문법』 친필 원고
(출처: 문화재청)

망운지정

바라볼 望 | 구름 雲
어조사 之 | 마음 情

고향 쪽 구름을[雲] 바라보[望]는[之] 마음[情].

[사전] 자식이 객지에서 고향에 계신 어버이를 생각하는 마음.

[예] 군대에 간 형은 부모님께 편지로 <u>망운지정</u>을 전하였다.

⊕ 객지(客地): 자기 집을 멀리 떠나 임시로 있는 곳.

반포지효

되돌릴 反 | 먹일 哺
어조사 之 | 효도 孝

새끼 까마귀가 자라 도리어[反] 어미를 먹이[哺]는[之] 효도[孝].

[사전] 까마귀 새끼가 자라서 늙은 어미에게 먹이를 물어다 주는 효(孝)라는 뜻으로, 자식이 자란 후에 어버이의 은혜를 갚는 효성을 이르는 말.

[예] <u>반포지효</u>는 부모에 대한 자식의 마땅한 도리이다.

⊕ 반포지은(反哺之恩): 까마귀가 어미에게 먹이를 물어다 주며 은혜를 갚음.

불초

아닐 不 | 닮을 肖

부모와 닮지[肖] 않음[不].

[사전] 아버지를 닮지 않았다는 뜻으로, 못나고 어리석은 사람을 이르는 말.

['17 학평] 소신의 <u>불초</u>한 자식이 있사옵더니, 나이 어려 우연 집을 떠나 나아가 우금 십여 년이 되옵되 종적을 알지 못하나이다.

TIP톡! 아들이 부모에게 자기를 낮추어 이르는 일인칭 대명사로도 쓰인다.

⊕ 우금(于今): 지금에 이르기까지.

슬하

무릎 膝 | 아래 下

부모의 무릎[膝] 아래[下].

[사전] 무릎의 아래라는 뜻으로, 어버이나 조부모의 보살핌 아래. 주로 부모의 보호를 받는 테두리 안을 이름.

['16 모의] 이때에 과거 날이 되었으므로 혈룡이 모친의 <u>슬하</u>를 떠나서 대궐 안 과거장에 들어가니 팔도에서 글 잘한다는 선비들이 구름같이 모여 있었다.

⊕ 품: 따뜻한 보호를 받는 환경을 비유적으로 이르는 말.

⊕ 그늘: 의지할 만한 대상의 보호나 혜택.

풍수지탄

바람 風 | 나무 樹
어조사 之 | 탄식할 歎

바람에[風] 흔들리는 나무[樹]의[之] 탄식[歎].

[사전] 효도를 다하지 못한 채 어버이를 여읜 자식의 슬픔을 이르는 말.

[유래] '나무는 고요하고자 하나 바람은 그치지 않고[樹欲靜而風不止], 자식은 효도하려 하나 어버이는 기다려 주지 않는다[子欲養而親不待].'라는 「한시외전」의 글에서 유래하였다.

[예] 돌아가신 할머니가 생각날 때면, 아버지께서는 <u>풍수지탄</u>으로 눈물을 흘리셨다.

혼정신성

어두울 昏 | 정할 定
새벽 晨 | 살필 省

밤에는[昏] 잠자리를 정해[定] 드리고 새벽에는[晨] 밤새 안부를 살핌[省].

[사전] 밤에는 부모의 잠자리를 보아 드리고 이른 아침에는 부모의 밤새 안부를 묻는다는 뜻으로, 부모를 잘 섬기고 효성을 다함을 이르는 말. = 조석정성

[예] 어머니는 지금껏 <u>혼정신성</u>하며 부모님을 깍듯이 모셨다.

아들아, 왜 여기서 자니?

아빠 침대

침대가 편안한지 확인하고 있어요.

[01~07] 〈예〉를 참고하여 다음 뜻에 해당하는 어휘를 찾아 표시하시오. (가로, 세로, 대각선으로 표시할 것)

> 〈예〉 어느 한 지방에서만 쓰는, 표준어가 아닌 말.

01 어떤 단어의 근원적인 형태.

02 두 가지 이상의 뜻을 가진 단어.

03 문장 안에서 체언이 부사어임을 표시하는 격.

04 용언 및 서술격 조사가 활용하여 변하는 부분.

05 어떤 말보다 일반적이고 포괄적인 뜻이 있는 말.

06 주어와 서술어 관계가 두 번 이상 이루어지는 문장.

07 문장 안에서, 앞에 오는 체언이 뒤에 오는 체언의
관형어임을 보이는 격.

고	구	관	겹	서	유
술	개	형	모	문	조
부	사	격	제	동	장
시	방	언	음	상	위
어	미	반	다	의	어
원	용	간	사	어	화

[08~10] 다음 뜻에 해당하는 어휘에 V표 하시오.

08 사물 등이 서로 이어져 있는 관계나 연관. ☐ 객체 ☐ 맥락

09 단어를 분석할 때, 실질적 의미를 나타내는 중심이 되는 부분. ☐ 어간 ☐ 어근

10 주체가 제3의 대상에게 동작이나 행동을 하게 하는 동사의 성질. ☐ 사동 ☐ 시제

[11~13] 제시된 초성을 참고하여 다음 뜻에 해당하는 한자 성어를 쓰시오.

11 ☐ㅁ ☐ㅇ ☐ㅈ ☐ㅈ : 자식이 객지에서 고향에 계신 어버이를 생각하는 마음. _____

12 ☐ㅂ ☐ㅊ : 아버지를 닮지 않았다는 뜻으로, 못나고 어리석은 사람을
이르는 말. _____

13 ☐ㅍ ☐ㅅ ☐ㅈ ☐ㅌ : 효도를 다하지 못한 채 어버이를 여읜 자식의 슬픔을
이르는 말. _____

유음화

흐를 流 | 소리 音 | 될 化

유음(流音)으로 바뀌는[化] 현상.

[사전] 'ㄴ'이 'ㄹ'의 앞이나 뒤에서 'ㄹ'로 변하는 현상. '한라'가 '할라', '실눈'이 '실룬'이 되는 것 등.

['21 학평] 예컨대 '맏물[만물]'에서는 비음화가 일어나고, '실내[실래]'에서는 <u>유음화</u>가 일어난다.

⊕ 유음(流音): 국어의 자음 'ㄹ'처럼 입에서 공기를 흘려 보내며 내는 소리.

⊕ 비음화(鼻音化): 어떤 음의 조음(調音)에 비강의 공명이 수반되는 현상. '먹는다'가 '멍는다'가 되는 것 등.

음운

소리 音 | 소리 韻

말을 이루는 하나하나의 소리[音韻].

[사전] 말의 뜻을 구별해 주는 소리의 가장 작은 단위. '님'과 '남'의 뜻을 구별해 주는 'ㅣ'와 'ㅏ', '물'과 '불'의 뜻을 구별해 주는 'ㅁ'과 'ㅂ' 등.

['21 학평] 한 <u>음운</u>이 다른 <u>음운</u>과 만날 때 환경에 따라 다른 <u>음운</u>으로 바뀌어서 소리 나는 현상을 <u>음운</u> 변동이라고 한다.

TIP톡! '음운'은 '음소(자음, 모음)'와 '운소(소리의 높이, 길이, 세기)'로 구성된다.

음절

소리 音 | 마디 節

소리로[音] 표현되는 한 마디[節].

[사전] 하나의 종합된 음의 느낌을 주는 말소리의 단위. '아침'에서 '아'와 '침' 등.

['18 모의] 여러분들이 자주 쓰는 '인강'이라는 말은 '인터넷'과 '강의'가 합쳐지면서 줄어든 말인데, 앞말과 뒷말의 첫 <u>음절</u>만 따서 만들어진 것이에요.

TIP톡! 말의 단위는 일반적으로 '음운≤음절≤형태소≤단어≤어절≤문장'으로 대소 관계를 나타낼 수 있다.

⊕ 어절(語節): 문장을 구성하고 있는 각각의 마디.

인칭

사람 人 | 일컬을 稱

사람을[人] 일컬음[稱].

[사전] 명사, 대명사, 동사에 관계하는 문법 범주의 하나. 화자 자신을 일컫는 제일 인칭, 청자를 일컫는 제이 인칭, 그 외 나머지를 일컫는 제삼 인칭이 있음.

['19 모의] '-더-'가 쓰인 문장에는 특정 <u>인칭</u>의 주어만 나타나는 경우가 있다.

TIP톡! 인칭 대명사로는 1인칭에 '나', '저', '우리', 2인칭에 '너', '너희', '자네', 3인칭에 '그', '저', '그이들', 미지칭에 '누구', '누구들', 부정칭에 '아무' 등이 있다.

접사

이을 接 | 말씀 辭

단어의 앞이나 뒤에 이어[接] 붙는 말[辭].

[사전] 단독으로 쓰이지 않고 항상 다른 어근(語根)이나 단어에 붙어 새로운 단어를 구성하는 부분. 접두사(接頭辭)와 접미사(接尾辭)가 있음.

['18 수능] 국어의 단어들은 어근과 어근이 결합해 만들어지기도 하고 어근과 파생 <u>접사</u>가 결합해 만들어지기도 한다.

TIP톡! 접두사의 예로는 '맨손'의 '맨-', 접미사의 예로는 '먹보'의 '-보' 등이 있다.

접속

이을 接 | 이을 續

서로 이음[接續].

[사전] ① 서로 맞대어 이음.
② 컴퓨터에서, 여러 개의 프로세서와 기억 장치 모듈 사이를 물리적으로 또는 전자 회로적으로 연결하는 일.

['21 모의] <u>접속</u>(①) 표현은 문장과 문장, 발화와 발화를 연결해 주는 표현으로, '그리고' 등과 같은 <u>접속</u> 부사가 대표적인 예이다.

TIP톡! ②의 뜻으로 쓰일 때는 '인터넷 접속', '홈페이지 접속' 등과 같이 쓰인다.

TIP톡! '접속 표현'을 사용하면 담화에서 응집성을 높일 수 있다.

조사	앞의 말을 돕는[助] 말[詞].	**TIP톡!** '조사'는 크게 격 조
도울 助 ㅣ 말씀 詞	사전 체언이나 부사, 어미 등에 붙어 그 말과 다른 말과의 문법적 관계를 표시 하거나 그 말의 뜻을 도와주는 품사. = 관계사, 토, 토씨 '19 학평 '이'와 '가'는 주어의 자격을 나타내는 조사로 그 의미가 서로 동일하다.	사, 접속 조사, 보조사로 나 뉜다.

종결	마치고[終] 끝맺음[結].	㉰ 끝막음: 일을 끝내어 완
마칠 終 ㅣ 맺을 結	사전 일을 끝냄. '19 모의 선어말 어미 '-더-'는 시간 표현, 주어의 인칭, 용언의 품사, 문장 종결 표현 등과 다양하게 관련을 맺는다.	전히 맺음. 또는 그 일.

주격	주어의[主] 자격을[格] 갖게 하는 것.	⊕ 서술격(敍述格): 체언이
주인 主 ㅣ 자격 格	사전 문장 안에서, 체언이 서술어의 주어임을 표시하는 격. 격 조사 '이', '가', '께서', '에서' 등을 붙여 나타냄. = 임자자리 '20 모의 현대 국어의 '에서'가 주격 조사로 쓰일 때에는 '에서' 앞에 공간이나 집 단을 나타내는 명사가 오고 유정 명사는 올 수 없다.	나 체언 구실을 하는 말 뒤에 서 서술어 자격을 부여하는 격. = 풀이자리 ⊕ 유정 명사(有情名詞): 감 정을 나타내는, 사람이나 동 물을 가리키는 명사.

첨가	더하거나[添] 보탬[加].	**TIP톡!** '첨가'의 예로는 '논
더할 添 ㅣ 더할 加	사전 이미 있는 것에 덧붙이거나 보탬. '18 학평 음운의 변동은 한 음운이 다른 음운으로 바뀌는 교체, 한 음운이 없어지 는 탈락, 새로운 음운이 생기는 첨가, 두 음운이 하나의 음운으로 합쳐 지는 축약으로 구분된다.	일'이 '논닐'이 되는 것 등이 있다. ㉱ 삭제(削除): 깎아 없애거 나 지워 버림.

체언	문장에서 중요한 몸체가[體] 되는 말[言].	⊕ 용언(用言): 문장에서 서
몸 體 ㅣ 말씀 言	사전 문장에서 주어 등의 기능을 하는 명사, 대명사, 수사를 통틀어 이르는 말. '18 학평 관형절은 '-(으)ㄴ', '-는', '-(으)ㄹ' 등이 붙어 뒤의 체언을 꾸민다.	술어의 기능을 하는 동사, 형용사를 통틀어 이르는 말.

추상	형상으로부터[象] 속성을 뽑아냄[抽].	**TIP톡!** 다의어에서, 가장
뽑을 抽 ㅣ 형상 象	사전 여러 가지 사물이나 개념에서 공통되는 특성이나 속성 등을 추출하여 파 악하는 작용. '20 수능 주변 의미는 기존의 의미가 확장되어 생긴 것으로서, 새로 생긴 의미는 기존의 의미보다 추상성이 강화되는 경향이 있다.	기본적이고 핵심적인 의미 를 '중심(적) 의미', 그 이외 의 다른 의미를 '주변(적) 의미'라고 한다.

축약	줄이거나[縮] 묶음[約].	
줄일 縮 ㅣ 묶을 約	사전 ① 줄여서 간략하게 함. ② 언어에서, 두 형태소가 서로 만날 때 앞뒤 형태소의 두 음소나 음절이 한 음소나 음절로 되는 현상. '좋고'가 '조코'로, '국화'가 '구콰'로, '되+어'가 '돼'로 되는 것 등. '18 학평 '국화[구콰]', '좋다[조:타]'처럼 예사소리와 'ㅎ'이 거센소리로 축약(②)되 는 현상도 국어에서 연달아 발음하는 것이 어려운 자음들이 이어질 때 발생하는 음운 변동으로 볼 수 있다.	

탈락 벗을 脫 | 떨어질 落	**빠지거나[脫] 떨어짐[落].** [사전] ① 범위에 들지 못하고 떨어지거나 빠짐. ② 언어에서, 둘 이상의 음절이나 형태소가 서로 만날 때 음절이나 음운이 없어지는 현상. '가+아서'가 '가서'로, '울+는'이 '우는'이 되는 것 등. ['19 수능] '소나무'는 중세 국어에서 명사 '솔'에 '나무'의 옛말인 '나모'가 결합하고 'ㄹ'이 <u>탈락</u>(②)한 합성어 '소나모'로 나타난다.	**TIP톡!** ①의 뜻으로 쓰일 때는 '예선 탈락' 등과 같이 쓰인다.
파생 갈래 派 | 날 生	**갈라져[派] 나옴[生].** [사전] ① 사물이 어떤 근원으로부터 갈려 나와 생김. ② 언어에서, 실질 형태소에 접사가 결합하여 하나의 단어를 만듦. ['18 학평] 형용사 '괴롭다'는 동사 '괴롭히다'로 <u>파생</u>(②)된다.	**TIP톡!** ①의 뜻으로 쓰일 때는 '파생 상품' 등과 같이 쓰인다. ⊕ 파생어(派生語): 실질 형태소에 접사가 붙어 한 단어가 된 말. '먹보', '덮개' 등
파열음 깨뜨릴 破 | 터질 裂 소리 音	**막은 것을 깨거나[破] 터뜨리면서[裂] 내는 소리[音].** [사전] ① 깨어지거나 갈라져 터지면서 나는 소리. ② 언어에서, 폐에서 나오는 공기를 일단 막았다가 그 막은 자리를 터뜨리면서 내는 소리. 'ㅂ', 'ㅃ', 'ㅍ', 'ㄷ', 'ㄸ', 'ㅌ', 'ㄱ', 'ㄲ', 'ㅋ' 등. ['19 학평] 음절의 종성에 마찰음, 파찰음이 오거나 <u>파열음</u>(②) 중 된소리나 거센소리가 오면 모두 예사소리 'ㄱ, ㄷ, ㅂ'으로 교체되고, 음절의 종성에 자음군이 올 때는 한 자음이 탈락한다.	**TIP톡!** 어떤 일이 순조롭게 진행되지 않음을 비유적으로 이르는 말로도 쓰인다. ⊕ 된소리: 후두 근육을 긴장하면서 기식이 거의 없이 내는 자음. 'ㄲ', 'ㄸ', 'ㅃ', 'ㅆ', 'ㅉ' 등.
표기 겉 表 | 기록할 記	**겉으로[表] 표시하여 기록함[記].** [사전] ① 적어서 나타냄. 또는 그런 기록. ② 문자나 음성 기호로 언어를 표시함. ['18 학평] '독립문'과 '대관령'의 로마자 <u>표기</u>(②)는 어떻게 될까요?	
표제어 표할 標 | 제목 題 말씀 語	**제목으로[題] 표시한[標] 말[語].** [사전] ① 표제가 되는 말. ② 언어에서, 사전 등의 표제 항목에 넣어 알기 쉽게 풀이해 놓은 말. ['21 모의] 『표준국어대사전』의 <u>표제어</u>(②)에는 붙임표 '-'가 쓰인 경우와 그렇지 않은 경우가 있다.	
표준어 나타낼 標 | 기준 準 말씀 語	**기준으로[準] 나타낸[標] 말[語].** [사전] 전 국민이 공통적으로 쓸 수 있는 자격을 부여받은 단어. 우리나라에서는 교양 있는 사람들이 두루 쓰는 현대 서울말로 정함을 원칙으로 함. ['18 학평] 한글 맞춤법은 <u>표준어</u>를 소리대로 적되, 어법에 맞도록 함을 원칙으로 한다.	
품사 갈래 品 | 말씀 詞	**일정한 기준에 따라 나누어 놓은 말의[詞] 갈래[品].** [사전] 단어를 기능, 형태, 의미에 따라 나눈 갈래. = 씨 ['20 수능] 관형사형 어미의 형태는 시제 및 단어의 <u>품사</u>에 의해 결정된다.	**TIP톡!** 현행 학교 문법에서는 품사를 명사, 대명사, 수사, 조사, 동사, 형용사, 관형사, 부사, 감탄사의 아홉 가지로 분류한다.

빠작

수능 국어 필수 어휘

빠작으로
내신과 수능을 한발 앞서 준비하세요.

수능
국어
필수 어휘

어휘력
다지기
＋
정답과
해설

동아출판

빠른시작
빠작

어휘력
다지기

• 정답과 해설 45쪽

[01~03] 〈보기〉의 글자를 조합하여 빈칸에 들어갈 어휘를 쓰시오.

> 보기
>
> 가　　　견　　　보　　　설　　　완　　　해

01 신제품은 기존 제품의 약점을 ☐☐하여 만들어졌다.

02 과학자들은 새로운 ☐☐을/를 검증하기 위해 실험을 진행하였다.

03 불교의 본토는 인도라는 것이 대다수 학자들의 지배적인 ☐☐이다.

[04~06] 제시된 초성을 참고하여 빈칸에 들어갈 어휘를 쓰시오.

04 판소리는 전승되는 설화에 ㄱㅂ을 두고 형성되었다.　　　　　_____

05 신용 카드는 현금 ㅅㅈ에 따른 불편과 분실 위험을 덜어 준다.　　　　_____

06 이번 교통사고는 운전자의 부주의로 일어났을 ㄱㅇㅅ이 매우 높다.　　　　_____

[07~08] 다음 문장에 어울리는 어휘를 고르시오.

07 발언자는 상대편의 주장에 대해 조목조목 (반박 | 반영)하였다.

08 시민들은 침략 전쟁의 (당위성 | 모호성)을 주장하는 사람들에게 일침을 가하였다.

[09~10] 빈칸에 알맞은 말을 넣어 다음 상황에 어울리는 한자 성어를 완성하시오.

09 국민의 화합은 한 나라의 흥☐성☐에 큰 영향을 미친다.

10 고대인들은 동물의 뼈나 껍질을 이용하여 ☐흥☐복을 점쳤다.

☐ 맞힌 개수　(　　　　) / 10문항　☑ 복습할 어휘

▶▶ 본책 8쪽으로 돌아가서 복습할 수 있습니다.

• 정답과 해설 45쪽

[01~03] 제시된 초성과 뜻을 참고하여 빈칸에 들어갈 어휘를 쓰시오.

01 ㅅㅈ : 실제의 사정이나 정세.

예 회사 부도로 공장의 기계가 잠자고 있는 (   )이다.

02 ㅊㅁ : 사물이나 현상의 한 부분. 또는 한쪽 면.

예 전래 동요는 민요와 꽤 다른 (   )이 있으나 말로 전해진다는 점에서는 같다.

03 ㅈㅎㅅ : 옛것을 새로운 관점에서 다시 해석함.

예 그 감독은 「토끼전」을 현대적인 관점으로 (   )한 작품을 대중에게 발표하였다.

[04~06] 다음 뜻에 해당하는 어휘를 〈보기〉에서 찾아 쓰시오.

┌─── 보기 ───┐

임의   예측   전제   추론

04 미루어 생각하여 논함.   _____

05 추리를 할 때, 결론의 기초가 되는 판단.   _____

06 일정한 기준이나 원칙 없이 하고 싶은 대로 함.   _____

[07~08] 밑줄 친 어휘의 뜻을 고르시오.

07 노사의 화합 <u>여부</u>에 따라 기업의 성쇠가 좌우된다.

① 틀리거나 의심할 여지.   ② 그러함과 그러하지 않음.

08 외국 문화의 <u>수용</u>은 우리 문화에 대한 주체성을 바탕으로 해야 한다.

① 어떠한 것을 받아들임.   ② 예술 작품 등을 감성으로 받아들여 즐김.

[09~10] 제시된 초성을 참고하여 빈칸에 들어갈 한자 성어를 쓰시오.

09 「흥부전」은 ㄱㅅㅈㅇ 을 주제로 한 대표적인 고전 소설이다.   _____

10 노인은 거울 속 백발이 된 자기 모습을 보며 ㅇㅅㅁㅅ 을 느꼈다.   _____

🎯 맞힌 개수   (   ) / 10문항   ☑ 복습할 어휘

▶▶ 본책 14쪽으로 돌아가서 복습할 수 있습니다.

● 정답과 해설 45쪽

[01~03] 빈칸에 들어갈 어휘를 〈보기〉에서 찾아 쓰시오.

> **보기**
>
> 관념   극복   사후   상이

01   두 사람은 (   )한 의견을 가지고 있다.

02   그와의 대화는 나의 낡은 (   )을/를 깨기에 충분하였다.

03   기업들은 불경기를 (   )하기 위해 인원 감축을 단행하였다.

[04~06] 다음 설명이 맞으면 ○에, 그렇지 않으면 ✕에 표시하시오.

04   '경세론'은 경제와 세법에 관한 이론이다.   (○ , ✕)

05   '사상'은 '생각'이나 '사고'라는 말로 바꾸어 쓸 수 있다.   (○ , ✕)

06   '변증법'은 모순 또는 대립을 근본 원리로 하여 사물의 운동을 설명하려는 논리이다. (○ , ✕)

[07~08] 밑줄 친 어휘의 뜻을 고르시오.

07   예의와 배려를 갖춘 것을 보니 그는 근본 있는 사람임이 틀림없다.

① 자라 온 환경이나 혈통.   ② 사물의 본질이나 본바탕.

08   땅을 파고 씨앗을 뿌려 열매를 거두는 일은 그야말로 자연의 섭리이다.

① 자연계를 지배하고 있는 원리와 법칙.

② 기독교에서 세상과 우주 만물을 다스리는 하나님의 뜻.

[09~10] 제시된 초성을 참고하여 빈칸에 들어갈 한자 성어를 쓰시오.

09   친구와 다툰 일로 마음이 불편해서 밤새 | ㅈ | ㅈ | ㅂ | ㅊ |하였다.   _____

10   엄마는 유학을 떠나는 누나에게 자주 연락하라고 | ㅅ | ㅅ | ㄷ | ㅂ |하였다.   _____

🗨 맞힌 개수	( ) / 10문항	☑ 복습할 어휘	

▶▶ 본책 20쪽으로 돌아가서 복습할 수 있습니다.

• 정답과 해설 **46**쪽

[01~03] 다음 뜻에 해당하는 어휘에 V표 하시오.

01 생각할 수 있는 범위 안에서 가장 완전하다고 여겨지는 상태.   ☐ 이념 ☐ 이상

02 무엇을 하고자 하는 생각이나 계획. 또는 무엇을 하려고 꾀함.   ☐ 의도 ☐ 의지

03 판단, 추리 등의 사고를 거치지 않고 대상을 직접적으로 파악하는 작용.   ☐ 인식 ☐ 직관

[04~06] 다음 빈칸에 들어갈 어휘를 〈보기〉에서 찾아 쓰시오.

> 〈보기〉
> 위상   인지   지성   지향

04 그녀는 예의와 (   )을/를 겸비한 뛰어난 사람이다.

05 이번 사건은 사람들에게 사회적 문제로 (   )되었다.

06 한류 열풍으로 국제 사회에서 우리나라의 (   )이/가 점차 강화되고 있다.

[07~08] 빈칸에 공통으로 들어갈 어휘를 〈보기〉에서 찾아 쓰시오.

> 〈보기〉
> 윤리   의존   형체

07 사물의 (   ), (   )을/를 갖추다   _____

08 (   )적인 성격, 외세에 (   )하다   _____

[09~10] 빈칸에 들어갈 한자 성어를 〈보기〉에서 찾아 쓰시오.

> 〈보기〉
> 고두사죄   역지사지   자문자답

09 연회가 난장판이 되자, 주인은 손님들에게 (   )하였다.

10 두 사람이 (   )하여 서로를 이해한다면 갈등을 풀어 나갈 수 있을 것이다.

🔍 맞힌 개수   (   ) / 10문항   ☑ 복습할 어휘

▶▶ 본책 26쪽으로 돌아가서 복습할 수 있습니다.

• 정답과 해설 46쪽

[01~03] 빈칸에 들어갈 어휘를 〈보기〉에서 찾아 쓰시오.

보기

경전   무렵   세기   재현

01 '사서오경'은 유교의 대표적인 (   )을/를 이르는 말이다.

02 백여 년 전 농촌의 모습을 (   )한 마을에 관광객이 줄을 이었다.

03 발해가 쇠퇴기에 접어들 (   )에 발해의 서쪽에서는 거란족이 부흥하기 시작하였다.

[04~05] 다음 문장에 어울리는 어휘를 고르시오.

04 파발꾼은 변방의 위급한 상황을 (문헌 ∣ 조정)에 전달하였다.

05 민주주의는 국민이 권력을 가지고 그 권력을 스스로 행사하는 (관직 ∣ 제도)이다.

[06~07] 제시된 초성을 참고하여 다음 뜻에 해당하는 어휘를 쓰시오.

06 ㅍ ㅌ : 어떤 일의 바탕이 되는 제도나 조건을 비유적으로 이르는 말.   _____

07 ㅈ ㅎ : 세계 문명의 중심이라는 뜻으로,
중국 사람들이 자기 나라를 이르는 말.   _____

[08~10] 다음 뜻에 해당하는 한자 성어를 찾아 바르게 연결하시오.

08 뻔뻔스러워 부끄러움이 없음.   •   • ㉠ 부정부패

09 바르지 못하고 잘못된 길로 빠짐.   •   • ㉡ 표리부동

10 겉으로 드러나는 언행과 속으로 가지는 생각이 다름. •   • ㉢ 후안무치

🗨 맞힌 개수   (   ) / 10문항   ☑ 복습할 어휘

▶▶ 본책 32쪽으로 돌아가서 복습할 수 있습니다.

• 정답과 해설 47쪽

[01~03] 다음 뜻에 해당하는 어휘를 〈보기〉에서 찾아 쓰시오.

> **보기**
>
> 감상   영감   조형   질감

01 주로 예술 작품을 이해하여 즐기고 평가함. _____

02 창조적인 일의 계기가 되는 기발한 착상이나 자극. _____

03 여러 가지 재료를 이용하여 구체적인 형태나 형상을 만듦. _____

[04~05] 밑줄 친 어휘의 뜻을 고르시오.

04 채용 결과가 발표되자 지원자들의 얼굴에 명암이 엇갈렸다.

① 밝음과 어두움.   ② 기쁜 일과 슬픈 일. 또는 행복과 불행.

05 인간의 활동 양식은 일차적으로 자연환경의 영향을 받는다.

① 오랜 시간이 지나면서 자연히 정하여진 방식.

② 시대나 부류에 따라 각기 독특하게 지니는 문학, 예술 등의 형식.

[06~07] 다음 설명이 맞으면 ○에, 그렇지 않으면 ✕에 표시하시오.

06 '상징'은 추상적인 개념이나 사물을 구체적인 사물로 나타냄을 뜻한다. (○ , ✕)

07 '근경'은 사진이나 그림에서 먼 곳에 있는 것으로 찍히거나 그려진 대상을 뜻한다. (○ , ✕)

[08~10] 빈칸에 알맞은 말을 넣어 밑줄 친 '이 말'에 해당하는 한자 성어를 완성하시오.

08 이 말은 안개와 노을을 사랑하는 고질병이라는 뜻이야. → [ ] [ ] 고 질

09 이 말은 샘과 돌을 좋아하는 병이 고황(膏肓)에 들었다는 말이야. → [ ] [ ] 고 황

10 이 말은 잔뜩 먹고 배를 두드린다는 뜻으로,
먹을 것이 풍족하여 즐겁게 지냄을 의미해. → 함 [ ] [ ] 복

🗨 맞힌 개수 ( ) / 10문항   ☑ 복습할 어휘

▶▶ 본책 38쪽으로 돌아가서 복습할 수 있습니다.

• 정답과 해설 47쪽

[01~03] 다음 뜻에 해당하는 어휘에 V표 하시오.

01 주로 문서의 내용 등을 고쳐 바르게 함.   ☐ 개정 ☐ 공포

02 일반 국민의 권리와 의무에 관계있는 법 규범.   ☐ 권익 ☐ 법규

03 어떤 일을 행하거나 타인에 대하여 당연히 요구할 수 있는 힘이나 자격.   ☐ 권리 ☐ 규제

[04~06] 〈보기〉의 글자를 조합하여 빈칸에 들어갈 어휘를 쓰시오.

> 보기
>
> 개   공   보   익   입   장

04 민주주의 국가에서는 국민의 자유와 권리가 [   ]된다.

05 공적인 일에 개인적인 감정을 [   ]시키는 것은 옳지 않다.

06 공직에 있는 사람일수록 사리사욕을 버리고 [   ]을/를 먼저 생각해야 한다.

[07~08] 밑줄 친 어휘의 뜻을 고르시오.

07 문서를 파기할 때는 반드시 문서 파기 <u>규정</u>에 따라야 한다.

① 규칙으로 정하여 놓은 것.   ② 내용이나 성격, 의미 등을 밝혀 정하여 놓은 것.

08 폭우가 예상되었지만, 선수들은 목표 달성을 위해 훈련을 <u>강행</u>하였다.

① 강제로 시행함.   ② 어려운 점을 무릅쓰고 행함.

[09~10] 제시된 초성을 참고하여 빈칸에 들어갈 한자 성어를 쓰시오.

09 이번 사고는 ｜ㅊ｜ㅈ｜ㅈ｜ㅂ｜이 아닌, 사람에 의한 재난이었다.   _____

10 사업에 실패한 그는 ｜ㅁ｜ㅈ｜ㄱ｜ㅅ｜을 하면서도 꿈을 포기하지 않았다.   _____

💬 맞힌 개수 (   ) / 10문항   ☑ 복습할 어휘

▶▶ 본책 44쪽으로 돌아가서 복습할 수 있습니다.

• 정답과 해설 **48**쪽

[01~03] 제시된 초성을 참고하여 다음 뜻에 해당하는 어휘를 쓰시오.

01 ㅇ ㄱ : 의논하여 결정함. 또는 그런 결정. _____

02 ㅂ ㅈ : 말썽을 일으키어 시끄럽고 복잡하게 다툼. _____

03 ㅂ ㄱ : 세금이나 부담금 등을 매기어 부담하게 함. _____

[04~05] 다음 문장에 어울리는 어휘를 고르시오.

04 새로 온 청렴한 관리는 잘못된 관행을 과감히 (시정 | 이행)하였다.

05 국회의 동의를 받지 못하면 이번 조약은 (성립 | 양도)되지 않는다.

[06~07] 다음 설명이 맞으면 ○에, 그렇지 않으면 ✕에 표시하시오.

06 '사례'는 법률이나 규정 등에서 문제가 되는 일이나 안이다. (○ , ✕)

07 '억제'는 정도나 한도를 넘어서 나아가려는 것을 억눌러 그치게 함을 뜻한다. (○ , ✕)

[08~10] 다음 뜻에 해당하는 한자 성어를 찾아 바르게 연결하시오.

08 한숨을 쉬며 크게 탄식함.   •　　　　　•　㉠ 만시지탄

09 고국의 멸망을 한탄함을 이르는 말.   •　　　　　•　㉡ 맥수지탄

10 시기에 늦어 기회를 놓쳤음을 안타까워하는 탄식. •　　　　　•　㉢ 위연탄식

맞힌 개수   (   ) / 10문항   ☑ 복습할 어휘

▶▶ 본책 50쪽으로 돌아가서 복습할 수 있습니다.

● 정답과 해설 **48쪽**

[01~03] 다음 뜻에 해당하는 어휘에 V표 하시오.

01 정치적 목적을 실현하기 위한 방책. ☐ 정책 ☐ 조항

02 국가의 의사를 최종적으로 결정하는 권력. ☐ 조례 ☐ 주권

03 일정한 한도를 정하거나 그 한도를 넘지 못하게 막음. ☐ 제한 ☐ 처벌

[04~06] 빈칸에 들어갈 어휘를 〈보기〉에서 찾아 쓰시오.

보기

조치   촉진   해제   효력

04 경제 호황으로 가계의 소비 심리가 (   )되었다.

05 진통제의 (   )이/가 떨어지자 환자가 고통을 호소하였다.

06 수해를 입은 마을에 전염병 유입을 막기 위해 방역 (   )을/를 취하였다.

[07~08] 빈칸에 들어갈 어휘에 V표 하시오.

07 실무자 간 이견 (   )을/를 위한 회의가 열렸다. ☐ 점유 ☐ 조정

08 노동조합법이 (   )되어 노동자들의 조합 운동이 합법화되었다. ☐ 제재 ☐ 제정

[09~10] 빈칸에 알맞은 말을 넣어 밑줄 친 '이 말'에 해당하는 한자 성어를 완성하시오.

09 이 말은 남에게 입은 은혜가 뼈에 새길 만큼 커서 잊히지 않음을 의미해. → | 각 | 골 | | |

10 이 말은 예전에, 임금의 은혜에 감사하며 공손하고 경건하게
절을 올리던 일을 뜻하는 말이야. → | 사 | | 숙 | |

🔲 맞힌 개수   (   ) / 10문항   ☑ 복습할 어휘

▶▶ 본책 56쪽으로 돌아가서 복습할 수 있습니다.

• 정답과 해설 48쪽

[01~03] 〈보기〉의 글자를 조합하여 빈칸에 들어갈 어휘를 쓰시오.

보기

| 가 | 금 | 대 | 독 | 물 | 점 |

01 급격한 [ ] 상승은 서민 경제에 큰 부담이 된다.

02 시장을 [ ]한 기업이 공급 물량을 줄여 물건 가격을 상승시켰다.

03 물품 [ ]은/는 일정한 기일에 고객의 은행 계좌에서 자동으로 인출된다.

[04~05] 다음 설명이 맞으면 ○에, 그렇지 않으면 ✕에 표시하시오.

04 '배상'은 세금이나 공과금 등을 관계 기관에 냄을 뜻한다. (○ , ✕)

05 '기축'은 어떤 사상이나 조직 등의 토대나 중심이 되는 곳을 말한다. (○ , ✕)

[06~07] 다음 문장에 어울리는 어휘를 고르시오.

06 과학자들은 석유를 (대체 | 보증)할 에너지 자원을 찾기 위해 고심하였다.

07 정부는 (금융 | 금전) 시장의 불안을 해소하기 위해 통화 정책을 탄력적으로 운용하고 있다.

[08~10] 제시된 초성을 참고하여 다음 상황에 어울리는 한자 성어를 쓰시오.

08 국민들은 세계 대회에서 우승한 선수의 [ㄱ | ㅇ | ㅎ | ㅎ]을 반겼다. _____

09 그는 가난한 집안에서 태어났지만 [ㅈ | ㅅ | ㅅ | ㄱ]하여 기업가가 되었다. _____

10 [ㅇ | ㅅ | ㅇ | ㅁ]을 꿈꾸며 학문에 정진한 선비는 마침내 높은 관직에 올랐다. _____

| 맞힌 개수 ( ) / 10문항 | ✓ 복습할 어휘 |

▶▶ 본책 62쪽으로 돌아가서 복습할 수 있습니다.

● 정답과 해설 **49쪽**

[01~03] 다음 뜻에 해당하는 어휘를 〈보기〉에서 찾아 쓰시오.

보기

| 외환 | 원금 | 이윤 | 지출 |

01 장사 등을 하여 남은 돈. _____

02 어떤 목적을 위하여 돈을 지급하는 일. _____

03 꾸어 주거나 맡긴 돈에 이자를 붙이지 않은 돈. _____

[04~07] 제시된 초성과 뜻을 참고하여 빈칸에 들어갈 어휘를 쓰시오.

04 ㅅㅅ : 낮은 데서 위로 올라감.

예 지구 온난화의 영향으로 해수면이 날로 (   )하고 있다.

05 ㅈㄱ : 특정한 목적에 쓰는 돈.

예 일제의 탄압으로 독립운동 (   ) 조달에 어려움이 많았다.

06 ㅎㄱ : 사물이나 능력, 책임 등이 실제 작용할 수 있는 범위.

예 거대한 조직 사회에서 개인의 힘은 (   )가 있기 마련이다.

07 ㅊㅊ : 전에 없던 것을 처음으로 생각하여 지어내거나 만들어 냄.

예 이 사업은 적어도 2만 개 이상의 일자리를 (   )할 것으로 예상된다.

[08~10] 다음 뜻에 해당하는 한자 성어를 찾아 바르게 연결하시오.

08 변하는 정도가 비할 데 없이 심함.   ·   · ㉠ 개과천선

09 바람이나 구름의 예측하기 어려운 변화.   ·   · ㉡ 변화무쌍

10 지난날의 잘못이나 허물을 고쳐 올바르고 착하게 됨.·   · ㉢ 풍운조화

| 🗨 맞힌 개수 | (   ) / 10문항 | ☑ 복습할 어휘 |

▶▶ 본책 68쪽으로 돌아가서 복습할 수 있습니다.

• 정답과 해설 49쪽

[01~03] 빈칸에 들어갈 어휘에 V표 하시오.

01 웅변가의 빼어난 연설은 (   )의 호응을 이끌어 냈다.   ☐ 대중 ☐ 집합

02 회화는 소재에 따라 정물화, 인물화, 풍경화로 (   )된다.   ☐ 분류 ☐ 투입

03 (   ) 남용을 막기 위한 견제 장치로 삼권 분립이 존재한다.   ☐ 국면 ☐ 권력

[04~05] 제시된 초성과 뜻을 참고하여 빈칸에 들어갈 어휘를 쓰시오.

04 ㅌ ㅎ : 둘 이상의 조직이나 기구 등을 하나로 합침.

예 지도자는 국민 개개인의 힘을 (   )할 수 있는 정치력을 발휘해야 한다.

05 ㅅ ㄷ : 어떤 목적을 이루기 위한 방법. 또는 그 도구.

예 문맹 퇴치는 근대화를 촉진하는 데 가장 중요한 (   )으로 인식되어 왔다.

[06~07] 다음 설명이 맞으면 ○에, 그렇지 않으면 ✕에 표시하시오.

06 '유형'은 사회적 지위가 비슷한 사람들의 층을 뜻한다.   (○ , ✕)

07 '의례'는 행사를 치르는 일정한 법식 또는 정하여진 방식에 따라 치르는 행사이다.   (○ , ✕)

[08~10] 제시된 초성을 참고하여 다음 뜻에 해당하는 한자 성어를 쓰시오.

08 ㅇ ㅁ ㅊ ㅅ : 수많은 백성.   _____

09 ㄱ ㅊ ㄱ ㅁ : 하늘을 공경하고 백성을 위하여 부지런히 일함.   _____

10 ㅊ ㄱ ㅌ ㅁ : 임금에게는 몸을 바쳐 충성하고 백성에게는 혜택을 베풂.   _____

☑ 맞힌 개수   (   ) / 10문항   ☑ 복습할 어휘

▶▶ 본책 74쪽으로 돌아가서 복습할 수 있습니다.

[01~03] 제시된 초성을 참고하여 다음 뜻에 해당하는 어휘를 쓰시오.

01 | ㅁ | ㅅ | ㅁ | : 눈으로는 볼 수 없는 아주 작은 생물.   _____

02 | ㅈ | ㅅ | : 젖당이나 포도당 등의 발효로 생기는 산성의 유기 화합물.   _____

03 | ㅂ | ㅇ | ㅅ | : 병원체가 숙주에 감염하여 병을 일으키는 원인이 되는 성질.   _____

[04~06] 〈보기〉의 글자를 조합하여 빈칸에 들어갈 어휘를 쓰시오.

> 보기
>
> | 면 | 분 | 식 | 역 | 열 | 이 |

04 스트레스는 몸의 [   ] 기능을 약화시킨다.

05 수정란이 착상하면 세포 [   ] 이/가 빠르게 진행된다.

06 심장 [   ] 을/를 원하는 환자 수에 비해 기증자의 수가 턱없이 부족하다.

[07~08] 밑줄 친 어휘의 뜻을 고르시오.

07 생식 세포가 수정을 하면 새로운 <u>개체</u>가 발생한다.

① 하나의 독립된 생물체.

② 전체나 집단에 상대하여 하나하나의 낱개를 이르는 말.

08 일제는 조선을 일본의 식량 공급지로 만들기 위해 산미 <u>증식</u> 계획을 실시하였다.

① 늘려서 많게 함.

② 생물이나 조직 세포 등이 세포 분열로 그 수를 늘려 감.

[09~10] 빈칸에 알맞은 말을 넣어 다음 상황과 의미가 통하는 한자 성어를 완성하시오.

09 두 남녀는 오랜 연애 끝에 [   ] 년 가 [   ] 을 맺었다.

10 삼십 년 만에 죽 [   ] 고 [   ] 를 만난 그는 아이처럼 기뻐하였다.

| ☑ 맞힌 개수 | (   ) / 10문항 | ☑ 복습할 어휘 |

▶▶ 본책 80쪽으로 돌아가서 복습할 수 있습니다.

• 정답과 해설 50쪽

[01~03] 다음 뜻에 해당하는 어휘에 V표 하시오.

01 더 이상 나눌 수 없는 에너지의 최소량의 단위.　　　　　□ 양자 □ 질량

02 물질의 일부로서, 구성하는 물질과 같은 종류의 매우 작은 물체.　　　□ 유체 □ 입자

03 어떤 물체가 유체 속을 운동할 때
운동 방향과는 반대쪽으로 물체에 미치는 유체의 저항력.　　　□ 부력 □ 항력

[04~05] 제시된 초성과 뜻을 참고하여 빈칸에 들어갈 어휘를 쓰시오.

04 ㅎ ㅅ : 빨아서 거두어들임.
예 속옷으로는 땀을 잘 (　　　　　)하는 면제품을 많이 쓴다.

05 ㅁ ㅊ : 두 물체가 서로 닿아 비벼짐. 또는 그렇게 함.
예 딱딱한 두 물체가 (　　　　　)한 순간 불꽃이 퍼렇게 일었다.

[06~07] 다음 문장에 어울리는 어휘를 고르시오.

06 이재민을 위하여 정부에서 비축미를 (방출 | 유지)하였다.

07 도시의 인구 (밀도 | 질점)은/는 농촌 지역에 비하여 훨씬 높다.

[08~10] 다음 뜻에 해당하는 한자 성어를 찾아 바르게 연결하시오.

08 두 임금을 섬기지 않음.　　　　　•　　　　　• ㉠ 불사이군

09 충성을 다하여서 나라의 은혜를 갚음.　•　　　　　• ㉡ 일편단심

10 진심에서 우러나오는 변치 않는 마음을 이르는 말. •　　　　• ㉢ 진충보국

⊙ 맞힌 개수	(　　　) / 10문항	☑ 복습할 어휘

▶▶ 본책 86쪽으로 돌아가서 복습할 수 있습니다.

• 정답과 해설 50쪽

[01~03] 빈칸에 들어갈 어휘를 〈보기〉에서 찾아 쓰시오.

보기

| 반응 | 분해 | 침투 | 효소 |

01 주가는 경제 여건의 변화에 민감하게 ( )한다.

02 수리공은 고장 난 기계를 ( )한 후 부품을 교체하였다.

03 화농성 세균의 ( )(으)로 손톱 주위가 빨갛게 부어올랐다.

[04~07] 제시된 초성과 뜻을 참고하여 빈칸에 들어갈 어휘를 쓰시오.

04 ㅇ ㅎ : 녹거나 녹이는 일.

예 설탕은 높은 온도에서 잘 ( )된다.

05 ㅊ ㄷ : 서로 맞부딪치거나 맞섬.

예 소행성이 지구와 ( )하면서 공룡이 멸종했다는 주장이 있다.

06 ㄱ ㅈ : 한 천체가 다른 천체의 둘레를 주기적으로 도는 일.

예 달이 자전하는 주기는 달이 지구의 둘레를 ( )하는 주기와 같다.

07 ㄱ ㅊ : 어떤 사정이나 형편 등을 잘 살펴보고 그 장래를 헤아림.

예 전문가들은 내년부터 경기가 회복기에 접어들 것이라고 ( )하였다.

[08~10] 빈칸에 알맞은 말을 넣어 다음 상황과 의미가 통하는 한자 성어를 완성하시오.

08 삼 | | 가 | 이 되니 동산에 향기로운 꽃이 만발하였다.

09 가난한 백성들은 누비옷 한 벌 없이 엄 | | 설 | 을 견뎌 냈다.

10 화가는 | 하 | | 동 | 의 철마다 색을 달리하는 자연을 화폭에 담았다.

🔲 맞힌 개수   ( ) / 10문항   ✅ 복습할 어휘

▶▶ 본책 92쪽으로 돌아가서 복습할 수 있습니다.

● 정답과 해설 50쪽

[01~03] 다음 뜻에 해당하는 어휘에 V표 하시오.

01　이미 있던 것을 고쳐 새롭게 함.　　　　　　　　　　　　　□ 갱신　□ 도달

02　프로그램을 기능별로 분할한 논리적인 일부분.　　　　　　□ 단자　□ 모듈

03　사실이 아니거나 사실 여부가 분명하지 않은 것을
　　　사실이라고 가정하여 생각함.　　　　　　　　　　　　　□ 가상　□ 구조

[04~05] 다음 설명이 맞으면 ○에, 그렇지 않으면 ✕에 표시하시오.

04　'대역'은 권한이나 직책, 능력 등에 따라 일정한 분야에서 하는 역할을 뜻한다.　　(○ , ✕)

05　'굴곡'은 사람이 살아가면서 잘되거나 잘 안되는 일이 번갈아 나타나는
　　　변동을 뜻한다.　　　　　　　　　　　　　　　　　　　　　　　　　　(○ , ✕)

[06~07] 다음 문장에 어울리는 어휘를 고르시오.

06　동해안은 한류와 난류가 (교차 ∣ 구현)하는 좋은 어장이다.

07　자동차가 급정거할 때 몸이 앞으로 쏠리는 것은 (계수 ∣ 관성)이/가 작용하기 때문이다.

[08~10] 다음 뜻에 해당하는 한자 성어를 찾아 바르게 연결하시오.

08　뜻밖에 당한 변고.　　　　　　　　　　　·　　　　　　· ㉠ 대경실색

09　몹시 놀라 얼굴빛이 하얗게 질림.　　　　·　　　　　　· ㉡ 불의지변

10　엎드러지고 곱드러지며 몹시 급히 달아나는 모양.·　　　· ㉢ 전지도지

☑ 맞힌 개수　(　　) / 10문항　☑ 복습할 어휘

▶▶ 본책 98쪽으로 돌아가서 복습할 수 있습니다.

• 정답과 해설 51쪽

[01~03] 다음 뜻에 해당하는 어휘를 〈보기〉에서 찾아 쓰시오.

┌─────────── 보기 ───────────┐
발색   비례   영상   오차
└────────────────────────────┘

01 빛깔이 남. 또는 빛깔을 냄.   _____

02 실지로 셈하거나 측정한 값과 이론적으로 정확한 값과의 차이.   _____

03 한쪽의 양이나 수가 증가하는 만큼
      그와 관련 있는 다른 쪽의 양이나 수도 증가함.   _____

[04~05] 다음 문장에 어울리는 어휘를 고르시오.

04 목재를 말리는 방법에는 자연 건조와 (왜곡 | 인공) 건조가 있다.

05 관제탑의 (신호 | 압력)을/를 확인한 기장은 활주로에 착륙을 시도하였다.

[06~07] 제시된 초성과 뜻을 참고하여 빈칸에 들어갈 어휘를 쓰시오.

06 [ㅇ | ㅅ] : 식이 나타낸 일정한 규칙에 따라 계산함.
      예 기술의 발전으로 컴퓨터의 (   ) 속도가 매우 빨라졌다.

07 [ㅇ | ㅇ] : 활동, 기능, 효과, 관심 등이 미치는 일정한 범위.
      예 무역 협상의 체결로 수출 가능 (   )이 크게 확장되었다.

[08~10] 빈칸에 알맞은 말을 넣어 다음 상황과 의미가 통하는 한자 성어를 완성하시오.

08 신라와 당나라의 협공을 받은 백제는 [| 면 | | 가] 에 처하였다.

09 갑작스러운 공습경보 발령으로 온 시내가 [| 수 | | 장] 이 되었다.

10 콘서트장은 유명 가수의 공연을 보려는 사람들로 [인 | | 인 |] 를 이루었다.

┌───┐
│ 🗨 맞힌 개수   (   ) / 10문항   ✅ 복습할 어휘   │
└───┘

▶▶ 본책 104쪽으로 돌아가서 복습할 수 있습니다.

[01~03] 제시된 초성을 참고하여 다음 뜻에 해당하는 어휘를 쓰시오.

01 ｜ㅍ｜ㄹ｜ㅇ｜ : 자동차, 자전거 등의 뼈대.　　　　　　　　　＿＿＿＿＿＿＿

02 ｜ㅊ｜ㄹ｜ : 지표의 각 지점 위치와 지점 간의 거리,
　　　　　　　　지형의 높낮이, 면적 등을 재는 일.　　　　＿＿＿＿＿＿＿

03 ｜ㅈ｜ㅍ｜ : 전하의 진동 또는 전류의 주기적 변화에 의해
　　　　　　　　에너지가 공간으로 방사되는 현상.　　　　＿＿＿＿＿＿＿

[04~05] 다음 설명이 맞으면 ○에, 그렇지 않으면 ✕에 표시하시오.

04 '전송'은 열 또는 전기가 물체 속을 이동하는 일을 뜻한다.　　　　　　(○ , ✕)

05 '출력'은 엔진, 전동기, 발전기 등이 외부에 공급하는 기계적·전기적 힘이다.　(○ , ✕)

[06~07] 제시된 초성을 참고하여 빈칸에 들어갈 어휘를 쓰시오.

06 과학자들은 우주선에 적외선 망원경을 ｜ㅌ｜ㅈ｜하였다.　　　　＿＿＿＿＿＿＿

07 방음벽을 설치하여 외부의 소음을 완전히 ｜ㅊ｜ㄷ｜하였다.　　　　＿＿＿＿＿＿＿

[08~10] 빈칸에 알맞은 말을 넣어 밑줄 친 '이 말'에 해당하는 한자 성어를 완성하시오.

08 <u>이 말</u>은 이해관계를 이모저모 모두 따져 봄을 의미해.　→ ｜이｜해｜　｜　｜

09 <u>이 말</u>은 이쪽저쪽을 돌아본다는 뜻으로, 앞뒤를 재고 망설인다는 말이야.　→ ｜좌｜　｜　｜면｜

10 <u>이 말</u>은 잡념을 떠나서 오직 하나의 대상에만 정신을 집중하는 경지를 뜻해.　→ ｜삼｜　｜　｜경｜

🔲 맞힌 개수 　(　　　) / 10문항　　✅ 복습할 어휘

▶▶ 본책 110쪽으로 돌아가서 복습할 수 있습니다.

• 정답과 해설 51쪽

[01~03] 다음 뜻에 해당하는 어휘를 〈보기〉에서 찾아 쓰시오.

> 보기
>
> 강호　　　공명　　　풍월　　　희롱

01 맑은 바람과 밝은 달. _____

02 말이나 행동으로 실없이 놀림. _____

03 공을 세워서 자기의 이름을 널리 드러냄. _____

[04~05] 다음 문장에 어울리는 어휘를 고르시오.

04 부유한 사람이나 (빈천 | 향유)한 사람이나 법 앞에서는 모두 평등하다.

05 연인과 이별한 청년은 들판에 홀로 남겨진 듯한 (적막 | 홍진)과 슬픔을 느꼈다.

[06~07] 〈보기〉의 글자를 조합하여 빈칸에 들어갈 어휘를 쓰시오.

> 보기
>
> 념　　　분　　　생　　　여　　　연　　　체

06 그는 공직에서 물러나 고향에서 조용히 [　　] 을/를 보냈다.

07 실의에 빠진 여인의 표정은 어느새 모든 것을 [　　] 한 듯 담담해졌다.

[08~10] 제시된 초성을 참고하여 다음 상황에 어울리는 한자 성어를 쓰시오.

08 한국 사람들은 대체로 [ㅂ|ㅅ|ㅇ|ㅅ] 의 남향집을 선호한다. _____

09 조난을 당한 선원들은 [ㅁ|ㅁ|ㄷ|ㅎ] 를 표류한 끝에 구조되었다. _____

10 낙향한 선비는 [ㅊ|ㅍ|ㅁ|ㅇ] 을 벗 삼아 글을 읽으며 세월을 보냈다. _____

🔲 맞힌 개수　　(　　　　) / 10문항　　☑ 복습할 어휘

▶▶ 본책 116쪽으로 돌아가서 복습할 수 있습니다.

• 정답과 해설 52쪽

[01~03] 다음 뜻에 해당하는 어휘에 V표 하시오.

01 싱싱하고 힘찬 기운.   ☐ 생기 ☐ 이승

02 있어야 할 것이 없어지거나 모자람.   ☐ 결핍 ☐ 속성

03 성질이 서로 비슷해서 익숙하거나 잘 맞는 느낌.   ☐ 동질감 ☐ 절박감

[04~07] 제시된 초성과 뜻을 참고하여 빈칸에 들어갈 어휘를 쓰시오.

04 ┌ㄱ┬ㅅ┐ : 식물이 열매를 맺거나 맺은 열매가 여묾.

예 씨를 뿌리고 가꾸면 (　　　　　)을 거두는 것이 자연의 섭리이다.

05 ┌ㅈ┬ㅈ┬ㄹ┐ : 겉으로 드러나지 않고 속에 숨어 있는 힘.

예 세계는 한류 열풍을 통해 우리 문화의 (　　　　　)을 확인하였다.

06 ┌ㅇ┬ㅇ┐ : 자기의 뜻대로 자유로이 행동하지 못하도록 억지로 억누름.

예 우리 민족은 외세의 압박과 (　　　　　)에도 굴하지 않는 강인한 민족성을 지녔다.

07 ┌ㅈ┬ㅂ┬ㅅ┐ : 자기 자신 또는 자기와 관련되어 있는 것에 대하여
　　　　　　　　 스스로 그 가치나 능력을 믿고 당당히 여기는 마음.

예 프랑스 사람들은 자국 문화에 대한 (　　　　　)이 강하다.

[08~10] 다음 뜻에 해당하는 한자 성어를 찾아 바르게 연결하시오.

08 아득하게 먼 거리를 비유적으로 이르는 말. •   • ㉠ 구만리

09 봄에 꾸는 꿈이라는 뜻으로,
덧없는 인생을 비유적으로 이르는 말. •   • ㉡ 목석

10 나무나 돌처럼 아무런 감정도 없는 사람을 •
비유적으로 이르는 말.   • ㉢ 춘몽

☑ 맞힌 개수 (　　　) / 10문항   ☑ 복습할 어휘

▶▶ 본책 122쪽으로 돌아가서 복습할 수 있습니다.

[01~03] 제시된 초성을 참고하여 다음 뜻에 해당하는 어휘를 쓰시오.

01 ㅂ ㅁ : 재앙이나 탈 등이 생기는 원인. _____

02 ㅁ ㄹ : 재물이나 세력 등이 쇠하여 보잘것없이 됨. _____

03 ㅇ ㅊ : 체면을 차릴 줄 알며 부끄러움을 아는 마음. _____

[04~05] 밑줄 친 어휘의 뜻을 고르시오.

04 동생은 화가 났는지 잔뜩 심사를 부렸다.
① 어떤 일에 대한 여러 가지 마음의 작용.
② 마음에 맞지 않아 어깃장을 놓고 싶은 마음.

05 대목을 앞두고 백화점에서는 일제히 특설 매장을 설치하였다.
① 일의 어떤 특정한 부분이나 대상.
② 설이나 추석 등의 명절을 앞두고 경기가 가장 활발한 시기.

[06~07] 빈칸에 들어갈 어휘에 V표 하시오.

06 현대 사회로 오면서 삶의 (   )이 많이 달라졌다.   □ 시련 □ 양상

07 우리 군은 장군의 절묘한 (   )(으)로 적군을 물리쳤다.   □ 계책 □ 고초

[08~10] 빈칸에 알맞은 말을 넣어 밑줄 친 '이 말'에 해당하는 한자 성어를 완성하시오.

08 이 말은 천지가 처음으로 열림을 이르는 말이야.   → 천 지 ☐ ☐

09 이 말은 특별히 경치나 분위기가 좋은 곳을 의미해.   → ☐ ☐ 계

10 이 말은 인간이 생각할 수 있는 최선의 상태를 갖춘 완전한 사회를 뜻해.   → ☐ 향

🗨 맞힌 개수   (   ) / 10문항   ☑ 복습할 어휘

▶▶ 본책 128쪽으로 돌아가서 복습할 수 있습니다.

• 정답과 해설 52쪽

[01~03] 다음 뜻에 해당하는 어휘를 〈보기〉에서 찾아 쓰시오.

┌─── 보기 ───┐

유배   혼백   화답   황공

01 시나 노래에 응하여 대답함.   _____

02 위엄이나 지위 등에 눌리어 두려움.   _____

03 조선 시대에, 죄인을 처벌하던 형벌 가운데 죄인을 귀양 보내던 일.   _____

[04~05] 다음 문장에 어울리는 어휘를 고르시오.

04 마을이 수몰되어 우리 가족은 졸지에 타향살이할 (자취 | 처지)에 놓였다.

05 나라를 지키기 위해 목숨을 바친 선조들의 (한탄 | 희생)을 잊어서는 안 된다.

[06~07] 다음 뜻에 해당하는 어휘에 V표 하시오.

06 겉으로 드러나는 차림이나 태도.   ☐ 행색 ☐ 행실

07 사람이 죽은 뒤에 그 혼이 가서 산다고 하는 세상.   ☐ 향촌 ☐ 황천

[08~10] 다음 뜻에 해당하는 오륜(五倫)의 항목을 찾아 바르게 연결하시오.

08 벗과 벗 사이의 도리는 믿음에 있음.   •   • ㉠ 부자유친

09 아버지와 아들 사이의 도리는 친애에 있음.   •   • ㉡ 붕우유신

10 어른과 어린이 사이의 도리는 엄격한 차례가 있고 •   • ㉢ 장유유서
복종해야 할 질서가 있음.

☑ 맞힌 개수   (   ) / 10문항   ☑ 복습할 어휘

▶▶ 본책 134쪽으로 돌아가서 복습할 수 있습니다.

• 정답과 해설 53쪽

[01~03] 다음 뜻에 해당하는 어휘에 V표 하시오.

01 지난 일을 돌이켜 생각함. ☐ 실상 ☐ 회상

02 더할 수 없이 슬프고 끔찍함. ☐ 비참 ☐ 혐오

03 구조물 등이 헐어 무너짐. 또는 그것을 헐어 무너뜨림. ☐ 해소 ☐ 해체

[04~07] 제시된 초성과 뜻을 참고하여 빈칸에 들어갈 어휘를 쓰시오.

04 ㅅ ㄱ : 갑자기 상대편을 덮쳐 침.
예 아군은 적이 방심한 틈을 타 적진을 (   )하였다.

05 ㅂ ㄱ : 반대하거나 반항하는 감정.
예 그 후보는 무책임한 발언으로 유권자의 (   )을 샀다.

06 ㅈ ㅈ : 사정이나 형편 등을 어림잡아 헤아림.
예 목소리로 보아 그는 스물 안팎의 젊은이로 (   )된다.

07 ㅇ ㄱ ㅎ : 어떤 일을 이루기 위해서 몹시 애쓰는 힘.
예 청년은 부진한 사업을 다시 일으키기 위해 (   )을 쏟았다.

[08~10] 제시된 초성을 참고하여 다음 뜻에 해당하는 한자 성어를 쓰시오.

08 ㅊ ㅊ ㅈ ㅎ : 하늘에 사무치는 크나큰 원한. _____

09 ㅎ ㅂ ㅊ ㅇ : 분한 마음을 품고 원한을 쌓음. _____

10 ㄷ ㅅ ㅌ ㄱ : 큰 소리로 몹시 슬프게 곡을 함. _____

☑ 맞힌 개수 (   ) / 10문항   ☑ 복습할 어휘

▶▶ 본책 140쪽으로 돌아가서 복습할 수 있습니다.

[01~03] 다음 뜻에 해당하는 어휘를 〈보기〉에서 찾아 쓰시오.

보기

감회　　　영화　　　은거　　　체면

01 세상을 피하여 숨어서 삶. _____

02 남을 대하기에 떳떳한 도리나 얼굴. _____

03 몸이 귀하게 되어 이름이 세상에 빛남. _____

[04~05] 다음 설명이 맞으면 ○에, 그렇지 않으면 ✕에 표시하시오.

04 '괴리'는 서로 어그러져 동떨어짐을 뜻한다. (○ , ✕)

05 '행여'는 어떤 것에 몸이나 마음을 의지하여 맡김을 뜻한다. (○ , ✕)

[06~07] 제시된 초성을 참고하여 빈칸에 들어갈 어휘를 쓰시오.

06 탐관오리의 수탈로 백성들은 ㄱ ㅍ 한 생활을 하였다. _____

07 그는 어떠한 유혹에도 굴복하지 않고 자기만의 ㅅ ㄴ 을 굳게 지켰다. _____

[08~10] 빈칸에 알맞은 말을 넣어 밑줄 친 '이 말'에 해당하는 한자 성어를 완성하시오.

08 이 말은 의지할 곳이 없는 외로운 홀몸을 의미해. → □ 혈 □ 신

09 이 말은 고립되어 구원을 받을 데가 없음을 의미해. → 고 □ □ 원

10 이 말은 외로운 베개와 한 채의 이불이라는 뜻으로,
젊은 여자가 홀로 쓸쓸히 자는 잠자리를 이르는 말이야. → 고 □ 단 □

🗨 맞힌 개수 ( ) / 10문항 　✅ 복습할 어휘

▶▶ 본책 146쪽으로 돌아가서 복습할 수 있습니다.

• 정답과 해설 53쪽

[01~03] 제시된 초성을 참고하여 다음 뜻에 해당하는 어휘를 쓰시오.

01 ㅈㄱ : 내용을 진전시켜 펴 나감.   _____

02 ㅅㄴ : 견디기 힘든 어려운 일을 당함.   _____

03 ㄱㄹ : 마음속으로 이리저리 따져 깊이 생각함.   _____

[04~05] 빈칸에 들어갈 어휘에 V표 하시오.

04 교통 정책이 자동차 위주에서 보행자 위주로 (   )되었다.   ☐ 인용 ☐ 전환

05 경찰은 오랜 조사 끝에 피의자 진술의 (   ) 여부를 가려냈다.   ☐ 진위 ☐ 행적

[06~07] 빈칸에 공통으로 들어갈 어휘를 〈보기〉에서 찾아 쓰시오.

보기

계기   공허   관습

06 사건의 (   ), (   )(으)로 삼다   _____

07 오래된 (   ), (   )을/를 따르다   _____

[08~10] 다음 뜻에 해당하는 한자 성어를 찾아 바르게 연결하시오.

08 가냘프고 고운 손을 이르는 말.   ·   · ㉠ 면목가증

09 말과 행동이 품위가 있으며 얌전하고 정숙한 여자. ·   · ㉡ 섬섬옥수

10 얼굴 생김생김이 남에게 미움을 살 만한 데가 있음. ·   · ㉢ 요조숙녀

| 🗨 맞힌 개수 | (   ) / 10문항 | ☑ 복습할 어휘 | |

▶▶ 본책 152쪽으로 돌아가서 복습할 수 있습니다.

• 정답과 해설 53쪽

[01~03] 다음 뜻에 해당하는 어휘를 〈보기〉에서 찾아 쓰시오.

보기
과장   논지   동조   발언

01 논하는 말이나 글의 취지. _____

02 말을 꺼내어 의견을 나타냄. _____

03 남의 주장에 자기의 의견을 일치시키거나 보조를 맞춤. _____

[04~05] 다음 설명이 맞으면 ○에, 그렇지 않으면 ✕에 표시하시오.

04 '보도'는 상대편이 이쪽 편의 이야기를 따르도록 여러 가지로 깨우쳐 말함을 뜻한다. (○ , ✕)

05 '언론'은 매체를 통하여 어떤 사실을 밝혀 알리거나
어떤 문제에 대하여 여론을 형성하는 활동이다.   (○ , ✕)

[06~07] 다음 문장에 어울리는 어휘를 고르시오.

06 대통령은 개헌 여부를 국민 투표에 부치겠다는 (담화 | 사연)을/를 발표하였다.

07 농민들은 해마다 반복되는 홍수 피해의 근본적인 (대책 | 반론) 마련을 요구하였다.

[08~10] 제시된 초성을 참고하여 다음 뜻에 해당하는 한자 성어를 쓰시오.

08 | ㅁ | ㄷ | ㅈ | ㅎ | : 온갖 정다운 이야기. _____

09 | ㅇ | ㅈ | ㅇ | ㄱ | : 말 속에 뼈가 있다는 뜻으로,
예사로운 말 속에 단단한 속뜻이 들어 있음을 이르는 말. _____

10 | ㅊ | ㅊ | ㅅ | ㅇ | : 한 마디의 쇠붙이로도 사람을 죽일 수 있다는 뜻으로,
간단한 말로도 남을 감동하게 하거나
남의 약점을 찌를 수 있음을 이르는 말. _____

☑ 맞힌 개수 (   ) / 10문항   ☑ 복습할 어휘

▶▶ 본책 158쪽으로 돌아가서 복습할 수 있습니다.

• 정답과 해설 **54쪽**

[01~03] 제시된 초성을 참고하여 다음 뜻에 해당하는 어휘를 쓰시오.

01 ᄋ ᄋ : 어렵지 않고 매우 쉬움.   _____

02 ᄐ ᄅ : 어떤 문제에 대하여 여러 사람이 각각 의견을 말하며 논의함.   _____

03 ᄒ ᄉ ᄉ : 인간의 물질적 욕구에 비하여
　　　　　 그 충족 수단이 질적·양적으로 제한되어 있거나 부족한 상태.   _____

[04~05] 빈칸에 들어갈 어휘에 V표 하시오.

04 시청자가 직접 (　　　　　)하는 방송 프로그램이 좋은 반응을 얻고 있다.   ☐ 참여 ☐ 청유

05 정부는 새 정책에 대한 여론의 (　　　　　)를 위해 홍보 행사를 마련하였다.   ☐ 의의 ☐ 환기

[06~07] 제시된 초성을 참고하여 빈칸에 들어갈 어휘를 쓰시오.

06 새로 부임한 감독은 수비보다 공격에 ᄌ ᄌ 을 두었다.   _____

07 오동나무는 장롱이나 거문고를 만드는 재목으로 ᄌ ᄒ 하다.   _____

[08~10] 빈칸에 알맞은 말을 넣어 밑줄 친 '이 말'에 해당하는 한자 성어를 완성하시오.

08 <u>이 말</u>은 서로 그리워하는 한결같은 마음을 이르는 말이야.   → | 상 | 사 | 　 | 　 |

09 <u>이 말</u>은 옛일을 돌이켜 생각하고 그리는 마음이나 정을 의미해.   → | 온 | 　 | 　 | 정 |

10 <u>이 말</u>은 하루가 삼 년 같다는 뜻으로, 몹시 애태우며 기다림을 뜻해.   → | 일 | 　 | 삼 | 　 |

🗨 맞힌 개수 (　　　) / 10문항   🗨 복습할 어휘

▶▶ 본책 164쪽으로 돌아가서 복습할 수 있습니다.

• 정답과 해설 54쪽

[01~03] 다음 뜻에 해당하는 어휘를 〈보기〉에서 찾아 쓰시오.

> 〈보기〉
>
> 개요　　　문맥　　　선별　　　입론

01 가려서 따로 나눔. _____

02 간결하게 추려 낸 주요 내용. _____

03 글이나 문장에 표현된 의미의 앞뒤 연결. _____

[04~07] 제시된 초성과 뜻을 참고하여 빈칸에 들어갈 어휘를 쓰시오.

04 ㅈㅎ : 서로 잘 어울림.

예 인간은 자연과 (　　　　　　)를 이루며 공존한다.

05 ㅌㄷㅅ : 사물의 이치에 맞는 옳은 성질.

예 논리의 비약으로 발표자의 주장은 (　　　　　　)을 잃었다.

06 ㅈㅅ : 검사나 검열 등을 위하여 물품을 내어 보임.

예 학생들은 영화표 할인을 받기 위해 학생증을 (　　　　　　)하였다.

07 ㅅㅈ : 취미나 연구를 위하여 여러 가지 물건이나 재료를 찾아 모음.

예 작가는 집필에 필요한 자료를 (　　　　　　)하기 위해 전국을 돌아다녔다.

[08~10] 제시된 초성을 참고하여 다음 뜻에 해당하는 한자 성어를 쓰시오.

08 ㅊㅅㅅㅌ : 여럿 가운데서 쓸 것은 쓰고 버릴 것은 버림. _____

09 ㅇㅁㅅㅌ : 사고방식, 상태, 성질 등이 서로 통하거나 비슷해짐. _____

10 ㅅㄱㅎㅈ : 시에서, 앞부분에 자연 경관이나 사물에 대한 묘사를 먼저하고 뒷부분에 자기의 감정이나 정서를 그려 내는 구성. _____

> 🔲 맞힌 개수 (　　　　) / 10문항　　☑ 복습할 어휘

▶▶ 본책 170쪽으로 돌아가서 복습할 수 있습니다.

• 정답과 해설 54쪽

[01~03] 제시된 초성을 참고하여 다음 뜻에 해당하는 어휘를 쓰시오.

01 | ㅇ | ㄱ | : 활용어가 활용할 때 변하지 않는 부분. _____

02 | ㅇ | ㄱ | ㅁ | ㅈ | : 안은문장 속에 절의 형태로 포함되어 있는 문장. _____

03 | ㄱ | ㅇ | ㅇ | : 해당 언어에 본디부터 있던 말이나
그것에 기초하여 새로 만들어진 말. _____

[04~07] 다음 설명이 맞으면 ○에, 그렇지 않으면 ×에 표시하시오.

04 '서술어'는 한 문장에서 주어의 움직임, 상태, 성질 등을 서술하는 말이다.   (○ , ×)

05 '어원'은 어떤 단어의 근원적인 형태 또는 어떤 말이 생겨난 근원을 의미한다.   (○ , ×)

06 '선어말 어미'는 어말 어미 뒤에 나타나는 어미로,
높임법에 관한 것과 시제와 동작의 양태에 관한 것이 있다.   (○ , ×)

07 '구개음화'는 두 음절 이상의 단어에서,
뒤의 모음이 앞 모음의 영향으로 그와 가깝거나 같은 소리로 되는 언어 현상이다.   (○ , ×)

[08~10] 빈칸에 알맞은 말을 넣어 밑줄 친 '이 말'에 해당하는 한자 성어를 완성하시오.

08 이 말은 무릎의 아래라는 뜻으로, 어버이나 조부모의 보살핌 아래를 의미해.   → | | 하

09 이 말은 까마귀 새끼가 자라서 늙은 어미에게 먹이를 물어다 주듯
자식이 자란 후에 어버이의 은혜를 갚는 효성을 이르는 말이야.   → | | 지 효

10 이 말은 밤에는 부모의 잠자리를 보아 드리고
이른 아침에는 부모의 밤새 안부를 묻는다는 뜻으로,
부모를 잘 섬기고 효성을 다함을 이르는 말이야.   → 혼 | | 성

| 맞힌 개수 ( ) / 10문항 | 복습할 어휘 |

▶▶ 본책 176쪽으로 돌아가서 복습할 수 있습니다.

05 '모순'은 '어떤 사실의 앞뒤, 또는 두 사실이 이치상 어긋나서 서로 맞지 않음을 이르는 말'이다. 이치상 맞지 않는 것을 다룰 때는 그 일의 잘잘못을 따져 밝히거나 부적절함을 지적하는 경우가 많으므로 '비판'이라는 어휘가 적절하다. '비판'은 '현상이나 사물의 옳고 그름을 판단하여 밝히거나 잘못된 점을 지적함'을 뜻한다.

06 인간이 깨달음을 얻기 위해서는 자신의 행동을 살피고 반성해야 하므로 '성찰'이라는 어휘가 적절하다. '성찰'은 '자기의 마음을 반성하고 살핌'을 뜻한다.

07 오랫동안 바라왔던 소년의 꿈이 마침내 이루어졌다는 내용이므로 '실현'이라는 어휘가 어울린다. '실현'은 '꿈, 기대 등을 실제로 이룸'을 뜻한다. '실증'은 '실제로 증명함'이라는 뜻이다.

08 자신의 말이 불변의 진리인 듯 자기만 믿으면 된다는 태도로 보아 '교조적'이라는 어휘가 어울린다. '교조적'은 '역사적 환경이나 구체적 현실과 관계없이 어떠한 상황에서도 절대로 변하지 않는 진리인 듯 믿고 따르는 것'을 뜻한다. '근원적'은 '사물이 비롯되는 근본이나 원인이 되는 것'을 의미한다.

11 '좌불안석'은 '앉아 있어도 자리가 편안하지 않음'이라고 풀이한다.

04회	철학 2		31쪽
01~09 해설 참조		**10** 지향	**11** 통찰
12 존엄성	**13** 인식	**14** 체계	**15** 유구무언
16 타산지석			

01~09

		01 형			04 필
		02 이	념		연
	03 표	상	05 정	당	성
		학			
	06 의			08 윤	
	07 지	각	09 진	리	

10 그녀는 이상을 따르는 이상주의자라는 의미이므로 '지향'이 어울린다. '지향'은 '어떤 목표로 뜻이 쏠리어 향함'을 뜻한다. '직관'은 '판단, 추리 등의 사유 작용을 거치지 않고 대상을 직접적으로 파악하는 작용'을 뜻한다.

11 소설 속에 인생에 대한 작가의 고민이나 생각 등이 담겨 있다는 의미이므로 '통찰'이 어울린다. '통찰'은 '예리한 관찰력으로 사물을 꿰뚫어 봄'을 뜻한다. '의존'은 '다른 것에 의지하여 존재함'을 의미한다.

12 법률이나 정책에 의해 훼손되어서는 안 되는 인간의 기본 권리에 관한 내용이므로 '존엄성'이 어울린다. '존엄성'은 '감히 범할 수 없는 높고 엄숙한 성질'을 뜻한다. '지성'은 '지각된 것을 정리하고 통일하여, 이것을 바탕으로 새로운 인식을 낳게 하는 정신 작용'을 의미한다.

15 '유구무언'은 '변명할 말이 없거나 변명을 못함'을 이르는 말이다.

16 '타산지석'은 '다른 산의 나쁜 돌이라도 자신의 산의 옥돌을 가는 데 쓸 수 있다는 뜻으로, 본이 되지 않은 남의 말이나 행동도 자신의 지식과 인격을 수양하는 데 도움이 될 수 있음을 비유적으로 이르는 말이다.

05회	역사			37쪽
01 당대	**02** 관료	**03** 세습	**04** 반란	
05 추세	**06** 교역	**07** 사료	**08** 출세	
09 민생	**10** 부화뇌동	**11** 호시탐탐		

01 장영실은 그 시대 최고의 과학자였다는 의미에서 '당대'가 들어갈 수 있다. '당대'는 '일이 있는 바로 그 시대'를 뜻한다.

02 임금이 부패한 어떤 대상을 척결한다는 내용이므로 '관료'가 들어가면 적절하다. '관료'는 '직업적인 관리 또는 그들의 집단'을 뜻한다. '비리'는 '올바른 이치나 도리에서 어그러짐'을 뜻하고, '척결'은 '나쁜 부분이나 요소들을 깨끗이 없애 버림'을 뜻한다.

03 정부가 부의 불법적인 대물림을 방지하려 한다는 의미에서 '세습'이 들어갈 수 있다. '세습'은 '한집안의 재산이나 신분, 직업 등을 대대로 물려주고 물려받음'을 뜻한다.

04~06 '재현'은 '다시 나타남 또는 다시 나타냄'을 뜻한다.

07 유적 발굴을 통해 역사적 자료가 발견되었다는 의미이므로 '사료'가 어울린다. '사료'는 '역사 연구에 필요한 문헌이나 유물'을 뜻한다. '서사'는 '사실을 있는 그대로 적음'을 뜻한다.

08 삼촌이 집안의 자랑거리가 되었으므로 사회에서 성공했다는 의미의 '출세'가 들어가면 어울린다. '출세'는 '사회적으로 높은 지위에 오르거나 유명하게 됨'을 뜻한다. '풍토'는 '① 어떤 지역의 기후와 토지의 상태 ② 어떤 일의 바탕이 되는 제도나 조건을 비유적으로 이르는 말'이다.

09 국회에서 국민의 생활을 편안하게 다스리기 위한 방안이 논의된다는 의미에서 '민생'이 어울린다. '민생'은 '일반 국민의 생활 및 생계'를 뜻한다. '치안'은 '나라를 편안하게 다스림'을 뜻한다. '문물'은 '문화의 산물. 곧 정치, 경제, 종교, 예술, 법률 등의 문화에 관한 모든 것'을 뜻한다.

06회 예술			43쪽
01 영향	**02** 대비	**03** 음색	**04** 기법
05 창작	**06** 피사체	**07** 합성	**08** 가락
09 강호지락	**10** 요산요수	**11** 음풍농월	

04 '상감'은 '금속이나 도자기, 목재 등의 표면에 여러 가지 무늬를 새겨서 그 속에 같은 모양의 금, 은, 자개 등을 박아 넣는 공예 기법'이다. '기법'은 '기교를 나타내는 방법'을 뜻한다. '구도'는 '그림에서 모양, 색깔, 위치 등의 짜임새'를 뜻한다.

05 일제 강점기에 지어진 소설들을 통해 그 시대상을 엿본다는 의미이므로 '창작'이라는 어휘가 어울린다. '창작'은 '예술 작품을 독창적으로 지어냄'을 뜻한다. '조형'은 '여러 가지 재료를 이용하여 구체적인 형태나 형상을 만듦'을 뜻한다.

08 '가락'은 '소리의 높낮이가 길이나 리듬과 어울려 나타나는 음의 흐름'을 뜻하기도 한다.

10 '요산요수'의 '요(樂)'는 결합하는 어휘에 따라 '즐거울 락', '노래 악', '좋아할 요'라는 뜻과 음으로 다양하게 쓰인다.

11 '음풍농월'은 '맑은 바람과 밝은 달을 대상으로 시를 짓고 흥취를 자아내어 즐겁게 놂'을 뜻한다.

07회 법률 1			49쪽
01 권익	**02** 과실	**03** 법인	**04** 대안
05 고지	**06** 계약	**07** ②	**08** ①
09 ㉠	**10** ㉢	**11** ㉡	

01~03 '공시'는 '일정한 내용을 공개적으로 게시하여 일반에게 널리 알림 또는 그렇게 알리는 글'을 뜻한다.

04 시민들이 환경 문제 해결을 위한 방안을 요구하였다는 의미에서 '대안'이라는 어휘가 적절하다. '대안'은 '어떤 일에 대처할 방안'을 뜻한다.

05 학교 측이 학생들에게 등록금 인상을 알렸다는 의미에서 '고지'라는 어휘가 들어가면 적절하다. '고지'는 '게시나 글을 통하여 알림'을 뜻한다.

06 두 회사가 기술을 공동 개발하기로 약속하였다는 의미에서 '계약'이라는 어휘가 적절하다. '계약'은 '① 관련되는 사람이나 조직체 사이에서 서로 지켜야 할 의무에 대하여 글이나 말로 정하여 둠 ② 일정한 법률 효과의 발생을 목적으로 두 사람의 의사를 표시함'을 뜻한다. '범위'는 '① 일정하게 한정된 영역 ② 어떤 것이 미치는 한계'를 뜻한다.

07 두 나라의 정치 체제를 비교했을 때 서로 비슷하거나 다른 점이 많다는 의미이므로 ②의 뜻으로 쓰인 것이다. ①의 뜻은 '법적 대응', '신속한 대응' 등과 같은 형태로 쓰인다.

08 마라톤 선수들이 어떤 지점을 지나 되돌아간다는 내용이므로 ①의 뜻으로 쓰인 것이다. ②의 뜻은 '반환 소송', '예치금 반환' 등과 같은 형태로 쓰여 어떤 대상을 원래 주인에게 되돌려주는 것을 의미한다.

08회 법률 2			55쪽
01~07 해설 참조		**08** 절차	**09** 손실
10 양도	**11** 위임	**12** 여건	**13** 사안
14 후회막심	**15** 망양보뢰		

01~07

⁰¹승	⁰²소			⁰³입	법
	유			장	
	권		⁰⁴유		
		⁰⁵이	해	관	계
⁰⁶상		행			
⁰⁷소	송				

08 '의결'은 '의논하여 결정함 또는 그런 결정'을 뜻한다.

09 '분쟁'은 '말썽을 일으키어 시끄럽고 복잡하게 다툼'을 뜻한다.

10 '손해'는 '① 물질적으로나 정신적으로 밑짐 ② 해를 입음'을 뜻한다.

11 선생님께서 반 임원회에 체육 행사 계획을 맡기셨다는 의미에서 '위임'이 들어갈 수 있다. '위임'은 '어떤 일을 책임 지워 맡김'을 뜻한다.

12 회사의 근무 환경이나 조건이 좋아졌다는 의미에서 '여건'이라는 어휘가 들어가면 적절하다. '여건'은 '주어진 조건'을 뜻한다.

13 정보 유출은 관련 사고가 일어날 경우 법률상 문제가 될 수 있는 민감한 일이므로 '사안'이라는 어휘가 들어가면 적절하다. '사안'은 '법률이나 규정 등에서 문제가 되는 일이나 안'을 뜻한다.

14 '후회막심'은 '더할 나위 없이 후회스러움'을 뜻한다.

15 '망양보뢰'는 '이미 어떤 일을 실패한 뒤에 뉘우쳐도 아무 소용이 없음을 이르는 말'이다. 원래는 양을 잃은 뒤에 우리를 고쳐도 늦지 않으니 어떤 일을 실패해도 빨리 수습하면 괜찮다는 뜻이었다가 의미가 변화하였다.

09회	법률 3			61쪽
01 조항	**02** 체결	**03** 판결	**04** X	
05 ○	**06** 패소	**07** 특허	**08** 합의	
09 ㉡	**10** ㉢	**11** ㉠		

04 '해지권'은 '계약 당사자의 한쪽이 계약을 해지할 수 있는 권리'이다. '특정인에 대하여 일정한 행위를 요구할 수 있는 권리'는 '청구권'이다.

06 소송에서 져서 벌금을 낸 것이므로 '패소'라는 어휘가 어울린다. '패소'는 '소송에서 짐'을 뜻한다. '징벌'은 '옳지 않은 일을 하거나 죄를 지은 데 대하여 벌을 줌'을 뜻한다. 이 문장에서, '징벌'이 '하여'라는 어미와 붙으면 소송을 낸 당사자가 징벌하였다는 의미가 되므로 문맥상 어울리지 않는다.

07 우리 회사가 새로운 소재를 개발하여 그 소재의 사용 등에 관한 권리를 따냈다는 의미이므로 '특허'라는 어휘가 어울린다. '특허'는 '공업 소유권의 하나로, 특허법·실용신안법 등에 의하여 발명·실용신안 등에 관하여 독점적·배타적으로 가지는 지배권'을 뜻한다. '주권'은 '① 가장 주요한 권리 ② 국가의 의사를 최종적으로 결정하는 권력'을 뜻한다.

08 두 회사가 제품 개발에 긴밀하게 협력하기로 의견을 모았다는 의미이므로 '합의'가 들어가면 어울린다. '합의'는 '서로 의견이 일치함'을 뜻한다. '집행'은 '실제로 시행함'을 뜻한다. '집행'은 이미 정해진 내용을 시행하는 것인데, 정해진 내용이 앞에 따로 언급되지 않았으므로 문장에 어울리지 않는다.

11 '결초보은'은 '풀을 묶어 은혜를 갚음'이라고 풀이한다. 중국 진(晉)나라 때 위과(魏顆)의 아버지가 죽으며 서모(庶母)를 함께 묻어 달라고 하였으나 위과가 어기고 서모를 살려 주었는데, 훗날 싸움터에서 서모 아버지의 혼령이 풀을 묶어 적군을 넘어뜨려 위과가 공을 세우도록 하였다는 데서 유래하였다.

10회	경제 1			67쪽
01 거시	**02** 분기	**03** 보증	**04** 비용	
05 대출	**06** 공급	**07** 공유	**08** 금리	
09 득의양양	**10** 출장입상	**11** 부귀영화		

01~03 '미시'는 '작게 보임 또는 작게 봄'을 뜻한다.

04 물건 등을 생산할 때 작업의 효율성을 높이면 절감할 수 있는 것은 '비용'이다. '비용'은 '어떤 일을 하는 데 드는 돈'을 뜻한다. '급부'는 '① 재물 등을 대어 줌 ② 법률상에서 채권의 목적이 되는, 채무자가 하여야 할 행위'를 뜻한다.

05 도서관에서 빌린 책을 반납하였다는 내용이므로 '대출'이 어울린다. '대출'은 '돈이나 물건 등을 빌려주거나 빌림'을 뜻한다. '산출'은 '계산하여 냄'을 뜻한다.

06 건축 기자재가 원활히 제공되지 않아 공사가 늦어졌다는 내용이므로 '공급'이 들어가야 어울린다. '공급'은 '요구나 필요에 따라 물품 등을 제공함'을 뜻한다. '급등'은 '물가나 시세 등이 갑자기 오름'을 뜻하는 말로, '급등이 원활하지 못하여'라는 말은 호응이 맞지 않는다.

11회	경제 2			73쪽
01 침체	**02** 환율	**03** 증대	**04** 소득	
05 예산	**06** 자산	**07** X	**08** ○	
09 천변만화	**10** 괄목상대	**11** 작비금시		

01 경기 불황으로 주식 시장이 좋지 않다는 의미이므로 '침체'라는 어휘가 적절하다. '침체'는 '어떤 현상이나 사물이 진전하지 못하고 제자리에 머무름'을 의미한다.

02 은행에서 한화를 외화로 환전할 때는 '환율'에 따라 해 준다. '환율'은 '자기 나라 돈과 다른 나라 돈의 교환 비율'을 뜻한다.

03 도시화가 이루어지면 도시의 문화나 생활 형태 등이 해당 지역에 반영되어 공공시설 확대, 인구 밀도 증가 등의 현상이 나타나므로 문맥상 '증대'라는 어휘가 어울린다. '증대'는 '양이 많아지거나 규모가 커짐'을 뜻한다.

04 '원금'은 '꾸어 주거나 맡긴 돈에 이자를 붙이지 않은 돈'을 뜻한다.

05 '협약'은 '단체와 개인, 단체와 단체, 국가와 국가 사이 등에서 협상에 의하여 조약을 맺음 또는 그 조약'을 뜻한다.

06 '채권'은 '재산권의 하나로, 특정인이 다른 특정인에게 어떤 행위를 청구할 수 있는 권리'이다.

07 '통화'는 '유통 수단이나 지불 수단으로서 기능하는 화폐'이다. '영리를 목적으로 사업에 투자한 돈'은 '자본금'이다.

08 '신용'은 '사람이나 사물이 틀림없다고 믿어 의심하지 않음'을 뜻하기도 한다.

10 '괄목상대'는 '눈을 비비고 상대를 봄'이라고 풀이한다. 중국 오(吳)나라의 장수 손권(孫權)이 자신의 부하 여몽(呂蒙)에게 학문을 깨우칠 것을 충고하자, 여몽이 쉬지 않고 공부에 매진하여 훗날 몰라볼 정도로 달라졌다는 데서 유래하였다.

12회	정치 · 문화		79쪽
01 기원	**02** 암묵적	**03** 제안	**04** 단절
05 집합	**06** 전파	**07** ②	**08** ②
09 ㉠	**10** ㉢	**11** ㉡	

04 폭설이 원인이 되어 외부와의 통신이 원활하지 않은 상황임을 짐작할 수 있다. 따라서 빈칸에 '단절'이라는 어휘가 들어가면 적절하다. '단절'은 '흐름이 연속되지 않음'을 뜻한다.

05 운동장에 모인 학생들이 체육 대회가 시작하기를 기다렸다는 의미에서 '집합'이 들어가면 적절하다. '집합'은 '사람들이 한곳으로 모임'을 뜻한다.

06 르네상스 운동이 유럽의 여러 나라로 퍼져 나갔다는 의미에서 '전파'라는 어휘가 적절하다. '전파'는 '전하여 널리 퍼뜨림'을 뜻한다. '화제'는 '① 이야기의 제목 ② 이야기할 만한 재료나 소재'를 뜻한다.

07 화재 진압을 위해 많은 소방관을 화재 현장에 배치한 것이므로 ②의 뜻으로 쓰인 것이다. ①의 뜻은 '동전 투입' 등과 같이 주로 기계 등에 물건이나 물질 등을 던져 넣는 경우에 쓰이며, ②의 뜻은 '병력 투입', '자본 투입' 등과 같이 어떤 일이나 상황에 사람이나 자본 등을 대는 경우에 쓰인다.

08 양국에 앞으로 문화 교류를 할 수 있는 바탕이 마련된 것이므로 ②의 뜻으로 쓰인 것이다. ①의 뜻은 주로 실제 건축물의 토대를 의미하며, 어떤 일의 밑바탕을 비유적으로 이를 때는 ②의 뜻에 해당한다.

13회	생명 과학 · 의학		85쪽
01 장기	**02** 방역	**03** 공생	**04** 세포
05 감염	**06** 배출	**07** X	**08** ○
09 ○	**10** 백년해로	**11** 결의형제	

01~03 '복제'는 '① 본디의 것과 똑같은 것을 만듦 또는 그렇게 만든 것 ② 원래의 저작물을 재생하여 표현하는 모든 행위'를 뜻한다.

04 사람은 수많은 세포로 이루어져 있으므로 '세포'라는 어휘가 어울린다. '세포'는 '생물체를 이루는 기본 단위'이다. '숙주'는 '기생 생물에게 영양을 공급하는 생물'을 뜻한다.

05 면역력이 약한 아이들은 바이러스에 침투당하기 쉽다는 의미에서 '감염'이라는 어휘가 어울린다. '감염'은 '병원체인 미생물이 동물이나 식물의 몸 안에 들어가 증식하는 일'을 뜻한다. '염기'는 '산과 반응하여 염을 만드는 물질'이다.

06 쓰레기 종량제의 실시로 각 가정에서 나오는 쓰레기의 양이 줄었다는 의미이므로 '배출'이라는 어휘가 어울린다. '배출'은 '안에서 밖으로 밀어 내보냄'을 뜻한다. '증식'은 '늘어서 많아짐'을 뜻하는 말로, 문장 끝부분에 쓰인 '줄었다'라는 말과 호응하지 않는다.

07 '대사'는 '생물체가 섭취한 영양물질을 분해 · 합성하여 필요한 물질이나 에너지를 생성하고 필요하지 않은 물질을 몸 밖으로 내보내는 작용'을 뜻한다. '생물체의 원형질과 그 부수물의 양이 늘어나는 일'을 뜻하는 어휘는 '생장'이다.

08 '유전'은 '물려받아 내려옴 또는 그렇게 전해짐'을 뜻하기도 한다.

01 분포	**02** 분자	**03** 부력	**04** 가속도
05 다량	**06** 열효율	**07** 점성	**08** 유체
09 위국충절	**10** 사군이충	**11** 견마지로	

01 명태가 주로 북태평양에 널리 퍼져 서식한다는 의미에서 '분포'라는 어휘가 적절하다. '분포'는 '동식물의 지리적인 생육 범위'를 뜻한다. '흡수'는 '빨아서 거두어들임'을 뜻한다.

02 물은 하나의 산소 원자와 두 개의 수소 원자로 이루어진 '분자'이다. '분자'는 '물질에서 화학적 형태와 성질을 잃지 않고 분리될 수 있는 최소의 입자'를 뜻한다. '양자'는 '더 이상 나눌 수 없는 에너지의 최소량의 단위'이다.

03 열기구는 열을 이용하여 대기 중에 높게 떠오르도록 만든 기구이므로 '부력'이라는 어휘가 적절하다. '부력'은 '기체나 액체 속에 있는 물체가 그 물체에 작용하는 압력에 의하여 중력(重力)에 반하여 위로 뜨려는 힘'을 뜻한다. '저항'은 '물리에서, 물체의 운동 방향과 반대 방향으로 작용하는 힘'을 뜻하므로 문맥상 어울리지 않는다.

04 내리막길을 달리는 자동차는 속도가 점점 빨라진다는 내용이므로 '가속도'가 들어가면 어울린다. '가속도'는 '물리에서, 단위 시간에 대한 속도의 변화율'을 뜻한다.

05 공장 폐수에서 많은 양의 중금속 물질이 나왔다는 의미에서 '다량'이 들어가면 어울린다. '다량'은 '많은 분량'을 뜻한다.

06 정부는 에너지 절약을 위해 효과가 뛰어난 보일러 사용을 권장했을 것이므로 적은 양의 에너지를 투입하여 많은 열을 낼 수 있는 보일러라는 의미에서 '열효율'이 들어가면 어울린다. '열효율'은 '기관에 공급된 열이 유효한 일로 바뀐 정도를 나타내는 비율'이다.

10 '세속 오계'는 '신라 화랑의 다섯 가지 계율'로, 사군이충(충성으로써 임금을 섬김), 사친이효(효도로써 어버이를 섬김), 교우이신(믿음으로써 벗을 사귐), 임전무퇴(전쟁에 나아가서 물러서지 않음), 살생유택(생물을 죽이기를 함부로 하지 말고 가려서 해야 함)을 이른다.

01 시료	**02** 운행	**03** 이온	**04** ○
05 ○	**06** X	**07** 살균	**08** 농도
09 연쇄	**10** 만고천추	**11** 낙목한천	

01 '시료'는 '시험, 검사, 분석 등에 쓰는 물질이나 생물'을 뜻한다. '효소'는 '생물의 세포 안에서 합성되어 생체 속에서 행하여지는 거의 모든 화학 반응의 촉매 구실을 하는 고분자 화합물을 통틀어 이르는 말'이다.

02 '운행'은 '정하여진 길을 따라 차량 등을 운전하여 다님'을 뜻한다. '공전'은 '한 천체(天體)가 다른 천체의 둘레를 주기적으로 도는 일'을 뜻한다.

03 '이온'은 '전하를 띠는 원자 또는 원자단'을 뜻한다. '세균'은 '생물체 가운데 가장 미세하고 가장 하등에 속하는 단세포 생활체'이다.

06 '산화'는 '물질 중에 있는 어떤 원자의 산화수가 증가하는 일'을 뜻한다. 제시된 설명에 해당하는 어휘는 '환원'이다.

07~09 '지질'은 '생물체 안에 있는, 물에 녹지 않고 유기 용매에 녹는 유기 화합물'을 뜻한다.

10 '만고천추'는 '매우 오래되고 긴 세월'이라고 풀이한다. '추(秋)'는 원래 '가을'을 뜻하지만, 계절이 변화하며 지나간 '세월'을 의미하는 말로도 쓰인다.

01~06 해설 참조		**07** 고유	**08** 검출
09 도달	**10** 미세	**11** 우왕좌왕	**12** 혼비백산
13 천방지축			

01~06

01광	각			**02**강	
학		**03**반	도	체	
04단	자		**06**구	조	
말			현		
05기	준	치			

07 한복은 우리 민족이 오랜 옛날부터 입어 온 민족 특유의 의상이라는 의미에서 '고유'가 들어가면 어울린다. '고유'는 '본래부터 가지고 있는 특유한 것'을 뜻한다.

08 오래된 고기를 검사한 결과, 세균이 많이 발견되었다는 의미에서 '검출'이 들어갈 수 있다. '검출'은 '화학 분석에서, 시료(試料) 속에 화학종이나 미생물 등의 존재 유무를 알아내는 일'을 뜻한다.

09 오랜 협상 끝에 두 단체가 합의점에 이르렀다는 의미에서 '도달'이라는 어휘가 적절하다. '도달'은 '목적한 곳이나 수준에 다다름'을 뜻한다.

10 현미경은 눈으로는 볼 수 없을 만큼 작은 물체나 물질을 확대하여 보는 기구이다. '미세'는 '분간하기 어려울 정도로 아주 작음'을 뜻한다.

11 비상벨이 울린 후 사람들의 모습을 묘사한 내용이므로 당황하거나 혼란스러워하는 동작을 뜻하는 성어가 들어가는 것이 어울린다. '우왕좌왕'은 '이리저리 왔다 갔다 하며 일이나 나아가는 방향을 종잡지 못함'을 뜻한다.

12 아군의 공격에 놀란 적군이 정신없이 달아났다는 내용이므로, '혼비백산'이라는 성어가 어울린다. '혼비백산'은 '혼백이 어지러이 흩어진다는 뜻으로, 몹시 놀라 넋을 잃음을 이르는 말'이다.

13 늦잠을 잔 동생이 지각하지 않기 위해 급하게 준비하여 서둘러 나갔다는 의미이므로 '천방지축'이라는 성어가 어울린다. '천방지축'은 '너무 급하여 허둥지둥 함부로 날뜀'을 뜻한다.

17회	기술 2			109쪽
01 왜곡	**02** 복원	**03** 성능	**04** 보정	
05 장치	**06** X	**07** ○	**08** ○	
09 내우외환	**10** 전후곡절	**11** 진퇴유곡		

01 문장 뒤쪽의 비판하였다는 내용으로 보아 앞에는 일본의 잘못된 행동에 관한 내용이 나옴을 유추할 수 있다. 학자들이 일본의 잘못된 역사 해석이나 비논리적인 주장을 비판하였다는 의미에서 '왜곡'이라는 어휘가 적절하다. '왜곡'은 '사실과 다르게 해석하거나 그릇되게 함'을 뜻한다.

02 훼손된 문화재를 원래대로 되돌리기 위해 많은 비용을 투입하였다는 의미에서 '복원'이라는 어휘가 적절하다. '복원'은 '원래대로 회복함'을 뜻한다.

03 새롭게 출시된 보일러의 성질과 기능이 기존 제품에 비해 좋아졌다는 의미에서 '성능'이라는 어휘가 적절하다. '성능'은 '기계 등이 지닌 성질이나 기능'을 뜻한다.

04 '변환'은 '달라져서 바뀜 또는 다르게 하여 바꿈'을 뜻한다.

05 '연산'은 '식이 나타낸 일정한 규칙에 따라 계산함'을 뜻한다.

06 '식별'은 '분별하여 알아봄'을 뜻한다. '주어진 정보를 어떤 표준적인 형태로 변환하거나 거꾸로 변환함'을 뜻하는 어휘는 '부호화'이다.

18회	기술 3			115쪽
01 전류	**02** 추출	**03** 전압	**04** 측정	
05 추적	**06** 제어	**07** 제약	**08** 회피	
09 ⓒ	**10** ⓐ	**11** ⓑ		

01~03 '출력'은 '① 엔진, 전동기, 발전기 등이 외부에 공급하는 기계적·전기적 힘 ② 컴퓨터 등의 기기(機器)나 장치가 입력을 받아 일을 하고 외부로 결과를 내는 일'을 뜻한다.

04 '체온'은 '측정'과 호응하는 어휘이다. '측정'은 '일정한 양을 기준으로 하여 같은 종류의 다른 양의 크기를 잼'을 뜻한다. '측량'은 '지표의 각 지점 위치와 지점 간의 거리, 지형의 높낮이, 면적 등을 재는 일'을 뜻한다.

05 경찰이 범죄 조직을 끈질기게 쫓아 일망타진하였다는 내용이므로 '추적'이 어울린다. '추적'은 '도망하는 사람의 뒤를 밟아서 쫓음'을 뜻한다. '진공'은 '물질이 전혀 존재하지 않는 공간'을 뜻한다. '일망타진'은 '한 번 그물을 쳐서 고기를 다 잡는다는 뜻으로, 어떤 무리를 한꺼번에 모조리 다 잡음을 이르는 말'이다.

06 첨단 무기들은 컴퓨터로 통제 또는 조절된다는 의미에서 '제어'가 어울린다. '제어'는 '기계나 설비 또는 화학 반응 등이 목적에 알맞은 작용을 하도록 조절함'을 뜻한다. '전도'는 '열 또는 전기가 물체 속을 이동하는 일'을 뜻한다.

19회	고전 시가			121쪽
01 감흥	**02** 묘사	**03** 향유	**04** ○	
05 X	**06** X	**07** 반전	**08** 의인화	
09 심산궁곡	**10** 만경창파	**11** 낙락장송		

01 작가가 여행에서 느낀 점을 글로 옮겼다는 의미로 '감흥'이 들어가면 적절하다. '감흥'은 '마음속 깊이 감동받아 일어나는 흥취'를 뜻한다. '여생'은 '앞으로 남은 인생'을 뜻한다.

02 사실주의는 현실을 있는 그대로 표현하고자 하였다는 의미에서 '묘사'가 들어가는 것이 적절하다. '묘사'는 '어떤 대상이나 사물, 현상 등을 언어로 서술하거나 그림을 그려서 표현함'을 뜻한다. '공명'은 '공을 세워서 자기의 이름을 널리 드러냄'을 뜻한다.

03 조선 시대 사대부들이 가사, 시조 등의 문학을 누리며 즐겼다는 의미이므로 '향유'가 적절하다. '향유'는 '누리어 가짐'을 뜻한다. '희롱'은 '말이나 행동으로 실없이 놀림'을 뜻하는 말로, 문맥상 어울리지 않는다.

05 '이다지'는 '이러한 정도로 또는 이렇게까지'라는 뜻이다. '영원히 계속되는 성질이나 능력'을 뜻하는 어휘는 '영속성'이다.

06 '은자'는 '산과 들에 묻혀 숨어 사는 사람 또는 벼슬을 하지 않고 숨어 사는 사람'을 뜻한다. '예전에, 젊은 여자가 자기 남편이나 연인을 부르던 말'은 '낭군'이다.

08 비행기는 공중으로 떠서 날아다니는 항공기이므로 공중을 의미하는 '허공'이 들어갈 수 있다. '허공'은 '텅 빈 공중'을 뜻한다.

09 용감무쌍한 사람을 호랑이의 용맹함에 빗대어 표현하였다는 의미이므로 '비유'가 들어가는 것이 적절하다. '비유'는 '어떤 현상이나 사물을 직접 설명하지 않고 다른 비슷한 현상이나 사물에 빗대어서 설명하는 일'이다.

10 은혜를 저버리는 사람을 부정적으로 표현한 문장이므로 '행실이 아주 더럽고 나쁜 사람을 비유적으로 이르는 말'인 '금수'가 들어가야 적절하다.

11 잘살던 사람도 하루아침에 망하니 세상일은 알 수 없다는 의미이므로 '요지경'이라는 성어가 어울린다. '요지경'은 '알쏭달쏭하고 묘한 세상일을 비유적으로 이르는 말'이다.

20회	현대시		127쪽
01 내력	02 장막	03 순응	04 암시
05 대조	06 유년	07 이승	08 허공
09 비유	10 금수	11 요지경	

01~03 '심상'은 '감각에 의하여 획득한 현상이 마음속에서 재생된 것'을 뜻한다.

04 주인공의 대사에 소설의 비극적인 결말이 넌지시 표현되어 있었다는 의미로 '암시'가 들어가면 자연스럽다. '암시'는 '문학에서, 뜻하는 바를 간접적으로 나타내는 표현법'이다. '억압'은 '자기의 뜻대로 자유로이 행동하지 못하도록 억지로 억누름'을 뜻한다.

05 시험 감독관이 수험자의 얼굴과 수험표의 사진을 비교해 보며 확인하였다는 의미로 '대조'가 들어갈 수 있다. '대조'는 '둘 이상인 대상의 내용을 맞대어 같고 다름을 검토함'을 뜻한다. '결실'은 '일의 결과가 잘 맺어짐'을 뜻한다.

06 오랜만에 고향을 찾은 청년이 옛 시절을 회상하며 추억에 잠겼다는 내용이므로 청년기보다 앞선 때인 '유년'이 들어가는 것이 적절하다. '유년'은 '어린 나이나 때'를 뜻한다. '생기'는 '싱싱하고 힘찬 기운'을 뜻한다.

07 제시된 문장은 개똥밭에 굴러도 죽어서 저승에 가는 것보다 살아 있는 것이 낫다는 의미의 속담이므로 '이승'이 들어가야 한다. '이승'은 '지금 살고 있는 세상'을 뜻한다.

21회	고전 소설 1		133쪽
01 X	02 X	03 ○	04 염려
05 물색	06 가약	07 시련	08 부호
09 선경	10 무릉도원	11 극락세계	

01 '소저'는 '아가씨'를 한문 투로 이르는 말이다.

02 '안위'는 '편안함과 위태함을 아울러 이르는 말'이다. '괴로움과 어려움을 아울러 이르는 말'은 '고초'이다.

04 소년이 부모님의 걱정 등을 뒤로하고 유학길에 올랐다는 의미이므로 '염려'가 어울린다. '염려'는 '앞일에 대하여 여러 가지로 마음을 써서 걱정함 또는 그런 걱정'을 뜻한다. '염치'는 '체면을 차릴 줄 알며 부끄러움을 아는 마음'이다.

05 기업가가 공장 이전을 위해 새로운 공장 부지를 찾거나 골랐다는 의미이므로 '물색'이 어울린다. '물색'은 '어떤 기준에 알맞은 사람이나 물건, 장소를 고르는 일'이다. '양상'은 '사물이나 현상의 모양이나 상태'를 뜻한다.

06 '배필'은 '부부로서의 짝'을 뜻한다.

07 '갈등'은 '칡과 등나무가 서로 얽히는 것과 같이, 개인이나 집단 사이에 목표나 이해관계가 달라 서로 적대시하거나 충돌함 또는 그런 상태' 등을 뜻한다.

08 '권세'는 '권력과 세력을 아울러 이르는 말'이다.

22회 고전 소설 2

01 조력자	02 책망	03 허구적	04 참상
05 자취	06 향촌	07 혼사	08 원한
09 예의염치	10 군신유의	11 부부유별	

04 들판에 쌓여 있는 해골을 통해 느낄 수 있는 것은 전쟁의 끔찍함이나 비극적인 상황 등이므로 '참상'이 들어가면 적절하다. '참상'은 '비참하고 끔찍한 상태나 상황'을 뜻한다.

05 사건 직후 모습이나 흔적을 감추었던 용의자를 경찰이 수배하였다는 내용이므로 '자취'가 들어가면 적절하다. '자취'는 '어떤 것이 남긴 표시나 자리'를 뜻한다.

06 기차를 타고 한가로운 어느 장소의 작은 역에 도착했다는 내용으로 보아, 도착지는 도심과 떨어진 시골 마을이어야 내용이 자연스럽다. '향촌'은 '시골의 마을'이다.

10~11 '오륜(五倫)'은 '유학에서, 사람이 지켜야 할 다섯 가지 도리'로, 부자유친(아버지와 아들 사이의 도리는 친애에 있음), 군신유의(임금과 신하 사이의 도리는 의리에 있음), 부부유별(남편과 아내 사이의 도리는 서로 침범하지 않음에 있음), 장유유서(어른과 어린이 사이의 도리는 엄격한 차례가 있고 복종해야 할 질서가 있음), 붕우유신(벗과 벗 사이의 도리는 믿음에 있음)을 이른다.

23회 현대 소설

01 해방	02 소외	03 납득	04 해소
05 갈망	06 ○	07 X	08 ○
09 ㉢	10 ㉠	11 ㉡	

01~03 '순사'는 '일제 강점기에 둔, 경찰관의 가장 낮은 계급 또는 그 계급의 사람'을 뜻한다.

04 '해소'는 '어려운 일이나 문제가 되는 상태를 해결하여 없애 버림'을 뜻한다.

05 '갈망'은 '간절히 바람'을 뜻한다.

07 '넋두리'는 '불만을 길게 늘어놓으며 하소연하는 말'이다. '불행이나 재해를 막으려고 주문을 외거나 술법을 부리는 일'은 '주술'이다.

24회 수필

01~08 해설 참조	09 정서	10 사색
11 추구	12 울화	13 몰입	14 독백

01~08

01 투					
02 영	03 탄	적		04 세	속
	식			태	
05 경					
외		07 사	08 고	무	인
06 감	회		난		

09 판소리는 민간에서 전해 내려오는 우리 고유의 음악으로, 판소리에는 우리 민족의 생활상과 감정 등이 배어 있다. '정서'는 '사람의 마음에 일어나는 여러 가지 감정 또는 감정을 불러일으키는 기분이나 분위기'를 뜻하므로 빈칸에 들어가기에 적절하다. '체면'은 '남을 대하기에 떳떳한 도리나 얼굴'을 뜻한다.

10 현대인들은 인생에 대해 깊이 고민하거나 생각할 시간이 부족하다는 의미이므로 '사색'이 들어갈 수 있다. '사색'은 '어떤 것에 대하여 깊이 생각하고 이치를 따짐'을 뜻한다. '은거'는 '① 세상을 피하여 숨어서 삶 ② 예전에, 벼슬자리에서 물러나 한가로이 지내던 일'을 뜻한다.

11 세계 각국은 자국의 이익을 얻기 위해 서로 경쟁한다는 의미에서 '추구'가 들어갈 수 있다. '추구'는 '목적을 이룰 때까지 뒤좇아 구함'을 뜻한다. '의탁'은 '어떤 것에 몸이나 마음을 의지하여 맡김'을 뜻한다.

12 불쑥 치미는 무엇인가를 가라앉히려고 노력했다는 말로 보아 '울화'가 들어가면 적절하다. '울화'는 '마음속이 답답하여 일어나는 화'를 뜻한다.

13 과학자들이 전염병 치료제 개발을 위해 깊이 파고들었다는 의미이므로 '몰입'이 들어가면 적절하다. '몰입'은 '깊이 파고들거나 빠짐'을 뜻한다.

14 빈칸에는 연극 무대에서 주인공이 할 수 있는 일과 관련된 어휘가 들어가야 자연스럽다. '독백'은 연기에서, '배우가 상대역 없이 혼자 말하는 행위 또는 그런 대사'를 뜻한다.

01 행적	02 관객	03 임시	04 ○
05 X	06 ○	07 실마리	08 감독
09 이목구비	10 선풍도골	11 녹빈홍안	

01 '면모'는 '① 얼굴의 모양 ② 사람이나 사물의 겉모습 또는 그 됨됨이'를 뜻한다.

02 '연출'은 '① 연극이나 방송극 등에서, 각본을 바탕으로 배우의 연기, 무대 장치 등을 종합적으로 지도하여 작품을 완성하는 일 또는 그런 일을 맡은 사람 ② 어떤 상황이나 상태를 만들어 냄'을 뜻한다.

03 '설정'은 '① 새로 만들어 정해 둠 ② 법률에서, 제한 물권을 새로이 발생시키는 행위'를 뜻한다.

05 '희곡'은 '① 공연을 목적으로 하는 연극의 대본 ② 등장인물들의 행동이나 대화를 기본 수단으로 하여 표현하는 예술 작품'이다. '연극이나 영화 등에서 배우가 하는 말'은 '대사'이다.

| **26**회 화법 1 | 163쪽 |

01 사연	02 강연	03 공감	04 부각
05 연설	06 면담	07 세부	08 반론
09 일언반구	10 감언이설	11 중언부언	

04 빈부 격차의 심화가 사회적 문제로 떠올랐다는 의미에서 '부각'이 들어가면 적절하다. '부각'은 '어떤 사물을 특징지어 두드러지게 함'을 뜻한다.

05 유세장은 정치권 후보자 등이 자기 의견 등을 선전하는 장소이므로 후보자가 많은 사람 앞에서 자기주장을 펼쳤다는 의미에서 '연설'이 들어가면 어울린다. '연설'은 '여러 사람 앞에서 자기의 주의나 주장 또는 의견을 진술함'을 뜻한다.

06 시장이 시민들의 의견을 들을 수 있는 수단이 들어가야 하므로 '면담'이 들어가면 적절하다. '면담'은 '서로 만나서 이야기함'을 뜻한다. '과반'은 '절반이 넘음'을 의미한다.

07 '세부'는 '자세한 부분'을 뜻한다. '발상'은 '어떤 생각을 해 냄 또는 그 생각'을 뜻한다.

08 '반대하여 말함'을 뜻하는 '반박'을 대신할 어휘로는 '반론'이 적절하다. '반론'은 '남의 논설이나 비난, 논평 등에 대하여 반박함'을 뜻한다. '설득'은 '상대편이 이쪽 편의 이야기를 따르도록 여러 가지로 깨우쳐 말함'을 의미한다.

09 그가 한마디 의논도 없이 행사를 취소하였다는 내용이므로, '일언반구'라는 성어가 들어가면 적절하다. '일언반구'는 '아주 짧은 말을 이르는 말'이다.

10 일제가 독립투사를 회유하기 위해 썼던 방법이 들어가야 하므로 '감언이설'이 적절하다. '감언이설'은 '귀가 솔깃하도록 남의 비위를 맞추거나 이로운 조건을 내세워 꾀는 말'을 뜻한다.

11 문장의 뒷부분에서 핵심을 간결하게 전달할 것을 강조하였으므로, 빈칸에는 그와 반대되는 내용이 들어가야 한다. '중언부언'은 '이미 한 말을 자꾸 되풀이함'을 뜻한다.

| **27**회 화법 2 | 169쪽 |

01 X	02 ○	03 X	04 유도
05 전반	06 취지	07 ①	08 ①
09 ⓛ	10 ⓒ	11 ㉠	

01 '청자'는 '이야기를 듣는 사람'이고, '화자'는 '이야기를 하는 사람'이다.

03 '편협'은 '① 한쪽으로 치우쳐 도량이 좁고 너그럽지 못함 ② 땅 등이 좁음'을 뜻한다. '어떤 목적에 부합되는 결정을 하기 위하여 여럿이 서로 의논함'을 뜻하는 말은 '협상'이다.

04 광고는 소비자의 실질적 구매를 이끌어 내는 매체라는 의미에서 '유도'가 들어가면 적절하다. '유도'는 '사람이나 물건을 목적한 장소나 방향으로 이끎'을 뜻한다.

05 산업 혁명은 인간 생활 전체에 큰 변화를 가져왔다는 의미에서 '전반'이 들어가면 어울린다. '전반'은 '어떤 일이나 부문에 대하여 그것에 관계되는 전체 또는 통틀어서 모두'를 뜻한다.

06 노벨 평화상은 세계 평화에 기여한 사람을 기리려는 목적으로 만들어졌다는 의미이므로 '취지'라는 어휘가 적절하다. '취지'는 '어떤 일의 근본이 되는 목적이나 긴요한 뜻'을 뜻한다.

07 수출이 활발히 이루어지지 않아 장래에 경제 불황이 심화될 것으로 예측된다는 의미이므로 ①의 뜻으로 쓰인 것이다. ②의 뜻은 주로 '탁 트인 전망', '전망이 좋다/나쁘다' 등과 같이 쓰인다.

08 근무 시간에 외출할 때는 행선지를 밝혀야 한다는 의미이므로 ①의 뜻으로 쓰인 것이다.

01 편향	02 보편성	03 매체	04 개선
05 도입	06 쟁점	07 본질	08 현안
09 ⓒ	10 ⓛ	11 ⓗ	

04 노조는 노동 조건의 개선 및 노동자의 사회적·경제적인 지위 향상을 목적으로 노동자가 조직한 단체이므로 노동 환경을 더 좋게 만들어 달라고 요구하였을 가능성이 높다. '개선'은 '잘못된 것이나 부족한 것, 나쁜 것 등을 고쳐 더 좋게 만듦'을 뜻한다.

05 최첨단 기술이 국내에 들어와서 통신 산업이 눈부시게 발전하고 있다는 내용이므로 '도입'이 들어가면 적절하다. '도입'은 '기술, 방법, 물자 등을 끌어들임'을 뜻한다.

06 '부제'는 '서적, 논문, 문예 작품 등의 제목에 덧붙어 그것을 보충하는 제목'을 뜻한다.

07 '실태'는 '있는 그대로의 상태 또는 실제의 모양'을 뜻한다.

08 '방안'은 '일을 처리하거나 해결하여 나갈 방법이나 계획'을 뜻한다.

11 '모순'은 중국 초(楚)나라의 상인이 창과 방패를 팔면서 창은 어떤 방패로도 막지 못하는 창이라 하고 방패는 어떤 창으로도 뚫지 못하는 방패라 하여, 앞뒤가 맞지 않은 말을 하였다는 데서 유래한 성어이다.

| 01~07 해설 참조 | 08 맥락 | 09 어근 |
| 10 사동 | 11 망운지정 | 12 불초 | 13 풍수지탄 |

01~07

고	구	07관	06겹	서	유
술	개	형	모	문	조
03부	사	격	제	동	장
시	방	언	음	05상	위
어	04미	반	02다	의	어
01원	용	간	사	어	화

08 '객체'는 '문장 내에서 동사의 행위가 미치는 대상'을 뜻한다.

09 '어간'은 '활용어가 활용할 때 변하지 않는 부분'이다.

10 '시제'는 '어떤 사건이나 사실이 일어난 시간 선상의 위치를 표시하는 문법 범주'를 뜻한다.

13 '풍수지탄'은 '나무는 고요하고자 하나 바람은 그치지 않고[樹欲靜而風不止], 자식은 효도하려 하나 어버이는 기다려 주지 않는다[子欲養而親不待].'라는 「한시외전」의 글에서 유래한 성어이다.

| 01~06 해설 참조 | 07 X | 08 ○ |
| 09 ○ | 10 ⓛ | 11 ⓒ | 12 ⓗ |

01~06

01표	기			02합
준				성
어		03표	제	어
		04파		
		열		06접	사
05유	음	화		속

07 '조사'는 '체언이나 부사, 어미 등에 붙어 그 말과 다른 말과의 문법적 관계를 표시하거나 그 말의 뜻을 도와주는 품사'이다. '뜻을 가진 가장 작은 말의 단위'를 뜻하는 어휘는 '형태소'이다.

08 '축약'은 '언어에서, 두 형태소가 서로 만날 때 앞뒤 형태소의 두 음소나 음절이 한 음소나 음절로 되는 현상'으로, '좋고'가 '조코'로, '국화'가 '구콰'로, '되+어'가 '돼'로 되는 것 등이 그 예이다.

09 '탈락'은 '언어에서, 둘 이상의 음절이나 형태소가 서로 만날 때 음절이나 음운이 없어지는 현상'으로, '가+아서'가 '가서'로, '울+는'이 '우는'이 되는 것 등이 그 예이다.

11 '단사표음'은 공자의 제자 안회가 너무 가난해서 대나무 그릇에 담긴 밥과 표주박에 든 물을 마시면서도 즐거움을 잃지 않고 학문을 게을리하지 않았다는 데서 유래한 성어이다.

어휘력 다지기

01회 논리 1   2쪽

01 보완	02 가설	03 견해	04 기반
05 소지	06 개연성	07 반박	08 당위성
09 흥망성쇠	10 길흉화복		

01 신제품은 기존 제품의 약점을 없애거나 고쳐서 더 완전하게 만들어졌다는 내용이 들어가야 하므로 '보완'이라는 어휘가 적절하다. '보완'은 '모자라거나 부족한 것을 보충하여 완전하게 함'을 뜻한다.

02 과학자들이 아직 검증되지 않은 어떤 사실을 검증하기 위해 실험을 진행한 것이므로 '가설'이 들어가면 적절하다. '가설'은 '어떤 사실을 설명하거나 어떤 이론 체계를 연역하기 위하여 설정한 가정'을 뜻한다.

03 불교의 본토는 인도라는 것이 대다수 학자들의 생각이나 주장이라는 내용이므로 '견해'가 들어가면 적절하다. '견해'는 '어떤 사물이나 현상에 대한 자기의 의견이나 생각'을 뜻한다.

04 판소리가 형성된 바탕에 관한 내용으로, '기반'이 들어가면 적절하다. '기반'은 '기초가 되는 바탕 또는 사물의 토대'를 뜻한다. 또한, 판소리가 전승되는 설화에 바탕을 두고 형성되었다는 배경지식을 함께 알아두면 좋다.

05 신용 카드는 현금을 가지고 다니는 것에 따른 불편 등을 덜어 준다는 내용이므로 '소지'가 들어가면 적절하다. '소지'는 '물건을 지니고 있는 일'이다.

06 이번 교통사고는 운전자의 부주의로 일어났을 가능성이 높다는 내용이므로 '개연성'이라는 어휘가 적절하다. '개연성'은 '절대적으로 확실하지 않으나 아마 그럴 것이라고 생각되는 성질'을 뜻한다.

07 발언자가 상대편의 주장에 대해 조목조목 따지며 자신의 의견을 말했다는 의미에서 '반박'이 어울린다. '반박'은 '어떤 의견, 주장, 논설 등에 반대하여 말함'을 뜻한다. '반영'은 '다른 것에 영향을 받아 어떤 현상을 나타냄'을 뜻한다.

08 시민들이 침략 전쟁을 당연하다고 여기는 사람들에게 따끔하게 경고했다는 의미에서 '당위성'이라는 어휘가 들어가야 어울린다. '당위성'은 '마땅히 그렇게 하거나 되어야 할 성질'을 뜻한다. '모호성'은 '여러 뜻이 뒤섞여 있어 정확히 무엇을 나타내는지 알기 어려운 말의 성질'을 의미한다.

09 국민의 화합이 한 나라의 존속과 멸망에 큰 영향을 미친다는 내용이므로 '흥망성쇠'라는 성어가 어울린다. '흥망성쇠'는 '흥하고 망함과 성하고 쇠함'을 뜻한다.

10 점을 친다는 것은 앞날의 운수를 판단하는 일이므로 빈칸에는 앞날의 좋고 나쁨을 뜻하는 '길흉화복'이라는 성어가 적절하다. '길흉화복'은 '길흉과 화복을 아울러 이르는 말'이다.

02회 논리 2   3쪽

01 실정	02 측면	03 재해석	04 추론
05 전제	06 임의	07 ②	08 ①
09 권선징악	10 인생무상		

04~06 '예측'은 '미리 헤아려 짐작함'을 뜻한다.

07 노사가 화합하는지 하지 않는지에 따라 기업이 번성하거나 쇠퇴한다는 의미이므로 ②의 뜻으로 쓰인 것이다. '노사'는 '노동자와 사용자를 아울러 이르는 말'이다. ①의 뜻은 주로 '여부가 있다/없다' 등과 같은 형태로 쓰인다.

08 외국 문화를 받아들이는 것은 우리 문화에 대한 주체성을 바탕으로 해야 한다는 의미이므로 ①의 뜻으로 쓰인 것이다. ①의 뜻은 보편적인 대상에 두루 적용되는 반면, ②의 뜻은 특별히 예술 작품 등을 받아들여 즐긴다는 의미로 쓰인다.

09 착한 일을 한 사람은 복을 받고 나쁜 일을 한 사람은 벌을 받는 내용은 고전 소설의 보편적인 주제이다. '권선징악'은 '착한 일을 권장하고 악한 일을 징계함'을 뜻한다.

10 나이가 들어 백발이 된 노인이 느낀 감정이므로 지난 세월에 대한 아쉬움과 인생의 허무함 등에 관한 성어가 어울린다. '인생무상'은 '인생이 덧없음(헛되고 허전함)'을 뜻한다.

03회 철학 1   4쪽

01 상이	02 관념	03 극복	04 X
05 ○	06 ○	07 ①	08 ①
09 전전반측	10 신신당부		

01 두 사람이 어떤 의견을 가지고 있는지에 관한 내용이므로 '의견'을 수식할 수 있는 어휘가 들어가는 것이 적절하다. '상이'는 '서로 다름'을 뜻한다.

02 그와의 대화를 통해 낡은 생각 등이 깨졌다는 의미이므로 '관념'이라는 어휘가 적절하다. '관념'은 '어떤 일에 대한 견해나 생각'을 뜻한다.

03 불경기를 이겨 내기 위해 인원 감축을 단행한 것이므로 '극복'이라는 어휘가 적절하다. '극복'은 '악조건이나 고생 등을 이겨 냄'을 뜻한다. '단행'은 '결단하여 실행함'을 뜻한다. '사후'는 '죽고 난 이후'를 의미한다.

04 '경세론'은 '나라를 다스리고 경영하는 일에 관해 논리적으로 일반화한 체계'이다.

05 '사상'은 '어떠한 사물에 대하여 가지고 있는 구체적인 사고나 생각'을 뜻하므로 '생각'이나 '사고'라는 말로 바꾸어 쓸 수 있다.

07 예의와 배려를 갖춘 사람을 칭찬하는 말이므로 ①의 뜻으로 쓰인 것이다. ①의 뜻은 '근본 있는 집안', '근본이 좋은 사람' 등과 같은 형태로 쓰이고, ②의 뜻은 '근본 원칙', '근본 원인' 등과 같은 형태로 쓰인다.

08 땅에 농사를 짓고 열매를 거두는 자연의 원리에 관한 내용이므로 ①의 뜻으로 쓰인 것이다. ①의 뜻은 '자연의 섭리', '조화의 섭리' 등과 같은 형태로 쓰이고, ②의 뜻은 주로 '신의 섭리'와 같은 형태로 쓰인다.

09 친구와의 다툼으로 마음이 편하지 않아 밤새 잠을 제대로 이루지 못하였다는 내용이므로, '전전반측'이라는 성어가 어울린다. '전전반측'은 '누워서 몸을 이리저리 뒤척이며 잠을 이루지 못함'을 뜻한다.

10 엄마가 누나에게 연락을 자주 하라고 말했다는 내용이므로, '신신당부'가 들어가야 어울린다. '신신당부'는 '거듭하여 간곡히 하는 당부'를 뜻한다.

01 '이념'은 '① 이상적인 것으로 여겨지는 생각이나 견해 ② 철학에서, 순수한 이성에 의하여 얻어지는 최고 개념'을 뜻한다.

02 '의지'는 '어떠한 일을 이루고자 하는 마음'이다.

03 '인식'은 '① 사물을 분별하고 판단하여 앎 ② 자극을 받아들이고, 저장하고, 내보내는 일련의 정신 과정'을 뜻한다.

04 뛰어난 사람이 갖추고 있는 덕목이 들어가야 하므로 '지성'이라는 어휘가 적절하다. '지성'은 '지각된 것을 정리하고 통일하여, 이것을 바탕으로 새로운 인식을 낳게 하는 정신 작용'이다. '겸비'는 '두 가지 이상을 아울러 갖춤'을 뜻한다.

05 어떤 사건이 사람들에게 사회적 문제로 받아들여졌다는 의미이므로 '인지'가 들어가는 것이 적절하다. '인지'는 '어떤 사실을 인정하여 앎'을 뜻한다.

06 한류 열풍으로 국제 사회에서 우리나라의 위치가 올라갔다는 의미이므로 '위상'이 들어가는 것이 적절하다. '위상'은 '어떤 사물이 다른 사물과의 관계 속에서 가지는 위치나 상태'이다. '지향'은 '어떤 목표로 뜻이 쏠리어 향함'을 뜻한다.

07 '형체'는 '물건의 생김새나 그 바탕이 되는 몸체'이다.

08 '의존'은 '다른 것에 의지하여 존재함'을 뜻한다. '윤리'는 '사람으로서 마땅히 행하거나 지켜야 할 도리'이다.

09 연회가 난장판이 되면 일반적으로 주인이 손님들에게 사과하므로 '고두사죄'가 들어가야 자연스럽다. '고두사죄'는 '머리를 조아리며 잘못을 빎'을 뜻한다.

10 의견이 다른 두 사람이 갈등을 풀기 위해서는 상대방의 처지에서 생각해 보는 것이 도움이 된다. '역지사지'는 '처지를 바꾸어서 생각하여 봄'을 뜻한다. '자문자답'은 '스스로 묻고 스스로 대답함'을 의미한다.

01 '사서오경(四書五經)'은 '유교의 대표적인 경전인 『논어』, 『맹자』, 『중용』, 『대학』과 『시경』, 『서경』, 『주역』, 『예기』, 『춘추』를 이르는 말'이다. '경전'은 '성현이 지은, 또는 성현의 말이나 행실을 적은 책'이다.

02 백여 년 전 농촌의 모습을 다시 볼 수 있는 마을에 관광객이 많이 온다는 내용이므로 '재현'이 들어가면 적절하다. '재현'은 '다시 나타냄'을 뜻한다.

03 발해가 쇠퇴할 즈음에 거란족이 부흥하였다는 의미이므로 '무렵'이 들어가는 것이 적절하다. '무렵'은 '대략 어떤 시기와 일치하는 즈음'을 뜻한다. '부흥'은 '쇠퇴하였던 것이 다시 일어남'을 뜻한다. '세기'는 '백 년을 단위로 하는 기간'이다.

04 '파발꾼'은 조선 후기에 공문을 전하던 사람으로, 변방의 위급한 상황을 전달한 대상으로는 '조정'이 어울린다. '조정'은 '임금이 나라의 정치를 신하들과 의논하거나 집행하는 곳 또는 그런 기구'를 뜻한다. '문헌'은 '옛날의 제도나 문물을 아는 데 증거가 되는 자료나 기록'으로, 파발꾼이 직접 공문을 전달한 대상으로는 어울리지 않는다.

05 민주주의는 정치 제도 중의 하나로, 국민이 권력을 가지고 그 권력을 스스로 행사하는 제도이다. '제도'는 '관습이나 도덕, 법률 등의 규범이나 사회 구조의 체계'를 뜻한다. '관직'은 '공무원 또는 관리가 국가로부터 위임받은 일정한 직무나 직책'을 의미한다.

06 '풍토'는 '어떤 지역의 기후와 토지의 상태'를 뜻하기도 한다.

08 '후안무치'는 '얼굴이 두꺼워서 부끄러움이 없음'이라고 풀이한다.

01~03 '질감'은 '재질(材質)의 차이에서 받는 느낌'을 뜻한다.

04 채용 결과 발표에 따라 지원자들의 얼굴에 기분이 나타난 것이므로 ②의 뜻으로 쓰인 것이다. ①의 뜻은 '조명의 명암', '명암이 뚜렷한 사진' 등과 같은 형태로 쓰인다.

05 인간의 활동 방식은 자연환경의 영향을 받는다는 의미이므로 ①의 뜻으로 쓰인 것이다. ②의 뜻은 주로 문학·예술 작품의 형식을 의미하는 것으로, '고딕 양식', '다양한 양식의 건축물' 등과 같은 형태로 쓰인다.

07 '근경'은 '사진이나 그림에서 가까운 곳에 있는 것으로 찍히거나 그려진 대상'을 뜻한다. 제시된 뜻은 '원경'에 관한 내용이다.

08 '연하고질'은 '자연의 아름다운 경치를 몹시 사랑하고 즐기는 성질이나 버릇'을 뜻한다. '고질(병)'은 '오랫동안 앓고 있어 고치기 어려운 병'이다.

09 '고황(膏肓)'은 심장과 횡격막의 사이로, 이 부분에 병이 들면 낫기 어렵다고 한다.

01 '공포'는 '① 일반 대중에게 널리 알림 ② 이미 확정된 법률, 조약, 명령 등을 일반 국민에게 널리 알리는 일'을 뜻한다.

02 '권익'은 '권리와 그에 따르는 이익'을 뜻한다.

03 '규제'는 '① 규칙·규정에 의해 일정한 한도를 정하거나 정한 한도를 못 넘게 막음 ② 규칙으로 정함 또는 그 정하여 놓은 것'을 뜻한다.

04 민주주의 국가에서는 법률 등의 장치를 마련하여 국민의 자유와 권리를 보호하고 있다는 의미에서 '보장'이 들어가면 적절하다. '보장'은 '어떤 일이 어려움 없이 이루어지도록 조건을 마련하여 보증하거나 보호함'을 뜻한다.

05 공적인 일에 개인적인 감정이 끼어들면 안 된다는 의미에서 '개입'이 들어갈 수 있다. '개입'은 '자신과 직접적인 관계가 없는 일에 끼어듦'을 뜻한다.

06 공직에 있는 사람이 사리사욕을 버리고 먼저 생각해야 할 것은 사리사욕과 반대되는 의미의 것이어야 하므로 '공익'이 들어가면 적절하다. '공익'은 '사회 전체의 이익'을 뜻한다.

07 문서를 파기할 때는 정해진 규칙을 따라야 한다는 내용이므로 ①의 뜻으로 쓰인 것이다. ②의 뜻은 어떤 일이나 상황에 대해 그 의미를 밝힌다는 뜻으로, '규정을 내리다', '사건을 한마디로 규정하다' 등과 같은 형태로 쓰인다.

08 폭우가 예상되는 어려운 상황에도 선수들이 이를 무릅쓰고 훈련을 나간 것이므로 ②의 뜻으로 쓰인 것이다. ①의 뜻은 주로 규칙이나 법령 등을 강제로 시행할 때 쓰인다.

09 여러 가지 사고 원인 중 사람에 의한 재난과 반대되는 의미의 성어가 들어가야 한다. '천재지변'은 '지진, 홍수, 태풍 등의 자연 현상으로 인한 재앙'이다.

10 사업에 실패하였다는 내용을 통해 그의 경제적 상황이 힘들고 어려워졌음을 유추할 수 있다. '문전걸식'은 '이 집 저 집 돌아다니며 빌어먹음'을 뜻한다.

04 청렴한 관리가 잘못된 관행을 과감히 바로잡았다는 의미에서 '시정'이 들어가면 어울린다. '시정'은 '잘못된 것을 바로잡음'을 뜻한다. '이행'은 '실제로 행함'을 뜻한다. 청렴한 관리가 잘못된 관행을 실제로 행하였다는 말은 문맥상 적절하지 않다.

05 국회의 동의를 받지 못하면 조약이 이루어지지 않는다는 의미에서 '성립'이 들어가면 어울린다. '성립'은 '일이나 관계 등이 제대로 이루어짐'을 뜻한다. '양도'는 '재산이나 물건을 남에게 넘겨줌'을 의미하는 어휘로, 국가 간의 약속인 조약을 남에게 넘겨준다는 표현은 이치상 적절하지 않다.

06 '사례'는 '어떤 일이 전에 실제로 일어난 예'를 뜻한다. '법률이나 규정 등에서 문제가 되는 일이나 안'을 뜻하는 어휘는 '사안'이다.

09 '맥수지탄'은 중국 은(殷)나라의 기자(箕子)라는 사람이 나라가 망한 뒤에 그 옛터를 지나다가 보리만 잘 자라는 것을 보고 한탄하였다는 데서 유래한 성어이다.

01 '조항'은 '법률이나 규정 등의 조목이나 항목'을 뜻한다.

02 '조례'는 '① 조목조목 적어 놓은 규칙이나 명령 ② 지방 자치 단체가 법령의 범위 안에서 지방 의회의 의결을 거쳐 그 지방의 사무에 관하여 제정하는 법'을 뜻한다.

03 '처벌'은 '형벌에 처함 또는 그 벌'을 뜻한다.

04 경제 상황이 좋으면 가계의 소비 심리가 올라가므로 '촉진'이 들어가면 적절하다. '촉진'은 '다그쳐 빨리 나아가게 함'을 뜻한다.

05 진통제의 약효가 떨어지자 환자가 고통을 호소했다는 의미이므로 '효력'이라는 어휘가 적절하다. '효력'은 '약 등을 사용한 후에 얻는 보람'을 뜻한다.

06 수해 지역에 전염병 방지를 위한 대책을 행하였다는 내용이므로 '조치'가 들어갈 수 있다. '조치'는 '벌어지는 사태를 잘 살펴서 필요한 대책을 세워 행함 또는 그 대책'을 뜻한다. '방역'은 '감염병이 발생하거나 유행하는 것을 미리 막는 일'이고, '해제'는 '묶인 것이나 행동에 제약을 가하는 법령 등을 풀어 자유롭게 함'을 뜻하므로 '방역 해제'라는 표현은 전염병 유입을 막기 위한 행위로는 어울리지 않는다.

07 '이견'이라는 말로 보아 실무자 간의 서로 다른 견해차를 좁히기 위한 회의가 열렸을 것으로 추정할 수 있다. '조정'은 '분쟁을 중간에서 화해하게 하거나 서로 타협점을 찾아 합의하도록 함'을 뜻한다. '점유'는 '물건이나 영역, 지위 등을 차지함'을 뜻한다.

08 노동조합법이 만들어져서 노동자들의 조합 운동이 합법화되었다는 의미이므로 '제정'이 들어갈 수 있다. '제정'은 '제도나 법률 등을 만들어서 정함'을 뜻한다. '제재'는 '① 일정한 규칙이나 관습의 위반에 대하여 제한하거나 금지함 ② 법이나 규정을 어겼을 때 국가가 처벌이나 금지 등을 행함 또는 그런 일'을 뜻한다. 문장 뒤쪽에서 '합법화되었다'라고 표현한 것으로 보아 '제재'는 문맥상 어울리지 않는다.

01 서민 경제에 큰 부담을 가져오는 요인이 앞부분에 나와야 하므로 물가가 올랐다는 내용이 들어가면 적절하다. '물가'는 '물건의 값'을 뜻하고, '상승'은 '낮은 데서 위로 올라감'을 뜻한다.

02 기업이 공급 물량을 줄여 물건 가격을 상승시킬 수 있다는 것은 해당 시장을 장악하고 있어야 가능하므로 '독점'이라는 어휘가 들어갈 수 있다. '독점'은 '경제 용어로, 개인이나 하나의 단체가 다른 경쟁자를 배제하고 생산과 시장을 지배하여 이익을 독차지함'을 뜻한다.

03 물품과 관련하여 고객의 은행 계좌에서 인출되는 것은 물품의 값으로 지불할 돈일 가능성이 높으므로 '대금'이 들어가면 적절하다. '대금'은 '물건의 값으로 치르는 돈'이다.

04 '배상'은 '법률상에서 남의 권리를 침해한 사람이 그 손해를 물어 주는 일'을 뜻한다. '세금이나 공과금 등을 관계 기관에 냄'을 뜻하는 말은 '납부'이다.

06 과학자들이 석유를 대신할 에너지 자원을 찾기 위해 고심 하였다는 내용이므로 '대체'가 문장에 어울린다. '대체'는 '다른 것으로 대신함'을 뜻한다. '보증'은 '어떤 사물이나 사람에 대하여 책임지고 틀림이 없음을 증명함'을 의미한다.

07 통화 정책을 탄력적으로 운용한다는 내용으로 보아 돈이 오가는 시장에 대한 정책임을 알 수 있으므로 '금융'이 들어가면 어울린다. '금융'은 '금전을 융통하는 일. 특히 이자를 붙여서 자금을 대차하는 일과 그 수급 관계'를 이르는 말이다. '금전'은 '화폐를 의미하는 경제 용어'로, '금전의 가치', '금전 관계', '금전 교환' 등과 같은 형태로 쓰이며, 일반적으로 '금전 시장'이라는 표현은 잘 쓰이지 않는다.

08 국민들이 세계 대회에서 우승한 선수를 반겼다는 내용으로 보아 선수가 자랑스럽게 돌아왔다는 의미의 '금의환향'이라는 성어가 어울린다. '금의환향'은 '출세를 하여 고향에 돌아가거나 돌아옴을 비유적으로 이르는 말'이다.

09 힘든 가정 환경을 극복하고 기업가가 된 사람에 관한 내용이므로 '자수성가'가 들어가면 어울린다. '자수성가'는 '물려받은 재산이 없이 자기 혼자의 힘으로 집안을 일으키고 재산을 모음'을 뜻한다.

10 높은 관직에 올라 이룰 수 있는 포부와 관련된 말이 들어가야 자연스럽다. '입신양명'은 '출세하여 이름을 세상에 떨침'을 뜻한다.

11회	**경제 2**		12쪽
01 이윤	**02** 지출	**03** 원금	**04** 상승
05 자금	**06** 한계	**07** 창출	**08** ㉡
09 ㉢	**10** ㉠		

01~03 '외환'은 '외국과의 거래를 결제할 때 쓰는 환어음'을 의미한다.

05 '자금'은 '사업을 경영하는 데 쓰는 돈'을 뜻하기도 한다.

12회	**정치·문화**		13쪽
01 대중	**02** 분류	**03** 권력	**04** 통합
05 수단	**06** X	**07** ○	**08** 억만창생
09 경천근민	**10** 치군택민		

01 웅변가의 연설이 많은 사람의 호응을 이끌어 낸 것이므로 '대중'이 들어가면 적절하다. '대중'은 '수많은 사람의 무리'를 뜻한다. '집합'은 '사람들이 한곳으로 모임'을 의미한다.

02 회화를 세 가지 종류로 나눈 내용이므로 '분류'라는 어휘가 들어가야 적절하다. '분류'는 '종류에 따라서 가름'을 뜻한다. '투입'은 '① 던져 넣음 ② 사람이나 물자, 자본 등을 필요한 곳에 넣음'을 의미한다.

03 '삼권 분립'은 국가의 권력을 세 조직에 나누어 놓은 것이므로 '권력'이 들어가는 것이 적절하다. '권력'은 '남을 복종시키거나 지배할 수 있는 공인된 권리와 힘'을 뜻한다. '국면'은 '어떤 일이 벌어진 장면이나 형편'을 의미한다.

05 '수단'은 '일을 처리하여 나가는 솜씨와 꾀'를 뜻하기도 한다.

06 '유형'은 '성질이나 특징 등이 공통적인 것끼리 묶은 하나의 틀'을 뜻한다. '사회적 지위가 비슷한 사람들의 층'을 뜻하는 말은 '계층'이다.

13회	**생명 과학·의학**			14쪽
01 미생물	**02** 젖산	**03** 병원성	**04** 면역
05 분열	**06** 이식	**07** ①	**08** ①
09 백년가약	**10** 죽마고우			

04 스트레스는 몸의 좋은 기능을 약화시킨다는 의미여야 하므로 '면역'이라는 어휘가 적절하다. '면역'은 '몸속에 들어온 병원(病原) 미생물에 대항하는 항체를 생산하여 다음에는 그 병에 걸리지 않도록 하는 작용'을 뜻한다.

05 수정란이 자궁벽에 착상하고 나면 한 개의 모세포가 두 개의 세포로 나누어지는 과정을 거듭하는데, 이를 '세포 분열'이라고 한다. '분열'은 '하나의 세포로 이루어진 개체가 둘 이상으로 나뉘어 불어나는 무성 생식'을 뜻한다.

06 심장을 기증하는 사람에 비해 기증받고자 하는 사람은 많다는 내용으로, 빈칸에는 심장을 기증받아 할 수 있는 일과 관련된 어휘가 들어가야 한다. '이식'은 '살아 있는 조직이나 장기를 생체로부터 떼어 내어, 같은 개체의 다른 부분 또는 다른 개체에 옮겨 붙이는 일'이다.

07 생식 세포가 수정하면 새로운 독립된 생물체가 생겨난다는 의미이므로 ①의 뜻으로 쓰인 것이다.

08 산미 증식 계획은 일제 강점기에 조선의 쌀 생산을 늘려 조선을 일본의 식량 공급지로 삼으려 했던 정책이므로 ①의 뜻으로 쓰인 것이다. ②의 뜻으로 쓰일 때는 '세균 증식', '자가 증식' 등과 같은 형태로 쓰인다.

09 두 남녀가 오랜 연애 끝에 마침내 혼인하였다는 내용이 되어야 자연스러우므로 '백년가약'이라는 성어가 적절하다. '백년가약'은 '젊은 남녀가 부부가 되어 평생을 함께할 것을 굳게 다짐하는 아름다운 언약'이다.

10 삼십 년 만에 누군가를 만나 아이처럼 기뻐하였다면 어린 시절 알고 지낸 무척 반가운 사람일 것으로 추측할 수 있다. '죽마고우'는 '어릴 때부터 같이 놀며 자란 벗'을 뜻한다.

14회	**물리학**		15쪽
01 양자	**02** 입자	**03** 항력	**04** 흡수
05 마찰	**06** 방출	**07** 밀도	**08** ㉠
09 ㉢	**10** ㉡		

01 '질량'은 '물체의 고유한 역학적 기본량'이다.

02 '유체'는 '기체와 액체를 아울러 이르는 말'이다.

03 '부력'은 '기체나 액체 속에 있는 물체가 그 물체에 작용하는 압력에 의하여 중력(重力)에 반하여 위로 뜨려는 힘'이다.

06 '비축미'는 '만일의 경우를 대비하여 미리 갖추어 모아 둔 쌀'로, 이재민을 돕기 위하여 정부가 비축미를 풀었다는 내용이 되어야 자연스러우므로 '방출'이 들어가야 어울린다. '방출'은 '비축하여 놓은 것을 내놓음'을 뜻한다. '유지'는 '어떤 상태나 상황을 그대로 보존하거나 변함없이 계속하여 지탱함'을 뜻하는 말로, 비축미를 그대로 유지하는 것은 이재민을 위한 정부의 노력으로 어울리지 않는다.

07 도시의 인구가 농촌 지역보다 훨씬 빽빽하다는 의미에서 '밀도'가 들어가면 어울린다. '밀도'는 '빽빽이 들어선 정도'를 뜻한다. '질점'은 '물체의 크기를 무시하고 질량이 모여 있다고 보는 점'을 뜻하므로 문맥상 어울리지 않는다.

08 '불사이군'은 중국 연(燕)나라가 제(齊)나라를 치려 할 때, 연나라 장수가 제나라의 왕촉이 어질다는 말을 듣고 그를 찾아가 회유하였으나 왕촉이 '충신은 두 임금을 섬기지 않는다.'라고 말하며 거절한 데서 유래한 성어이다.

15회	**화학·지구 과학**		16쪽
01 반응	**02** 분해	**03** 침투	**04** 용해
05 충돌	**06** 공전	**07** 관측	**08** 삼춘가절
09 엄동설한	**10** 춘하추동		

01 주가는 경제 여건의 변화에 대응하여 움직인다는 의미로 '반응'이 들어가면 적절하다. '반응'은 '자극에 대응하여 어떤 현상이 일어남'을 뜻한다.

02 고장 난 기계의 부품을 교체하기 위해서는 결합된 기계를 풀어야 하므로 '분해'가 들어갈 수 있다. '분해'는 '여러 부분이 결합되어 이루어진 것을 그 낱낱으로 나눔'을 뜻한다.

03 화농성 세균이 몸속에 들어와 손톱 주위가 부어오른 것이므로 '침투'가 들어가면 적절하다. '침투'는 '세균이나 병균 등이 몸속에 들어옴'을 뜻한다. '효소'는 '생물의 세포 안에서 합성되어 생체 속에서 행하여지는 거의 모든 화학 반응의 촉매 구실을 하는 고분자 화합물을 통틀어 이르는 말'이다.

08 꽃이 만발하는 시기는 따뜻한 봄날이다. '삼춘가절'은 '봄철 석 달의 좋은 시절'을 뜻한다.

09 누비옷은 천 사이에 솜을 넣어 만든 옷으로, 보통 추위를 막기 위해 입는다. 가난한 백성들은 누비옷을 입어야 하는 날씨에도 그것을 입지 못하고 추위를 견뎌 냈다는 내용이므로, '엄동설한'이 들어가야 적절하다. '엄동설한'은 '눈 내리는 깊은 겨울의 심한 추위'이다.

10 자연은 계절에 따라 그 색과 모습이 달라진다. '춘하추동'은 '봄·여름·가을·겨울의 네 계절'을 뜻하는 성어이다.

16회	**기술 1**		17쪽
01 갱신	**02** 모듈	**03** 가상	**04** X
05 ○	**06** 교차	**07** 관성	**08** ㉡
09 ㉠	**10** ㉢		

01 '도달'은 '목적한 곳이나 수준에 다다름'을 뜻한다.

02 '단자'는 '전기 기계나 기구 등에서, 전력을 끌어들이거나 보내는 데 쓰는 회로의 끝부분'이다.

03 '구조'는 '① 부분이나 요소가 어떤 전체를 짜 이룸 또는 그렇게 이루어진 얼개 ② 일정한 설계에 따라 여러 가지 재료를 얽어서 만든 물건'을 뜻한다.

04 '대역'은 '어떤 폭으로써 정해진 범위로, 최대 주파수에서 최저 주파수까지의 구역'을 뜻한다. '권한이나 직책, 능력 등에 따라 일정한 분야에서 하는 역할'을 뜻하는 말은 '기능'이다.

06 동해안은 온도가 차가운 해류와 따뜻한 해류가 만나는 좋은 어장이라는 의미에서 '교차'가 들어가면 어울린다. '교차'는 '서로 엇갈리거나 마주침'을 뜻한다. '구현'은 '어떤 내용이 구체적인 사실로 나타나게 함'을 뜻한다.

07 자동차가 급정거할 때 몸이 앞으로 쏠리는 것은 앞으로 나가던 운동 상태를 계속 유지하려는 힘이 작용했기 때문이다. '관성'은 '물체가 밖의 힘을 받지 않는 한 정지 또는 등속도 운동의 상태를 지속하려는 성질'이다. '계수'는 '하나의 수량을 여러 양의 다른 함수로 나타내는 관계식에서, 물질의 종류에 따라 달라지는 비례 상수'를 뜻한다.

09 '대경실색'은 중국 한(漢)나라 창읍왕(昌邑王) 유하(劉賀)가 황제에 즉위하여 주색과 향연을 일삼았는데, 이를 본 곽광(霍光)이 여러 대신을 불러 황제 폐위를 논의하니 대신들이 몹시 놀라며 수긍하였다는 데서 유래한 성어이다.

08 신라와 당나라의 협공으로 백제가 궁지에 몰렸다는 내용이므로 '사면초가'라는 성어가 어울린다. '사면초가'는 '아무에게도 도움을 받지 못하는, 외롭고 곤란한 지경에 빠진 형편을 이르는 말'이다. 초(楚)나라의 항우가 사면을 둘러싼 한나라 군사 쪽에서 들려오는 초나라의 노랫소리를 듣고 초나라 군사가 이미 항복한 줄 알고 놀랐다는 데서 유래한 성어이다.

09 갑자기 울린 공습경보로 온 시내가 혼란에 빠졌다는 의미이므로 '아수라장'이라는 성어가 어울린다. '아수라장'은 '싸움이나 그 밖의 다른 일로 큰 혼란에 빠진 곳 또는 그런 상태'를 뜻한다.

10 유명 가수의 공연을 보기 위해 많은 사람이 모였다는 의미에서 '인산인해'라는 성어가 어울린다. '인산인해'는 '사람이 산을 이루고 바다를 이루었다는 뜻으로, 사람이 수없이 많이 모인 상태를 이르는 말'이다.

18회	기술 3			19쪽
01 프레임	02 측량	03 전파	04 X	
05 ○	06 탑재	07 차단	08 이해타산	
09 좌고우면	10 삼매경			

04 '전송'은 '글이나 사진 등을 전류나 전파를 이용하여 먼 곳에 보냄'을 뜻한다. '열 또는 전기가 물체 속을 이동하는 일'을 뜻하는 어휘는 '전도'이다.

06 과학자들이 우주선에 적외선 망원경을 실었다는 의미에서 '탑재'가 들어가면 적절하다. '탑재'는 '배, 비행기, 차 등에 물건을 실음'을 뜻한다.

07 방음벽은 소리가 새어 나가거나 새어 들어오는 것을 막는 벽이므로 '차단'이 들어가는 것이 문맥상 어울린다. '차단'은 '액체나 기체 등의 흐름 또는 통로를 막거나 끊어서 통하지 못하게 함'을 뜻한다.

17회	기술 2			18쪽
01 발색	02 오차	03 비례	04 인공	
05 신호	06 연산	07 영역	08 사면초가	
09 아수라장	10 인산인해			

01~03 '영상'은 '① 빛의 굴절이나 반사 등에 의하여 이루어진 물체의 상(像) ② 영사막이나 브라운관, 모니터 등에 비추어진 상'을 뜻한다.

04 목재를 말리는 방법으로 먼저 제시된 '자연 건조'와 반대되거나 대등한 의미의 건조 방법이 나와야 하므로 '인공'이 들어가면 어울린다. '인공'은 '사람의 힘으로 자연에 대하여 가공하거나 작용을 하는 일'을 뜻한다. '왜곡'은 '사실과 다르게 해석하거나 그릇되게 함'을 뜻하는 어휘이다.

05 항공기의 기장은 착륙 전에 관제탑에서 보내는 정보나 지시를 확인해야 하므로 '신호'가 들어가는 것이 적절하다. '신호'는 '일정한 부호, 표지, 소리, 몸짓 등으로 특정한 내용 또는 정보를 전달하거나 지시함 또는 그렇게 하는 데 쓰는 부호'를 뜻한다. '압력'은 '① 두 물체가 접촉면을 경계로 하여 서로 그 면에 수직으로 누르는 단위 면적에서의 힘의 단위 ② 권력이나 세력에 의하여 타인을 자기 의지에 따르게 하는 힘'을 뜻한다.

19회	고전 시가			20쪽
01 풍월	02 희롱	03 공명	04 빈천	
05 적막	06 여생	07 체념	08 배산임수	
09 망망대해	10 청풍명월			

01~03 '강호'는 '① 강과 호수를 아울러 이르는 말 ② 예전에 은자(隱者)나 시인(詩人), 묵객(墨客) 등이 현실을 도피하여 생활하던 시골이나 자연 ③ 세상을 비유적으로 이르는 말'을 뜻한다.

04 부유한 사람이나 그와 반대되는 처지에 있는 사람이나 법 앞에서는 모두 평등하다는 내용이므로 '부유'와 반대되는 의미의 '빈천'이 들어가야 어울린다. '빈천'은 '가난하고 천함'을 뜻한다. '향유'는 '누리어 가짐'을 뜻하는 어휘이다.

05 '홀로 남겨진 듯한'이라는 말을 통해 청년이 외로움과 쓸쓸함을 느꼈음을 유추할 수 있으므로 '적막'이라는 어휘가 어울린다. '적막'은 '의지할 데 없이 외로움'을 뜻한다. '홍진'은 '수레와 말이 일으키는 먼지를 뜻하는 말로, 번거롭고 속된 세상을 비유적으로 이르는 말'이다.

06 공직에서 물러나 고향에서 남은 인생을 조용하게 보냈다는 의미이므로 '여생'이 들어가야 적절하다. '여생'은 '앞으로 남은 인생'을 뜻한다.

07 여인의 표정이 모든 것을 포기한 듯 담담해졌다는 의미에서 '체념'이 들어가면 어울린다. '체념'은 '희망을 버리고 아주 단념함'을 뜻한다.

08 전통적으로 우리나라 사람들은 산을 등져서 추위를 막고, 물을 마주하여 용수(用水)를 확보할 수 있는 곳에 남향으로 집을 짓기를 선호하였다. '배산임수'는 '땅의 형세가 뒤로는 산을 등지고 앞으로는 물에 면하여 있음'을 뜻한다.

09 '선원'과 '표류'라는 말로 보아 조난을 당한 뱃사람들이 바다를 정처 없이 떠다니다 구조되었다는 내용이므로 '망망대해'라는 성어가 어울린다. '망망대해'는 '한없이 크고 넓은 바다'를 뜻한다. '표류'는 '물 위에 정처 없이 흘러감'을 의미한다.

10 고향으로 돌아온 선비가 자연을 벗 삼으며 세월을 보냈다는 내용이므로 '청풍명월'이라는 성어가 어울린다. '청풍명월'은 '맑은 바람과 밝은 달'을 뜻한다.

01 '이승'은 '지금 살고 있는 세상'을 뜻한다.

02 '속성'은 '사물의 특징이나 성질'이다.

03 '절박감'은 '일이 급하여 몹시 긴장된 느낌'이다.

04 '결실'은 '일의 결과가 잘 맺어짐 또는 그런 성과'라는 뜻도 있다.

04 동생이 화가 나서 불편한 마음을 드러냈다는 의미이므로 ②의 뜻으로 쓰인 것이다. '어깃장을 놓다'라는 말은 '순순히 따르지 않고 못마땅한 말이나 행동으로 뻗대다'라는 뜻이다.

05 백화점에서 특설 매장을 설치할 만큼 큰 행사를 앞두고 있다는 의미이므로 ②의 뜻으로 쓰인 것이다. ①의 뜻은 '결정적인 대목', '주목할 만한 대목' 등과 같은 형태로 쓰인다.

06 현대 사회에 접어들면서 삶의 방식이 달라졌다는 의미이므로 '양상'이 들어가야 어울린다. '양상'은 '사물이나 현상의 모양이나 상태'를 뜻한다.

07 장군의 절묘한 꾀로 적군을 물리쳤다는 내용이므로 '계책'이 들어가면 적절하다. '계책'은 '어떤 일을 이루기 위하여 생각해 낸 꾀나 방법'을 뜻한다.

08 '천지개벽'은 원래 하나의 혼돈체였던 하늘과 땅이 서로 나뉘면서 이 세상이 시작되었다는 중국 고대의 사상에서 유래한 성어이다. 자연계에서나 사회에서 큰 변혁이 일어남을 비유적으로 이르는 말로도 쓰인다.

01~03 '혼백'은 '사람의 몸에 있으면서 몸을 거느리고 정신을 다스리는 비물질적인 것으로, 몸이 죽어도 영원히 남아 있다고 생각하는 초자연적인 것'을 뜻한다.

04 마을이 수몰되어 가족이 타향살이할 상황에 놓였다는 내용이므로 '처지'가 들어가야 어울린다. '수몰'은 '물속에 잠김'을 뜻하고, '타향살이'는 '자기 고향이 아닌 고장에서 사는 일'을 의미한다. '처지'는 '처하여 있는 사정이나 형편'을 이르고, '자취'는 '어떤 것이 남긴 표시나 자리'를 뜻한다.

05 나라를 지키기 위해 목숨을 바친 선조들을 언급하고 있으므로 그들의 희생에 관한 내용임을 유추할 수 있다. '희생'은 '다른 사람이나 어떤 목적을 위하여 자신의 목숨, 재산, 명예, 이익 등을 바치거나 버림'을 뜻한다. '한탄'은 '원통하거나 뉘우치는 일이 있을 때 한숨을 쉬며 탄식함'을 뜻한다.

06 '행실'은 '실지로 드러나는 행동'을 뜻한다.

07 '향촌'은 '시골의 마을'이다.

08~10 '오륜(五倫)'은 '유학에서, 사람이 지켜야 할 다섯 가지 도리'로, 부자유친, 군신유의, 부부유별, 장유유서, 붕우유신을 이른다.

23회	**현대 소설**		24쪽
01 회상	02 비참	03 해체	04 습격
05 반감	06 짐작	07 안간힘	08 철천지한
09 함분축원	10 대성통곡		

01 '실상'은 '① 실제의 상태나 내용 ② 거짓이나 상상이 아니고 현실적으로'라는 뜻이다.

02 '혐오'는 '싫어하고 미워함'을 뜻한다.

03 '해소'는 '① 어려운 일이나 문제가 되는 상태를 해결하여 없애 버림 ② 어떤 단체나 조직 등을 없애 버림'을 뜻한다.

24회	**수필**		25쪽
01 은거	02 체면	03 영화	04 ○
05 X	06 궁핍	07 신념	08 혈혈단신
09 고립무원	10 고침단금		

01~03 '감회'는 '지난 일을 돌이켜 볼 때 느껴지는 회포'를 뜻한다.

05 '행여'는 '어쩌다가 혹시'라는 뜻이다. '어떤 것에 몸이나 마음을 의지하여 맡김'을 뜻하는 어휘는 '의탁'이다.

06 탐관오리가 백성의 재산을 강제로 빼앗으면 백성의 생활이 가난해지므로 '궁핍'이라는 어휘가 들어가면 문맥에 어울린다. '궁핍'은 '몹시 가난함'을 뜻하고, '수탈'은 '강제로 빼앗음'을 뜻한다.

07 유혹에 굴복하지 않고 자기만의 생각이나 믿음 등을 굳게 지켰다는 내용이므로 '신념'이 들어가면 적절하다. '신념'은 '굳게 믿는 마음'이다.

08 '홀홀단신'은 '혈혈단신'의 잘못된 표현이다.

25회	**극**		26쪽
01 전개	02 수난	03 궁리	04 전환
05 진위	06 계기	07 관습	08 ⓒ
09 ⓒ	10 ㉠		

04 '~에서 ~로'라는 표현을 통해 앞의 내용에서 뒤의 내용으로 상태가 변하였음을 알 수 있다. 교통 정책이 자동차 위주에서 보행자 위주로 바뀌었다는 의미이므로 '전환'이 들어가는 것이 적절하다. '전환'은 '다른 방향이나 상태로 바뀌거나 바꿈'을 뜻한다. '인용'은 '남의 말이나 글을 자신의 말이나 글 속에 끌어 씀'을 뜻한다.

05 오랜 조사 끝에 피의자의 진술 내용이 진짜인지 가짜인지 알아내었다는 내용이므로 '진위'라는 어휘가 들어갈 수 있다. '진위'는 '참과 거짓 또는 진짜와 가짜를 통틀어 이르는 말'이다. '행적'은 '행위의 실적(實績)이나 자취'를 뜻하고, '여부'는 '그러함과 그러하지 않음'이라는 뜻이므로 '행적 여부'라는 표현은 문맥상 자연스럽지 않다.

06 '계기'는 '어떤 일이 일어나거나 변화하도록 만드는 결정적인 원인이나 기회'를 뜻한다.

07 '관습'은 '어떤 사회에서 오랫동안 지켜 내려와 그 사회 성원들이 널리 인정하는 질서나 풍습'이다. '공허'는 '① 아무것도 없이 텅 빔 ② 실속이 없이 헛됨'을 뜻한다.

26회	**화법 1**		27쪽
01 논지	02 발언	03 동조	04 X
05 ○	06 담화	07 대책	08 만단정화
09 언중유골	10 촌철살인		

01~03 '과장'은 '사실보다 지나치게 불려서 나타냄'을 뜻한다.

04 '보도'는 '대중 전달 매체를 통하여 일반 사람들에게 새로운 소식을 알림 또는 그 소식'을 뜻한다. '상대편이 이쪽 편의 이야기를 따르도록 여러 가지로 깨우쳐 말함'을 뜻하는 어휘는 '설득'이다.

06 대통령이 국민 투표를 통해 개헌 여부를 결정하겠다는 공식 입장을 발표하였다는 내용이므로 '담화'가 들어가는 것이 적절하다. '담화'는 '공적인 자리에 있는 사람이 어떤 문제에 대한 견해를 밝히는 말'이다. '사연'은 '편지나 말의 내용'을 뜻하는 어휘이다.

07 농민들이 홍수 피해에 대처할 계획이나 방법을 요구하였다는 의미에서 '대책'이 들어가면 어울린다. '대책'은 '어떤 일에 대처할 계획이나 수단'을 뜻한다. '반론'은 '남의 논설이나 비난, 논평 등에 대하여 반박함 또는 그런 논설'을 뜻한다.

27회	**화법 2**		28쪽
01 용이	**02** 토론	**03** 희소성	**04** 참여
05 환기	**06** 중점	**07** 적합	**08** 상사일념
09 온고지정	**10** 일일삼추		

04 시청자가 직접 관계하여 진행되는 방송 프로그램이 좋은 반응을 얻고 있다는 의미에서 '참여'가 들어가면 자연스럽다. '참여'는 '어떤 일에 끼어들어 관계함'을 뜻한다. '청유'는 '어떠한 행동 등을 같이 할 것을 요청함'을 뜻하는 어휘로, 빈칸에 들어가기에 문맥상 자연스럽지 않다.

05 정부에서 새 정책에 대한 홍보 행사를 마련했다는 것은 해당 정책에 대한 대중들의 주의를 불러일으키기 위함이므로 '환기'가 들어가면 문맥에 적절하다. '여론'은 '사회 대중의 공통된 의견'을 뜻하고, '환기'는 '주의나 여론, 생각 등을 불러일으킴'을 의미한다. '의의'는 '① 말이나 글의 속뜻 ② 어떤 사실이나 행위 등이 갖는 중요성이나 가치'를 뜻한다.

06 감독이 수비보다 공격을 더 중요하게 여겼다는 의미에서 '중점'이 들어가면 어울린다. '중점'은 '가장 중요하게 여겨야 할 점'을 뜻한다.

07 오동나무는 장롱이나 거문고를 만들기에 알맞다는 내용이므로 '적합'이 들어가야 어울린다. '적합'은 '일이나 조건 등에 꼭 알맞음'을 뜻한다.

10 '일일삼추'의 '추(秋)'는 원래 '가을'을 뜻하는 말로, 가을은 1년에 한 번씩 오기 때문에 '1년'을 의미하는 말로도 쓰인다.

28회	**작문**		29쪽
01 선별	**02** 개요	**03** 문맥	**04** 조화
05 타당성	**06** 제시	**07** 수집	**08** 취사선택
09 일맥상통	**10** 선경후정		

01~03 '입론'은 '의론(議論)하는 취지나 순서 등의 체계를 세움 또는 그 의론'을 뜻한다.

06 '제시'는 '어떠한 의사를 말이나 글로 나타내어 보임'이라는 뜻도 있다.

29회	**문법·어법 1**		30쪽
01 어간	**02** 안긴문장	**03** 고유어	**04** ○
05 ○	**06** X	**07** X	**08** 슬하
09 반포지효	**10** 훈정신성		

06 '선어말 어미'는 '어말 어미 앞에 나타나는 어미'를 뜻하는 어휘이다. '-시-', '-옵-' 등과 같이 높임법에 관한 것과 '-았-', '-는-', '-더-', '-겠-' 등과 같이 시제와 동작의 양태에 관한 것이 있다.

07 '구개음화'는 끝소리가 'ㄷ', 'ㅌ'인 형태소가 모음 'ㅣ'나 반모음 'ㅣ[j]'로 시작되는 형식 형태소와 만나 구개음 'ㅈ', 'ㅊ'이 되거나, 'ㄷ' 뒤에 형식 형태소 '히'가 올 때 'ㅎ'과 결합하여 이루어진 'ㅌ'이 'ㅊ'이 되는 현상이다. '두 음절 이상의 단어에서, 뒤의 모음이 앞 모음의 영향으로 그와 가깝거나 같은 소리로 되는 언어 현상'을 뜻하는 말은 '모음 조화'이다. '구개음화'의 예로는 '굳이[구지]', '굳히다[구치다]' 등이 있고, '모음 조화'의 예로는 '알록달록', '얼룩덜룩' 등이 있다.

30회	**문법·어법 2**		31쪽
01 첨가	**02** 호응	**03** 파생	**04** 종결
05 품사	**06** 음운	**07** 체언	**08** 안분지족
09 안빈낙도	**10** 현순백결		

01 '논일'은 '노닐'로 발음하지 않고, 중간에 'ㄴ'을 덧붙여 '논닐'로 발음해야 한다. 이처럼 이미 있는 것에 새로운 음운이 생기는 현상을 '첨가'라고 한다. '첨가'는 '이미 있는 것에 덧붙이거나 보탬'을 뜻한다.

02 '앞에 어떤 말이 오면 거기에 응하는 말이 따라오는 일'을 '호응'이라고 한다.

03 '덮개'는 '덮-'이라는 실질 형태소와 '-개'라는 접사가 결합한 단어이다. '실질 형태소에 접사가 결합하여 하나의 단어를 만드는 것'을 '파생'이라고 한다.

04 '접속'은 '① 서로 맞대어 이음 ② 컴퓨터에서, 여러 개의 프로세서와 기억 장치 모듈 사이를 물리적으로 또는 전자 회로적으로 연결하는 일'을 뜻한다.

05 '표기'는 '① 적어서 나타냄 또는 그런 기록 ② 문자나 음성 기호로 언어를 표시함'을 의미한다.

06 '음절'은 '하나의 종합된 음의 느낌을 주는 말소리의 단위'로, 몇 개의 자음과 모음으로 이루어진다. '물'과 '불'을 구별해 주는 'ㅁ'과 'ㅂ' 등을 '음운'이라 하고, '아침'에서 '아'와 '침'을 '음절'이라 한다.

07 '접사'는 '단독으로 쓰이지 않고 항상 다른 어근(語根)이나 단어에 붙어 새로운 단어를 구성하는 부분'이다.